CONTENTS

Part 01 부동산중개사무소 창업실무   3

Part 02 부동산계약서 작성실무   59

Part 03 주거용부동산 중개실무   165

Part 04 부동산임대관리실무   269

Part 05 특수부동산(창고_공장) 중개실무   283

Part 06 특수물건 경매   333

저자 박성훤

저자 약력

1980 전남대학교 입학
1982 인하대학교 입학
1989 인하대학교 법대 졸업
2002 기업은행 채권관리팀 근무
2003 외환은행 채권관리팀 근무
2004 다음 공인중개사학원 민법 및 민사특별법 강사
2004 인천광역시 여성의 광장 재테크 강사
2005 안산 중앙고시학원 민법 및 민사특별법 강사
2005 상명대학교 상명산업교육연구센터 공·경매 강의
2006 미래 공인중개사 대표
2007 LBA 경제연구소 겸임교수
2008 LBA연수 공인중개사 대표
2008 한양대학교 사회교육원 학점은행제 공·경매 강의
2008 인천광역시 여성복지관 가사도우미 과정 경매 강의
2008 인천광역시 시설관리공단 근로자 문화센터 강의
2008 인천광역시 여성의 광장 공인중개사 세법 강사
2010 인천광역시 서부여성회관 공인중개사 세법 강사
2012 명지부동산대학원 공인중개사 사전교육 강사
2013 (사)새대한공인중개사 협회 사전교육 강사
2014 OBS아카데미 계약서작성법과 특약실무 강사
2014 인천광역시 인재개발원 강사
2014.6 세종사이버 대학교 경매특강
2015 멘토스쿨 고급중개실무 강사
2015 사회능력개발원 강사
2016 경기도 공인중개사 연수교육 강사
2018 경기도 공인중개사 연수교육 강사
2020 에듀윌 종합중개실무과정 강사
2021 에듀윌 부동산 실무민법 강사
2021 메가랜드 상사중개실무 강사
2021 박문각 중개실무 및 계약서작성법 강사

저자 저서

EBS부동산 경매, 2005. 위더스콤(공저)
현장에서 바로 써먹는 중개실무, 2007. 북파일
강남부자 따라잡기 재개발 뉴타운, 2008. 위더스콤
경매의 고수가 되는 길, 2009. 북파일
계약서작성법과 특약실무, 2012, 해드림
상가중개와 종류별 상가계약서작성실무, 2013, 아이브이워크
부동산계약실무와 부동산계약서작성 도우미, 2013
창업과 투자를 위한 종류별 상가계약서작성 도우미, 2013
고급 중개실무와 계약비법, 2015
왕초보를 위한 중개업 창업, 2016
중개실무와 계약서 작성실습과정Ⅰ, Ⅱ, Ⅲ,
부동산창업&투자스쿨, 2020
부동산 실무민법 상·하권, 부동산교실, 2021

Part

01

부동산중개사무소
창업실무

제 1 강   중개업 창업

제 2 강   공인중개사의 업무

중개업 창업

제1절 | 중개업 창업을 위한 준비

중개업 창업을 하려면 부동산시장의 종류와 부동산시장별 수익의 창출 방법에 대해서 알고 있어야 한다.
그리고 자신의 적성, 경험, 부동산 지식, 창업자본 등을 참고하여 주 중개대상물을 선정한 후, 지역분석, 상권분석,
수익/비용분석, 건물분석을 통해서 공인중개사사무소를 개설등록할 건물을 찾아야 한다.

1 부동산의 종류에 따라서 형성되는 부동산시장의 종류

부동산의 종류	형성되는 시장의 종류
아파트	– 건축용지(사업대상용지) 시장 – 분양(분양대행)시장 – 아파트 당첨권/분양권 매매시장 – 아파트 입주시장 – 매매(임대차)시장 – 인테리어 시장 – 재건축 시장
다세대(빌라/연립)주택	– 건축용지(사업대상용지) 시장 – 분양(분양대행)시장 – 매매(임대차)시장 – 인테리어 시장 – 재개발 시장
오피스텔	– 건축용지(사업대상용지) 시장 – 분양(분양대행)시장 – 분양권 매매시장 – 매매(임대차)시장
다가구/ 단독주택	– 택지분양시장 – 이주자택지 시장 – 건축시장 – 매매(임대차)시장 – 빌라 등 소규모 재건축 시장 – 정비사업(재개발/도시개발사업)시장

부동산의 종류	형성되는 시장의 종류
상가주택/겸용주택	- 이주자택지 매매시장 - 건축시장 - 분양(분양대행)시장 - 매매(임대차)시장 - 임차권(권리금) 양도시장 - 정비사업 및 재건축시장
건물/빌딩	- 토지분양시장 - 선분양 시장 - 분양(분양대행)시장 - 매매(임대차)시장 - 영업권양도 시장 - 정비사업 시장
아파트형 공장	- 분양(분양대행)시장 - 매매(임대차) 시장
공장(개별입지)	- 공장용지 개발시장 - 공장용지 분양시장 - 매매(임대사) 시장
공장(계획입지)	- 공장용지 분양시장 - 매매(임대차)시장
토지	- 매매(임대차) 시장 - 개발행위와 토지분양시장 - 개발행위와 건축물 매매시장(전원주택/풀 펜션 등) - 건축시장(전원주택/농어촌주택/공장/창고 등)
창업	- 영업소득 - 점포개발 수익(프랜차이즈) - 권리금 소득

2 부동산시장의 종류와 수익의 창출 방법

시장의 종류	수익의 창출 방법
주택 분양시장	- 시세차익, 인정작업, 다운계약 등
주택 매매시장	- 시세차익, 급매물 작업, 찍기, 인테리어 후 매매, 인정작업, 업 계약, 다운계약, 무피투자, 갭투자 등
주택 임대차시장	- 주택임대사업소득, 전대차(소액금융), 계약인수, 임차권양도
상가분양시장	- 선분양, 시세차익, 권리금, 임대수익
상가건물 매매시장	- 인정작업, 수익률 부풀리기, 허위 임차인 만들기
상가(점포)개발시장	- 점포 개발업, 프랜차이즈
상가/사무실 임대차 시장	- 권리금, 권리금 인정작업, 인수 후 양도

시장의 종류	수익의 창출 방법
공장 매매 임대차시장	- 시세차익, 임대수익
토지 매매시장	- 인정작업, 찍기
토지 임대차시장	- 태양발전단지 개발, 건축물의 소유목적 등, 약초재배 등
토지개발행위시장	- 토지분할, 개발행위, 전원주택, 풀펜션빌라 분양
부동산 관리업 시장	- 주택관리, 빌딩관리
경매/공매/npl 시장	- 단기 전매, 임대수익, 타용도 전환
재개발 재건축 시장	- 단기시세차익, 장기시세차익
교환시장	- 시세조정 등 매매가 부풀리기
전문업종 시장	- 모텔, 약국, 병원, 프랜차이즈 가맹점 개발
기획부동산	- 토지쪼개기, 지분투자
분양권 시장	- 단기시세차익
입주시장	- 전세, 급매물 투자
이주대책 및 수용보상	- 이주자택지, 생활대책용지, 환지예정지, 이축권,
디벨로퍼 소형건축 시장	- 단기 개발이익
부동산 세무와 재테크	- 합법적인 절세방법

제2절 공인중개사사무소 개설등록

I 공인중개사사무소 개설의 요건

1. 공인중개사 자격증 취득

(1) 자격증 대여 등의 금지

> 제7조(자격증 대여 등의 금지) ①공인중개사는 다른 사람에게 자기의 성명을 사용하여 중개업무를 하게 하거나 자기의 공인중개사자격증을 양도 또는 대여하여서는 아니된다.
> ②누구든지 다른 사람의 공인중개사자격증을 양수하거나 대여받아 이를 사용하여서는 아니된다.

⇨ 제49조(벌칙) ①다음 각 호의 어느 하나에 해당하는 자는 1년 이하의 징역 또는 1천만원 이하의 벌금에 처한다. <개정 2013. 6. 4., 2014. 1. 28., 2019. 8. 20., 2020. 6. 9.>
　　1. 제7조의 규정을 위반하여 다른 사람에게 자기의 성명을 사용하여 중개업무를 하게 하거나 공인중개사자격증을 양도·대여한 자 또는 다른 사람의 공인중개사자격증을 양수·대여받은 자

⇨ 제35조(자격의 취소) ①시·도지사는 공인중개사가 다음 각 호의 어느 하나에 해당하는 경우에는 그 자격을 취소하여야 한다. <개정 2014. 1. 28., 2020. 6. 9.>
　　4. 이 법을 위반하여 징역형의 선고를 받은 경우

(2) 유사명칭의 사용금지

> 제8조(유사명칭의 사용금지) 공인중개사가 아닌 자는 공인중개사 또는 이와 유사한 명칭을 사용하지 못한다.

⇨ 제49조(벌칙) ①다음 각 호의 어느 하나에 해당하는 자는 1년 이하의 징역 또는 1천만 원 이하의 벌금에 처한다. <개정 2013. 6. 4., 2014. 1. 28., 2019. 8. 20., 2020. 6. 9.>

　　2. 제8조의 규정을 위반하여 공인중개사가 아닌 자로서 공인중개사 또는 이와 유사한 명칭을 사용한 자

⇨ 제35조(자격의 취소) ①시·도지사는 공인중개사가 다음 각 호의 어느 하나에 해당하는 경우에는 그 자격을 취소하여야 한다. <개정 2014. 1. 28., 2020. 6. 9.>

　　4. 이 법을 위반하여 징역형의 선고를 받은 경우

2. 중개업무에 필요한 업무 지식

(1) 필수 업무지식

중개업에 필수적인 지식은 창업을 하기 전에 반드시 학습을 한 후 창업을 하여야 한다.

1) 중개실무

물건확보 방법, 고객확보 방법, 광고하는 방법, 브리핑하는 방법 등

2) 계약서 및 중개대상물 확인·설명서 작성실무, 부동산거래신고 방법

부동산 종류별, 계약별 계약서 작성방법과 중개대상물 확인·설명서 작성방법, 부동산거래신고를 하는 방법에 대해서는 학습을 한 후 창업을 하여야 한다.

중개실무를 함에 있어서 가장 중요한 것은 중개사고를 방지하는 것이고, 중개의뢰인으로부터 민사손해배상청구 소송을 당하지 않도록 하는 것이다. 중개사고와 민사손해배상책임은 계약서작성방법과 중개대상물확인·설명서 작성방법을 배우면 충분히 방지할 수 있다.

3) 부동산 세무실무

부동산거래를 함에 있어서 거래 당사자들의 의사결정에 가장 큰 영향을 미치는 것이 세금이라고 할 수 있다. 따라서 공인중개사는 중개대상물에 따른 세금의 종류와 세금의 액수를 개략적으로 산출하여 설명할 수 있는 실력을 갖추어야 한다. 다만 세금은 복잡하고 어려우므로 공인중개사는 상담에서 그치고 반드시 전문가인 세무사에게 최종 상담을 받도록 안내해야 한다.

(2) 기타 업무 지식

중개업을 하면서 필요하게 되는 다른 업무와 관련된 지식은 필요할 때 마다 수시로 습득하면 된다. 그러나 특정 업무에 대한 지식이 창업자의 주 중개대상물이거나 창업지역과 관련이 있을 때는 창업을 위한 필수지식이므로 창업을 하기 전에 반드시 학습을 마쳐야한다.

> (1) 경매 공매
> (2) 재개발 재건축
> (3) 분양업무
> (4) 토지투자
> (5) 상가투자
> (6) 건축실무
> (7) 협의양도인 택지 또는 이주자택지 매매
> (8) 기타 이축권 매매 등

3. 창업자금 준비

창업자금은 사무실 인수비용(권리금), 사무실인테리어 비용, 사무용품 및 업무용품 구입 비용, 사무실 임차보증금, 사무실 운영비(1년)가 필요하다.

4. 사무소 확보(사무실, 인테리어 등 물적 설비)

(1) 중개사무소의 설치기준

> **제13조(중개사무소의 설치기준)** ①개업공인중개사는 그 등록관청의 관할 구역안에 중개사무소를 두되, 1개의 중개사무소만을 둘 수 있다. <개정 2014. 1. 28.>
> ②개업공인중개사는 천막 그 밖에 이동이 용이한 임시 중개시설물을 설치하여서는 아니된다. <개정 2014. 1. 28.>
> ③제1항에도 불구하고 법인인 개업공인중개사는 대통령령으로 정하는 기준과 절차에 따라 등록관청에 신고하고 그 관할 구역 외의 지역에 분사무소를 둘 수 있다. <개정 2014. 1. 28., 2020. 6. 9.>

> **제15조(분사무소의 설치)** ①법 제13조제3항에 따른 분사무소는 주된 사무소의 소재지가 속한 시(구가 설치되지 아니한 시와 특별자치도의 행정시를 말한다. 이하 이 조에서 같다)·군·구를 제외한 시·군·구별로 설치하되, 시·군·구별로 1개소를 초과할 수 없다. <개정 2008. 9. 10.>
> ②제1항의 규정에 따른 분사무소에는 공인중개사를 책임자로 두어야 한다. 다만, 다른 법률의 규정에 따라 중개업을 할 수 있는 법인의 분사무소인 경우에는 그러하지 아니하다.

③법 제13조제3항에 따라 분사무소의 설치신고를 하려는 자는 국토교통부령으로 정하는 분시무소설치신고서에 다음 각 호의 서류를 첨부하여 주된 사무소의 소재지를 관할하는 등록관청에 제출하여야 한다. 이 경우 등록관청은 법 제5조제2항에 따라 공인중개사 자격증을 발급한 시·도지사에게 분사무소 책임자의 공인중개사 자격 확인을 요청하여야 하고, 「전자정부법」 제36조제1항에 따른 행정정보의 공동이용을 통하여 법인 등기사항증명서를 확인하여야 한다. <개정 2006. 6. 12., 2008. 2. 29., 2008. 9. 10., 2010. 5. 4., 2010. 11. 2., 2011. 3. 15., 2012. 6. 29., 2013. 3. 23.>

1. 삭제 <2012. 6. 29.>

2. 삭제 <2006. 6. 12.>

3. 분사무소 책임자의 법 제34조제1항의 규정에 따른 실무교육의 수료확인증 사본

4. 제25조의 규정에 따른 보증의 설정을 증명할 수 있는 서류

5. 건축물대장에 기재된 건물에 분사무소를 확보(소유·전세·임대차 또는 사용대차 등의 방법에 의하여 사용권을 확보하여야 한다)하였음을 증명하는 서류. 다만, 건축물대장에 기재되지 아니한 건물에 분사무소를 확보하였을 경우에는 건축물대장 기재가 지연되는 사유를 적은 서류도 함께 내야 한다.

⑦중개사무소의 설치기준 및 운영 등에 관하여 필요한 사항은 대통령령으로 정한다.

제13조(중개사무소 개설등록의 기준 등) ①법 제9조제3항에 따른 중개사무소 개설등록의 기준은 다음 각 호와 같다. 다만, 다른 법률의 규정에 따라 부동산중개업을 할 수 있는 경우에는 다음 각 호의 기준을 적용하지 아니한다. <개정 2008. 9. 10., 2009. 7. 1., 2011. 3. 15., 2011. 8. 19., 2014. 10. 14., 2016. 1. 12.>

1. 공인중개사가 중개사무소를 개설하고자 하는 경우

　가. 법 제34조제1항의 규정에 따른 실무교육을 받았을 것

　나. 건축물대장(「건축법」 제20조제5항에 따른 가설건축물대장은 제외한다. 이하 같다)에 기재된 건물(준공검사, 준공인가, 사용승인, 사용검사 등을 받은 건물로서 건축물대장에 기재되기 전의 건물을 포함한다. 이하 같다)에 중개사무소를 확보(소유·전세·임대차 또는 사용대차 등의 방법에 의하여 사용권을 확보하여야 한다)할 것

2. 법인이 중개사무소를 개설하려는 경우

　가. 「상법」상 회사 또는 「협동조합 기본법」 제2조제1호에 따른 협동조합(같은 조 제3호에 따른 사회적협동조합은 제외한다)으로서 자본금이 5천만원 이상일 것

　나. 법 제14조에 규정된 업무만을 영위할 목적으로 설립된 법인일 것

　다. 대표자는 공인중개사이어야 하며, 대표자를 제외한 임원 또는 사원(합명회사 또는 합자회사의 무한책임사원을 말한다. 이하 이 조에서 같다)의 3분의 1 이상은 공인중개사일 것

　라. 대표자, 임원 또는 사원 전원 및 분사무소의 책임자(법 제13조제3항에 따라 분사무소를 설치하려는 경우에만 해당한다)가 법 제34조제1항에 따른 실무교육을 받았을 것

　마. 건축물대장에 기재된 건물에 중개사무소를 확보(소유·전세·임대차 또는 사용대차 등의 방법에 의하여 사용권을 확보하여야 한다)할 것

② 시장(구가 설치되지 아니한 시의 시장과 특별자치도의 행정시장을 말한다. 이하 같다)·군수 또는 구청장(이하 "등록관청"이라 한다)은 법 제9조에 따른 개설등록 신청이 다음 각 호의 어느 하나에 해당하는 경우를 제외하고는 개설등록을 해 주어야 한다. <신설 2011. 8. 19.>
1. 공인중개사 또는 법인이 아닌 자가 중개사무소의 개설등록을 신청한 경우
2. 중개사무소의 개설등록을 신청한 자가 법 제10조제1항 각 호의 어느 하나에 해당하는 경우
3. 제1항의 개설등록 기준에 적합하지 아니한 경우
4. 그 밖에 이 법 또는 다른 법령에 따른 제한에 위반되는 경우

(2) 공동사무소

제13조(중개사무소의 설치기준) ⑥개업공인중개사는 그 업무의 효율적인 수행을 위하여 다른 개업공인중개사와 중개사무소를 공동으로 사용할 수 있다. 다만, 개업공인중개사가 제39조제1항에 따른 업무의 정지기간 중에 있는 경우로서 대통령령으로 정하는 때에는 그러하지 아니하다. <개정 2013. 6. 4., 2014. 1. 28.>

제16조(중개사무소의 공동사용) ①법 제13조제6항 본문에 따라 중개사무소를 공동으로 사용하려는 개업공인중개사는 법 제9조에 따른 중개사무소의 개설등록 또는 법 제20조에 따른 중개사무소의 이전신고를 하는 때에 그 중개사무소를 사용할 권리가 있는 다른 개업공인중개사의 승낙서를 첨부하여야 한다. <개정 2013. 12. 4., 2014. 7. 28.>
② 법 제39조에 따른 업무의 정지기간 중에 있는 개업공인중개사는 법 제13조제6항 단서에 따라 다음 각 호의 어느 하나에 해당하는 방법으로 다른 개업공인중개사와 중개사무소를 공동으로 사용할 수 없다. <신설 2013. 12. 4., 2014. 7. 28.>
1. 법 제39조에 따른 업무의 정지기간 중에 있는 개업공인중개사가 다른 개업공인중개사에게 중개사무소의 공동사용을 위하여 제1항에 따른 승낙서를 주는 방법. 다만, 법 제39조에 따른 업무의 정지기간 중에 있는 개업공인중개사가 영업정지 처분을 받기 전부터 중개사무소를 공동사용 중인 다른 개업공인중개사는 제외한다.
2. 법 제39조에 따른 업무의 정지기간 중에 있는 개업공인중개사가 다른 개업공인중개사의 중개사무소를 공동으로 사용하기 위하여 중개사무소의 이전신고를 하는 방법

5. 고용인(동업자, 중개보조원, 소속공인중개사, 프리랜서 등 인적 설비) 확보

(1) 소송공인중개사

1) 의의

"소속공인중개사"라 함은 개업공인중개사에 소속된 공인중개사(개업공인중개사인 법인의 사원 또는 임원으로서 공인중개사인 자를 포함한다)로서 중개업무를 수행하거나 개업공인중개사의 중개업무를 보조하는 자를 말한다.

2) 소속공인중개사가 될 수 없는 사람

> **제6조(결격사유)** 제35조제1항에 따라 공인중개사의 자격이 취소된 후 3년이 지나지 아니한 자는 공인중개사가 될 수 없다. <개정 2020. 6. 9.>

> **제35조(자격의 취소)** ①시·도지사는 공인중개사가 다음 각 호의 어느 하나에 해당하는 경우에는 그 자격을 취소하여야 한다. <개정 2014.1.28, 2020.6.9>
> 1. 부정한 방법으로 공인중개사의 자격을 취득한 경우
> 2. 제7조제1항의 규정을 위반하여 다른 사람에게 자기의 성명을 사용하여 중개업무를 하게 하거나 공인중개사자격증을 양도 또는 대여한 경우
> 3. 제36조에 따른 자격정지처분을 받고 그 자격정지기간 중에 중개업무를 행한 경우(다른 개업공인중개사의 소속공인중개사·중개보조원 또는 법인인 개업공인중개사의 사원·임원이 되는 경우를 포함한다)
> 4. 이 법을 위반하여 징역형의 선고를 받은 경우
>
> **제10조(등록의 결격사유 등)** ①다음 각 호의 어느 하나에 해당하는 자는 중개사무소의 개설등록을 할 수 없다. <개정 2013. 6. 4., 2014. 1. 28., 2014. 5. 21., 2018. 4. 17., 2020. 6. 9.>
> 1. 미성년자
> 2. 피성년후견인 또는 피한정후견인
> 3. 파산선고를 받고 복권되지 아니한 자
> 4. 금고 이상의 실형의 선고를 받고 그 집행이 종료(집행이 종료된 것으로 보는 경우를 포함한다)되거나 집행이 면제된 날부터 3년이 지나지 아니한 자
> 5. 금고 이상의 형의 집행유예를 받고 그 유예기간 중에 있는 자
> 6. 제35조제1항에 따라 공인중개사의 자격이 취소된 후 3년이 지나지 아니한 자
> 7. 제36조제1항에 따라 공인중개사의 자격이 정지된 자로서 자격정지기간중에 있는 자
> 8. 제38조제1항제2호·제4호부터 제8호까지, 같은 조 제2항제2호부터 제11호까지에 해당하는 사유로 중개사무소의 개설등록이 취소된 후 3년(제40조제3항에 따라 등록이 취소된 경우에는 3년에서 같은 항 제1호에 따른 폐업기간을 공제한 기간을 말한다)이 지나지 아니한 자
> 9. 제39조에 따라 업무정지처분을 받고 제21조에 따른 폐업신고를 한 자로서 업무정지기간(폐업에도 불구하고 진행되는 것으로 본다)이 지나지 아니한 자
> 10. 제39조에 따라 업무정지처분을 받은 개업공인중개사인 법인의 업무정지의 사유가 발생한 당시의 사원 또는 임원이었던 자로서 해당 개업공인중개사에 대한 업무정지기간이 지나지 아니한 자
> 11. 이 법을 위반하여 300만원 이상의 벌금형의 선고를 받고 3년이 지나지 아니한 자

12. 사원 또는 임원 중 제1호부터 제11호까지의 어느 하나에 해당하는 자가 있는 법인

②제1항제1호부터 제11호까지의 어느 하나에 해당하는 자는 소속공인중개사 또는 중개보조원이 될 수 없다. <개정 2020. 6. 9.>

③등록관청은 개업공인중개사·소속공인중개사·중개보조원 및 개업공인중개사인 법인의 사원·임원(이하 "개업공인중개사등"이라 한다)이 제1항제1호부터 제11호까지의 어느 하나에 해당하는지 여부를 확인하기 위하여 관계 기관에 조회할 수 있다. <신설 2013. 6. 4., 2014. 1. 28.>

3) 벌칙

제36조(자격의 정지) ①시·도지사는 공인중개사가 소속공인중개사로서 업무를 수행하는 기간 중에 다음 각 호의 어느 하나에 해당하는 경우에는 6개월의 범위 안에서 기간을 정하여 그 자격을 정지할 수 있다. <개정 2009. 4. 1., 2019. 8. 20., 2020. 6. 9.>

1. 제12조제2항의 규정을 위반하여 둘 이상의 중개사무소에 소속된 경우
2. 제16조의 규정을 위반하여 인장등록을 하지 아니하거나 등록하지 아니한 인장을 사용한 경우
3. 제25조제1항의 규정을 위반하여 성실·정확하게 중개대상물의 확인·설명을 하지 아니하거나 설명의 근거자료를 제시하지 아니한 경우
4. 제25조제4항의 규정을 위반하여 중개대상물확인·설명서에 서명 및 날인을 하지 아니한 경우
5. 제26조제2항의 규정을 위반하여 거래계약서에 서명 및 날인을 하지 아니한 경우
6. 제26조제3항의 규정을 위반하여 거래계약서에 거래금액 등 거래내용을 거짓으로 기재하거나 서로 다른 둘 이상의 거래계약서를 작성한 경우
7. 제33조제1항 각 호에 규정된 금지행위를 한 경우

②등록관청은 공인중개사가 제1항 각 호의 어느 하나에 해당하는 사실을 알게 된 때에는 지체 없이 그 사실을 시·도지사에게 통보하여야 한다.

③제1항에 따른 자격정지의 기준은 국토교통부령으로 정한다. <개정 2008. 2. 29., 2013. 3. 23., 2020. 6. 9.>

(2) 중개보조원

1) 의의

"중개보조원"이라 함은 공인중개사가 아닌 자로서 개업공인중개사에 소속되어 중개대상물에 대한 현장안내 및 일반서무 등 개업공인중개사의 중개업무와 관련된 단순한 업무를 보조하는 자를 말한다.

2) 중개보조원이 될 수 없는 사람

제10조(등록의 결격사유 등) ①다음 각 호의 어느 하나에 해당하는 자는 중개사무소의 개설등록을 할 수 없다. <개정 2013. 6. 4., 2014. 1. 28., 2014. 5. 21., 2018. 4. 17., 2020. 6. 9.>

1. 미성년자
2. 피성년후견인 또는 피한정후견인
3. 파산선고를 받고 복권되지 아니한 자
4. 금고 이상의 실형의 선고를 받고 그 집행이 종료(집행이 종료된 것으로 보는 경우를 포함한다)되거나 집행이 면제된 날부터 3년이 지나지 아니한 자
5. 금고 이상의 형의 집행유예를 받고 그 유예기간 중에 있는 자
6. 제35조제1항에 따라 공인중개사의 자격이 취소된 후 3년이 지나지 아니한 자
7. 제36조제1항에 따라 공인중개사의 자격이 정지된 자로서 자격정지기간중에 있는 자
8. 제38조제1항제2호·제4호부터 제8호까지, 같은 조 제2항제2호부터 제11호까지에 해당하는 사유로 중개사무소의 개설등록이 취소된 후 3년(제40조제3항에 따라 등록이 취소된 경우에는 3년에서 같은 항 제1호에 따른 폐업기간을 공제한 기간을 말한다)이 지나지 아니한 자
9. 제39조에 따라 업무정지처분을 받고 제21조에 따른 폐업신고를 한 자로서 업무정지기간(폐업에도 불구하고 진행되는 것으로 본다)이 지나지 아니한 자
10. 제39조에 따라 업무정지처분을 받은 개업공인중개사인 법인의 업무정지의 사유가 발생한 당시의 사원 또는 임원이었던 자로서 해당 개업공인중개사에 대한 업무정지기간이 지나지 아니한 자
11. 이 법을 위반하여 300만원 이상의 벌금형의 선고를 받고 3년이 지나지 아니한 자
12. 사원 또는 임원 중 제1호부터 제11호까지의 어느 하나에 해당하는 자가 있는 법인
②제1항제1호부터 제11호까지의 어느 하나에 해당하는 자는 소속공인중개사 또는 중개보조원이 될 수 없다. <개정 2020. 6. 9.>
③ 등록관청은 개업공인중개사·소속공인중개사·중개보조원 및 개업공인중개사인 법인의 사원·임원(이하 "개업공인중개사등"이라 한다)이 제1항제1호부터 제11호까지의 어느 하나에 해당하는지 여부를 확인하기 위하여 관계 기관에 조회할 수 있다. <신설 2013. 6. 4., 2014. 1. 28.>

3) 헌법재판소 판례

임대계약 체결 당시 공인중개사가 아닌 중개보조원만 입회했더라도, 공인중개사가 당사자의 동의를 얻어 미리 계약서를 작성했고 계약 당시에도 전화로 수정업무를 지시했다면 공인중개사법 위반으로 볼 수 없다는 헌법재판소 결정이 나왔다.

헌재는 개업공인중개사 A씨와 중개보조원 B씨가 "기소유예처분을 취소해달라"며 낸 헌법소원에서 재판관 전원일치 의견으로 인용결정으로 내렸다고 10일 밝혔다.

C씨 부부는 2019년 4월 A씨가 운영하는 중개사무소를 방문해 신혼집으로 적당한 부동산을 문의했고, B씨는 오피스텔 한 곳을 추천하면서 집을 보여줬다.

C씨는 며칠 후 다시 중개사무소를 방문했고, 이날은 A씨가 직접 오피스텔 내부와 등기부등본을 보여주며 임대인이 제시한 계약조건을 설명했다. C씨는 계약을 하기로 하고 곧바로 임대인에게 가계약금을 송금한 후 같은 주 토요일에 계약서를 작성하기로 했다. 이후 A씨는 다른 일정이 있다며 임대인과 임차인 양쪽에 계약서 작성일자 변경을 요청했지만, 임차인 측이 평일 직장근무 문제로 예정된 토요일에 계약서를 작성하기로 했다.

A씨는 양측의 양해를 얻어 계약서를 미리 작성한 후 B씨가 입회한 상태에서 계약서에 최종 서명하도록 했다. B씨는 약속된 날짜에 중개사무소에 모인 임대인과 임차인에게 계약서를 교부했고, 잔금지급일자를 하루 변경해달라는 임차인의 요청에 따라 A씨에게 전화를 걸어 지시를 받은 후 수정했다.

검찰은 A씨와 B씨가 중개보조원이 실질적으로 중개업무를 행하는 것을 금지하고 있는 공인중개사법을 위반했다며 2019년 10월 기소유예처분을 했고, A씨 등은 취소를 구하는 헌법소원을 냈다.

헌재는 "처음 C씨 부부가 중개사무소를 찾은 날 B씨가 집을 보여주고 안내한 것은 공인중개사법이 정한 중개보조원의 전형적인 업무로 '중개대상물에 대한 현장안내'에 해당되고 개업공인중개사의 성명이나 상호를 사용해 직접 '중개업무'를 한 것으로 볼 수 없다"고 밝혔다.

이어 "비록 계약서 작성 당시 B씨 혼자 입회하기는 했으나, A씨는 당사자의 승낙을 받아 미리 계약서를 작성했고 계약 체결 당시에는 B씨에게 전화해 작성과 수정 업무를 지시했다"면서 "계약 체결 및 이행 과정 전체를 놓고 볼 때, A씨는 중개대상물의 현황과 계약의 조건 및 이행에 관한 중요하고 본질적인 사항을 직접 설명했다. 중개보조원 B씨에게 실질적으로 중개업무를 하도록 지시하거나 소극적으로 묵인하였다고 볼 증거를 찾기 어렵다"고 밝혔다.

그러면서 "A씨 등을 공인중개사법 위반으로 인정한 검찰의 기소유예처분은 수사미진 및 증거판단에 중대한 잘못이 있다"며 기소유예처분을 취소한다고 결정했다.

(3) 개업공인중개사의 고용인의 신고 등

> 제15조(개업공인중개사의 고용인의 신고 등) ①개업공인중개사는 소속공인중개사 또는 중개보조원을 고용하거나 고용관계가 종료된 때에는 국토교통부령으로 정하는 바에 따라 등록관청에 신고하여야 한다. <개정 2008. 2. 29., 2013. 3. 23., 2013. 6. 4., 2014. 1. 28.>

> 제8조(개업공인중개사의 고용인의 신고) ①개업공인중개사는 소속공인중개사 또는 중개보조원을 고용한 경우에는 법 제34조제2항 또는 제3항에 따른 교육을 받도록 한 후 법 제15조제1항에 따라 업무개시 전까지 등록관청에 신고(전자문서에 의한 신고를 포함한다)하여야 한다. <개정 2011. 3. 16., 2014. 7. 29., 2016. 12. 30.>
> ②제1항에 따른 고용 신고를 받은 등록관청은 법 제5조제2항에 따라 공인중개사 자격증을 발급한 시·도지사에게 그 소속공인중개사의 공인중개사 자격 확인을 요청하여야 한다. <신설 2012. 6. 27.>
> ③제1항에 따른 고용 신고를 받은 등록관청은 법 제10조제2항에 따른 결격사유 해당 여부와 법 제34조제2항 또는 제3항에 따른 교육 수료 여부를 확인하여야 한다. <신설 2016. 12. 30.>
> ④개업공인중개사는 소속공인중개사 또는 중개보조원과의 고용관계가 종료된 때에는 법 제15조제1항에 따라 고용관계가 종료된 날부터 10일 이내에 등록관청에 신고하여야 한다. <신설 2011. 3. 16., 2012. 6. 27., 2013. 12. 5., 2014. 7. 29., 2016. 12. 30.>

⑤제1항 및 제4항에 따른 소속공인중개사 또는 중개보조원의 고용·고용관계종료 신고는 별지 제11호서식에 따른다. 이 경우 소속공인중개사 또는 중개보조원으로 외국인을 고용하는 경우에는 제4조제1항제6호가목의 서류를 첨부하여야 한다. <개정 2011. 3. 16., 2012. 6. 27., 2013. 12. 5., 2016. 12. 30.>

6. 다음 각 목의 서류(외국인이나 외국에 주된 영업소를 둔 법인의 경우에 한한다)

　가. 법 제10조제1항 각 호의 어느 하나에 해당되지 아니함을 증명하는 다음의 어느 하나에 해당하는 서류

　　1) 외국 정부나 그 밖에 권한 있는 기관이 발행한 서류 또는 공증인(법률에 따른 공증인의 자격을 가진 자만 해당한다. 이하 이 목에서 같다)이 공증한 신청인의 진술서로서 「재외공관 공증법」에 따라 그 국가에 주재하는 대한민국공관의 영사관이 확인한 서류

　　2) 「외국공문서에 대한 인증의 요구를 폐지하는 협약」을 체결한 국가의 경우에는 해당 국가의 정부나 공증인, 그 밖의 권한이 있는 기관이 발행한 것으로서 해당 국가의 아포스티유(Apostille) 확인서 발급 권한이 있는 기관이 그 확인서를 발급한 서류 [제목개정 2014. 7. 29.]

　[제목개정 2013. 6. 4., 2014. 1. 28.]

(4) 소속공인중개사 또는 중개보조원의 행위에 대한 개업공인중개사의 책임

> **제15조(개업공인중개사의 고용인의 신고 등)**
> ② 소속공인중개사 또는 중개보조원의 업무상 행위는 그를 고용한 개업공인중개사의 행위로 본다. <개정 2014. 1. 28.>

1) 의의

　개업공인중개사가 고용한 소속공인중개사 또는 중개보조원이 업무상 행위를 함에 있어서 중개의뢰인에게 손해를 야기한 때에는 공인중개사 자신이 손해배상책임을 진다.

2) 책임의 요건

① 소속공인중개사 또는 중개보조원의 업무상 행위

　동업자의 경우에는 사용자로서 배상책임을 부담한다.

② 소속공인중개사 또는 중개보조원의 업무상 행위

　업무상 행위는 외형상 객관적으로 볼 때 중개업무 또는 그와 관련된 것으로 보여지는 행위도 포함된다.

③ 피용자의 행위가 불법행위 손해배상책임의 일반적인 성립요건을 충족하게 되면 개업공인중개사는 사용자의 책임을 진다. 불법행위의 일반적 성립요건으로는 피용자의 가해행위, 가해행위의 위법성, 가해자의 고의·과실, 피해자의 손해발생, 가해자의 고의과실과 피해자의 손해사이에 인과관계가 인정되어야 하며, 가해자는 책임능력이 있어야 한다.

3) 효과

① 소속공인중개사 또는 중개보조원이 업무집행에 관하여 제3자에 가한 손해에 대하여는 개업공인중개사는 법제15조 제2항의 고용자의 책임을 지게 된다.

② 부진정연대책임이지만 개업공인중개사의 피용자에 대한 구상권을 행사할 수 있다.

③ 개업공인중개사의 고의·과실을 요하지 않는 무과실책임이지만, 개업공인중개사가 과실상계를 주장하는 경우 한정적으로 허용한다. 즉 중개보조원의 고의에 의한 불법행위로 피해자에게 손해배상책임을 부담하는 중개업자가 과실상계를 주장하는 것이 허용되는지 여부(한정 적극)[대법원 2011.07.14. 선고 2011다21143 판결]

④ 개업공인중개사의 면책을 허용하지 않는다는 점에서 민법의 사용자 배상책임과 다르다.

　○ 부동산중개업자가 고용한 중개보조원이 고의 또는 과실로 거래당사자에게 재산상 손해를 입힌 경우에 중개보조원은 당연히 불법행위자로서 거래당사자가 입은 손해를 배상할 책임을 지는 것이고, 구 부동산중개업법(2005. 7. 29. 법률 제7638호 '공인중개사의 업무 및 부동산 거래신고에 관한 법률'로 전부 개정되기 전의 것) 제6조 제5항은 이 경우에 중개보조원의 업무상 행위는 그를 고용한 중개업자의 행위로 본다고 정함으로써 중개업자 역시 거래당사자에게 손해를 배상할 책임을 지도록 하는 규정이다. 따라서 위 조항을 중개보조원이 고의 또는 과실로 거래당사자에게 손해를 입힌 경우에 중개보조원을 고용한 중개업자만이 손해배상책임을 지도록 하고 중개보조원에게는 손해배상책임을 지우지 않는다는 취지를 규정한 것으로 볼 수는 없다.(2011다77870, 판결)

4) 민법의 규정

① 이행보조자의 고의·과실

> **민법 제391조(이행보조자의 고의, 과실)** 채무자의 법정대리인이 채무자를 위하여 이행하거나 채무자가 타인을 사용하여 이행하는 경우에는 법정대리인 또는 피용자의 고의나 과실은 채무자의 고의나 과실로 본다.

② 사용자의 배상책임

> **민법 제756조(사용자의 배상책임)** ①타인을 사용하여 어느 사무에 종사하게 한 자는 피용자가 그 사무집행에 관하여 제삼자에게 가한 손해를 배상할 책임이 있다. 그러나 사용자가 피용자의 선임 및 그 사무감독에 상당한 주의를 한 때 또는 상당한 주의를 하여도 손해가 있을 경우에는 그러하지 아니하다.
> ②사용자에 갈음하여 그 사무를 감독하는 자도 전항의 책임이 있다. <개정 2014. 12. 30.>
> ③전2항의 경우에 사용자 또는 감독자는 피용자에 대하여 구상권을 행사할 수 있다.

Ⅱ 주 중개대상물과 창업 장소의 선정

- 자기의 적성(성격)에 맞는 주 중개대상물건(중개시장)을 찾아라.
- 주 중개대상물에서 창출되는 수익의 종류와 규모를 검토하라
- 사무실 운영비용과 수익을 비교하여 창업 장소를 결정하라.
- 수익과 비용분석을 해서 사업성을 검증을 하라.
- 중개업도 사업이다. 사업운을 무시하지 마라.

1. 무엇으로 돈을 벌 것인가?

(1) 주 중개대상물을 정해야 한다.

부동산의 종류와 부동산시장의 유형에서 무엇을 선택할 것인지를 정해야 한다.

(2) 선택한 주 중개대상물의 수입원과 수익을 창출하는 방법을 알아야 한다.

아파트 단지에서 창업을 한다면 아파트매매, 전세, 월세계약을 중개할 수 있으며, 그에 따른 중개수입이 대부분의 수입을 차지하게 된다. 아파트 단지의 특성에 따라서 부수적인 수입을 창출할 수 있는 방법이 있는지를 확인해야 한다.

2. 중개업의 수익의 종류

(1) 중개보수 수입

- 계약체결능력이 필요하다.
- 물건확보(매도인, 임대인) 방법
- 매수자(임차인) 확보 방법

(2) 경매매수신청대리 수수료 수입

(3) 기타 수입

- 관련 지식을 습득하여야 한다.

3. 공인중개사사무소 위치 선정

수익과 비용분석을 한 후 공인중개사사무소를 결정한다.

Ⅲ 공인중개사무소 개설등록, 이전, 폐업절차

1. 공인중개사

(1) 공인중개사가 될 수 없는 사람

> 제6조(결격사유) 제35조제1항에 따라 공인중개사의 자격이 취소된 후 3년이 지나지 아니한 자는 공인중개사가 될 수 없다. <개정 2020. 6. 9.>

제35조(자격의 취소) ①시·도지사는 공인중개사가 다음 각 호의 어느 하나에 해당하는 경우에는 그 자격을 취소하여야 한다. <개정 2014. 1. 28., 2020. 6. 9.>

1. 부정한 방법으로 공인중개사의 자격을 취득한 경우
2. 제7조제1항의 규정을 위반하여 다른 사람에게 자기의 성명을 사용하여 중개업무를 하게 하거나 공인중개사자격증을 양도 또는 대여한 경우
3. 제36조에 따른 자격정지처분을 받고 그 자격정지기간 중에 중개업무를 행한 경우(다른 개업공인중개사의 소속공인중개사·중개보조원 또는 법인인 개업공인중개사의 사원·임원이 되는 경우를 포함한다)
4. 이 법을 위반하여 징역형의 선고를 받은 경우

②시·도지사는 제1항에 따라 공인중개사의 자격을 취소하고자 하는 경우에는 청문을 실시하여야 한다. <개정 2020. 6. 9.>

③제1항에 따라 공인중개사의 자격이 취소된 자는 국토교통부령으로 정하는 바에 따라 공인중개사자격증을 시·도지사에게 반납하여야 한다. <개정 2008. 2. 29., 2013. 3. 23., 2020. 6. 9.>

④분실 등의 사유로 인하여 제3항에 따라 공인중개사자격증을 반납할 수 없는 자는 제3항에도 불구하고 자격증 반납을 대신하여 그 이유를 기재한 사유서를 시·도지사에게 제출하여야 한다. <신설 2005. 12. 7., 2020. 6. 9.>

(2) 중개사무소를 개설등록할 수 없는 사람

제10조(등록의 결격사유 등) ①다음 각 호의 어느 하나에 해당하는 자는 중개사무소의 개설등록을 할 수 없다. <개정 2013. 6. 4., 2014. 1. 28., 2014. 5. 21., 2018. 4. 17., 2020. 6. 9.>

1. 미성년자
2. 피성년후견인 또는 피한정후견인
3. 파산선고를 받고 복권되지 아니한 자
4. 금고 이상의 실형의 선고를 받고 그 집행이 종료(집행이 종료된 것으로 보는 경우를 포함한다)되거나 집행이 면제된 날부터 3년이 지나지 아니한 자
5. 금고 이상의 형의 집행유예를 받고 그 유예기간 중에 있는 자
6. 제35조제1항에 따라 공인중개사의 자격이 취소된 후 3년이 지나지 아니한 자
7. 제36조제1항에 따라 공인중개사의 자격이 정지된 자로서 자격정지기간중에 있는 자

제36조(자격의 정지) ①시·도지사는 공인중개사가 소속공인중개사로서 업무를 수행하는 기간 중에 다음 각 호의 어느 하나에 해당하는 경우에는 6개월의 범위 안에서 기간을 정하여 그 자격을 정지할 수 있다. <개정 2009. 4. 1., 2019. 8. 20., 2020. 6. 9.>

1. 제12조제2항의 규정을 위반하여 둘 이상의 중개사무소에 소속된 경우
2. 제16조의 규정을 위반하여 인장등록을 하지 아니하거나 등록하지 아니한 인장을 사용한 경우
3. 제25조제1항의 규정을 위반하여 성실·정확하게 중개대상물의 확인·설명을 하지 아니하거나 설명의 근거자료를 제시하지 아니한 경우

4. 제25조제4항의 규정을 위반하여 중개대상물확인·설명서에 서명 및 날인을 하지 아니한 경우

5. 제26조제2항의 규정을 위반하여 거래계약서에 서명 및 날인을 하지 아니한 경우

6. 제26조제3항의 규정을 위반하여 거래계약서에 거래금액 등 거래내용을 거짓으로 기재하거나 서로 다른 둘 이상의 거래계약서를 작성한 경우

7. 제33조제1항 각 호에 규정된 금지행위를 한 경우

8. 제38조제1항제2호·제4호부터 제8호까지, 같은 조 제2항제2호부터 제11호까지에 해당하는 사유로 중개사무소의 개설등록이 취소된 후 3년(제40조제3항에 따라 등록이 취소된 경우에는 3년에서 같은 항 제1호에 따른 폐업기간을 공제한 기간을 말한다)이 지나지 아니한 자

제38조(등록의 취소) ①등록관청은 개업공인중개사가 다음 각 호의 어느 하나에 해당하는 경우에는 중개사무소의 개설등록을 취소하여야 한다. <개정 2014. 1. 28., 2020. 6. 9.>

2. 거짓이나 그 밖의 부정한 방법으로 중개사무소의 개설등록을 한 경우

4. 제12조제1항의 규정을 위반하여 이중으로 중개사무소의 개설등록을 한 경우

5. 제12조제2항의 규정을 위반하여 다른 개업공인중개사의 소속공인중개사·중개보조원 또는 개업공인중개사인 법인의 사원·임원이 된 경우

6. 제19조제1항의 규정을 위반하여 다른 사람에게 자기의 성명 또는 상호를 사용하여 중개업무를 하게 하거나 중개사무소등록증을 양도 또는 대여한 경우

7. 업무정지기간 중에 중개업무를 하거나 자격정지처분을 받은 소속공인중개사로 하여금 자격정지기간 중에 중개업무를 하게 한 경우

8. 최근 1년 이내에 이 법에 의하여 2회 이상 업무정지처분을 받고 다시 업무정지처분에 해당하는 행위를 한 경우

②등록관청은 개업공인중개사가 다음 각 호의 어느 하나에 해당하는 경우에는 중개사무소의 개설등록을 취소할 수 있다. <개정 2011. 5. 19., 2014. 1. 28., 2019. 8. 20., 2020. 6. 9., 2020. 12. 29.>

2. 제13조제1항의 규정을 위반하여 둘 이상의 중개사무소를 둔 경우

3. 제13조제2항의 규정을 위반하여 임시 중개시설물을 설치한 경우

4. 제14조제1항의 규정을 위반하여 겸업을 한 경우

5. 제21조제2항의 규정을 위반하여 계속하여 6개월을 초과하여 휴업한 경우

6. 제23조제3항의 규정을 위반하여 중개대상물에 관한 정보를 공개하지 아니하거나 중개의뢰인의 비공개요청에도 불구하고 정보를 공개한 경우

7. 제26조제3항의 규정을 위반하여 거래계약서에 거래금액 등 거래내용을 거짓으로 기재하거나 서로 다른 둘 이상의 거래계약서를 작성한 경우

8. 제30조제3항에 따른 손해배상책임을 보장하기 위한 조치를 이행하지 아니하고 업무를 개시한 경우

9. 제33조제1항 각 호에 규정된 금지행위를 한 경우

10. 최근 1년 이내에 이 법에 의하여 3회 이상 업무정지 또는 과태료의 처분을 받고 다시 업무정지 또는 과태료의 처분에 해당하는 행위를 한 경우(제1항제8호에 해당하는 경우는 제외한다)

11. 개업공인중개사가 조직한 사업자단체(「독점규제 및 공정거래에 관한 법률」 제2조제2호의 사업자단체를 말한다. 이하 같다) 또는 그 구성원인 개업공인중개사가 「독점규제 및 공정거래에 관한 법률」 제51조를 위반하여 같은 법 제52조 또는 제53조에 따른 처분을 최근 2년 이내에 2회 이상 받은 경우

제40조(행정제재처분효과의 승계 등) ③제1항의 경우 재등록 개업공인중개사에 대하여 폐업신고 전의 제38조제1항 각 호, 같은 조 제2항 각 호 및 제39조제1항 각 호의 위반행위에 대한 행정처분을 할 수 있다. 다만, 다음 각 호의 어느 하나에 해당하는 경우는 제외한다. <개정 2014. 1. 28., 2020. 6. 9.>

1. 폐업신고를 한 날부터 다시 중개사무소의 개설등록을 한 날까지의 기간(이하 제2호에서 "폐업기간"이라 한다)이 3년을 초과한 경우

2. 폐업신고 전의 위반행위에 대한 행정처분이 업무정지에 해당하는 경우로서 폐업기간이 1년을 초과한 경우

9. 제39조에 따라 업무정지처분을 받고 제21조에 따른 폐업신고를 한 자로서 업무정지기간(폐업에도 불구하고 진행되는 것으로 본다)이 지나지 아니한 자

제39조(업무의 정지) ①등록관청은 개업공인중개사가 다음 각 호의 어느 하나에 해당하는 경우에는 6개월의 범위 안에서 기간을 정하여 업무의 정지를 명할 수 있다. 이 경우 법인인 개업공인중개사에 대하여는 법인 또는 분사무소별로 업무의 정지를 명할 수 있다. <개정 2008. 2. 29., 2009. 4. 1., 2011. 5. 19., 2013. 3. 23., 2014. 1. 28., 2020. 6. 9., 2020. 12. 29.>

1. 제10조제2항의 규정을 위반하여 같은 조 제1항제1호부터 제11호까지의 어느 하나에 해당하는 자를 소속공인중개사 또는 중개보조원으로 둔 경우. 다만, 그 사유가 발생한 날부터 2개월 이내에 그 사유를 해소한 경우에는 그러하지 아니하다.

2. 제16조의 규정을 위반하여 인장등록을 하지 아니하거나 등록하지 아니한 인장을 사용한 경우

3. 제23조제2항의 규정을 위반하여 국토교통부령으로 정하는 전속중개계약서에 의하지 아니하고 전속중개계약을 체결하거나 계약서를 보존하지 아니한 경우

4. 제24조제7항의 규정을 위반하여 중개대상물에 관한 정보를 거짓으로 공개하거나 거래정보사업자에게 공개를 의뢰한 중개대상물의 거래가 완성된 사실을 해당 거래정보사업자에게 통보하지 아니한 경우

5. 삭제 <2014. 1. 28.>

6. 제25조제3항의 규정을 위반하여 중개대상물확인·설명서를 교부하지 아니하거나 보존하지 아니한 경우

7. 제25조제4항의 규정을 위반하여 중개대상물확인·설명서에 서명 및 날인을 하지 아니한 경우

8. 제26조제1항의 규정을 위반하여 적정하게 거래계약서를 작성·교부하지 아니하거나 보존하지 아니한 경우

9. 제26조제2항의 규정을 위반하여 거래계약서에 서명 및 날인을 하지 아니한 경우

10. 제37조제1항에 따른 보고, 자료의 제출, 조사 또는 검사를 거부·방해 또는 기피하거나 그 밖의 명령을 이행하지 아니하거나 거짓으로 보고 또는 자료제출을 한 경우

11. 제38조제2항 각 호의 어느 하나에 해당하는 경우

12. 최근 1년 이내에 이 법에 의하여 2회 이상 업무정지 또는 과태료의 처분을 받고 다시 과태료의 처분에 해당하는 행위를 한 경우

13. 개업공인중개사가 조직한 사업자단체 또는 그 구성원인 개업공인중개사가 「독점규제 및 공정거래에 관한 법률」 제51조를 위반하여 같은 법 제52조 또는 제53조에 따른 처분을 받은 경우

14. 그 밖에 이 법 또는 이 법에 의한 명령이나 처분을 위반한 경우
②제1항에 따른 업무의 정지에 관한 기준은 국토교통부령으로 정한다. <개정 2008. 2. 29., 2013. 3. 23., 2020. 6. 9.>
③제1항의 규정에 따른 업무정지처분은 같은 항 각 호의 어느 하나에 해당하는 사유가 발생한 날부터 3년이 지난 때에는 이를 할 수 없다. <신설 2005. 12. 7., 2020. 6. 9.>
[시행일: 2021. 12. 30.] 제39조

10. 제39조에 따라 업무정지처분을 받은 개업공인중개사인 법인의 업무정지의 사유가 발생한 당시의 사원 또는 임원이었던 자로서 해당 개업공인중개사에 대한 업무정지기간이 지나지 아니한 자

11. 이 법을 위반하여 300만원 이상의 벌금형의 선고를 받고 3년이 지나지 아니한 자

12. 사원 또는 임원 중 제1호부터 제11호까지의 어느 하나에 해당하는 자가 있는 법인
②제1항제1호부터 제11호까지의 어느 하나에 해당하는 자는 소속공인중개사 또는 중개보조원이 될 수 없다. <개정 2020. 6. 9.>
③ 등록관청은 개업공인중개사·소속공인중개사·중개보조원 및 개업공인중개사인 법인의 사원·임원(이하 "개업공인중개사등"이라 한다)이 제1항제1호부터 제11호까지의 어느 하나에 해당하는지 여부를 확인하기 위하여 관계 기관에 조회할 수 있다. <신설 2013. 6. 4., 2014. 1. 28.>

2. 중개사무소

(1) 중개사무소의 설치기준

> **제13조(중개사무소의 설치기준)** ①개업공인중개사는 그 등록관청의 관할 구역안에 중개사무소를 두되, 1개의 중개사무소만을 둘 수 있다. <개정 2014. 1. 28.>

제12조(이중등록의 금지 등) ①개업공인중개사는 이중으로 중개사무소의 개설등록을 하여 중개업을 할 수 없다. <개정 2014. 1. 28.>

⇨ 제38조(등록의 취소) ①등록관청은 개업공인중개사가 다음 각 호의 어느 하나에 해당하는 경우에는 중개사무소의 개설등록을 취소하여야 한다. <개정 2014. 1. 28., 2020. 6. 9.>

4. 제12조제1항의 규정을 위반하여 이중으로 중개사무소의 개설등록을 한 경우

⇨ 제49조(벌칙) ①다음 각 호의 어느 하나에 해당하는 자는 1년 이하의 징역 또는 1천만원 이하의 벌금에 처한다. <개정 2013. 6. 4., 2014. 1. 28., 2019. 8. 20., 2020. 6. 9.>

3. 제12조의 규정을 위반하여 이중으로 중개사무소의 개설등록을 하거나 둘 이상의 중개사무소에 소속된 자

⇨ 제35조(자격의 취소) ①시·도지사는 공인중개사가 다음 각 호의 어느 하나에 해당하는 경우에는 그 자격을 취소하여야 한다. <개정 2014. 1. 28., 2020. 6. 9.>

4. 이 법을 위반하여 징역형의 선고를 받은 경우

②개업공인중개사등은 다른 개업공인중개사의 소속공인중개사·중개보조원 또는 개업공인중개사인 법인의 사원·임원이 될 수 없다. <개정 2013. 6. 4., 2014. 1. 28.>

⇨ 제36조(자격의 정지) ①시·도지사는 공인중개사가 소속공인중개사로서 업무를 수행하는 기간 중에 다음 각 호의 어느 하나에 해당하는 경우에는 6개월의 범위 안에서 기간을 정하여 그 자격을 정지할 수 있다. <개정 2009. 4. 1., 2019. 8. 20., 2020. 6. 9.>

1. 제12조제2항의 규정을 위반하여 둘 이상의 중개사무소에 소속된 경우

⇨ 제38조(등록의 취소) ①등록관청은 개업공인중개사가 다음 각 호의 어느 하나에 해당하는 경우에는 중개사무소의 개설등록을 취소하여야 한다. <개정 2014. 1. 28., 2020. 6. 9.>

5. 제12조제2항의 규정을 위반하여 다른 개업공인중개사의 소속공인중개사·중개보조원 또는 개업공인중개사인 법인의 사원·임원이 된 경우

⇨ 제49조(벌칙) ①다음 각 호의 어느 하나에 해당하는 자는 1년 이하의 징역 또는 1천만원 이하의 벌금에 처한다. <개정 2013. 6. 4., 2014. 1. 28., 2019. 8. 20., 2020. 6. 9.>

3. 제12조의 규정을 위반하여 이중으로 중개사무소의 개설등록을 하거나 둘 이상의 중개사무소에 소속된 자

⇨ 제35조(자격의 취소) ①시·도지사는 공인중개사가 다음 각 호의 어느 하나에 해당하는 경우에는 그 자격을 취소하여야 한다. <개정 2014. 1. 28., 2020. 6. 9.>

4. 이 법을 위반하여 징역형의 선고를 받은 경우

⇨ 제38조(등록의 취소) ②등록관청은 개업공인중개사가 다음 각 호의 어느 하나에 해당하는 경우에는 중개사무소의 개설등록을 취소할 수 있다. <개정 2011. 5. 19., 2014. 1. 28., 2019. 8. 20., 2020. 6. 9.>

2. 제13조제1항의 규정을 위반하여 둘 이상의 중개사무소를 둔 경우

⇨ 제49조(벌칙) ①다음 각 호의 어느 하나에 해당하는 자는 1년 이하의 징역 또는 1천만원 이하의 벌금에 처한다. <개정 2013. 6. 4., 2014. 1. 28., 2019. 8. 20., 2020. 6. 9.>
4. 제13조제1항의 규정을 위반하여 둘 이상의 중개사무소를 둔 자

⇨ 제35조(자격의 취소) ①시·도지사는 공인중개사가 다음 각 호의 어느 하나에 해당하는 경우에는 그 자격을 취소하여야 한다. <개정 2014. 1. 28., 2020. 6. 9.>
4. 이 법을 위반하여 징역형의 선고를 받은 경우
②개업공인중개사는 천막 그 밖에 이동이 용이한 임시 중개시설물을 설치하여서는 아니된다. <개정 2014. 1. 28.>

⇨ 제38조(등록의 취소) ②등록관청은 개업공인중개사가 다음 각 호의 어느 하나에 해당하는 경우에는 중개사무소의 개설등록을 취소할 수 있다. <개정 2011. 5. 19., 2014. 1. 28., 2019. 8. 20., 2020. 6. 9.>
3. 제13조제2항의 규정을 위반하여 임시 중개시설물을 설치한 경우

⇨ 제49조(벌칙) ①다음 각 호의 어느 하나에 해당하는 자는 1년 이하의 징역 또는 1천만원 이하의 벌금에 처한다. <개정 2013. 6. 4., 2014. 1. 28., 2019. 8. 20., 2020. 6. 9.>
5. 제13조제2항의 규정을 위반하여 임시 중개시설물을 설치한 자

⇨ 제35조(자격의 취소) ①시·도지사는 공인중개사가 다음 각 호의 어느 하나에 해당하는 경우에는 그 자격을 취소하여야 한다. <개정 2014. 1. 28., 2020. 6. 9.>
4. 이 법을 위반하여 징역형의 선고를 받은 경우
③제1항에도 불구하고 법인인 개업공인중개사는 대통령령으로 정하는 기준과 절차에 따라 등록관청에 신고하고 그 관할 구역 외의 지역에 분사무소를 둘 수 있다. <개정 2014. 1. 28., 2020. 6. 9.>
④제3항에 따라 분사무소 설치신고를 받은 등록관청은 그 신고내용이 적합한 경우에는 국토교통부령으로 정하는 신고확인서를 교부하고 지체 없이 그 분사무소설치예정지역을 관할하는 시장·군수 또는 구청장에게 이를 통보하여야 한다. <개정 2008. 2. 29., 2013. 3. 23., 2020. 6. 9.>
⑤제5조제3항은 제4항에 따른 신고확인서의 재교부에 관하여 이를 준용한다. <개정 2020. 6. 9.>
⑥개업공인중개사는 그 업무의 효율적인 수행을 위하여 다른 개업공인중개사와 중개사무소를 공동으로 사용할 수 있다. 다만, 개업공인중개사가 제39조제1항에 따른 업무의 정지기간 중에 있는 경우로서 대통령령으로 정하는 때에는 그러하지 아니하다. <개정 2013. 6. 4., 2014. 1. 28.>
⑦중개사무소의 설치기준 및 운영 등에 관하여 필요한 사항은 대통령령으로 정한다.

(2) 중개사무소 개설등록의 기준

> **시행령 제13조(중개사무소 개설등록의 기준 등)** ①법 제9조제3항에 따른 중개사무소 개설등록의 기준은 다음 각 호와 같다. 다만, 다른 법률의 규정에 따라 부동산중개업을 할 수 있는 경우에는 다음 각 호의 기준을 적용하지 아니한다. <개정 2008. 9. 10., 2009. 7. 1., 2011. 3. 15., 2011. 8. 19., 2014. 10. 14., 2016. 1. 12.>
>
> 1. 공인중개사가 중개사무소를 개설하고자 하는 경우
>   가. 법 제34조제1항의 규정에 따른 실무교육을 받았을 것
>   나. 건축물대장(「건축법」 제20조제5항에 따른 가설건축물대장은 제외한다. 이하 같다)에 기재된 건물(준공검사, 준공인가, 사용승인, 사용검사 등을 받은 건물로서 건축물대장에 기재되기 전의 건물을 포함한다. 이하 같다)에 중개사무소를 확보(소유·전세·임대차 또는 사용대차 등의 방법에 의하여 사용권을 확보하여야 한다)할 것
> 2. 법인이 중개사무소를 개설하려는 경우
>   가. 「상법」상 회사 또는 「협동조합 기본법」 제2조제1호에 따른 협동조합(같은 조 제3호에 따른 사회적협동조합은 제외한다)으로서 자본금이 5천만원 이상일 것
>   나. 법 제14조에 규정된 업무만을 영위할 목적으로 설립된 법인일 것
>   다. 대표자는 공인중개사이어야 하며, 대표자를 제외한 임원 또는 사원(합명회사 또는 합자회사의 무한책임사원을 말한다. 이하 이 조에서 같다)의 3분의 1 이상은 공인중개사일 것
>   라. 대표자, 임원 또는 사원 전원 및 분사무소의 책임자(법 제13조제3항에 따라 분사무소를 설치하려는 경우에만 해당한다)가 법 제34조제1항에 따른 실무교육을 받았을 것
>   마. 건축물대장에 기재된 건물에 중개사무소를 확보(소유·전세·임대차 또는 사용대차 등의 방법에 의하여 사용권을 확보하여야 한다)할 것
> ② 시장(구가 설치되지 아니한 시의 시장과 특별자치도의 행정시장을 말한다. 이하 같다)·군수 또는 구청장(이하 "등록관청"이라 한다)은 법 제9조에 따른 개설등록 신청이 다음 각 호의 어느 하나에 해당하는 경우를 제외하고는 개설등록을 해 주어야 한다. <신설 2011. 8. 19.>
> 1. 공인중개사 또는 법인이 아닌 자가 중개사무소의 개설등록을 신청한 경우
> 2. 중개사무소의 개설등록을 신청한 자가 법 제10조제1항 각 호의 어느 하나에 해당하는 경우
> 3. 제1항의 개설등록 기준에 적합하지 아니한 경우
> 4. 그 밖에 이 법 또는 다른 법령에 따른 제한에 위반되는 경우

(3) 공인중개사사무소의 명칭

> **제18조(명칭)** ① 개업공인중개사는 그 사무소의 명칭에 "공인중개사사무소" 또는 "부동산중개"라는 문자를 사용하여야 한다. <개정 2014. 1. 28.>

⇨ 제51조(과태료)③ 다음 각 호의 어느 하나에 해당하는 자에게는 100만원 이하의 과태료를 부과한다. <개정 2013. 6. 4., 2019. 8. 20.>

2. 제18조제1항 또는 제3항을 위반하여 사무소의 명칭에 "공인중개사사무소", "부동산중개"라는 문자를 사용하지 아니한 자 또는 옥외 광고물에 성명을 표기하지 아니하거나 거짓으로 표기한 자

② 개업공인중개사가 아닌 자는 "공인중개사사무소", "부동산중개" 또는 이와 유사한 명칭을 사용하여서는 아니된다. <개정 2014. 1. 28.>

⇨ 제49조(벌칙) ①다음 각 호의 어느 하나에 해당하는 자는 1년 이하의 징역 또는 1천만원 이하의 벌금에 처한다. <개정 2013. 6. 4., 2014. 1. 28., 2019. 8. 20., 2020. 6. 9.>

6. 제18조제2항의 규정을 위반하여 개업공인중개사가 아닌 자로서 "공인중개사사무소", "부동산중개" 또는 이와 유사한 명칭을 사용한 자

⇨ 제35조(자격의 취소) ①시·도지사는 공인중개사가 다음 각 호의 어느 하나에 해당하는 경우에는 그 자격을 취소하여야 한다. <개정 2014. 1. 28., 2020. 6. 9.>

4. 이 법을 위반하여 징역형의 선고를 받은 경우
③ 개업공인중개사가 「옥외광고물 등의 관리와 옥외광고산업 진흥에 관한 법률」 제2조제1호에 따른 옥외광고물을 설치하는 경우 중개사무소등록증에 표기된 개업공인중개사(법인의 경우에는 대표자, 법인 분사무소의 경우에는 제13조제4항의 규정에 따른 신고확인서에 기재된 책임자를 말한다)의 성명을 표기하여야 한다. <신설 2006. 12. 28., 2014. 1. 28., 2016. 1. 6., 2020. 6. 9.>

⇨ 제51조(과태료) ③ 다음 각 호의 어느 하나에 해당하는 자에게는 100만원 이하의 과태료를 부과한다. <개정 2013. 6. 4., 2019. 8. 20.>

2. 제18조제1항 또는 제3항을 위반하여 사무소의 명칭에 "공인중개사사무소", "부동산중개"라는 문자를 사용하지 아니한 자 또는 옥외 광고물에 성명을 표기하지 아니하거나 거짓으로 표기한 자
④제3항의 규정에 따른 개업공인중개사 성명의 표기방법 등에 관하여 필요한 사항은 국토교통부령으로 정한다. <신설 2006. 12. 28., 2008. 2. 29., 2013. 3. 23., 2014. 1. 28.>

제10조의2(성명의 표기방법 등) 개업공인중개사는 법 제18조제3항에 따라 옥외광고물을 설치하는 경우 「옥외광고물 등의 관리와 옥외광고산업 진흥에 관한 법률 시행령」 제3조에 따른 옥외광고물 중 벽면 이용간판, 돌출간판 또는 옥상간판에 개업공인중개사(법인의 경우에는 대표자, 법인 분사무소의 경우에는 법 제13조제4항에 따른 신고확인서에 기재된 책임자를 말한다)의 성명을 인식할 수 있는 정도의 크기로 표기해야 한다. <개정 2014. 7. 29., 2020. 2. 21., 2021. 1. 12.>

[전문개정 2008. 9. 12.]

⑤등록관청은 제1항부터 제3항까지의 규정을 위반한 사무소의 간판 등에 대하여 철거를 명할 수 있다. 이 경우 그 명령을 받은 자가 철거를 이행하지 아니하는 경우에는 「행정대집행법」에 의하여 대집행을 할 수 있다. <개정 2006. 12. 28., 2020. 6. 9.>

● 처벌규정

제39조(업무의 정지) ①등록관청은 개업공인중개사가 다음 각 호의 어느 하나에 해당하는 경우에는 6개월의 범위 안에서 기간을 정하여 업무의 정지를 명할 수 있다. 이 경우 법인인 개업공인중개사에 대하여는 법인 또는 분사무소별로 업무의 정지를 명할 수 있다. <개정 2008. 2. 29., 2009. 4. 1., 2011. 5. 19., 2013. 3. 23., 2014. 1. 28., 2020. 6. 9., 2020. 12. 29.>

14. 그 밖에 이 법 또는 이 법에 의한 명령이나 처분을 위반한 경우

(4) 공인중개사사무소의 게시사항

제17조(중개사무소등록증 등의 게시) 개업공인중개사는 중개사무소등록증·중개보수표 그 밖에 국토교통부령으로 정하는 사항을 해당 중개사무소 안의 보기 쉬운 곳에 게시하여야 한다. <개정 2008. 2. 29., 2013. 3. 23., 2014. 1. 28., 2020. 6. 9.>

> **제10조(중개사무소등록증 등의 게시)** 법 제17조에서 "국토교통부령으로 정하는 사항"이란 다음 각 호의 사항을 말한다. <개정 2008. 3. 14., 2009. 7. 14., 2013. 3. 23., 2014. 7. 29., 2021. 1. 12.>
> 1. 중개사무소등록증 원본(법인인 개업공인중개사의 분사무소의 경우에는 분사무소설치신고확인서 원본을 말한다)
> 2. 중개보수·실비의 요율 및 한도액표
> 3. 개업공인중개사 및 소속공인중개사의 공인중개사자격증 원본(해당되는 자가 있는 경우로 한정한다)
> 4. 보증의 설정을 증명할 수 있는 서류

제39조(업무의 정지) ①등록관청은 개업공인중개사가 다음 각 호의 어느 하나에 해당하는 경우에는 6개월의 범위 안에서 기간을 정하여 업무의 정지를 명할 수 있다. 이 경우 법인인 개업공인중개사에 대하여는 법인 또는 분사무소별로 업무의 정지를 명할 수 있다. <개정 2008. 2. 29., 2009. 4. 1., 2011. 5. 19., 2013. 3. 23., 2014. 1. 28., 2020. 6. 9., 2020. 12. 29.>

14. 그 밖에 이 법 또는 이 법에 의한 명령이나 처분을 위반한 경우

제51조(과태료)③ 다음 각 호의 어느 하나에 해당하는 자에게는 100만원 이하의 과태료를 부과한다. <개정 2013. 6. 4., 2019. 8. 20.>

1. 제17조를 위반하여 중개사무소등록증 등을 게시하지 아니한 자

(5) 중개사무소등록증 양도 또는 대여 등의 금지

> **제19조(중개사무소등록증 대여 등의 금지)** ①개업공인중개사는 다른 사람에게 자기의 성명 또는 상호를 사용하여 중개업무를 하게 하거나 자기의 중개사무소등록증을 양도 또는 대여하는 행위를 하여서는 아니된다. <개정 2014. 1. 28.>

⇨ 제38조(등록의 취소) ①등록관청은 개업공인중개사가 다음 각 호의 어느 하나에 해당하는 경우에는 중개사무소의 개설등록을 취소하여야 한다. <개정 2014. 1. 28., 2020. 6. 9.>

6. 제19조제1항의 규정을 위반하여 다른 사람에게 자기의 성명 또는 상호를 사용하여 중개업무를 하게 하거나 중개사무소등록증을 양도 또는 대여한 경우

②누구든지 다른 사람의 성명 또는 상호를 사용하여 중개업무를 하거나 다른 사람의 중개사무소등록증을 양수 또는 대여받아 이를 사용하는 행위를 하여서는 아니된다.

⇨ 제49조(벌칙) ①다음 각 호의 어느 하나에 해당하는 자는 1년 이하의 징역 또는 1천만원 이하의 벌금에 처한다. <개정 2013. 6. 4., 2014. 1. 28., 2019. 8. 20., 2020. 6. 9.>

7. 제19조의 규정을 위반하여 다른 사람에게 자기의 성명 또는 상호를 사용하여 중개업무를 하게 하거나 중개사무소등록증을 다른 사람에게 양도·대여한 자 또는 다른 사람의 성명·상호를 사용하여 중개업무를 하거나 중개사무소등록증을 양수·대여받은 자

⇨ 제35조(자격의 취소) ①시·도지사는 공인중개사가 다음 각 호의 어느 하나에 해당하는 경우에는 그 자격을 취소하여야 한다. <개정 2014. 1. 28., 2020. 6. 9.>

4. 이 법을 위반하여 징역형의 선고를 받은 경우

◦ 공인중개사법 제49조 제1항 제7호가 금지하고 있는 '중개사무소등록증의 대여'라 함은 다른 사람이 그 등록증을 이용하여 공인중개사로 행세하면서 공인중개사의 업무를 행하려는 것을 알면서도 그에게 자격증 자체를 빌려주는 것을 말한다. 따라서 공인중개사가 무자격자로 하여금 그 공인중개사 명의로 개설등록을 마친 중개사무소의 경영에 관여하거나 자금을 투자하고 그로 인한 이익을 분배받도록 하는 경우라도, 공인중개사 자신이 그 중개사무소에서 공인중개사의 업무인 부동산거래 중개행위를 수행하고 무자격자로 하여금 공인중개사의 업무를 수행하도록 하는 것이 아니라면 이를 가리켜 등록증의 대여를 한 것이라고 말할 수 없다. 한편 무자격자가 공인중개사의 업무를 수행하였는지 여부는 외관상 공인중개사가 직접 업무를 수행하는 형식을 취하였는지 여부에 구애됨이 없이 실질적으로 무자격자가 공인중개사의 명의를 사용하여 업무를 수행하였는지 여부에 따라 판단하여야 한다(대법원 2007. 3. 29. 선고 2006도9334 판결, 대법원 2000. 1. 18. 선고 99도1519 판결 등 참조).

위와 같은 사정 등에 비추어 보면, 공소외 2가 공소외 1을 통하여 파주 신도시 운정지구 한양아파트 등의 분양권 전매 사업에 투자를 하였다고 할 수 있을 뿐이고, 공소외 1이 공소외 2의 분양권 매수를 중개하는 공인중개사의 업무를 수행한 것으로 볼 수 없다. 그렇

다면 피고인이 공소외 1에 대하여 '공인중개사가 무자격자로 하여금 공인중개사의 업무를 수행하도록 하였음'을 전제로 하는 '중개사무소등록증의 대여행위'를 한 것으로 볼 수 없다고 할 것이다.

(대법원 2012.11.15. 선고 2012도4542 판결[공인중개사의업무및부동산거래신고에관한법률위반])

○ 상고이유를 판단한다.

1. 원심은 ① 공인중개사의 자격이 없는 공소외 1이 피고인 명의로 개설등록된 '○○○공인중개사무소'의 대표로 기재된 명함을 사용하고 있었고, 주변 사람들도 공소외 1을 ○○○공인중개사무소의 '사장'으로 알고 있었던 점, ② 피고인은 공소외 1로부터 월 100만 원의 급여와 피고인이 중개한 사건의 중개수수료 중 20%를 지급받기로 약정하였는데, 공인중개사 자격증이 있는 피고인이 수익배분에 있어서 공소외 1보다 더 적은 수익금을 받기로 한 점, ③ 공소외 1은 2009. 7. 6.경부터 2009. 8. 28.경까지 공소외 2에게 파주 신도시 운정지구 한양아파트 분양권과 관련하여 공소외 2로부터 분양권 대금을 지급받고 공소외 2에게 영수증 및 약정서를 교부하였으며, 2009. 10. 8.경부터 2009. 11. 30.경까지 위 아파트 약 5가구에 대한 동·호수 지정 확인서를 작성하여 교부하는 등 아파트 분양권 투자자에게 아파트 분양권의 매매를 알선하는 일을 계속하여 하였는데, 이는 부동산에 대하여 거래당사자간의 매매행위를 알선하는 중개행위를 다른 사람의 의뢰에 의하여 일정한 보수를 받고 업으로 한 것['공인중개사의 업무 및 부동산 거래신고에 관한 법률'(이하 '공인중개사법'이라고 한다) 제2조 제1호, 제3호]에 해당하여, 공소외 1이 실질적으로 중개업을 하여 온 점, ④ 공소외 1이 위와 같은 중개업을 하면서 ○○○공인중개사무소의 대표 직위를 사용하였고, 당시 공소외 2는 공소외 1을 공인중개사로, 피고인을 위 중개사무소의 실장으로 알고 있었던 점, ⑤ 공소외 1의 위 중개행위 당시 공소외 1은 ○○○공인중개사무소의 사무실 내에서 위 아파트 분양권 중개와 관련된 상담·계약서 작성 등의 행위를 하였고, 피고인이 같은 사무실 내에서 위 과정을 지켜보았음에도 이를 제지하거나 이에 대한 아무런 관여를 하지 아니하였던 점 등에 비추어 보면, 피고인은 무자격자인 공소외 1로 하여금 피고인의 등록증을 이용하여 공인중개사로 행세하면서 실질적으로 아파트 분양권 매매 알선 등 부동산 중개업무를 하도록 하였다고 봄이 상당하고, 피고인이 위 중개사무소에서 이루어진 나머지의 중개업무를 직접 수행하였다 할지라도 피고인의 위와 같은 행위는 실질적으로 중개사무소등록증의 대여행위라 봄이 타당하다는 이유로 "피고인이 공소외 1에게 중개사무소등록증을 대여하였다"는 이 사건 공소사실을 유죄로 인정한 제1심판결을 그대로 유지하였다.

2. 그러나 원심의 위와 같은 판단은 아래와 같은 이유에서 수긍하기 어렵다.

(1) 공인중개사법 제2조는 '중개'를 '중개대상물에 대하여 거래당사자간의 매매·교환·임대차 그 밖의 권리의 득실변경에 관한 행위를 알선하는 것'으로(제1호), '중개업'을 '다른 사람의 의뢰에 의하여 일정한 보수를 받고 중개를 업으로 행하는 것'으로(제3호) 정의하고 있다.

나아가 공인중개사법 제19조 제1항은 "중개업자는 다른 사람에게 자기의 성명 또는 상호를 사용하여 중개업무를 하게 하거나 자기의 중개사무소등록증을 양도 또는 대여하는 행위를 하여서는 아니된다"고 정하고 있고, 제49조 제1항 제7호는 '제19 조의 규정을 위반하여 다른 사람에게 자기의 성명 또는 상호를 사용하여 중개업 무를 하게 하거나 중개사무소등록증을 다른 사람에게 양도·대여한 자'를 처벌하 도록 정하고 있다.

(2) 공인중개사법 제49조 제1항 제7호가 금지하고 있는 '중개사무소등록증의 대여'라 함은 다른 사람이 그 등록증을 이용하여 공인중개사로 행세하면서 공인중개사의 업무를 행하려는 것을 알면서도 그에게 자격증 자체를 빌려주는 것을 말한다. 따 라서 공인중개사가 무자격자로 하여금 그 공인중개사 명의로 개설등록을 마친 중 개사무소의 경영에 관여하거나 자금을 투자하고 그로 인한 이익을 분배받도록 하 는 경우라도, 공인중개사 자신이 그 중개사무소에서 공인중개사의 업무인 부동산 거래 중개행위를 수행하고 무자격자로 하여금 공인중개사의 업무를 수행하도록 하는 것이 아니라면 이를 가리켜 등록증의 대여를 한 것이라고 말할 수 없다. 한편 무자격자가 공인중개사의 업무를 수행하였는지 여부는 외관상 공인중개사가 직접 업무를 수행하는 형식을 취하였는지 여부에 구애됨이 없이 실질적으로 무자격자 가 공인중개사의 명의를 사용하여 업무를 수행하였는지 여부에 따라 판단하여야 한다(대법원 2007. 3. 29. 선고 2006도9334 판결, 대법원 2000. 1. 18. 선고 99도1519 판결 등 참조).

나. 기록을 살펴보면, 일단 공소외 1이 파주 신도시 운정지구 한양아파트 등 분양권 과 관련하여 공소외 2로부터 분양권 대금을 지급받고 그에게 약정서 등을 교부 하여 준 것 이외에 공소외 1이 구체적으로 개입하거나 중개하여 계약이 체결되 었던 것으로 볼 수 있을 만한 계약서나 중개의뢰인의 진술 등이 증거로 전혀 제출된 바 없다. 따라서 공소외 1이 공소외 2 이외의 제3자와 관련하여 공인중 개사의 업무를 수행한 사실이 인정된다고 할 수 없다.

다. 나아가 공소외 1이 공소외 2와 관련하여 한 행위가 공인중개사의 업무를 수행 한 것인지에 관하여 본다.

(3) 원심 및 제1심이 적법하게 채택한 증거들에 의하면, 다음과 같은 사정을 알 수 있다.

① 공소외 1이 파주 신도시 운정지구 한양아파트 등의 분양권 매수와 관련하여 공 소외 2에게 '○○○공인중개사무소 대표 공소외 1 명의'로 작성하여 준 약정서 에 "분양권 매수뿐만 아니라 매도에 관한 업무를 일괄하여 ○○○공인중개사무 소에서 처리하기로 하고, 어떠한 경우에도 원금 포함 수익금 및 모든 책임을 중 개사무소에서 지기로 하며, 공소외 2가 양도소득세 납부의무도 부담하지 아니 한다"고 기재되어 있고, 일부 약정서에는 "원금 손실 발생시 ○○○공인중개사 무소에서 손실액의 배액을 배상한다"고까지 기재되어 있으며, 반면 중개수수료 의 액수나 지급시기 등에 관한 내용은 전혀 기재되어 있지 아니하다.

② 공소외 1이 공소외 2로부터 한양아파트 등의 분양권 매수대금을 지급받으면서 '○○○공인중개사무소 대표 공소외 1' 명의로 영수증을 발행하여 주었을 뿐이고, 공소외 2에게 시행사인 주식회사 한양 등 명의로 된 영수증을 교부하여 준 바 없었으며, 공소외 2가 공소외 1에 대하여 시행사 명의로 된 영수증을 요구하였던 것으로 보이지도 아니한다.

③ 공소외 2는 경찰에서 "분양권 매수에 따른 수수료를 공소외 1이 받은 것이 아니고 공소외 1이 분양권 매수에 따른 투자를 하라고 하여 송금하게 한 것인가요"라는 질문에 대하여 "예, 중개수수료와는 상관이 없다"(증거기록 121면)고 진술한 바 있다.

④ 공소외 2는 제1심 법정에서도 "공소외 1이 '○○○ 부동산 돈으로 투자를 한다. 돈이 금방 회전되니까 이익을 볼 수 있다'라고 설명하여 그렇게만 믿었다"(공판기록 218면), "'투자를 하면 이익이 생긴다' 이렇게 들었다. 공소외 1이 '우리 ○○○도 한 30~40개 이렇게 계속 회전을 하고 있다'고 하였다. 공소외 1이 '이것은 공인중개사만 만날 수 있지 개인은 쫓아갈 수 없고 볼 수도 없다' 이런 식으로 이야기하였다"(219면), "공소외 1에게 건넨 돈 중 회수하지 못한 원금이 2억 4,000만 원이다. 이자가 별도로 있다. 이자로 얼마를 받았는지 현재로서는 정확히 모르고, 계산을 하여 보아야 알 수 있다"(220면 이하)고 진술하였다.

⑤ 공소외 1도 제1심 법정에서 "뉴타운도시개발이라는 사업이 있어서 그것을 하기 위하여 ○○○공인중개사무소 대표라고 기재되어 있는 명함을 만든 것이지 중개계약서를 작성하려고 한 것은 아니었다"(공판기록 238면 이하), "제가 투자를 한 것이다. 수원 소재 백연씨엔디라는 시행사와 제가 2004년~2005년부터 하였던 것이다. 투자 유치를 한 것이다. 중개는 수수료를 받게 되어 있는데, 이것은 '같이 돈을 대서 하자'고 한 것이다"(240면), "물건들을 공소외 2에게 소개한 것이 맞다"(241면), "자신과 공소외 2는 파주 신도시 운정지구 한양아파트 등의 분양권에 투자한 적이 있다"(242면), 그리고 "일종의 투자처를 소개하여 준 것이다. 공소외 2 같은 경우 그렇게 수채의 아파트를 구입할 의사가 있었던 것은 아니었고 일종의 전매차익을 얻기 위하여 미리 동·호수를 지정 받아놓고 실질적으로 구매자가 나타나면 얼마의 프리미엄을 받고 넘기는 것이었다. 같이 투자를 한 것이다"(243면)라고 진술하였다.

(4) 위와 같은 사정 등에 비추어 보면, 공소외 2가 공소외 1을 통하여 파주 신도시 운정지구 한양아파트 등의 분양권 전매 사업에 투자를 하였다고 할 수 있을 뿐이고 공소외 1이 공소외 2의 분양권 매수를 중개하는 공인중개사의 업무를 수행한 것으로 볼 수 없다.

라. 그렇다면 피고인이 공소외 1에 대하여 '공인중개사가 무자격자로 하여금 공인중개사의 업무를 수행하도록 하였음'을 전제로 하는 '중개사무소등록증의 대여행위'를 한 것으로 볼 수 없다고 할 것이다.

그럼에도 원심은 피고인이 무자격자인 공소외 1로 하여금 피고인의 중개사무소등록증을 이용하여 실질적으로 아파트 분양권 매매 알선 등 중개업무를 하도록 하여 중개사무소등록증을 대여하였다고 판단하여 이 사건 공소사실을 유죄로 인정한 제1심판결을 그대로 유지하였다. 이러한 원심판결에는 논리와 경험의 법칙에 반하여 사실을 인정하거나 공인중개사법이 정한 '중개사무소등록증의 대여'에 관한 법리를 오해하여 판결에 영향을 미친 위법이 있다고 할 것이다. 이 점을 지적하는 상고이유의 주장은 이유 있다.

3. 그러므로 원심판결을 파기하고 사건을 원심법원에 환송하기로 하여, 관여 대법관의 일치된 의견으로 주문과 같이 판결한다.

(대법원 2012. 11. 15. 선고 판결 [공인중개사의업무및부동산거래신고에관한법률위반])

○ 갑이 공인중개사 자격증과 중개사무소 등록증을 대여받아 중개사무소를 운영하던 중 오피스텔을 임차하기 위하여 위 중개사무소를 방문한 을에게 자신이 오피스텔을 소유하고 있는 것처럼 가장하여 직접 거래당사자로서 임대차계약을 체결한 사안에서, 비록 임대차계약서의 중개사란에 중개사무소의 명칭이 기재되고, 공인중개사 명의로 작성된 중개대상물 확인·설명서가 교부되었다고 하더라도, 갑의 위 행위를 객관적으로 보아 사회통념상 거래당사자 사이의 임대차를 알선·중개하는 행위에 해당한다고 볼 수 없다고 한 사례.

(대법원 2011.04.14. 선고 2010다101486 판결[손해배상청구권등])

3. 중개사무소 개설등록의 절차

(1) 중개사무소 개설등록

⇨ 제9조(중개사무소의 개설등록) ①중개업을 영위하려는 자는 국토교통부령으로 정하는 바에 따라 중개사무소(법인의 경우에는 주된 중개사무소를 말한다)를 두려는 지역을 관할하는 시장(구가 설치되지 아니한 시의 시장과 특별자치도 행정시의 시장을 말한다. 이하 같다)·군수 또는 구청장(이하 "등록관청"이라 한다)에게 중개사무소의 개설등록을 하여야 한다. <개정 2008. 2. 29., 2008. 6. 13., 2013. 3. 23., 2020. 6. 9.>

> **시행규칙 제4조(중개사무소 개설등록의 신청)** ①법 제9조제1항에 따라 중개사무소의 개설등록을 하려는 자는 별지 제5호서식의 부동산중개사무소 개설등록신청서에 다음 각 호의 서류(전자문서를 포함한다)를 첨부하여 중개사무소(법인의 경우에는 주된 중개사무소를 말한다)를 두고자 하는 지역을 관할하는 시장(구가 설치되지 아니한 시와 특별자치도의 행정시의 시장을 말한다. 이하 같다)·군수 또는 구청장(이하 "등록관청"이라 한다)에게 신청하여야 한다. 이 경우 등록관청은 법 제5조제2항에 따라 공인중개사 자격증을 발급한 시·도지사에게 개설등록을 하려는 자(법인의 경우에는 대표자를 포함한 공인중개사인 임원 또는 사원을 말한다)의 공인중개사 자격 확인을 요청하여야 하고, 「전자정부법」 제36조제1항에 따라 행정정보의 공동이용을 통하여 법인 등기사항증명서(신청인이 법인인 경우에만 해당한다)과 건축물대장(「건축법」 제20조제5항에 따른 가설건축물대장은 제외한다. 이하 같다)을 확인하여야 한다. <개정 2006. 8. 7., 2008. 9. 12., 2009. 7. 14., 2010. 6. 30., 2011. 3. 16., 2012. 6. 27., 2014. 7. 29., 2016. 12. 30.>

1. 삭제 <2012. 6. 27.>
2. 삭제 <2006. 8. 7.>
3. 법 제34조제1항의 규정에 따른 실무교육의 수료확인증 사본(영 제36조제1항에 따라 실무교육을 위탁받은 기관 또는 단체가 실무교육 수료 여부를 등록관청이 전자적으로 확인할 수 있도록 조치한 경우는 제외한다)
4. 여권용 사진
5. 건축물대장에 기재된 건물(준공검사, 준공인가, 사용승인, 사용검사 등을 받은 건물로서 건축물대장에 기재되기 전의 건물을 포함한다. 이하 같다)에 중개사무소를 확보(소유·전세·임대차 또는 사용대차 등의 방법에 의하여 사용권을 확보하여야 한다)하였음을 증명하는 서류. 다만, 건축물대장에 기재되지 아니한 건물에 중개사무소를 확보하였을 경우에는 건축물대장 기재가 지연되는 사유를 적은 서류도 함께 내야 한다.
6. 다음 각 목의 서류(외국인이나 외국에 주된 영업소를 둔 법인의 경우에 한한다)
   가. 법 제10조제1항 각 호의 어느 하나에 해당되지 아니함을 증명하는 다음의 어느 하나에 해당하는 서류
      1) 외국 정부나 그 밖에 권한 있는 기관이 발행한 서류 또는 공증인(법률에 따른 공증인의 자격을 가진 자만 해당한다. 이하 이 목에서 같다)이 공증한 신청인의 진술서로서 「재외공관 공증법」에 따라 그 국가에 주재하는 대한민국공관의 영사관이 확인한 서류
      2) 「외국공문서에 대한 인증의 요구를 폐지하는 협약」을 체결한 국가의 경우에는 해당 국가의 정부나 공증인, 그 밖의 권한이 있는 기관이 발행한 것으로서 해당 국가의 아포스티유(Apostille) 확인서 발급 권한이 있는 기관이 그 확인서를 발급한 서류
   나. 「상법」 제614조의 규정에 따른 영업소의 등기를 증명할 수 있는 서류
②제1항의 규정에 따라 중개사무소 개설등록의 신청을 받은 등록관청은 다음 각 호의 개업공인중개사의 종별에 따라 구분하여 개설등록을 하고, 개설등록 신청을 받은 날부터 7일 이내에 등록신청인에게 서면으로 통지하여야 한다. <개정 2014. 7. 29.>
1. 법인인 개업공인중개사
2. 공인중개사인 개업공인중개사
③제2항의 규정에 따라 중개사무소의 개설등록을 한 개업공인중개사가 제2항 각 호의 종별을 달리하여 업무를 하고자 하는 경우에는 제1항의 규정에 따라 등록신청서를 다시 제출하여야 한다. 이 경우 종전에 제출한 서류 중 변동사항이 없는 서류는 제출하지 아니할 수 있으며, 종전의 등록증은 이를 반납하여야 한다. <개정 2014. 7. 29.>

②공인중개사(소속공인중개사는 제외한다) 또는 법인이 아닌 자는 제1항에 따라 중개사무소의 개설등록을 신청할 수 없다. <개정 2020. 6. 9.>
③제1항에 따라 중개사무소 개설등록의 기준은 대통령령으로 정한다. <개정 2020. 6. 9.>

⇨ 제48조(벌칙) 다음 각 호의 어느 하나에 해당하는 자는 3년 이하의 징역 또는 3천만원 이하의 벌금에 처한다. <개정 2016. 12. 2., 2019. 8. 20., 2020. 6. 9.>

　　1. 제9조에 따른 중개사무소의 개설등록을 하지 아니하고 중개업을 한 자

　　2. 거짓이나 그 밖의 부정한 방법으로 중개사무소의 개설등록을 한 자

⇨ 제35조(자격의 취소) ①시·도지사는 공인중개사가 다음 각 호의 어느 하나에 해당하는 경우에는 그 자격을 취소하여야 한다. <개정 2014. 1. 28., 2020. 6. 9.>

　　4. 이 법을 위반하여 징역형의 선고를 받은 경우

(2) 중개사무소등록증 대여 등의 금지

제19조(중개사무소등록증 대여 등의 금지) ①개업공인중개사는 다른 사람에게 자기의 성명 또는 상호를 사용하여 중개업무를 하게 하거나 자기의 중개사무소등록증을 양도 또는 대여하는 행위를 하여서는 아니된다. <개정 2014. 1. 28.>

②누구든지 다른 사람의 성명 또는 상호를 사용하여 중개업무를 하거나 다른 사람의 중개사무소등록증을 양수 또는 대여받아 이를 사용하는 행위를 하여서는 아니된다.

⇨ 제38조(등록의 취소) ①등록관청은 개업공인중개사가 다음 각 호의 어느 하나에 해당하는 경우에는 중개사무소의 개설등록을 취소하여야 한다. <개정 2014. 1. 28., 2020. 6. 9.>

　　6. 제19조제1항의 규정을 위반하여 다른 사람에게 자기의 성명 또는 상호를 사용하여 중개업무를 하게 하거나 중개사무소등록증을 양도 또는 대여한 경우

⇨ 제49조(벌칙) ①다음 각 호의 어느 하나에 해당하는 자는 1년 이하의 징역 또는 1천만원 이하의 벌금에 처한다. <개정 2013. 6. 4., 2014. 1. 28., 2019. 8. 20., 2020. 6. 9.>

　　7. 제19조의 규정을 위반하여 다른 사람에게 자기의 성명 또는 상호를 사용하여 중개업무를 하게 하거나 중개사무소등록증을 다른 사람에게 양도·대여한 자 또는 다른 사람의 성명·상호를 사용하여 중개업무를 하거나 중개사무소등록증을 양수·대여받은 자

(3) 중개사사무소 개설등록 절차

1) 실무교육이수

공인중개사 실무교육은 공인중개사법 제34조 및 동법 시행령 제28조 규정에 의거하여 각 시·도지사로부터 교육기관으로 위탁받아 실무교육을 실시하고 있습니다. 교육대상자는 개업 예정인 공인중개사 및 소속공인중개사 고용예정인 공인중개사로 교육시간은 총 28시간으로 진행하고 있습니다.

① 실무교육이수 대상자

　가) 중개사무소의 개설등록을 신청하고자 하는 공인중개사

　나) 중개사무소의 개설등록을 신청하고자 하는 중개법인의 임원 또는 사원 (합명회사 또는 합자회사의 무한 책임사원)

다) 소속공인중개사로 고용신고를 하려고 하는 공인중개사
라) 교육 면제대상
- 폐업신고 후 1년 이내에 중개사무소의 개설등록을 다시 신청 하거나 소속공인
중개사로 고용 신고를 하려는 자
- 소속공인중개사로서 고용관계 종료 신고 후 1년 이내에 중개사무소의 개설등
록을 신청하거나 고용 신고를 다시 하려는 자
② 실무교육일정
- 중앙회: 매주 월요일 개강
- 지 부: 지부별 자체계획으로 실시(각 시·도 지부 문의)
③ 준비물: 공인중개사자격증 사본 1매, 반명함판 사진 1매
④ 교육비: 130,000원 (교재 포함)
⑤ 교육시간: 4일 28시간(비합숙) 평가시험 별도

2) 개설등록신청(시·군·구청)

① 신청서 제출
중개사무소를 개설하고자 하는 관할 시장·군수·구청장에게 제출한다.
② 중개사무소 개설 등록 시 필요서류
- 부동산 중개사무소 개설 등록신청서
- 공인중개사자격증 사본
- 법인의 등기부 등본(법인의 경우)
- 실무교육 이수확인증 사본 (1년 이내의 것이어야 함)
- 반명함판 사진 2매
- 사무소 확보를 증명하는 서류(임대차 계약서 사본 등)

3) 등록통지

등록신청을 받은 등록관청은 7일 이내에 법인과 공인중개사인 개업공인중개사로 구
분하여 등록을 하고 등록 신청인에게 개설등록을 개별통지(서면) 하여야 한다.

4) 업무보증설정

개업공인중개사는 업무를 개시하기 전에 협회 공제 등에 가입한 후 업무보증설정서
사본을 등록관청에 제출하여야 한다. (단, 협회공제에 가입 시 협회에서 업무보증설정
신고를 대행함)
① 업무보증 설정금액
- 개인인 경우: 1억원
- 법인인 경우: 2억원
② 업무보증 수수료
- 개인 1억원 업무보증시: 198,000원
- 법인 2억원 업무보증시: 396,000원
③ 협회에 업무보증 설정 방법
협회 홈페이지 공제안내 메뉴를 통해 온라인 공제가입 신청 및 공제료를 납입 하

시고 공제증서 발급 등 기타 문의사항은 해당 지부·지회로 전화하시면 안내해 드립니다.

④ 협회 공제 가입절차
- 공인중개사(협회 홈페이지 온라인 공제청약서 작성, 공제료 납입) → 협회(공제증서,영수증 발급) → 공인중개사(등록관청에 업무보증 신고 - 단, 협회공제가입자는 협회에서 등록관청에 업무보증설정신고를 대행해줌.) → 공인중개사(사업장에 업무보증 설정증빙서류 게시)

5) 등록증 교부

제11조(등록증의 교부 등) ①등록관청은 제9조에 따라 중개사무소의 개설등록을 한 자에 대하여 국토교통부령으로 정하는 바에 따라 중개사무소등록증을 교부하여야 한다. <개정 2008. 2. 29., 2013. 3. 23., 2020. 6. 9.>

> 제5조(등록증의 교부 및 재교부) ①등록관청은 중개사무소의 개설등록을 한 자가 영 제24조제2항의 규정에 따른 보증(이하 "보증"이라 한다)을 설정하였는지 여부를 확인한 후 법 제11조제1항의 규정에 따라 별지 제6호서식의 중개사무소등록증을 지체 없이 교부하여야 한다.
> ②제1항에 따라 등록관청이 중개사무소등록증을 교부하는 때에는 별지 제7호서식의 부동산중개사무소등록대장에 그 등록에 관한 사항을 기록한 후 중개사무소등록증을 교부하여야 한다.
> ③법 제11조제2항의 규정에 따른 중개사무소등록증의 재교부신청은 별지 제4호서식에 따른다.
> ④개업공인중개사가 등록증의 기재사항의 변경으로 인하여 다시 등록증을 교부받고자 하거나, 법 제7638호 부칙 제6조제2항의 규정에 따라 이 법에 따른 중개사무소의 개설등록을 한 것으로 보는 자가 공인중개사 자격을 취득하여 그 등록관청의 관할구역 안에서 공인중개사인 개업공인중개사로서 업무를 계속하고자 하는 경우에는 별지 제4호서식의 신청서에 이미 교부받은 등록증과 변경사항을 증명하는 서류를 첨부하여 등록증의 재교부를 신청하여야 한다. <개정 2014. 7. 29.>
> ⑤ 제2항의 부동산중개사무소등록대장은 전자적 처리가 불가능한 특별한 사유가 없으면 전자적 처리가 가능한 방법으로 작성·관리하여야 한다. <신설 2007. 12. 13.>

②제5조제3항의 규정은 중개사무소등록증의 재교부에 관하여 이를 준용한다.

6) 인장등록

중개업무 개시 전에 인장을 등록관청에 등록하여야 한다.
등록하여야 할 인장
- 개인인 경우: [가족관계의 등록 등에 관한법률]에 따른 가족관계등록부 또는 [주민등록법]에 따른 주민등록표에 기재되어 있는 성명이 나타난 인장으로서 그 크기가 가로·세로 각각 7밀리미터 이상 30밀리미터 이내인 인장
- 법인인 경우: 상업등기 처리규칙에 의하여 신고한 법인의 인장

제16조(인장의 등록) ①개업공인중개사 및 소속공인중개사는 국토교통부령으로 정하는 바에 따라 중개행위에 사용할 인장을 등록관청에 등록하여야 한다. 등록한 인장을 변경한 경우에도 또한 같다. <개정 2008. 2. 29., 2013. 3. 23., 2014. 1. 28., 2020. 6. 9.>

제9조(인장등록 등) ①개업공인중개사 및 소속공인중개사는 법 제16조제1항의 규정에 따라 업무를 개시하기 전에 중개행위에 사용할 인장을 등록관청에 등록(전자문서에 의한 등록을 포함한다)하여야 한다. <개정 2014. 7. 29., 2016. 12. 30.>

②제1항의 규정에 따라 등록한 인장을 변경한 경우에는 개업공인중개사 및 소속공인중개사는 변경일부터 7일 이내에 그 변경된 인장을 등록관청에 등록(전자문서에 의한 등록을 포함한다)하여야 한다. <개정 2014. 7. 29., 2016. 12. 30.>

③제1항 및 제2항에 따라 개업공인중개사 및 소속공인중개사가 등록하여야 할 인장은 공인중개사인 개업공인중개사, 법 제7638호 부칙 제6조제2항에 규정된 개업공인중개사 및 소속공인중개사의 경우에는 「가족관계의 등록 등에 관한 법률」에 따른 가족관계등록부 또는 「주민등록법」에 따른 주민등록표에 기재되어 있는 성명이 나타난 인장으로서 그 크기가 가로·세로 각각 7밀리미터 이상 30밀리미터 이내인 인장이어야 하며, 법인인 개업공인중개사의 경우에는 「상업등기규칙」에 따라 신고한 법인의 인장이어야 한다. 다만, 분사무소에서 사용할 인장의 경우에는 「상업등기규칙」 제35조제3항에 따라 법인의 대표자가 보증하는 인장을 등록할 수 있다. <개정 2009. 7. 14., 2009. 12. 31., 2014. 7. 29., 2016. 12. 30.>

④법인인 개업공인중개사의 제1항 및 제2항에 따른 인장 등록은 「상업등기규칙」에 따른 인감증명서의 제출로 갈음한다. <개정 2009. 7. 14., 2009. 12. 31., 2014. 7. 29.>

⑤ 제1항 및 제2항에 따른 인장의 등록은 별지 제11호의2 서식에 따른다. <신설 2010. 6. 30.>

⑥ 제1항에 따른 인장의 등록은 다음 각 호의 신청이나 신고와 같이 할 수 있다. <신설 2010. 6. 30.>

1. 제4조에 따른 중개사무소 개설등록신청
2. 제8조에 따른 소속공인중개사·중개보조원에 대한 고용 신고

---

②개업공인중개사 및 소속공인중개사는 중개행위를 하는 경우 제1항에 따라 등록한 인장을 사용하여야 한다. <개정 2014. 1. 28., 2020. 6. 9.>

⇨ 제36조(자격의 정지) ①시·도지사는 공인중개사가 소속공인중개사로서 업무를 수행하는 기간 중에 다음 각 호의 어느 하나에 해당하는 경우에는 6개월의 범위 안에서 기간을 정하여 그 자격을 정지할 수 있다. <개정 2009. 4. 1., 2019. 8. 20., 2020. 6. 9.>

2. 제16조의 규정을 위반하여 인장등록을 하지 아니하거나 등록하지 아니한 인장을 사용한 경우

⇨ 제39조(업무의 정지) ①등록관청은 개업공인중개사가 다음 각 호의 어느 하나에 해당하는 경우에는 6개월의 범위 안에서 기간을 정하여 업무의 정지를 명할 수 있다. 이 경우 법인인 개업공인중개사에 대하여는 법인 또는 분사무소별로 업무의 정지를

명할 수 있다. <개정 2008. 2. 29., 2009. 4. 1., 2011. 5. 19., 2013. 3. 23., 2014. 1. 28., 2020. 6. 9., 2020. 12. 29.>

2. 제16조의 규정을 위반하여 인장등록을 하지 아니하거나 등록하지 아니한 인장을 사용한 경우

7) 사업자등록신청

① 사업자등록신청

업무개시일로부터 20일 이내 관할 세무서에 신청한다.

② 구비서류

- 사업자의 등록신청서
- 개인인 경우: 임대차계약서
- 법인인 경우: 법인등기부 등본
- 중개업등록증 사본

4. 중개사무소 이전신고

제20조(중개사무소의 이전신고) ①개업공인중개사는 중개사무소를 이전한 때에는 이전한 날부터 10일 이내에 국토교통부령으로 정하는 바에 따라 등록관청에 이전사실을 신고하여야 한다. 다만, 중개사무소를 등록관청의 관할 지역 외의 지역으로 이전한 경우에는 이전 후의 중개사무소를 관할하는 시장·군수 또는 구청장(이하 이 조에서 "이전후 등록관청"이라 한다)에게 신고하여야 한다. <개정 2008. 2. 29., 2013. 3. 23., 2014. 1. 28., 2020. 6. 9.>

제11조(중개사무소의 이전신고 등) ①법 제20조제1항에 따라 중개사무소의 이전신고를 하려는 자는 별지 제12호서식의 중개사무소이전신고서에 다음 각 호의 서류를 첨부하여 등록관청(분사무소의 경우에는 주된 사무소의 소재지를 관할하는 등록관청을 말한다. 이하 이 조에서 같다)에 제출해야 한다. <개정 2011. 3. 16., 2021. 1. 12.>

1. 중개사무소등록증(분사무소의 경우에는 분사무소설치신고확인서를 말한다)
2. 건축물대장에 기재된 건물에 중개사무소를 확보(소유·전세·임대차 또는 사용대차 등의 방법에 의하여 사용권을 확보하여야 한다)하였음을 증명하는 서류. 다만, 건축물대장에 기재되지 아니한 건물에 중개사무소를 확보하였을 경우에는 건축물대장 기재가 지연되는 사유를 적은 서류도 함께 내야 한다.

②제1항에 따라 중개사무소의 이전신고를 받은 등록관청은 그 내용이 적합한 경우에는 중개사무소등록증 또는 분사무소설치신고확인서를 재교부해야 한다. 다만, 개업공인중개사가 등록관청의 관할지역 내로 이전한 경우에는 등록관청은 중개사무소등록증 또는 분사무소설치신고확인서에 변경사항을 적어 교부할 수 있다. <개정 2014. 7. 29., 2021. 1. 12.>

③등록관청은 분사무소의 이전신고를 받은 때에는 지체 없이 그 분사무소의 이전 전 및 이전 후의 소재지를 관할하는 시장·군수 또는 구청장에게 이를 통보하여야 한다.

④법 제20조제2항의 규정에 따라 관련서류를 송부하여 줄 것을 요청받은 종전의 등록 관청이 이전 후의 등록관청에 송부하여야 하는 서류는 다음 각 호와 같다.

1. 이전신고를 한 중개사무소의 부동산중개사무소등록대장

2. 부동산중개사무소 개설등록 신청서류

3. 최근 1년간의 행정처분 및 행정처분절차가 진행 중인 경우 그 관련서류

②제1항 단서에 따라 신고를 받은 이전후 등록관청은 종전의 등록관청에 관련 서류를 송부하여 줄 것을 요청하여야 한다. 이 경우 종전의 등록관청은 지체없이 관련 서류를 이전후 등록관청에 송부하여야 한다. <개정 2020. 6. 9.>

③제1항 단서에 따른 신고 전에 발생한 사유로 인한 개업공인중개사에 대한 행정처분은 이전후 등록관청이 이를 행한다. <개정 2014. 1. 28., 2020. 6. 9.>

⇨ 제51조(과태료) ③ 다음 각 호의 어느 하나에 해당하는 자에게는 100만원 이하의 과태 료를 부과한다. <개정 2013. 6. 4., 2019. 8. 20.>

3. 제20조제1항을 위반하여 중개사무소의 이전신고를 하지 아니한 자

5. 휴업 또는 폐업의 신고

(1) 휴업 또는 폐업 신고

제21조(휴업 또는 폐업의 신고) ①개업공인중개사는 3개월을 초과하는 휴업(중개사무소 의 개설등록 후 업무를 개시하지 아니하는 경우를 포함한다. 이하 같다), 폐업 또는 휴업한 중개업을 재개하고자 하는 때에는 등록관청에 그 사실을 신고하여야 한다. 휴업기간을 변경하고자 하는 때에도 또한 같다. <개정 2008. 2. 29., 2008. 6. 13., 2014. 1. 28., 2020. 6. 9.>

②제1항에 따른 휴업은 6개월을 초과할 수 없다. 다만, 질병으로 인한 요양등 대통령 령으로 정하는 부득이한 사유가 있는 경우에는 그러하지 아니하다. <개정 2020. 6. 9.>

⑤법 제21조제2항에서 "대통령령이 정하는 부득이한 사유"라 함은 다음 각 호의 어 느 하나에 해당하는 사유를 말한다. <개정 2020. 2. 18.>

1. 질병으로 인한 요양

2. 징집으로 인한 입영

3. 취학

4. 그 밖에 제1호 내지 제3호에 준하는 부득이한 사유

③제1항에 따른 신고의 절차 등에 관하여 필요한 사항은 대통령령으로 정한다. <개정 2008. 6. 13., 2020. 6. 9.>

> **제18조(휴업 또는 폐업의 신고 등)** ①개업공인중개사는 법 제21조제1항의 규정에 따라 3월을 초과하는 휴업(중개사무소의 개설등록 후 업무를 개시하지 아니하는 경우를 포함한다. 이하 같다), 폐업, 휴업한 중개업의 재개 또는 휴업기간의 변경을 하고자 하는 때에는 국토교통부령이 정하는 신고서에 중개사무소등록증을 첨부(휴업 또는 폐업의 경우에 한한다)하여 등록관청에 미리 신고(부동산중개업재개·휴업기간 변경신고의 경우에는 전자문서에 의한 신고를 포함한다)하여야 한다. 법인인 개업공인중개사의 분사무소의 경우에도 또한 같다. <개정 2008. 2. 29., 2013. 3. 23., 2014. 7. 28.>
> ② 제1항에 따라 신고를 하려는 자가「부가가치세법」제8조제8항에 따른 신고를 같이 하려는 경우에는 제1항의 신고서에 같은 법 시행령 제13조제1항에 따른 신고서를 함께 제출해야 한다. 이 경우 등록관청은 함께 제출받은 신고서를 지체 없이 관할 세무서장에게 송부(정보통신망을 이용한 송부를 포함한다. 이하 이 조에서 같다)해야 한다. <신설 2020. 2. 18., 2021. 2. 17.>
> ③ 관할 세무서장이「부가가치세법 시행령」제13조제5항에 따라 제1항의 신고서를 받아 해당 등록관청에 송부한 경우에는 제1항의 신고서가 제출된 것으로 본다. <신설 2020. 2. 18.>
> ④제1항의 규정에 따른 중개사무소재개신고를 받은 등록관청은 반납을 받은 중개사무소등록증을 즉시 반환하여야 한다. <개정 2020. 2. 18.>

⇨ 제51조(과태료) ③ 다음 각 호의 어느 하나에 해당하는 자에게는 100만원 이하의 과태료를 부과한다. <개정 2013. 6. 4., 2019. 8. 20.>
  4. 제21조제1항을 위반하여 휴업, 폐업, 휴업한 중개업의 재개 또는 휴업기간의 변경 신고를 하지 아니한 자

(2) 간판의 철거

> **제21조의2(간판의 철거)** ① 개업공인중개사는 다음 각 호의 어느 하나에 해당하는 경우에는 지체 없이 사무소의 간판을 철거하여야 한다. <개정 2014. 1. 28.>
> 1. 제20조제1항에 따라 등록관청에 중개사무소의 이전사실을 신고한 경우
> 2. 제21조제1항에 따라 등록관청에 폐업사실을 신고한 경우
> 3. 제38조제1항 또는 제2항에 따라 중개사무소의 개설등록 취소처분을 받은 경우
> ② 등록관청은 제1항에 따른 간판의 철거를 개업공인중개사가 이행하지 아니하는 경우에는「행정대집행법」에 따라 대집행을 할 수 있다. <개정 2014. 1. 28.>
> [본조신설 2013. 6. 4.]

⇨ 제51조(과태료)③ 다음 각 호의 어느 하나에 해당하는 자에게는 100만원 이하의 과태료를 부과한다. <개정 2013. 6. 4., 2019. 8. 20.>
  4. 제21조제1항을 위반하여 휴업, 폐업, 휴업한 중개업의 재개 또는 휴업기간의 변경 신고를 하지 아니한 자

제1절 │ 중개업

Ⅰ │ 중개업

1. 중개의 의의

◦ "중개"라 함은 제3조에 따른 중개대상물에 대하여 거래당사자간의 매매·교환·임대차 그 밖의 권리의 득실변경에 관한 행위를 알선하는 것을 말한다.

◦ 원심판결 이유에 의하면, 원심은, 피고인이 1995. 9. 18.경 공소외 황광수로부터 그가 대구 북구 태전동에 신축 중인 상가의 분양을 의뢰받으면서, ① 분양대금이 21억 5천만 원을 초과하여 분양되었을 경우에는 그 초과한 금액을 피고인이 가지기로 하고, ② 분양에 따른 비용은 전액 피고인이 부담하며, ③ 확정가격으로 분양하였을 경우에는 분양계약 체결시에 피고인에게 입금액의 2%를 수임료로 지급하고 나머지는 분양완료시 정산하며, ④ 피고인이 책임지고 분양을 완료하되 미분양 상가는 피고인이 인수하고, ⑤ 총분양금액 21억 4천만 원을 초과하는 부분에 대한 양도소득세를 피고인이 부담하기로 약정한 사실, 그 후 피고인은 이 약정에 따라 자신의 경비를 들여 광고를 하는 등으로 이 사건 상가 점포 중 38개를 분양하고 황광수로부터 도합 343,966,340원을 교부받은 사실을 인정한 다음, 피고인의 위와 같은 행위는 피고인이 이 사건 상가를 분양하면서 어느 정도의 위험부담과 함께 이득을 취할 수 있는 영업행위로서 이른바 '분양대행'에 해당하고, 이러한 분양대행은 중개와는 구별되는 것이어서 피고인이 분양대행과 관련하여 교부받은 금원이 부동산중개업법 제15조 제2호에 의하여 초과 수수가 금지되는 금원이 아니라는 이유로 제1심판결을 파기하고 무죄를 선고하였는바, 위와 같은 원심의 인정 및 판단은 정당하고, 거기에 중개행위의 개념에 관한 법리오해나 사실오인 등의 위법이 있다고 할 수 없다.(98도1914, 판결)

2. 중개업의 의의

◦ "중개업"이라 함은 다른 사람의 의뢰에 의하여 일정한 보수를 받고 중개를 업으로 행하는 것을 말한다. 따라서 중개업이란 개업공인중개사가 다른 사람의 의뢰에 의하여 일정한 보수를 받고 중개대상물에 대하여 거래당사자간의 매매 교환 임대차 그 밖의 권리의 득실변경에 관한 행위를 알선하는 것을 업으로 하는 것으로 부동산중개업은 개업공인중개사만 할 수 있으며, 중개보수약정은 강행규정으로 개업공인중개사와 아닌 자와 체결한 중개보수약정은 무효이다.

◦ 부동산중개업법은 그 제2조 제2호에서 '중개업'이라 함은 타인의 의뢰에 의하여 일정한 수수료를 받고 중개를 업으로 하는 것을 말한다고 규정하고 있고, 여기서 '중개를 업으로 한다'고 함은 영업으로서 중개를 하는 것을 말하며 중개를 영업으로 하였는지 여부는 중

개행위의 목적이나 규모·횟수·기간·태양 등 여러 사정에 비추어 사회통념에 따라 판단하여야 할 것이므로, 반복·계속하여 중개행위를 한 것은 물론 비록 단 한 번의 행위라 하더라도 반복 계속할 의사로 중개행위를 하였다면 여기에 해당할 것이나, 그렇지 않고 우연한 기회에 타인 간의 거래행위를 중개하고 수수료를 받은 것이라면 중개를 업으로 한 것이라고 볼 수 없다(대법원 2006. 4. 14. 선고 2006도342 판결, 대법원 2007. 9. 6. 선고 2007도5246 판결 등 참조). 따라서 공인중개사 자격이 없는 자가 우연한 기회에 단 1회 타인 간의 거래행위를 중개한 경우 등과 같이 '중개를 업으로 한' 것이 아니라면 그에 따른 중개수수료 지급약정이 강행법규에 위배되어 무효라고 할 것은 아니고, 다만 그 중개수수료의 약정이 부당하게 과다하여 민법상 신의성실의 원칙이나 형평의 원칙에 반한다고 볼만한 사정이 있는 경우에는 그 상당하다고 인정되는 범위 내로 감액된 보수액만을 청구할 수 있다고 할 것이다.

◦ 부동산중개업법 제4조 제1항 소정의 "중개업"이라 함은 일정한 수수료를 받고 제3조의 규정에 의한 중개대상물에 대하여 거래당사자간의 매매·교환·임대차 기타 권리의 득실·변경에 관한 행위의 알선·중개를 업으로 하는 것을 말하는 바 (같은법 제2조 제1호), "...의 알선·중개를 업으로 한다" 함은 반복 계속하여 영업으로 알선·중개를 하는 것을 의미한다고 해석하여야 할 것이므로, 알선·중개를 업으로 하였는지의 여부는 알선·중개행위의 반복계속성, 영업성 등의 유무와 그 행위의 목적이나 규모, 회수, 기간, 태양 등 여러 사정을 종합적으로 고려하여 사회통념에 따라 판단하여야 할 것이다.

그런데 원심판결 이유에 의하면 원심은 피고인이 우연한 기회에 단 1회 건물전세계약의 중개를 하고 수수료를 받은 사실은 인정되지만, 반복 계속하여 알선·중개를 하였음을 인정할 만한 증거가 없으므로 피고인의 행위는 알선·중개를 업으로 한 것으로 볼 수 없다고 판단하여 부동산중개업법 제4조 위반의 공소사실에 대하여 무죄를 선고한 제1심판결을 그대로 유지하고 있는바, 기록과 대조하여 검토하여 보면 원심의 위와 같은 사실인정과 판단은 정당하고 원심판결에 채증법칙을 위반하였거나 부동산중개업법에 관한 법리를 오해한 위법이 있다고 볼 수 없으므로 논지도 이유없다.
(대법원 1988.08.09. 선고 88도998 판결[변호사법위반(예비적으로 사기·사기미수),사문서위조,동행사,부동산중개업법위반])

Ⅱ 중개행위에 의한 거래유형

1. 양타

개업공인중개사개 거래당사자 쌍방으로 부터 중개의뢰를 받아 계약을 성사시킨 경우

매도인의 의뢰	⇨	공인중개사	⇦	매수인의 의뢰
		- <매매계약 체결> -		

2. 공동거래

거래당사자 일방으로부터 각각 중개의뢰를 받은 개업공인중개사가 거래당사자간의 계약을 성사시킨 경우

> 매도인 ⇨ 공인중개사 - <매매계약 체결> - 공인중개사 ⇦ 매수인

3. 단타

거래 당사자 일방으로부터만 중개의뢰를 받은 개업공인중개사가 중개의뢰가 없는 상대방과 사이에 거래를 성사시킨 경우

> 매도인 - <매매계약 체결> - 공인중개사 ⇦ 매수인 의뢰

> 매도인 의뢰 ⇨ 공인중개사 - <매매계약 체결> - 매수인

4. 교통

중개의뢰를 받은 개업공인중개사가 다른 개업공인중개사의 중개행위를 통하여 거래를 성사시킨 경우

> 매도인 의뢰 ⇨ 공인중개사 - <매매계약 체결> - 공인중개사 ⇦ 공인중개사 ⇦ 매수인 의뢰

5. 기타

(1) 당사자 직접계약(쌍방합의),

(2) 대서

Ⅲ 공인중개사의 업무 범위

1. 개인인 개업공인중개사의 업무범위

(1) 일반 업무

개인인 개업공인중개사는 업무 범위의 제한이 없다. 따라서 공인중개사법의 금지행위 또는 기타 법령에서 금지하고 있지 않는 한 제한 없이 할 수 있다.

(2) 경매 공매

제14조(개업공인중개사의 겸업제한 등) ②개업공인중개사는 「민사집행법」에 의한 경매 및 「국세징수법」 그 밖의 법령에 의한 공매대상 부동산에 대한 권리분석 및 취득의 알선과 매수신청 또는 입찰신청의 대리를 할 수 있다. <개정 2014. 1. 28.>

③개업공인중개사가 제2항의 규정에 따라 「민사집행법」에 의한 경매대상 부동산의 매

수신청 또는 입찰신청의 대리를 하고자 하는 때에는 대법원규칙으로 정하는 요건을 갖추어 법원에 등록을 하고 그 감독을 받아야 한다. <개정 2014. 1. 28., 2020. 6. 9.>

2. 법인인 개업공인중개사의 업무범위

제14조(개업공인중개사의 겸업제한 등) ①법인인 개업공인중개사는 다른 법률에 규정된 경우를 제외하고는 중개업 및 다음 각 호에 규정된 업무와 제2항에 규정된 업무 외에 다른 업무를 함께 할 수 없다. <개정 2009. 4. 1., 2014. 1. 28., 2020. 6. 9.>

1. 상업용 건축물 및 주택의 임대관리 등 부동산의 관리대행
2. 부동산의 이용·개발 및 거래에 관한 상담
3. 개업공인중개사를 대상으로 한 중개업의 경영기법 및 경영정보의 제공
4. 상업용 건축물 및 주택의 분양대행
5. 그 밖에 중개업에 부수되는 업무로서 대통령령으로 정하는 업무

> 제17조(법인인 개업공인중개사의 업무) ① 삭제 <2009. 7. 1.>
> ②법 제14조제1항제5호에서 "대통령령이 정하는 업무"라 함은 중개의뢰인의 의뢰에 따른 도배·이사업체의 소개 등 주거이전에 부수되는 용역의 알선을 말한다.
> [제목개정 2014. 7. 28.]

⇨ 제38조(등록의 취소) ②등록관청은 개업공인중개사가 다음 각 호의 어느 하나에 해당하는 경우에는 중개사무소의 개설등록을 취소할 수 있다. <개정 2011. 5. 19., 2014. 1. 28., 2019. 8. 20., 2020. 6. 9.>
   4. 제14조제1항의 규정을 위반하여 겸업을 한 경우

제2절 중개대상물의 표시·광고 행위

제18조의2(중개대상물의 표시·광고) ① 개업공인중개사가 의뢰받은 중개대상물에 대하여 표시·광고(「표시·광고의 공정화에 관한 법률」 제2조에 따른 표시·광고를 말한다. 이하 같다)를 하려면 중개사무소, 개업공인중개사에 관한 사항으로서 대통령령으로 정하는 사항을 명시하여야 하며, 중개보조원에 관한 사항은 명시해서는 아니 된다. <개정 2014. 1. 28., 2019. 8. 20.>

> 제17조의2(중개대상물의 표시·광고) ① 법 제18조의2제1항에서 "대통령령으로 정하는 사항"
> 이란 다음 각 호의 사항을 말한다. <개정 2014. 7. 28., 2020. 8. 21.>
> 1. 중개사무소의 명칭, 소재지, 연락처 및 등록번호
> 2. 개업공인중개사의 성명(법인인 경우에는 대표자의 성명)

② 개업공인중개사가 인터넷을 이용하여 중개대상물에 대한 표시·광고를 하는 때에는 제1항에서 정하는 사항 외에 중개대상물의 종류별로 대통령령으로 정하는 소재지, 면적, 가격 등의 사항을 명시하여야 한다. <신설 2019. 8. 20.>

> ② 법 제18조의2제2항에서 "대통령령으로 정하는 소재지, 면적, 가격 등의 사항"이란 다음 각 호의 사항을 말한다. <신설 2020. 8. 21.>
> 1. 소재지
> 2. 면적
> 3. 가격
> 4. 중개대상물 종류
> 5. 거래 형태
> 6. 건축물 및 그 밖의 토지의 정착물인 경우 다음 각 목의 사항
>   가. 총 층수
>   나. 「건축법」 또는 「주택법」 등 관련 법률에 따른 사용승인·사용검사·준공검사 등을 받은 날
>   다. 해당 건축물의 방향, 방의 개수, 욕실의 개수, 입주가능일, 주차대수 및 관리비
> ③ 개업공인중개사가 아닌 자는 중개대상물에 대한 표시·광고를 하여서는 아니 된다.
> <개정 2014. 1. 28., 2019. 8. 20.>

⇨ 제49조(벌칙) ①다음 각 호의 어느 하나에 해당하는 자는 1년 이하의 징역 또는 1천만 원 이하의 벌금에 처한다. <개정 2013. 6. 4., 2014. 1. 28., 2019. 8. 20., 2020. 6. 9.>

> 6의2. 제18조의2제3항을 위반하여 개업공인중개사가 아닌 자로서 중개업을 하기 위하여 중개대상물에 대한 표시·광고를 한 자

⇨ 제35조(자격의 취소) ①시·도지사는 공인중개사가 다음 각 호의 어느 하나에 해당하는 경우에는 그 자격을 취소하여야 한다. <개정 2014. 1. 28., 2020. 6. 9.>
   4. 이 법을 위반하여 징역형의 선고를 받은 경우
   ④ 개업공인중개사는 중개대상물에 대하여 다음 각 호의 어느 하나에 해당하는 부당한 표시·광고를 하여서는 아니 된다. <신설 2019. 8. 20.>
   1. 중개대상물이 존재하지 않아서 실제로 거래를 할 수 없는 중개대상물에 대한 표시·광고
   2. 중개대상물의 가격 등 내용을 사실과 다르게 거짓으로 표시·광고하거나 사실을 과장되게 하는 표시·광고
   3. 그 밖에 표시·광고의 내용이 부동산거래질서를 해치거나 중개의뢰인에게 피해를 줄 우려가 있는 것으로서 대통령령으로 정하는 내용의 표시·광고

> ④ 법 제18조의2제4항제3호에서 "대통령령으로 정하는 내용의 표시·광고"란 다음 각 호의 사항을 말한다. <신설 2020. 8. 21.>
> 1. 중개대상물이 존재하지만 실제로 중개의 대상이 될 수 없는 중개대상물에 대한 표시·광고

2. 중개대상물이 존재하지만 실제로 중개할 의사가 없는 중개대상물에 대한 표시·광고
3. 중개대상물의 입지조건, 생활여건, 가격 및 거래조건 등 중개대상물 선택에 중요한 영향을 미칠 수 있는 사실을 빠뜨리거나 은폐·축소하는 등의 방법으로 소비자를 속이는 표시·광고

⇨ 제51조(과태료) ② 다음 각 호의 어느 하나에 해당하는 자에게는 500만원 이하의 과태료를 부과한다. <개정 2013. 6. 4., 2014. 5. 21., 2019. 8. 20.>
  1. 제18조의2제4항 각 호를 위반하여 부당한 표시·광고를 한 자
  ⑤ 제4항에 따른 부당한 표시·광고의 세부적인 유형 및 기준 등에 관한 사항은 국토교통부장관이 정하여 고시한다. <신설 2019. 8. 20.>

제3조(적용범위) ① 이 고시는 개업공인중개사가 의뢰받은 토지, 건축물 및 그 밖에 토지 정착물, 입목, 공장 및 광업재단 등 법 제3조 각 호에서 규정한 중개대상물과 관련된 표시·광고에 적용한다.
② 이 고시는 신문, 전단지, 잡지, 입간판, 방송, 메일, 인터넷 등 매체 유형과 방식을 불문하고 개업공인중개사의 중개대상물 표시·광고에 적용한다.

제4조(일반원칙) ① 이 고시에서 규정한 부당한 표시·광고 유형은 부동산 중개대상물 표시·광고에 있어서 발생하기 쉬운 유형을 예시한 것에 불과하므로 이 고시에 열거되지 아니한 행위라고 해서 법 제18조의2제4항에 따른 부당한 표시·광고행위에 해당되지 않는 것은 아니다.
② 특정 행위가 이 고시에서 제시된 법 위반에 해당될 수 있는 행위(예시)에 해당되더라도 소비자를 오인시킬 우려가 없거나 공정한 거래질서를 저해할 우려가 없는 경우에는 부당한 표시·광고행위에 해당되지 않을 수 있다.

제5조(부존재·허위의 표시·광고) ① 법 제18조의2제4항제1호에 따른 중개대상물이 존재하지 않아서 실제로 거래를 할 수 없는 중개대상물에 대한 부당한 표시·광고의 유형과 기준 등은 다음과 같다.
1. 매도인, 임대인 등 권리가 있는 자가 중개의뢰하지 않았음에도 개업공인중개사가 임의로 중개대상물로 표시·광고하는 경우
2. 표시·광고한 중개대상물이 표시·광고한 위치에 존재하지 않는 경우
  (예시) 중개대상물이 존재하지 않는 위치의 도로명, 지번, 동, 층수를 표기
3. 표시·광고한 중개대상물이 그 위치에 존재하는 부동산과 그 내용, 형태, 거래조건 등에 대해 동일성을 인정하기 어려운 경우
② 「공인중개사법 시행령」(이하 "영"이라 한다) 제17조의2제4항제1호에 따른 중개대상물이 존재하지만 실제로 중개의 대상이 될 수 없는 중개대상물에 대한 부당한 표시·광고의 유형과 기준 등은 다음과 같다.
1. 매도인, 임대인 등 권리가 있는 자로부터 중개의뢰를 받지 못한 개업공인중개사가 다른 개업공인중개사가 중개의뢰 받아 표시·광고한 중개대상물에 대하여 임의로 동일 중개대상물에 관한 표시·광고를 하는 경우. 다만, 매도인, 임대인 등 권리가 있는 자가 공동중개를 통한 중개대상물에 대한 표시·광고를 허용하는 경우에는 그러하지 아니하다.

2. 개업공인중개사가 중개대상물에 관한 거래계약서를 작성하는 등 계약이 체결된 사실을 알고 있음에도 불구하고 지체없이 표시·광고를 삭제하지 않는 경우

3. 표시·광고 당시 이미 계약이 체결된 중개대상물임을 알고도 표시·광고하는 경우

4. 경매대상인 부동산이거나 처분금지가처분 등 관계 법령에 의해 거래할 수 없는 것이 명백한 부동산 등을 중개대상물로 표시·광고한 경우

③ 영 제17조의2제4항제2호에 따른 중개대상물이 존재하지만 실제로 중개할 의사가 없는 중개대상물에 대한 부당한 표시·광고의 유형과 기준은 해당 중개대상물과 관련된 문제점을 일부러 지적하는 등 해당 중개대상물에 대한 중개요청에 응하지 않고 고객에게 다른 중개대상물을 계속 권유하는 경우를 말한다.

제6조(거짓·과장의 표시·광고) ① 법 제18조의2제4항제2호에 따른 중개대상물의 가격 등 내용을 사실과 다르게 거짓으로 하는 표시·광고 유형과 기준 등은 다음과 같다.

1. 중개대상물의 가격을 중개의뢰인이 의뢰한 가격과 다르게 표시·광고한 경우

2. 중개대상물의 면적을 공부상 면적과 다르게 표시·광고하는 경우

3. 해당 중개대상물의 평면도나 사진이 아닌 것을 이용하여 표시·광고하는 경우

4. 토지의 용도를 공부상 지목과 다르게 표시·광고하는 경우

   (예시) 농지인 토지를 택지로 광고하는 경우 등

② 법 제18조의2제4항제2호에 따른 중개대상물의 내용을 현저하게 과장하여 하는 표시·광고 유형과 기준 등은 다음과 같다.

1. 표시·광고 시 제시한 옵션의 성능을 실제와 다르게 표시한 경우

2. 관리비 표시 금액이 월 평균액수와 현저하게 차이가 나는 경우

3. 방향이 표시·광고 시 제시한 방향과 90도 이상 차이가 나는 경우

4. 주요 교통시설과의 거리를 실제 도보거리나 도보시간이 아니라 직선거리로 표시·광고하는 경우

제7조(기만적인 표시·광고) 영 제17조의2제4항제3호에 따른 중개대상물의 입지조건, 생활여건, 가격 및 거래조건 등 중개대상물 선택에 중요한 영향을 미칠 수 있는 사실을 빠뜨리거나 은폐·축소하는 등의 방법으로 소비자를 속이는 표시·광고 유형과 기준 등은 다음과 같다.

1. 중개대상물의 선택에 중요한 영향을 미칠 수 있는 사실이나 내용의 전부 또는 일부를 지나치게 작은 글씨로 표기하거나 빠뜨리는 등의 방법으로 소비자가 이를 사실대로 인식하기 어렵게 표시·광고하는 경우

   (예시) 전원주택 건축이 가능한 토지라고 표시·광고하면서, 도로, 상하수도 등 기반시설이 없어서 실제 주택을 건축하기 위해서는 기반시설 설치를 위한 과도한 추가 비용이 발생한다는 점을 아주 작은 글씨로 표기하는 경우

2. 중개대상물의 선택에 중요한 영향을 미칠 수 있는 사실이나 내용을 표시 또는 설명하였으나, 지나치게 생략된 설명을 제공하는 등의 방법으로 보통의 주의력을 가진 소비자가 이를 사실대로 인식하기 어렵게 표시·광고하는 경우

   (예시) 토지에 대한 매매광고를 하면서 용도지역 또는 용도지구 등에 따른 행위제한이 있음을 사실대로 표기하였으나, 구체적으로 어떤 행위제한인지에 대한 설명 없이 단지 "행위제한 있음"으로만 표시·광고하여 소비자를 오인시키는 경우 등

[본조신설 2013. 6. 4.]

제3절 | 금지행위

I 허위계약서 또는 이중계약서 작성 금지

(1) 허위계약서 또는 이중계약서 작성금지

제26조(거래계약서의 작성 등) ③개업공인중개사는 제1항에 따라 거래계약서를 작성하는 때에는 거래금액 등 거래내용을 거짓으로 기재하거나 서로 다른 둘 이상의 거래계약서를 작성하여서는 아니된다. <개정 2014. 1. 28., 2020. 6. 9.>

(2) 벌칙

제38조(등록의 취소) ②등록관청은 개업공인중개사가 다음 각 호의 어느 하나에 해당하는 경우에는 중개사무소의 개설등록을 취소할 수 있다. <개정 2011. 5. 19., 2014. 1. 28., 2019. 8. 20., 2020. 6. 9.>

7. 제26조제3항의 규정을 위반하여 거래계약서에 거래금액 등 거래내용을 거짓으로 기재하거나 서로 다른 둘 이상의 거래계약서를 작성한 경우

II 금지행위

제33조(금지행위) ① 개업공인중개사등은 다음 각 호의 행위를 하여서는 아니된다. <개정 2014. 1. 28., 2019. 8. 20., 2020. 6. 9.>

⇨ 제36조(자격의 정지) ①시·도지사는 공인중개사가 소속공인중개사로서 업무를 수행하는 기간 중에 다음 각 호의 어느 하나에 해당하는 경우에는 6개월의 범위 안에서 기간을 정하여 그 자격을 정지할 수 있다. <개정 2009. 4. 1., 2019. 8. 20., 2020. 6. 9.>
7. 제33조제1항 각 호에 규정된 금지행위를 한 경우

⇨ 제38조(등록의 취소) ①등록관청은 개업공인중개사가 다음 각 호의 어느 하나에 해당하는 경우에는 중개사무소의 개설등록을 취소할 수 있다. <개정 2011. 5. 19., 2014. 1. 28., 2019. 8. 20., 2020. 6. 9.>
9. 제33조제1항 각 호에 규정된 금지행위를 한 경우

> 1. 제3조에 따른 중개대상물의 매매를 업으로 하는 행위
> 2. 제9조에 따른 중개사무소의 개설등록을 하지 아니하고 중개업을 영위하는 자인 사실을 알면서 그를 통하여 중개를 의뢰받거나 그에게 자기의 명의를 이용하게 하는 행위
> 3. 사례·증여 그 밖의 어떠한 명목으로도 제32조에 따른 보수 또는 실비를 초과하여 금품을 받는 행위
>   ◦ 구 부동산중개업법(2005. 7. 29. 법률 제7638호 공인중개사의 업무 및 부동산 거래신고에 관한 법률로 전문 개정되기 전의 것) 제2조 제1호, 제3조, 같은 법 시행령 제2조의 규정을 종합하여 보면, 영업용 건물의 영업시설·비품 등 유형물이나 거래처, 신용, 영업상의 노하우 또는 점포위치에 따른 영업상의 이점 등 무형의 재산적 가치는 같은 법 제3조, 같은 법 시행령 제2조에서 정한 중개대상물이라고 할 수 없으므로, 그러한 유·무형의 재산적 가치의 양도에 대하여 이른바 "권리금" 등을 수수하도록

중개한 것은 구 부동산중개업법이 규율하고 있는 중개행위에 해당하지 아니하고, 따라서 같은 법이 규정하고 있는 중개수수료의 한도액 역시 이러한 거래대상의 중개행위에는 적용되지 아니한다.

공인중개사가 토지와 건물의 임차권 및 권리금, 시설비의 교환계약을 중개하고 그 사례 명목으로 포괄적으로 지급받은 금원 중 어느 금액까지가 구 부동산중개업법(2005. 7. 29. 법률 제7638호 공인중개사의 업무 및 부동산 거래신고에 관한 법률로 전문 개정되기 전의 것)의 규율대상인 중개수수료에 해당하는지를 특정할 수 없어 같은 법이 정한 한도를 초과하여 중개수수료를 지급받았다고 단정할 수 없다고 한 사례.
(대법원 2006.09.22. 선고 2005도6054 판결[부동산중개업법위반])

○ 부동산중개업자와 토지 소유자와의 약정 내용에 비추어 부동산중개업법상의 중개행위에 해당하지 않아 부동산중개업자가 취득한 금원이 같은 법 제15조 제2호에 의하여 초과수수가 금지되는 중개업자의 수수료 등 금품에는 해당하지 않는다고 한 사례
(대법원 2004.11.12. 선고 2004도5271 판결[부동산중개업법위반])

○ 판례

① 이 사건 공소사실의 요지

피고인은, 부동산 중개업자는 사례·증여 그 밖의 어떠한 명목으로도 법정 중개수수료를 초과하여 중개수수료를 취득하여서는 아니됨에도 불구하고, 2005. 9. 1.경 대전 서구 탄방동 (지번, 건물명, 호수 생략) 소재 피고인 운영의 '(상호 생략)공인중개사사무소' 사무실에서, 공소외 1 소유의 충북 영동군 학산면 범화리 산 (지번 생략) 임야 61,488㎡ 중 33,060㎡를 공소외 2에게 5,500만 원에 매도하는 것으로 중개하면서 중개수수료 명목으로 공소외 1로부터 800만 원을 지급받아 법정 중개수수료 상한(495,000원)을 초과하여 중개수수료를 취득하였다.

② 판단

이에 대하여 피고인과 변호인은, 피고인이 매도인으로부터 수령한 800만 원은 이 사건 임야에 관한 채무변제, 토지분할 등의 용역을 처리한 대가로 받은 금원으로서 부동산중개업법에 의하여 초과수수가 금지되는 중개수수료에 해당하지 않는다는 취지로 주장한다.

이 사건 기록에 의하면, 피고인은 2005. 8.경 공소외 1의 위임을 받은 공소외 1의 부(父) 공소외 3으로부터 충북 영동군 학산면 범화리 산 (지번 생략) 임야(이하 '이 사건 임야'라 한다) 중 1만 평의 매도를 의뢰받은 사실, 당시 이 사건 임야는 공소외 4 주식회사 명의로 근저당권 및 지상권이 설정되어 있었고, 영동군수에 의하여 압류가 되어 있었으며, 공소외 4 주식회사의 신청에 의하여 임의경매가 개시되어 있었던 사실, 피고인은 공소외 3과 사이에, 피고인이 공소외 4 주식회사에 대한 채무변제, 이 사건 임야에 관한 근저당권 및 지상권 설정등기, 압류등기, 임의경매개시결정등기의 말소, 이 사건 임야 중 매매부분의 분할측량 및 분할등기 등의 업무를 모두 처리하고, 공소외 3이 이에 대한 용역비와 매매중개수수료 등으로 피고인에게 800만 원을 지급하기로 약정한 사실, 이에 따라 피고인은 이 사건 임야에 관한 매매계약 체결 후 위 매매대금으로 이 사건 임야에 관한 근저당권자인 공소외 4 주식회사에게 채무를 변제하여 근저당권설정등기 등을 말소하고, 이 사건 임야 중 매매 부분을 측량하여 분할등기를 완료한 사실을 인정할 수 있다.

살피건대, 구 부동산중개업법(2005. 7. 29. 법률 제7638호 공인중개사의 업무 및 부동산거래신고에 관한 법률로 전문 개정되기 전의 것, 이하 '구법'이라고만 한다) 제38조 제2항 제5호, 제15조 제2호는 부동산중개업자가 중개업무에 관하여 중개의뢰인으로부터 같은 법 제20조 제3항에 규정된 한도를 초과하여 수수료 및 실비 등 금품을 받는 행위를 금지하고, 이에 위반된 행위를 처벌하고 있는바, 여기에서 말하는 '중개업무'란 중개대상물에 관하여 거래당사자 간의 매매·교환·임대차 기타 권리의 득실·변경에 관한 행위를 알선하는 업무를 말하며, 한편 어떠한 행위가 중개행위에 해당하는지 여부는 그 명칭만에 의하여 결정할 것이 아니라 거래당사자의 보호에 목적을 둔 법규정의 취지에 비추어 중개업자의 행위를 객관적으로 보아 사회통념상 거래의 알선, 중개를 위한 행위라고 인정되는지 여부에 의하여 결정하여야 할 것이다(대법원 2004. 11. 12. 선고 2004도5271 판결 등 참조).

그런데 토지측량, 토지분할, 채무변제 등의 행위는 사회통념상 토지 매매 거래의 알선, 중개를 위한 행위에 해당하지 않는다 할 것이고, 따라서 구법이 규정하고 있는 중개수수료의 한도액 역시 이러한 행위에는 적용되지 아니한다고 할 것이다. 이러한 사정에 비추어 볼 때, 피고인이 이 사건 임야의 매매계약과 토지분할 등의 업무를 수행한 후 수령한 800만 원에는 매매계약에 따른 중개수수료뿐 아니라 토지분할 등의 업무에 관한 수수료도 포함되어 있는 것으로 봄이 상당하다 할 것이고, 이와 같이 포괄적으로 지급받은 금원 중 어느 금액까지가 구법의 규율대상인 매매계약의 중개에 따른 중개수수료에 해당하는지를 특정할 수 없으므로, 피고인이 구법에서 정한 한도를 초과하여 중개수수료를 지급받았다고 단정할 수 없고, 기록상 이를 인정할 만한 증거도 없다.

③ 결 론

그렇다면 이 사건 공소사실은 범죄의 증명이 없는 때에 해당하므로 형사소송법 제325조 후단에 의하여 무죄를 선고한다.

◦ 판례

① 공소사실 요지

구 공인중개사의 업무 및 부동산 거래신고에 관한 법률(2014. 1. 28. 법률 제12374호로 개정되기 전의 것, 이하 '구 공인중개사법'이라 한다)에 따른 중개업자인 피고인은 2013. 5. 15. ○○시△△동 3필지 토지에 관하여 채권최고액 6억 2,400만 원, 근저당권자 ○○축산업협동조합(이하 '○○축협'이라 한다)인 근저당권이 설정되어 있는 피담보채권을 공소외인이 ○○축협으로부터 6억 3,000만 원에 매수하고 경매신청 후 낮은 가격에 낙찰을 받을 수 있도록 중개하였다.

구 공인중개사법에 의하면 위와 같은 중개에서 피고인이 받을 수 있는 중개수수료의 상한은 567만 원이다. 그런데도 피고인은 ○○축협과 공소외인 사이에 위와 같이 근저당권이 설정되어 있는 피담보채권의 매매계약이 성립하자 공소외인으로부터 성공사례비 명목으로 2013. 5. 15. 3,500만 원, 2013. 6. 25. 1,500만 원 합계 5,000만 원을 받았다.

② 원심 판단

원심은 이 사건 공소사실을 유죄로 인정한 제1심판결을 그대로 유지하였다. 피고인은 구 공인중개사법이 정한 중개대상물에 해당하지 않는 '채권'을 공소외인에게 중개한 것이고 공소외인으로부터 받은 5,000만 원은 중개수수료가 아니라 약정금이라고 주장하였으나, 원심은 피고인의 주장을 받아들이지 않았다.

③ 대법원 판단

원심판단은 그대로 받아들이기 어렵다.

가. 구 공인중개사법 제2조 제1호, 제3조, 같은 법 시행령 제2조의 규정을 종합하면, '금전채권'은 구 공인중개사법 제3조, 같은 법 시행령 제2조에서 정한 중개대상물이 아니다. 금전채권 매매계약을 중개한 것은 구 공인중개사법이 규율하고 있는 중개행위에 해당하지 않으므로, 구 공인중개사법이 규정하고 있는 중개수수료의 한도액은 금전채권 매매계약의 중개행위에는 적용되지 않는다(대법원 2006. 9. 22. 선고 2005도6054 판결 등 참조).

나. 위에서 본 법리에 비추어 원심판결 이유와 기록을 살펴보면, 다음과 같이 판단할 수 있다.

피고인은 ○○축협과 공소외인 사이의 금전채권 매매계약과 함께 근저당권의 이전을 중개하였고, 공소외인으로부터 위와 같은 계약 성사에 따른 사례비로 5,000만 원을 받았다. 금전채권 매매계약과 근저당권의 이전은 불가분의 관계이고 위 5,000만 원에는 근저당권의 이전뿐만 아니라 금전채권 매매계약 중개에 대한 수수료가 포함되어 있다. 위와 같이 거래 성사에 따른 사례금 명목으로 포괄적으로 수수한 돈 중 얼마가 구 공인중개사법 규율대상인 중개수수료에 해당하는지 특정할 수 없다. 따라서 피고인이 구 공인중개사법에서 정한 한도를 초과하여 중개수수료를 받았다고 단정할 수 없다(위 대법원 2005도6054 판결 등 참조).

그런데도 이 사건 공소사실을 유죄로 인정한 제1심판결을 그대로 유지한 원심판결에는 필요한 심리를 다하지 않은 채 구 공인중개사법상 중개행위와 중개수수료 한도액 규정의 적용에 관한 법리를 오해하여 판결에 영향을 미친 잘못이 있다.

④ 결론

피고인의 상고는 이유 있어 원심판결을 파기하고 사건을 다시 심리·판단하도록 원심법원에 환송하기로 하여, 대법관의 일치된 의견으로 주문과 같이 판결한다. 대법원 2019. 7. 11., 선고, 2017도13559, 판결

4. 판단을 그르치게 하는 행위

∘ 구 부동산중개업법(2005. 7. 29. 법률 제7638호 공인중개사의 업무 및 부동산 거래신고에 관한 법률로 전문 개정되기 전의 것) 제15조 제1호에서 중개업자 등은 당해 중개대상물의 거래상의 중요사항에 관하여 거짓된 언행 기타의 방법으로 중개의뢰인의 판단을 그르치게 하는 행위를 하여서는 아니된다고 규정하고 있는바, 위 '당해 중개대상물의 거래상의 중요사항'에는 당해 중개대상물 자체에 관한 사항뿐만 아니라 그 중개대상물의 가격 등에 관한 사항들도 그것이 당해 거래상의 중요사항으로 볼 수 있는 이상 포함된다고 보아야 할 것이다 (대법원 1991. 12. 24. 선고 91다25963 판결 참조).

따라서 원심이 위 규정의 당해 중개대상물의 거래상의 중요사항에는 중개대상물 자체에 관한 거래상의 중요사항만이 포함된다고 본 것은 잘못이라 할 것이다.

그러나 이 사건 기록에 의하면, 매도인이 이 사건 부동산을 매수인에게 6억 3,000만 원에 매도하면서, 매도인이 책임지고 이 사건 부동산 중 매도인이 운영하는 ' (상호 생략)' 영업장을 다른 사람에게 보증금 1억 원 및 월차임 250만 원에 임대하여, 그 보증금 1억 원을 위 매매대금에서 공제하기로 한 사실, 피고인이 위 매매를 중개하면서 당초 매매대금 7억 원을 받으려고 한 매도인에게 위 임대과정에서 매도인이 새로운 임차인으로부터 시설비 명목으로 7,000만 원을 수령함으로써 매도인이 당초 원하였던 매매대금을 전액 지급받을 수 있고 자신이 위 임대 및 시설비 수령에 관하여 책임지겠다는 취지로 말을 한 사실, 그러나 위 임대료가 시세에 비하여 높게 책정되어 위 임대 및 시설비 수령이 제대로 이루어지지 않았고 피고인은 그 후 위 책임을 부인하고 있는 사실 등을 알 수 있는바, 매수인도 시설비 7,000만 원을 지급하고 위 부동산을 매수하는 것을 고려한 점에 비추어 위 임대 및 시설비 수령이 불가능하였다고 단정할 수 없는 점, 피고인이 위 임대 및 시설비를 책임지기로 약정한 이상 그 후 그 약정사실을 부인한 사실만으로 당초 약정을 거짓이라고 볼 수는 없는 점, 매도인이 위 ' (상호 생략)' 영업장을 직접 운영한 사람으로서 피고인의 말만을 듣고 그 판단을 그르쳤다고 볼 수 없는 점 등에 비추어, 피고인이 당해 중개대상물의 거래상의 중요사항에 관하여 거짓된 언행 기타의 방법으로 중개의뢰인인 매도인의 판단을 그르치게 하였다고 볼 수 없으므로, 결국 이 부분 공소사실에 관하여 같은 취지로 무죄로 판단한 제1심을 유지한 원심은 그 결론에 있어서는 정당한 것으로서 수긍이 가고, 거기에 상고이유에서 주장하는 바와 같은 판결에 영향을 미친 법리오해의 위법 등이 있다고 할 수 없다.

그러므로 상고를 기각하기로 하여, 관여 대법관의 일치된 의견으로 주문과 같이 판결한다. 대법원 1991. 12. 24. 선고 91다25963 판결(공1992, 674)

5. 관계 법령에서 양도·알선 등이 금지된 부동산의 분양·임대 등과 관련 있는 증서 등의 매매·교환 등을 중개하거나 그 매매를 업으로 하는 행위

⇨ 제48조(벌칙) 다음 각 호의 어느 하나에 해당하는 자는 3년 이하의 징역 또는 3천만 원 이하의 벌금에 처한다. <개정 2016. 12. 2., 2019. 8. 20., 2020. 6. 9.>

　　3. 제33조제1항제5호부터 제9호까지의 규정을 위반한 자

⇨ 제35조(자격의 취소) ①시·도지사는 공인중개사가 다음 각 호의 어느 하나에 해당하는 경우에는 그 자격을 취소하여야 한다. <개정 2014. 1. 28., 2020. 6. 9.>

　　4. 이 법을 위반하여 징역형의 선고를 받은 경우

(1) 당첨권

∘ 이 사건에서와 같은 아파트의 당첨권에 대한 매매를 알선하는 행위는 부동산중개업법 제15조 제4호의 부동산의 분양과 관련있는 증서의 매매를 알선 중개하는 행위에 해당한다고 할 수 없다. 위 법 제15조의 규정취지는 제1조와 관련하여 생각할 때 전체적으로 부동산중개업자의 공신력을 높이고 공정한 부동산 거래질서를 확립하기 위한 것이고, 구체적으로 제4호와 제6호는 부동산의 투기억제를 목적으로 하고 있으며, 그러한 측면에서 볼 때 위에서 본 증서(주택청약정기예금증서, 국민주택선매청약저축증서, 재개발지역 주민에게 주는 이른바 딱지 등)에 대한 매매규제와 이 사건과 같은 분양권의 매매규제는 그 규제의 필요성의 면에서 차이가 없다고 할 수 있으나, 형벌법규 특히 어떤 행정목적을 달성하기 위하여 규제하고 그 행정목적의 실현을 담보하기 위하여 그 위반을 처벌하는 행정형벌 법규의 경우에는 법문의 엄격한 해석이 요구되므로 이러한 점을 고려할 때 그 규제의 필요성만으로 위 법 제15조 제4호의 증서 등에 증서와 존재형태가 전혀 다른 분양권을 포함시키는 해석은 용인할 수 없다고 하여야 할 것이다.

원심은 이 사건 중개행위에 관하여 부동산중개업법상의 중개대상물에 관한 행위이고 따라서 허가를 받은 중개영업의 범위에 포함되기 때문에 부동산중개업법 제15조 제4호의 금지행위에 해당되지 아니한다는 취지로 무죄이유를 느슨하게 달고 있을망정 그 결론은 정당하다고 할 것이고 논지는 이유없음에 돌아간다. 이에 상고를 기각하기로 하여 관여 법관의 일치된 의견으로 주문과 같이 판결한다.

(2) 상가분양계약서

원심이 확정한 바와 같이 피고인이 공소외 장봉진으로부터 그가 공소외 성업공사와 가계약한 판시 상가 117개 중 1층 128호를 매수함에 있어서 위 장봉진이 위 상가 전부를 매도할 때 사용하려고 미리 매각조건 등을 기재하여 인쇄해 놓은 양식에 매매대금과 그 지급기일 등 해당 사항을 기재한 분양계약서를 교부받았다면 그 분양계약서는 위 상가의 매매계약서 일 뿐 부동산중개업법 제15조 제4호 소정의 부동산 임대, 분양 등과 관련이 있는 증서라고 볼 수 없다 할 것이므로 같은 취지의 원심판결은 정당하고 거기에 지적하는 바와 같은 법리오해의 위법이 없다.(93도773, 판결)

6. 중개의뢰인과 직접 거래를 하거나 거래당사자 쌍방을 대리하는 행위

⇨ 제48조(벌칙) 다음 각 호의 어느 하나에 해당하는 자는 3년 이하의 징역 또는 3천만 원 이하의 벌금에 처한다. <개정 2016. 12. 2., 2019. 8. 20., 2020. 6. 9.>

3. 제33조제1항제5호부터 제9호까지의 규정을 위반한 자

⇨ 제35조(자격의 취소) ①시·도지사는 공인중개사가 다음 각 호의 어느 하나에 해당하는 경우에는 그 자격을 취소하여야 한다. <개정 2014. 1. 28., 2020. 6. 9.>

4. 이 법을 위반하여 징역형의 선고를 받은 경우

(1) 직접거래에 해당되는 경우

○ 부동산중개업법 제15조 제5호는 중개인이 중개의뢰인과 직접 거래를 하는 행위를 금지하고 있는바, 중개인에 대하여 이 규정을 적용하기 위해서는 먼저 중개인이 중개의뢰인으로부터 중개의뢰를 받았다는 점이 전제되어야만 하고, 위 규정에서 금지하고 있는 '직접거래'란 중개인이 중개의뢰인으로부터 의뢰받은 매매·교환·임대차 등과 같은 권리의 득실·변경에 관한 행위의 직접 상대방이 되는 경우를 의미한다.

○ 피고인이 부동산중개업법에 의하여 중개업의 허가를 받은 중개업자로서, 공소외 엄준섭으로부터 공소외 김기원 소유의 부동산을 매도하여 달라는 의뢰를 받고, 공소외 안정희와 공동으로 (자신이 금 5,500,000원, 안정희가 금 6,000,000원을 출자하여) 매수한 사실

원심은 부동산중개업법이 제15조 제5호에서 중개업자등이 "중개의뢰인과 직접 거래를 하거나 거래당사자쌍방을 대리하는 행위"를 하지 못하도록 금지한 취지가, 그와 같은 행위를 허용한다면 중개업자 등이 거래상 알게 된 정보등을 자신의 이익을 꾀하는데 이용하여 중개의뢰인의 이익을 해하는 경우가 있게 될 것이므로, 이를 방지하여 중개의뢰인을 보호하고자 함에 있는 점에 비추어 볼 때, 위 법조 소정의 "중개의뢰인"에는 중개대상물의 소유자 뿐만 아니라 그 소유자로부터 거래에 관한 대리권을 수여받은 대리인이나 거래에 관한 사무의 처리를 위탁받은 수임인 등도 포함된다고 보아야 할 것 이므로, 피고인이 안정희와 공동으로 위 부동산의 소유자인 김기원을 대리한 엄준섭과 직접거래를 한 이상, 위 법조 소정의 죄책을 면할 수 없는 것이라고 판단하였는바, 원심의 이와 같은 판단은 정당한 것으로 수긍이 되고, 원심 판결에 부동산중개업법 제15조 제5호에 관한 법리를 오해한 위법이 있다고 볼 수 없으므로, 논지도 이유가 없다.

○ 부동산중개업법 제15조 제5호의 규정은 부동산중개업자 등이 그 업무와 관련하여 얻게 된 중개대상물에 대한 정보를 이용하여 중개의뢰인에게 불이익한 거래를 하게 하거나 그 본연의 업무에서 벗어난 투기행위를 함으로써 부당한 이득을 취하고 부동산 거래질서를 문란하게 하는 것을 방지하려는 데 그 목적이 있다 할 것이므로 위 법조항이 금지하는 거래행위에는 거래의 중개를 의뢰한 자와 직접 그 중개를 의뢰받은 부동산중개업자 등 사이의 거래행위만이 포함될 뿐, 다른 중개업자의 알선 또는 중개로 부동산중개업자와 일반 당사자 사이에 이루어지는 거래행위까지 포함되는 것은 아니다.

○ 공인중개사가 의뢰받은 중개 매물을 배우자 이름으로 계약하면 공인중개사법에서 금지된 직접 거래에 해당한다고 대법원이 판단했다.

　　대법원 2부(주심 조재연 대법관)는 공인중개사법 위반 혐의로 재판에 넘겨진 A씨의 상고심에서 벌금 250만원을 선고한 원심을 확정했다고 3일 밝혔다.

　　공인중개사인 A씨는 2019년 10월 고객에게 의뢰받은 아파트 전세 매물을 남편 이름으로 계약한 혐의로 기소됐다.

　　공인중개사법은 공인중개사가 고객에게서 의뢰받은 매물을 자신이 직접 계약하지 못하게 한다.

　　A씨는 자신이 아닌 남편의 명의로 계약한만큼 직접 거래가 아니라고 했지만 1심은 부부가 경제공동체 관계인 점 등을 이유로 벌금 500만원을 선고했다. 2심도 직접거래를 인정하고 벌금 250만원으로 감형했다.

(2) 직접거래에 해당되지 않는 경우

○ 부동산중개업법 제15조 제5호는 중개인이 중개의뢰인과 직접 거래를 하는 행위를 금지하고 있는바, 중개인에 대하여 이 규정을 적용하기 위해서는 먼저 중개인이 중개의뢰인으로부터 중개의뢰를 받았다는 점이 전제되어야만 하고, 위 규정에서 금지하고 있는 '직접거래'란 중개인이 중개의뢰인으로부터 의뢰받은 매매·교환·임대차 등과 같은 권리의 득실·변경에 관한 행위의 직접 상대방이 되는 경우를 의미한다. 중개인이 토지 소유자와 사이에 중개인 자신의 비용으로 토지를 택지로 조성하여 분할한 다음 토지 중 일부를 중개인이 임의로 정한 매매대금으로 타에 매도하되, 토지의 소유자에게는 그 매매대금의 수액에 관계없이 확정적인 금원을 지급하고 그로 인한 손익은 중개인에게 귀속시키기로 하는 약정을 한 경우, 이는 단순한 중개의뢰 약정이 아니라 위임 및 도급의 복합적인 성격을 가지는 약정으로서, 중개인이 토지 소유자로부터 토지에 관한 중개의뢰를 받았다고 할 수 없으며, 토지에 대한 권리의 득실·변경에 관한 행위의 직접 상대방이 되었다고 보기도 어렵다고 한 사례.(2005도4494, 판결)

7. 탈세 등 관계 법령을 위반할 목적으로 소유권보존등기 또는 이전등기를 하지 아니한 부동산이나 관계 법령의 규정에 의하여 전매 등 권리의 변동이 제한된 부동산의 매매를 중개하는 등 부동산투기를 조장하는 행위

　　⇨ 제48조(벌칙) 다음 각 호의 어느 하나에 해당하는 자는 3년 이하의 징역 또는 3천만원 이하의 벌금에 처한다. <개정 2016. 12. 2., 2019. 8. 20., 2020. 6. 9.>

　　　　3. 제33조제1항제5호부터 제9호까지의 규정을 위반한 자

　　⇨ 제35조(자격의 취소) ①시·도지사는 공인중개사가 다음 각 호의 어느 하나에 해당하는 경우에는 그 자격을 취소하여야 한다. <개정 2014. 1. 28., 2020. 6. 9.>

　　　　4. 이 법을 위반하여 징역형의 선고를 받은 경우

∘ 주택건설촉진법 제38조의 3 제1항은 국민주택사업주체가 건설·공급한 국민주택은 당해 주택을 최초로 공급한 날로부터 5년의 범위 안에서 대통령령이 정하는 기간이 경과하지 아니한 때에는 이를 타인에게 전매 또는 전대(임대목적으로 건설·공급한 국민주택의 경우)할 수 없도록 규정하고, 같은 법 제52조는 위 규정에 위반하여 전매 또는 전대한 자는 1,000만원 이하의 벌금에 처하도록 규정하고 있는바, 위 각 규정에 의하면 벌칙규정의 적용대상인 전매 또는 전대의 금지기간은 국민주택사업주체가 당해 주택을 최초로 공급한 날로부터 5년의 범위 안에서 대통령령이 정하는 기간이 며 그 기간 중에 전매 또는 전대를 한 경우에 한하여 위 벌칙규정에 의한 처벌의 대상이 되고 그 기간의 전이나 후에 있어서는 전매 또는 전대하더라도 처벌할 수 없음이 명백하다.

한편 같은법시행령 제37조 제1항은 위 법 제38조의3 제1항에서 "대통령령으로 정하는 기간"은 6월로 한다고 규정하고, 같은법시행규칙 제34조의2 제1항은 위 법 제38조의3 제1항에서 "최초로 공급한 날"이라 함은 국민주택사업주체가 입주예정자에게 통보한 당해 주택의 입주개시일을 말한다고 규정하고 있으므로, 결국 국민주택사업주체가 건설·공급한 국민주택은 입주예정자에 통보된 당해 주택의 입주개시일로부터 6개월간 전매 또는 전대가 금지되고 이 기간 중의 전매 또는 전대행위만이 위 벌칙규정에 의한 처벌의 대상이 되는 것으로 풀이할 수밖에 없다.

위 전매 등 금지규정의 입법취지는 부동산투기를 억제하고 무주택자에 대한 주택공급을 원활히 하여 국민의 주거수준향상을 기하려는 데에 있다고 보여지거니와, 이러한 입법취지에 비추어 본다면 당해 주택의 최초공급일 전에 있어서도 전매 등 행위를 규제할 필요가 있음은 최초공급일 후에 있어서와 차이가 없음에도 불구하고 위 규정이 최초공급일 이후의 전매 등 행위만을 금지대상으로 삼은 것은 합리적인 근거를 발견할 수 없어 입법의 미비라고 볼 수밖에 없으나, 그렇다고 하여 소론과 같이 위 규정이 전매금지기간의 종기만을 정한 것이고 당해 주택의 최초공급일은 전매금지기간의 시기가 아니라 단지 위 종기를 계산하는 기준시점일 뿐이라고 해석하는 것은 최초공급일 전의 전매 등 행위를 처벌하기 위하여 명문규정의 의미를 벗어난 확대해석을 함으로서 입법의 미비를 덮으려는 것이며, 이러한 법해석은 형벌법규는 어떠한 행위가 범죄로 되고 여기에 어느 정도의 형벌이 과해지는지를 일반 국민이 예측할 수 있을 만큼 명확성을 갖추어야 한다는 죄형법정주의의 원칙에 비추어도 도저히 받아들일 수 없다.

위와 같은 취지에서 원심이 피고인들의 이 사건 시영아파트에 대한 전매행위는 입주개시일로부터 6개월이 경과한 기간 사이에 행해진 것이 아니어서 위법 제38조의3 제1항 소정의 전매금지에 저촉되지 않는다고 판단하였음은 정당하고 소론과 같이 법률의 해석과 적용을 그르친 위법이 없으므로 논지는 이유없다.

(대법원 1991.04.23. 선고 90도1287 판결[부동산중개업법위반,주택건설촉진법위반])

8. 부당한 이익을 얻거나 제3자에게 부당한 이익을 얻게 할 목적으로 거짓으로 거래가 완료된 것처럼 꾸미는 등 중개대상물의 시세에 부당한 영향을 주거나 줄 우려가 있는 행위

⇨ 제48조(벌칙) 다음 각 호의 이느 하나에 해당하는 자는 3년 이하의 징역 또는 3천만원 이하의 벌금에 처한다. <개정 2016. 12. 2., 2019. 8. 20., 2020. 6. 9.>

   3. 제33조제1항제5호부터 제9호까지의 규정을 위반한 자

⇨ 제35조(자격의 취소) ①시·도지사는 공인중개사가 다음 각 호의 어느 하나에 해당하는 경우에는 그 자격을 취소하여야 한다. <개정 2014. 1. 28., 2020. 6. 9.>

   4. 이 법을 위반하여 징역형의 선고를 받은 경우

9. 단체를 구성하여 특정 중개대상물에 대하여 중개를 제한하거나 단체 구성원 이외의 자와 공동중개를 제한하는 행위

⇨ 제48조(벌칙) 다음 각 호의 어느 하나에 해당하는 자는 3년 이하의 징역 또는 3천만원 이하의 벌금에 처한다. <개정 2016. 12. 2., 2019. 8. 20., 2020. 6. 9.>

   3. 제33조제1항제5호부터 제9호까지의 규정을 위반한 자

⇨ 제35조(자격의 취소) ①시·도지사는 공인중개사가 다음 각 호의 어느 하나에 해당하는 경우에는 그 자격을 취소하여야 한다. <개정 2014. 1. 28., 2020. 6. 9.>

   4. 이 법을 위반하여 징역형의 선고를 받은 경우

② 누구든지 시세에 부당한 영향을 줄 목적으로 다음 각 호의 어느 하나의 방법으로 개업공인중개사등의 업무를 방해해서는 아니 된다. <신설 2019. 8. 20.>

1. 안내문, 온라인 커뮤니티 등을 이용하여 특정 개업공인중개사등에 대한 중개의뢰를 제한하거나 제한을 유도하는 행위

2. 안내문, 온라인 커뮤니티 등을 이용하여 중개대상물에 대하여 시세보다 현저하게 높게 표시·광고 또는 중개하는 특정 개업공인중개사등에게만 중개의뢰를 하도록 유도함으로써 다른 개업공인중개사등을 부당하게 차별하는 행위

3. 안내문, 온라인 커뮤니티 등을 이용하여 특정 가격 이하로 중개를 의뢰하지 아니하도록 유도하는 행위

4. 정당한 사유 없이 개업공인중개사등의 중개대상물에 대한 정당한 표시·광고 행위를 방해하는 행위

5. 개업공인중개사등에게 중개대상물을 시세보다 현저하게 높게 표시·광고하도록 강요하거나 대가를 약속하고 시세보다 현저하게 높게 표시·광고하도록 유도하는 행위

⇨ 제48조(벌칙) 다음 각 호의 어느 하나에 해당하는 자는 3년 이하의 징역 또는 3천만원 이하의 벌금에 처한다. <개정 2016. 12. 2., 2019. 8. 20., 2020. 6. 9.>

   4. 제33조제2항 각 호의 규정을 위반한 자

⇨ 제35조(자격의 취소) ①시·도지사는 공인중개사가 다음 각 호의 어느 하나에 해당하는 경우에는 그 자격을 취소하여야 한다. <개정 2014. 1. 28., 2020. 6. 9.>

   4. 이 법을 위반하여 징역형의 선고를 받은 경우

MEMO

저자 박성훤

저자 약력

1980 전남대학교 입학
1982 인하대학교 입학
1989 인하대학교 법대 졸업
2002 기업은행 채권관리팀 근무
2003 외환은행 채권관리팀 근무
2004 다음 공인중개사학원 민법 및 민사특별법 강사
2004 인천광역시 여성의 광장 재테크 강사
2005 안산 중앙고시학원 민법 및 민사특별법 강사
2005 상명대학교 상명산업교육연구센터 공·경매 강의
2006 미래 공인중개사 대표
2007 LBA 경제연구소 겸임교수
2008 LBA연수 공인중개사 대표
2008 한양대학교 사회교육원 학점은행제 공·경매 강의
2008 인천광역시 여성복지관 가사도우미 과정 경매 강의
2008 인천광역시 시설관리공단 근로자 문화센터 강의
2008 인천광역시 여성의 광장 공인중개사 세법 강사
2010 인천광역시 서부여성회관 공인중개사 세법 강사
2012 명지부동산대학원 공인중개사 사전교육 강사
2013 (사)새대한공인중개사 협회 사전교육 강사
2014 OBS아카데미 계약서작성법과 특약실무 강사
2014 인천광역시 인재개발원 강사
2014.6 세종사이버 대학교 경매특강
2015 멘토스쿨 고급중개실무 강사
2015 사회능력개발원 강사
2016 경기도 공인중개사 연수교육 강사
2018 경기도 공인중개사 연수교육 강사
2020 에듀윌 종합중개실무과정 강사
2021 에듀윌 부동산 실무민법 강사
2021 메가랜드 상사중개실무 강사
2021 박문각 중개실무 및 계약서작성법 강사

저자 저서

EBS부동산 경매, 2005. 위더스콤(공저)
현장에서 바로 써먹는 중개실무, 2007. 북파일
강남부자 따라잡기 재개발 뉴타운, 2008. 위더스콤
경매의 고수가 되는 길, 2009. 북파일
계약서작성법과 특약실무, 2012, 해드림
상가중개와 종류별 상가계약서작성실무, 2013, 아이브이워크
부동산계약실무와 부동산계약서작성 도우미, 2013
창업과 투자를 위한 종류별 상가계약서작성 도우미, 2013
고급 중개실무와 계약비법, 2015
왕초보를 위한 중개업 창업, 2016
중개실무와 계약서 작성실습과정Ⅰ, Ⅱ, Ⅲ,
부동산창업&투자스쿨, 2020
부동산 실무민법 상·하권, 부동산교실, 2021

Part

02

부동산계약서 작성실무

제 1 강 부동산 매매계약서 작성방법

제 2 강 부동산 임대차계약서 작성방법

제 1 강 | 부동산 매매계약서 작성방법

● **계약서 작성 시 준비물**

1. 공적장부

- 등기사항전부증명서
- 건축물대장(건축물현황도면)
- 토지대장(지적도)
- 토지이용계획확인서
- 주소별전입세대열람내역서
- 국세, 지방세 완납증명서
- 주택임대사업자 등록증
- 영업인허가 증
- 기타 계약서류 및 인허가서류

2. 계약 체결 권한 증빙서류

-본인 신분증, 도장
-위임장, 본인발급 인감증명서
-본인서명사실확인서
-법정대리인 증명서류
-후견인선임결정서 등
-기타 계약체결권한을 증명하는 서류

4. 확인설명의 자료

-권리분석조사서
-목적물현황조사서
-점유자 및 임차인 현황조사서

5. 당사자 사이에 합의된 사항

-거래조건합의서

I 계약서 양식

부동산매매계약서

매도인과 매수인 쌍방은 아래 표시 부동산에 관하여 다음 계약 내용과 같이 매매계약을 체결한다.						
1. 부동산의 표시						
소 재 지							
토 지	지 목		대지권		면 적		㎡
건 물	구 조		용 도		면 적		㎡

2. 계약내용
제 1 조 위 부동산의 매매에 한하여 매수인은 매매대금을 아래와 같이 지불하기로 한다.

매매대금	금	원정 (₩)		
융 자 금	금	원정은 현상태에서 승계함.		
계 약 금	금	원정은 계약시에 지불하고 영수함.		
중 도 금	금	원정은 년 월 일에 지불하며		
	금	원정은 년 월 일에 지불하며		
잔 금	금	원정은 년 월 일에 지불한다.		

제 2 조 매도인은 매수인으로부터 매매대금의 잔금을 수령함과 동시에 매수인에게 소유권 이전등기에 필요한 모든 서류를 교부하고 이전등기에 협력하며, 위 아파트를 _____년 ____월 ____일에 인도한다.
제 3 조 매도인은 소유권의 행사를 제한하는 사유가 있거나 조세공과 기타 부담금의 미납금 등이 있을때에는 잔금 지급일 이전까지 그 권리의 하자 및 부담 등을 제거하여 완전한 소유권을 매수인에게 이전 한다. 다만, 승계하기로 합의하는 권리 및 금액은 그러하지 아니한다.
제 4 조 위 부동산에 관하여 발생한 수익의 귀속과 제세공과금 등의 부담은 위 부동산의 인도일을 기준으로 하되 지방세의 납부의무 및 납부책임은 지방세법의 규정에 의한다.
제 5 조 매수인이 매도인에게 중도금(중도금이 없을때는 잔금)을 지불하기 전까지 매도인은 계약금의 배액을 상환하고 매수인은 계약금을 포기하고 본 계약을 해제할 수 있다.
제 6 조 매도자 또는 매수자가 본 계약상의 내용을 불이행시 그 상대방은 불이행한자에 대하여 서면으로 최고 하고 계약을 해제할 수 있다. 그리고 계약당사자는 계약해제에 따른 손해배상을 각각 상대방에게 청구할 수 있으며, 손해배상에 대하여 별도의 약정이 없는한 계약금을 손해배상의 기준으로 본다.
제 7 조 중개수수료는 본 계약체결과 동시에 계약 당사자 쌍방이 각각 지불하며, 중개업자의 고의나 과실없이 거래당사자 사정으로 본 계약이 무효, 취소, 해제 되어도 중개수수료는 지급한다
제 8 조 중개대상물확인설명서는 _____년 ____월 ____일 중개의뢰인에게 업무보증관계증서 사본과 함께 교부한다.

특약사항
_____

본 계약을 증명하기 위하여 계약당사자가 이의없음을 확인하고 각자 서명 또는 날인한다.
년 월 일

매 도 인	주 소									㉑
	주민번호			전 화			성 명			
대 리 인	주민번호			전 화			성 명			
매 수 인	주 소									㉑
	주민번호			전 화			성 명			
대 리 인	주민번호			전 화			성 명			
중개업자	상 호					상 호				
	전 화					전 화				
	등록번호		대 표	㉑		등록번호		대 표		㉑
	소속공인				㉑	소속공인				㉑
	주 소									

Ⅱ 유형별 부동산매매계약서 서식

1. 집합건물 매매계약서 유형

1-1. 대지권화된 경우

부동산의 수	소유자의 수		처분할 범위	매수자의 수	계약서 유형
1	1		전부	1	집대(1)
				2명 이상	집대(1)-2
			일부	1	집대(2)
				2명 이상	집대(2)-2
	2명 이상(공유)		각 지분 전부	1	집대(3)
				2명 이상	집대(3)-2
			각 지분 일부	1	집대(4)
				2명 이상	집대(4)-2
2개 이상	물건별 소유자 동일	1명	물건별 전부	1	집대(5)
				2명 이상	집대(5)-2
			물건별 일부	1	집대(6)
				2명 이상	집대(6)-2
		2명 이상	물건별 각 지분 전부	1	집대(7)
				2명 이상	집대(7)-2
			물건별 각 지분 일부	1	집대(8)
				2명 이상	집대(8)-2
	물건별 소유자 상이	1명	물건별 전부	1	집대(9)
				2명 이상	집대(9)-2

			1	집대(10)
		물건별 일부	2명 이상	집대(10)-2
	2명 이상	물건별 각 지분 전부	1	집대(11)
			2명 이상	집대(11)-2
		물건별 각 지분 일부	1	집대(12)
			2명 이상	집대(12)-2

1-2. 대지권이 없는 경우(공유대지)

(1) 대지가 1필지인 경우

건물의 수	소유자의 수		처분할 범위	매수자의 수	계약서 유형
1	1		전부	1	
				2명 이상	
			일부	1	
				2명 이상	
	2명 이상(공유)		각 지분 전부	1	
				2명 이상	
			각 지분 일부	1	
				2명 이상	
2개 이상	물건별 소유자 동일	1명	물건별 전부	1	
				2명 이상	
			물건별 일부	1	
				2명 이상	
		2명 이상	물건별 각 지분 전부	1	
				2명 이상	
			물건별 각 지분 일부	1	
				2명 이상	
	물건별 소유자 상이	1명	물건별 전부	1	
				2명 이상	
			물건별 일부	1	
				2명 이상	
		2명 이상	물건별 각 지분 전부	1	
				2명 이상	
			물건별 각 지분 일부	1	
				2명 이상	

토지의 수	소유자의 수		처분할 범위	매수인의 수	계약서 유형
1필지	1명		전부	1	
				2명 이상	
			일부	1	
				2명 이상	
	2명 이상		각 지분전부	1	
				2명 이상	
			각 지분일부	1	
				2명 이상	

(2) 대지가 2필지 이상인 경우

건물의 수	소유자의 수		처분할 범위	매수자의 수	계약서 유형
1	1		전부	1	
				2명 이상	
			일부	1	
				2명 이상	
	2명 이상		각 지분 전부	1	
				2명 이상	
			각 지분 일부	1	
				2명 이상	
2개 이상	물건별 소유자 동일	1명	물건별 전부	1	
				2명 이상	
			물건별 일부	1	
				2명 이상	
		2명 이상	물건별 각 지분 전부	1	
				2명 이상	
			물건별 각 지분 일부	1	
				2명 이상	
	물건별 소유자 상이	1명	물건별 전부	1	
				2명 이상	
			물건별 일부	1	
				2명 이상	
		2명 이상	물건별 각 지분 전부	1	
				2명 이상	
			물건별 각 지분 일부	1	
				2명 이상	

토지의 수	소유자의 수		처분할 범위	매수인의 수	계약서 유형
2필지 이상	물건별 소유자 동일	1명	물건별 전부	1	
				2명 이상	
			물건별 일부	1	
				2명 이상	
		2명 이상	물건별 각 지분전부	1	
				2명 이상	
			물건별 각 지분일부	1	
				2명 이상	
	물건별 소유자 상이	1명	물건별 전부	1	
				2명 이상	
			물건별 일부	1	
				2명 이상	
		2명 이상	물건별 각지분전부	1	
				2명 이상	
			물건별 각지분일부	1	
				2명 이상	

2. 일반건물 매매계약서 유형

2-1. 대지와 건물의 소유자가 동일한 경우

토지의 수	건물의 수	일반건물의 수	소유자의 수		처분할 범위	매수인의 수	계약서 유형
1필지	1동	1개	1명		전부	1	
						2명이상	
					일부	1	
						2명이상	
			2명 이상		각 지분전부	1	
						2명이상	
					각 지분일부	1	
						2명이상	
		2개 이상	물건별 소유자 동일	1명	물건별 전부	1	
						2명이상	
					물건별 일부	1	
						2명이상	
				2명 이상	물건별 각 지분전부	1	
						2명이상	

필지	동	개	물건별 소유자	소유자 수	범위	수	
					물건별 각 지분일부	1	
						2명이상	
			물건별 소유자 상이	1명	물건별 전부	1	
						2명이상	
					물건별 일부	1	
						2명이상	
				2명 이상	물건별 각지분전부	1	
						2명이상	
					물건별 각지분일부	1	
						2명이상	
	2개 동 이상	1개		1명	전부	1	
						2명이상	
					일부	1	
						2명이상	
				2명 이상	각 지분전부	1	
						2명이상	
					각 지분일부	1	
						2명이상	
		2개 이상	물건별 소유자 동일	1명	물건별 전부	1	
						2명이상	
					물건별 일부	1	
						2명이상	
				2명 이상	물건별 각지분전부	1	
						2명이상	
					물건별 각지분일부	1	
						2명이상	
			물건별 소유자 상이	1명	물건별 전부	1	
						2명이상	
					물건별 일부	1	
						2명이상	
				2명 이상	물건별 각지분전부	1	
						2명이상	
					물건별 각지분일부	1	
						2명이상	
2필지 이상	1동	1개	1명		전부	1	
						2명이상	
					일부	1	

					2명이상	
	2명 이상			각 지분전부	1	
					2명이상	
				각 지분일부	1	
					2명이상	
	2개 이상	물건별 소유자 동일	1명	물건별 전부	1	
					2명이상	
				물건별 일부	1	
					2명이상	
			2명 이상	물건별 각지분전부	1	
					2명이상	
				물건별 각지분일부	1	
					2명이상	
		물건별 소유자 상이	1명	물건별 전부	1	
					2명이상	
				물건별 일부	1	
					2명이상	
			2명 이상	물건별 각지분전부	1	
					2명이상	
				물건별 각지분일부	1	
					2명이상	
2개 동 이상	1개	1명		전부	1	
					2명이상	
				일부	1	
					2명이상	
		2명 이상		각 지분전부	1	
					2명이상	
				각 지분일부	1	
					2명이상	
	2개 이상	물건별 소유자 동일	1명	물건별 전부	1	
					2명이상	
				물건별 일부	1	
					2명이상	
			2명 이상	물건별 각지분전부	1	
					2명이상	
				물건별 각지분일부	1	
					2명이상	

					처분할 범위	매수인의 수	계약서 유형
			물건별 소유자 상이	1명	물건별 전부	1	
						2명이상	
					물건별 일부	1	
						2명이상	
				2명 이상	물건별 각지분전부	1	
						2명이상	
					물건별 각지분일부	1	
						2명이상	

2-2. 토지와 건물의 소유자가 상이한 경우

(1) 토지

(2) 건물

건물의 수	소유자의 수		처분할 범위	매수인의 수	계약서 유형
1개	1명		전부	1	
				2명이상	
			일부	1	
				2명이상	
	2명 이상		각 지분전부	1	
				2명이상	
			각 지분일부	1	
				2명이상	
2개 이상	물건별 소유자 동일	1명	물건별 전부	1	
				2명이상	
			물건별 일부	1	
				2명이상	
		2명 이상	물건별 각 지분전부	1	
				2명이상	
			물건별 각 지분일부	1	
				2명이상	
	물건별 소유자 상이	1명	물건별 전부	1	
				2명이상	
			물건별 일부	1	
				2명이상	
		2명 이상	물건별 각지분전부	1	

			2명이상	
		물건별 각지분일부	1	
			2명이상	

3. 토지 매매계약서 유형

토지의 수	소유자의 수		처분할 범위	소유자의 수	계약서 유형
1필지	1명		전부	1	
				2명 이상	
			일부	1	
				2명 이상	
	2명 이상		각 지분전부	1	
				2명 이상	
			각 지분일부	1	
				2명 이상	
2필지 이상	물건별 소유자 동일	1명	물건별 전부	1	
				2명 이상	
			물건별 일부	1	
				2명 이상	
		2명 이상	물건별 각 지분전부	1	
				2명 이상	
			물건별 각 지분일부	1	
				2명 이상	
	물건별 소유자 상이	1명	물건별 전부	1	
				2명 이상	
			물건별 일부	1	
				2명 이상	
		2명 이상	물건별 각지분전부	1	
				2명 이상	
			물건별 각지분일부	1	
				2명 이상	

4. 복합 부동산매매계약서 유형

- 집합건물, 일반건물, 토지의 일괄매매
- 여러 부동산의 소유자가 동일한 경우
- 여러 부동산의 소유자가 상이한 경우

5. 분양권 매매계약서 유형

6. 입주권매매계약서 유형

Ⅲ 유형별 부동산매매계약서 작성 도구

1. 매매목적물의 표시

∘집합건물 - 대지권이 있는 경우

+-	1.[집합건물]	소재지번, 동·호수를 기재한다.
		구조, 건축물의 용도, 전용면적을 기재한다.
+-	대지권의 목적인 토지의 표시	지목, 단지면적을 기재한다.
	대지권의 표시	대지권의 종류, 대지권의 비율을 기재한다.
+-	제시 외 물건	제시외 건물이 있을 경우 기재한다.

∘집합건물 - 대지권이 없는 경우(공유토지) -건물/토지 소유자 동일한 경우

(1) 건물의 표시

+-	1.[집합건물]	소재지번, 동·호수를 기재한다.
		구조, 건축물의 용도, 전용면적을 기재한다.
+-	제시 외 물건	

(2) 공유대지의 표시

+-	1.[토지]	소재지번, 지목, 단지면적을 기재한다.

∘집합건물 - 대지권이 없는 경우(공유토지) - 건물/토지 소유자 상이한 경우

(1) 건물의 표시

+-	1.[집합건물]	소재지번, 동·호수를 기재한다.	
		구조, 건축물의 용도, 전용면적을 기재한다.	
+-	제시 외 물건		

매도인		매수인	
+-	성명 주민등록번호 주소 이전할 범위(지분)	+-	성명 주민등록번호 주소 취득할 범위(지분)

(2) 공유대지의 표시

+-	1.[토지]	소재지번, 지목, 단지면적을 기재한다.	
매도인		매수인	
+-	성명 주민등록번호 주소 이전할 범위(지분)	+-	성명 주민등록번호 주소 취득할 범위(지분)

○ 일반건물 토지/건물 소유자 동일

+-	1.[토지]	소재지번, 지목, 면적을 기재한다.
+-	2.[건물]	위 지상의 건물, 구조, 건축물의 용도, 연면적을 기재한다.
+-	제시 외 물건	

○ 일반건물 토지/건물 소유자 상이

+-	1.[토지]	소재지번, 지목, 면적	
매매가액	금	원(₩ 원)	
매도인		매수인	
+-	성명 주민등록번호 주소 이전할지분(범위)	+-	성명 주민번호 주소 매수할지분(범위)

+-	1.[건물]	위 지상의 건물, 구조, 건축물의 용도, 각 층별 면적	
+-	제시 외 물건		
매매가액	금	원(₩ 원)	
매도인		매수인	
+-	성명 주민등록번호 주소 이전할지분(범위)	+-	성명 주민번호 주소 매수할지분(범위)

○ 토지

(1) 단독소유인 경우

+-	1.[토지]	소재지번, 지목, 면적을 기재한다.

(2) 공동소유인 경우

+-	1.[토지]	소재지번, 지목, 면적을 기재한다.
+-	이전할 범위(지분)	갑구, 등기번호, 소유자, 이전할 범위를 표시

(3) 각 토지별 소유자가 다른 경우

+-	1.[토지]	소재지번, 지목, 면적을 기재한다.

매도인		매수인	
+-	성명 주민등록번호 주소 이전할지분(범위)	+-	성명 주민번호 주소 매수할지분(범위)

2. 거래대금의 표시

◦ 건물

(1) 물건이 1개/지분 매매인 경우

총 매매대금		금 원(₩ 원)
상세내역	토지	
	건물	
	수목	

(2) 물건이 2개 이상인 경우

총 매매대금		금 원(₩ 원)	
부동산의 표시		매매대금	
+-	1. [건물]	금 원(₩ 원)	
+-	2. [건물]	금 원(₩ 원)	

◦ 토지

(1) 물건이 1개/지분인 경우

총 매매대금	금 원(₩ 원)

(2) 물건이 2개 이상인 경우

총 매매대금		금 원(₩ 원)	
부동산의 표시		매매대금	
+-	1. [토지]	금 원(₩ 원)	
+-	2. [토지]	금 원(₩ 원)	

◦일반물건

(1) 일반물건이 1개/지분인 경우

총 매매대금		금	원(₩	원)
□상세내역	1. 건물가액 +-	금	원(₩	원)
	2. 토지가액 +-	금	원(₩	원)
	기타 +-	금	원(₩	원)

(2) 일반건물 2개 이상인 경우

총 매매대금		금	원(₩	원)
부동산의 표시		매매대금		
+-	1. [건물]	금	원(₩	원)
+-	2. [토지]	금	원(₩	원)

3. 매도인과 매수인의 표시

◦매도인

(1) 매도인 1인, 전부/일부 매도

매도인	성명		주민번호/법인등록번호	
	주소			
	□이전할 범위(지분)+-		갑구, 등기번호, 소유자, 이전할 범위를 표시	

(2) 매도인 2명 이상 지분 전부/일부 매도

+-	매도인1	성명		주민번호/법인등록번호	
		주소			
		□이전할 범위(지분)+-		갑구, 등기번호, 소유자, 이전할 범위를 표시	

◦매수인

(1) 매수인 1명 전부/일부 취득

매수인	성명		주민번호/법인등록번호	
	주소			
	□매수할 범위(지분) +-		매수인의 매수 지분을 표시	

(2) 매수인 2명 이상 공동 취득

+-	매수인1	성명		주민번호/법인등록번호	
		주소			
		□매수할 범위(지분) +-	매수인의 매수 지분을 표시		

4. 매매대금과 지급시기

총 매 매 대 금	금	원(₩ 원)
□1차 계 약 금 +-	금	원(₩ 원)은 20 . 계약 시 지급하고 영수함 (인)
□1차 중 도 금 +-	금	원(₩ 원)은 20 . 에 지급하며
= 1차 잔 금 +-	금	원(₩ 원)은 20 . 에 지급한다.
□- 대출금 +-	금	원은 □ 대출금을 매수인이 인수할 때는 해당 금액을 공제함
□- 임차보증금 +-	금	원은 □ 임차인을 승계하기로 한 때 매수인이 임차보증금을 인수함
= 지급할 잔금	금	원(₩ 원)은 잔금지급일에 지급한다.
□- 이주비	금	원(₩ 원)은 매도인이 상환하고, 다만 매수인이 채무인수하는 때에는 잔금에서 공제한다.
= 정산할 금액	금	원(₩ 원)은 잔금지급일에 지급한다.

5. 매매목적물의 명도 및 소유권 이전시기

□소유권 이전서류 교부 시기	20 년 월 시 까지
□소유권이전등기 시기	20 년 월 시 까지
□매매목적물 명도/점유 이전 시기	20 년 월 시 까지

본 계약의 당사자는 계약의 내용에 대하여 이의 없음을 확인하고, 이를 증명하기 위하여 각각 서명 날인 한 후 매도인, 매수인, 개업공인중개사가 각 1통씩을 보관하기로 하며, 매도계약자의 계약체결권한 서류는 매수인의 계약서에 첨부하여 교부한다.

20 년 월 일

6. 계약당사자의 표시

+- 위 매도인 _____서명 날인

위 매도인의 대리인 _____서명 날인

+- 위 매수인 _____서명 날인

위 매수인의 대리인 _____서명 날인

7. 개업공인중개사의 표시(+-)

사무소 명칭		등록번호	
대표자 성명	서명 및 날인	전화번호	
사무소 소재지			
소속공인중개사			서명 및 날인

사무소 명칭		등록번호	
대표자 성명	서명 및 날인	전화번호	
사무소 소재지			
소속공인중개사			서명 및 날인

Part 02

Ⅴ 계약자의 표시(법률행위자)

제1절 법률행위의 당사자

법률행위자는 먼저 의사능력, 행위능력이 있어야 하고 계약체결 권한이 있어야 한다.
단독으로 유효하게 계약을 체결할 수 있는 자는 행위능력이 있는 본인·법인의 대표이사·대리인·수임인 등이 있다. 법률의 규정에 의하여 제3자의 동의·승낙·허가·의결 등 필요한 경우에는 동의·승낙·허가·의결 등이 있어야 한다.

01 자신을 위하여 법률행위를 하는 경우

Ⅰ. 자연인

1. 의사능력

(1) 의의

의사능력은 자신의 행위의 의미나 결과를 정상적인 인지력과 예기력을 바탕으로 합리적으로 판단할 수 있는 정신적 능력 내지는 지능을 말한다.
어떤 법률행위가 그 일상적인 의미만을 이해하여서는 알기 어려운 특별한 법률적인 의미나 효과가 부여되어 있는 경우 의사능력을 인정하기 위해서는 그 행위의 일상적인 의미뿐만 아니라 법률적인 의미나 효과에 대하여도 이해할 수 있을 것을 요한다고 보아야 하고, 의사능력의 유무는 구체적인 법률행위와 관련하여 개별적으로 판단되어야 할 것이다(2006다29358).

(2) 절대적 무효

의사능력이 없는 자의 법률행위는 절대적 무효이며, 의사무능력자만 무효를 주장할 수 있다. 의사무능력자의 예로는 정신병자, 만취자 등이 있고, 7세 미만의 자는 대체로 의사능력이 없다.

- 지능지수가 58로서 경도의 정신지체 수준에 해당하는 38세의 정신지체 3급 장애인이 2,000만 원이 넘는 채무에 대하여 연대보증계약을 체결한 사안에서, 연대보증계약 당시 그 계약의 법률적 의미와 효과를 이해힐 수 있는 의사능력이 없었다(대법원 2006. 9. 22. 선고 2006다29358 판결 [구상금등]).
- 의사무능력자가 사실상의 후견인이었던 아버지의 보조를 받아 자신의 명의로 대출계약을 체결하고 자신 소유의 부동산에 관하여 근저당권을 설정한 후, 의사무능력자의 여동생이 특별대리인으로 선임되어 위 대출계약 및 근저당권설정계약의 효력을 부인하는 경우에, 이러한 무효 주장이 거래관계에 있는 당사자의 신뢰를 배신하고 정의의 관념에 반하는 예외적인 경우에 해당하지 않는 한, 의사무능력자에 의하여 행하여진 법률행위의 무효를 주장하는 것이 신의칙에 반하여 허용되지 않는다고 할 수 없다(대법원 2006. 9. 22. 선고 2004다51627 판결 [배당이의]).
- 무능력자의 책임을 제한하는 민법 제141조 단서는 부당이득에 있어 수익자의 반환범위를 정한 민법 제748조의 특칙으로서 무능력자의 보호를 위해 그 선의·악의를 묻지 아니하고 반환범위를 현존 이익에 한정시키려는 데 그 취지가 있으므로, 의사능력의 흠결을 이유로 법률행위가 무효가 되는 경우에도 유추적용되어야 할 것이나, 법률상 원인 없이 타인의 재산 또는 노무로 인하여 이익을 얻고 그로 인하여 타인에게 손해를 가한 경우에 그 취득한 것이 금전상의 이득인 때에는 그 금전은 이를 취득한 자가 소비하였는가의 여부를 불문하고 현존하는 것으로 추정되므로, 위 이익이 현존하지 아니함은 이를 주장하는 자, 즉 의사무능력자 측에 입증책임이 있다.
- 의사무능력자가 자신이 소유하는 부동산에 근저당권을 설정해 주고 금융기관으로부터 금원을 대출받아 이를 제3자에게 대여한 사안에서, 대출로써 받은 이익이 위 제3자에 대한 대여금채권 또는 부당이득반환채권의 형태로 현존하므로, 금융기관은 대출거래약정 등의 무효에 따른 원상회복으로서 위 대출금 자체의 반환을 구할 수는 없더라도 현존 이익인 위 채권의 양도를 구할 수 있다(대법원 2009. 1. 15. 선고 2008다58367 판결 [채무부존재확인]).

2. 행위능력

행위능력은 단독으로 완전하고 유효하게 법률행위를 할 수 있는 지위 또는 자격이다.

(1) 성년자

행위능력은 단독으로 완전하고 유효하게 법률행위를 할 수 있는 지위 또는 자격이므로 행위능력자는 단독으로 당연히 법률행위를 할 수 있다.

(2) 제한능력자

① 제도의 의의

의사능력을 객관적·획일적 기준에 의하여 객관적으로 획일화하여 외부에서 쉽게 인식할 수 있도록 하여 상대방이나 제3자를 보호하려는 제도가 행위능력제도이다. 민법은 일정한 획일적 기준을 정하여 이 기준을 갖추는 때에는 의사능력이 없는 것으로 다루어 그 자가 단독으로 한 행위를 취소할 수 있도록 하고 있으며, 그 취소를 가지고 선의의 제3자에게도 대항할 수 있도록 한다.

제한능력자에 관한 규정은 강행규정이며, 가족법상의 행위에는 원칙적으로 적용되지 않는다.

> ◦ 표의자가 법률행위 당시 심신상실이나 심신미약상태에 있어 금치산 또는 한정치산 선고를 받을 만한 상태에 있었다고 하여도 그 당시 법원으로부터 금치산 또는 한정치산선고를 받은 사실이 없는 이상 그 후 금치산 또는 한정치산선고가 있어 그의 법정대리인이 된 자는 금치산 또는 한정치산자의 행위능력 규정을 들어 그 선고 이전의 법률행위를 취소할 수 없다(대법원 1992. 10. 13. 선고 92다6433 판결 [건물명도등]).

② 미성년자의 행위능력
　㉮ 미성년자가 단독으로 유효하게 할 수 있는 행위
　　㉠ 단순히 권리만을 얻거나 또는 의무만을 면하는 행위
　　　부담 없는 증여를 받는 행위, 채무면제의 청약에 대한 승낙, 친권자에 대한 부양료 청구는 미성년자에게 이익만을 주기 때문에 허락된다. 그에 비하여 부담부 증여를 받는 행위, 경제적으로 유리한 매매계약의 체결, 상속의 승인 등은 이익을 얻을 뿐만 아니라 의무를 부담하는 것이어서 단독으로 하지 못한다. 채무의 변제를 수령하는 행위는 법률행위가 아니지만 채권상식이라는 불이익을 가져오므로 미성년자가 단독으로 할 수 없다.
　　㉡ 처분이 허락된 재산의 처분행위

> 제6조(처분을 허락한 재산) 법정대리인이 범위를 정하여 처분을 허락한 재산은 미성년자가 임의로 처분할 수 있다.

　　　법정대리인이 범위를 정하여 처분을 허락한 재산은 미성년자가 임의로 처분할 수 있다. 사용목적을 정하여 처분을 허락한 재산도 그 목적과 상관없이 임의로 처분할 수 있다고 보아야 한다. 허락은 묵시적으로도 가능하다.
　　㉢ 영업이 허락된 미성년자의 그 영업에 관한 행위

> 제8조(영업의 허락)
> ① 미성년자가 법정대리인으로부터 허락을 얻은 특정한 영업에 관하여는 성년자와 동일한 행위능력이 있다.
> ② 법정대리인은 전항의 허락을 취소 또는 제한할 수 있다. 그러나 선의의 제삼자에게 대항하지 못한다.

　　　미성년자가 법정대리인으로부터 특정의 영업을 허락받은 경우에는 그에 관하여는 성년자와 동일한 행위능력을 가진다. 여기서 영업이란 상업뿐만 아니라 널리 영리를 목적으로 하는 독립적 계속적 사업을 의미한다. 법정대리인이 영업의 허락을 함에는 반드시 영업의 종류를 특정하여야 한다. 영업의 허락이 있으면 미성년자는 영업 자체 외에 영업에 직접 간접으로 필요한 모든 행위도 할 수 있으며, 그 범위에서는 법정대리인의 동의권도, 대리권도 소멸한다.

ㄹ 기타
- 미성년자 자신이 법정대리인의 동의 없이 행한 법률행위를 취소하는 행위
- 혼인을 한 미성년자의 행위
- 대리행위

  타인의 대리인으로 하는 대리행위에는 행위능력이 제한되지 않는다.
- 유언행위

  만 17세가 된 자는 단독으로 유언을 할 수 있다.
- 법정대리인의 허락을 얻어 회사의 무한책임사원이 된 미성년자가 그 사원 자격에서 한 행위
- 근로계약 체결과 임금의 청구

  친권자나 후견인은 미성년자의 근로계약을 대리할 수 없다(근로기준법). 따라서 근로계약은 미성년자 자신이 직접 체결하여야 한다. 다만 18세 미만의 자에 대하여 근로계약을 체결하는 때에는 법정대리인의 동의서를 사업장에 비치하여야 한다(근로기준법). 미성년자는 독자적으로 임금을 청구할 수 있다.

ᄂᆞ 법정대리인의 동의를 받아야 할 수 있는 행위

> 제5조(미성년자의 능력) ① 미성년자가 법률행위를 함에는 법정대리인의 동의를 얻어야 한다. 그러나 권리만을 얻거나 의무만을 면하는 행위는 그러하지 아니하다.
> ② 전항의 규정에 위반한 행위는 취소할 수 있다.

ㄱ 법정대리인

미성년자의 법정대리인은 제1차로 친권자가 되고, 친권자가 없거나 친권자가 법률행위의 대리권과 재산관리권을 행사할 수 없는 경우에는 제2차로 미성년후견인이 된다. 친권의 행사 방법은 제909조가 규정하고 있으며, 미성년후견인에는 지정후견인과 선임후견인이 있다.

> 제911조(미성년자인 자의 법정대리인) 친권을 행사하는 부 또는 모는 미성년자인 자의 법정대리인이 된다.
>
> 제909조(친권자)
> ① 부모는 미성년자인 자의 친권자가 된다. 양자의 경우에는 양부모(養父母)가 친권자가 된다. <개정 2005. 3. 31.>
> ② 친권은 부모가 혼인중인 때에는 부모가 공동으로 이를 행사한다. 그러나 부모의 의견이 일치하지 아니하는 경우에는 당사자의 청구에 의하여 가정법원이 이를 정한다.
> ③ 부모의 일방이 친권을 행사할 수 없을 때에는 다른 일방이 이를 행사한다.
> ④ 혼인외의 자가 인지된 경우와 부모가 이혼하는 경우에는 부모의 협의로 친권자를 정하여야 하고, 협의할 수 없거나 협의가 이루어지지 아니하는 경우에는 가정법원은 직권으로 또는 당사자의 청구에 따라 친권자를 지정

하여야 한다. 다만, 부모의 협의가 자(子)의 복리에 반하는 경우에는 가정법원은 보정을 명하거나 직권으로 친권자를 정한다. <개정 2005. 3. 31., 2007. 12. 21.>

⑤ 가정법원은 혼인의 취소, 재판상 이혼 또는 인지청구의 소의 경우에는 직권으로 친권자를 정한다. <개정 2005. 3. 31.>

⑥ 가정법원은 자의 복리를 위하여 필요하다고 인정되는 경우에는 자의 4촌 이내의 친족의 청구에 의하여 정하여진 친권자를 다른 일방으로 변경할 수 있다. <신설 2005. 3. 31.>

[전문개정 1990. 1. 13.]

제909조의2(친권자의 지정 등)

① 제909조제4항부터 제6항까지의 규정에 따라 단독 친권자로 정하여진 부모의 일방이 사망한 경우 생존하는 부 또는 모, 미성년자, 미성년자의 친족은 그 사실을 안 날부터 1개월, 사망한 날부터 6개월 내에 가정법원에 생존하는 부 또는 모를 친권자로 지정할 것을 청구할 수 있다.

② 입양이 취소되거나 파양된 경우 또는 양부모가 모두 사망한 경우 친생부모 일방 또는 쌍방, 미성년자, 미성년자의 친족은 그 사실을 안 날부터 1개월, 입양이 취소되거나 파양된 날 또는 양부모가 모두 사망한 날부터 6개월 내에 가정법원에 친생부모 일방 또는 쌍방을 친권자로 지정할 것을 청구할 수 있다. 다만, 친양자의 양부모가 사망한 경우에는 그러하지 아니하다.

③ 제1항 또는 제2항의 기간 내에 친권자 지정의 청구가 없을 때에는 가정법원은 직권으로 또는 미성년자, 미성년자의 친족, 이해관계인, 검사, 지방자치단체의 장의 청구에 의하여 미성년후견인을 선임할 수 있다. 이 경우 생존하는 부 또는 모, 친생부모 일방 또는 쌍방의 소재를 모르거나 그가 정당한 사유 없이 소환에 응하지 아니하는 경우를 제외하고 그에게 의견을 진술할 기회를 주어야 한다.

④ 가정법원은 제1항 또는 제2항에 따른 친권자 지정 청구나 제3항에 따른 후견인 선임 청구가 생존하는 부 또는 모, 친생부모 일방 또는 쌍방의 양육의사 및 양육능력, 청구 동기, 미성년자의 의사, 그 밖의 사정을 고려하여 미성년자의 복리를 위하여 적절하지 아니하다고 인정하면 청구를 기각할 수 있다. 이 경우 가정법원은 직권으로 미성년후견인을 선임하거나 생존하는 부 또는 모, 친생부모 일방 또는 쌍방을 친권자로 지정하여야 한다.

⑤ 가정법원은 다음 각 호의 어느 하나에 해당하는 경우에 직권으로 또는 미성년자, 미성년자의 친족, 이해관계인, 검사, 지방자치단체의 장의 청구에 의하여 제1항부터 제4항까지의 규정에 따라 친권자가 지정되거나 미성년후견인이 선임될 때까지 그 임무를 대행할 사람을 선임할 수 있다. 이 경우 그 임무를 대행할 사람에 대하여는 제25조 및 제954조를 준용한다.

1. 단독 친권자가 사망한 경우

2. 입양이 취소되거나 파양된 경우

> 3. 양부모가 모두 사망한 경우
>
> ⑥ 가정법원은 제3항 또는 제4항에 따라 미성년후견인이 선임된 경우라도 미성년후견인 선임 후 양육상황이나 양육능력의 변동, 미성년자의 의사, 그 밖의 사정을 고려하여 미성년자의 복리를 위하여 필요하면 생존하는 부 또는 모, 친생부모 일방 또는 쌍방, 미성년자의 청구에 의하여 후견을 종료하고 생존하는 부 또는 모, 친생부모 일방 또는 쌍방을 친권자로 지정할 수 있다.
>
> [본조신설 2011. 5. 19.]
>
> 제910조(자의 친권의 대행) 친권자는 그 친권에 따르는 자에 갈음하여 그 자에 대한 친권을 행사한다. <개정 2005. 3. 31.>
>
> 제920조(자의 재산에 관한 친권자의 대리권) 법정대리인인 친권자는 자의 재산에 관한 법률행위에 대하여 그 자를 대리한다. 그러나 그 자의 행위를 목적으로 하는 채무를 부담할 경우에는 본인의 동의를 얻어야 한다.
>
> 제920조의2(공동친권자의 일방이 공동명의로 한 행위의 효력) 부모가 공동으로 친권을 행사하는 경우 부모의 일방이 공동명의로 자를 대리하거나 자의 법률행위에 동의한 때에는 다른 일방의 의사에 반하는 때에도 그 효력이 있다. 그러나 상대방이 악의인 때에는 그러하지 아니한다.
>
> [본조신설 1990. 1. 13.]

ⓛ 법정대리인의 동의권

미성년자가 법률행위를 하려면 법정대리인의 동의를 얻어야 한다. 동의는 묵시의 방법으로 할 수 있으며, 예견할 수 있는 범위 내에서 개괄적으로 하여도 무방하다. 미성년후견인이 미성년자의 일정한 행위에 동의를 할 때에는 후견감독인이 있으면 그의 동의를 받아야 한다).

미성년자가 동의 없이 법률행위를 한 경우에는 미성년자나 법정대리인이 그 행위를 취소할 수 있다. 법률행위가 취소되면 취소된 법률행위는 처음부터 무효였던 것으로 된다. 미성년자의 법률행위에 대하여 동의가 있었다는 증명은 이를 주장하는 상대방에게 있다.

ⓒ 법정대리인의 대리권

법정대리인은 미성년자를 대리하여 재산상의 법률행위를 할 권한 즉 대리권이 있다. 법정대리인은 동의를 한 행위도 대리할 수 있으며, 법정대리인이 대리행위를 함에 있어서는 미성년자의 승낙을 받을 필요도 없다. 다만 미성년자 본인의 행위를 목적으로 하는 채무를 부담할 경우에는 본인의 동의를 얻어야 대리할 수 있다.

법정대리인과 미성년자의 이익이 상반하는 행위에 관하여는 법정대리인의 대리권이 제한된다.

제921조(친권자와 그 자간 또는 수인의 자간의 이해상반행위) ① 법정대리인인 친권자와 그 자사이에 이해상반되는 행위를 함에는 친권자는 법원에 그 자의 특별대리인의 선임을 청구하여야 한다.
② 법정대리인인 친권자가 그 친권에 따르는 수인의 자 사이에 이해상반되는 행위를 함에는 법원에 그 자 일방의 특별대리인의 선임을 청구하여야 한다. <개정 2005. 3. 31.>
제949조의3(이해상반행위) 후견인에 대하여는 제921조를 준용한다. 다만, 후견감독인이 있는 경우에는 그러하지 아니하다.
[본조신설 2011. 3. 7.]

ⓒ 제한능력자의 법률행위 취소권과 상대방 보호
　ⓐ 취소권자
　　미성년자가 동의 없이 법률행위를 한 경우에는 미성년자나 법정대리인이 그 행위를 취소할 수 있다.
　　상속인이나 합변된 회사와 같은 미성년자의 포괄승계인은 당연히 피승계인의 취소권을 승계하며 따라서 취소권을 행사할 수 있다.
　　특정승계인의 경우에는 취소권만의 승계는 인정되지 않으며, 취소할 수 있는 행위에 의하여 취득한 권리의 승계가 있는 경우에만 특정승계인은 취소권자가 될 수 있다.
　ⓑ 취소의 상대방
　　취소할 수 있는 법률행위의 상대방이 확정한 경우에는 그 취소는 그 상대방에 대한 의사표시로 하여야 한다. 상대방이 특정되어 있지 않은 단독행위 또는 상대방 없는 단독행위의 경우에는 이해관계를 맺은 자가 있으면 그에 대하여 하여야 한다.
　ⓒ 취소의 효과
　　취소된 법률행위는 처음부터 무효인 것으로 본다. 제3자에 대하여도 절대적으로 무효이다. 따라서 채권행위인 때는 채권은 발생하지 않으므로 이행할 필요가 없다. 물권행위인 때에는 물권변동은 일어나지 않았던 것으로 된다. 이미 이행된 때에는 급부한 것은 부당이득으로 반환되어야 한다. 다만 제한능력자는 그의 행위로 인하여 받은 이익이 현존하는 한도에서 상환할 책임이 있다.
　　현존이익이란 이익이 그대로 있거나 모습을 바꾸어 남아 있는 것을 말하며, 이익의 현존은 추정되므로 제한 능력자가 현존이익이 없음을 증명하여 반환을 거절할 수 있을 뿐이다.
　ⓓ 취소권의 소멸
　　ⓐ 추인
　　　추인은 취소할 수 있는 법률행위를 취소하지 않겠다고 하는 의사표시이다. 추인이 있으면 다시는 취소할 수 없으며, 그 결과 법률행위는 유효한 것으로 된다.

ⓑ 법정추인

추인은 명시적으로뿐만 아니라 묵시적으로도 할 수 있는데, 취소할 수 있는 행위에 관하여 일정한 사실이 잇는 때에는 법률상 당연히 추인이 있었던 것으로 간주하고 있는데 이를 법정추인이라고 한다.

ⓒ 취소권이 단기소멸

취소권은 추인할 수 있는 날로부터 3년 내에, 법률행위를 한 날로부터 10년 내에 행사하여야 한다. 추인할 수 있는 날이란 취소의 원인이 종료되어 취소권 행사에 관한 장애가 없어져서 취소권자가 취소의 대상인 법률행위를 추인할 수 도 있고 취소할 수도 있는 상태가 된 때를 가리킨다. 이 두 기간 가운데 어느 하나라도 만료하면 취소권은 소멸한다.

ⓓ 취소권의 행사로 발행한 부당이득 반환청구권의 존속기간

취소권을 행사한 때 즉 부당이득 반환청구권이 발생한 때로부터 10년의 소멸시효에 걸린다고 하여야 한다.

㉤ 상대방 보호

제한능력자의 법률행위는 취소할 수 있고, 그 취소권은 제한능력자 쪽에서만 행사할 수 있으므로 제한능력자와 거래한 상대방은 불안정한 상태에 놓이게 되므로 상대방을 보호하기 위하여 상대방의 확답촉구권, 철회권, 거절권과 일정한 경우의 제한능력자의 취소권의 배제를 규정하고 있다.

ⓐ 확답촉구권

> 제15조(제한능력자의 상대방의 확답을 촉구할 권리)
> ① 제한능력자의 상대방은 제한능력자가 능력자가 된 후에 그에게 1개월 이상의 기간을 정하여 그 취소할 수 있는 행위를 추인할 것인지 여부의 확답을 촉구할 수 있다. 능력자로 된 사람이 그 기간 내에 확답을 발송하지 아니하면 그 행위를 추인한 것으로 본다.
> ② 제한능력자가 아직 능력자가 되지 못한 경우에는 그의 법정대리인에게 제1항의 촉구를 할 수 있고, 법정대리인이 그 정하여진 기간 내에 확답을 발송하지 아니한 경우에는 그 행위를 추인한 것으로 본다.
> ③ 특별한 절차가 필요한 행위는 그 정하여진 기간 내에 그 절차를 밟은 확답을 발송하지 아니하면 취소한 것으로 본다.

ⓑ 상대방의 철회권 거절권

> 제16조(제한능력자의 상대방의 철회권과 거절권)
> ① 제한능력자가 맺은 계약은 추인이 있을 때까지 상대방이 그 의사표시를 철회할 수 있다. 다만, 상대방이 계약 당시에 제한능력자임을 알았을 경우에는 그러하지 아니하다.
> ② 제한능력자의 단독행위는 추인이 있을 때까지 상대방이 거절할 수 있다.

> ③ 제1항의 철회나 제2항의 거절의 의사표시는 제한능력자에게도 할
> 수 있다.
> ⓒ 제한능력자의 취소권 배제
>
> 제17조(제한능력자의 속임수)
> ① 제한능력자가 속임수로써 자기를 능력자로 믿게 한 경우에는 그
> 행위를 취소할 수 없다.
> ② 미성년자나 피한정후견인이 속임수로써 법정대리인의 동의가 있는
> 것으로 믿게 한 경우에도 제1항과 같다.

③ 피성년후견인

> 제9조(성년후견개시의 심판)
> ① 가정법원은 질병, 장애, 노령, 그 밖의 사유로 인한 정신적 제약으로 사무를 처리
> 할 능력이 지속적으로 결여된 사람에 대하여 본인, 배우자, 4촌 이내의 친족, 미성년
> 후견인, 미성년후견감독인, 한정후견인, 한정후견감독인, 특정후견인, 특정후견감독
> 인, 검사 또는 지방자치단체의 장의 청구에 의하여 성년후견개시의 심판을 한다.
> ② 가정법원은 성년후견개시의 심판을 할 때 본인의 의사를 고려하여야 한다.
> [전문개정 2011. 3. 7.]

㉮ 피성년후견인의 행위능력
  ㉠ 원칙
    피성년후견인은 가정법원이 다르게 정하지 않는 한 원칙적으로 종국적·확정
    적으로 유효하게 법률행위를 할 수 없으며, 그의 법률행위는 원칙적으로 취
    소할 수 있다. 법정대리인인 성년후견인의 동의를 얻지 않고 한 행위뿐만 아
    니라 동의를 얻고서 한 행위도 취소할 수 있다.
  ㉡ 피성년후견인이 단독으로 할 수 있는 행위
    가정법원은 취소할 수 없는 피성년후견인의 법률행위의 범위를 정한 경우에
    는 단독으로 할 수 있다. 그리고 가정법원은 본인, 배우자, 4촌 이내의 친족,
    성년후견인, 성년후견감독인, 검사 또는 지방자치단체의 장의 청구에 의하여
    그 범위를 변경할 수 있다.
    일용품의 구입 등 일상생활에 필요하고 그 대가가 과도하지 아니한 법률행위
    는 성년후견인이 취소할 수 없다.
  ㉢ 피성년후견인이 성년후견인의 동의를 얻어서 할 수 있는 행위
    피성년후견인은 약혼·혼인·협의이혼·인지·입양·협의파양 등의 친족법상의
    행위는 성년후견인의 동의를 얻어서 스스로 할 수 있다.
㉯ 피성년후견인의 법정대리인
  ㉠ 선임
    성년후견인은 성년후견개시의 심판을 할 때에는 가정법원이 직권으로 선임
    한다. 성년후견인은 피후견인의 법정대리인이 된다. 성년후견인은 여러 명
    둘 수 있고, 법인도 성년후견인이 될 수 있다(930조 1항).

ⓛ 대리권의 범위

　　　　가정법원은 성년후견인이 가지는 법정대리권의 범위와 피성년후견인의 신상에 관하여 결정할 수 있는 권한의 범위를 정할 수 있다.

　　　　성년후견인은 원칙적으로 동의권은 없고 대리권만 가진다.

③ 피한정후견인

> 제12조(한정후견개시의 심판)
>
> ① 가정법원은 질병, 장애, 노령, 그 밖의 사유로 인한 정신적 제약으로 사무를 처리할 능력이 부족한 사람에 대하여 본인, 배우자, 4촌 이내의 친족, 미성년후견인, 미성년후견감독인, 성년후견인, 성년후견감독인, 특정후견인, 특정후견감독인, 검사 또는 지방자치단체의 장의 청구에 의하여 한정후견개시의 심판을 한다.
>
> ② 한정후견개시의 경우에 제9조제2항을 준용한다.
>
> [전문개정 2011. 3. 7.]

　　㉮ 피한정후견인의 행위능력

　　　ⓖ 원칙

　　　　피한정후견인은 원칙적으로 종국적·확정적으로 유효하게 법률행위를 할 수 있다. 즉 피한정후견인은 원칙적으로 행위능력을 가진다.

　　　ⓛ 한정후견인의 동의를 받아야 하는 행위

　　　　가정법원이 피한정후견인으로 하여금 한정후견인의 동의를 받아야 할 행위의 범위를 정한 경우에는 동의를 받아야 한다.

　　㉯ 한정후견인

　　　ⓖ 선임

　　　　한정후견개시의 심판을 할 때에는 가정법원이 직권으로 한정후견인을 선임한다. 한정후견인은 여러 명 둘 수 있고, 법인도 한정후견인이 될 수 있다.

　　　ⓛ 법정대리권

　　　　한정후견인이 당연히 피한정후견인의 법정대리인이 되는 것은 아니다. 가정법원은 한정후견인에게 대리권을 수여하는 심판을 할 수 있고 그러한 심판이 있는 경우에 법정대리권을 가진다.

　　　ⓒ 동의권, 취소권

　　　　한정후견인은 법률행위의 동의권·취소권이 없다. 동의가 유보된 경우에 한하여 동의권과 취소권이 있다.

④ 피특정후견인

> 제14조의2(특정후견의 심판)
>
> ① 가정법원은 질병, 장애, 노령, 그 밖의 사유로 인한 정신적 제약으로 일시적 후원 또는 특정한 사무에 관한 후원이 필요한 사람에 대하여 본인, 배우자, 4촌 이내의 친족, 미성년후견인, 미성년후견감독인, 검사 또는 지방자치단체의 장의 청구에 의하여 특정후견의 심판을 한다.

> ② 특정후견은 본인의 의사에 반하여 할 수 없다.
> ③ 특정후견의 심판을 하는 경우에는 특정후견의 기간 또는 사무의 범위를 정하여야 한다.

㉮ 피특정후견인의 행위능력

특정후견의 심판이 있어도 피특정후견인은 행위능력에 전혀 영향을 받지 않는다. 특정한 법률행위를 위하여 특정후견인이 선임되고 법정대리권이 부여된 경우에도 그 법률행위에 관하여 피특정후견인의 행위능력은 제한되지 않는다. 따라서 그러한 행위를 특정후견인의 동의 없이 직접 할 수도 있다.

㉯ 특정후견 심판의 내용과 보호조치

가정법원이 특정후견의 심판을 하는 경우에는 특정후견의 기간 또는 사무의 범위를 정하여야 한다.

가정법원은 피특정후견인의 후견을 위하여 필요한 처분을 명할 수 있다. 그 처분으로 피특정후견인을 후원하거나 대리하기 위한 특정후견인을 선임할 수 있고 필요하다고 인정하면 가정법원은 기간이나 범위를 정하여 특정후견인에게 대리권을 수여하는 심판을 할 수 있다. 이 때 피특정후견인은 법정대리인이 된다.

Ⅱ. 법인

누가 어떤 행위를 하였을 때 이를 법인의 행위로 인정할 것이냐의 문제이다. 학설은 법인의 행위는 원래 있을 수 없고, 법인이 현실적으로 권리·의무를 취득하는 것은 대표기관의 대리행위에 의한 것이라는 대리설과 법인도 단체의사 내지 조직적 의사를 가지고 있고 이 의사에 의거한 법인의 행위가 존재하며, 법인대표기관의 행위는 법인 자체의 행위이다는 대표설이 있다.

1. 법인의 행위능력의 범위

법인의 행위능력의 범위는 그 권리능력의 범위와 일치한다. 법인의 행위능력을 벗어난 법률행위는 법인에 대해 효력이 없고, 법률행위를 한 대표기관 개인의 행위에 지나지 않는다.

2. 법인의 대표이사 등

(1) 법인의 법률행위의 담당자

법인의 행위는 자연인의 현실 행위에 의존할 수밖에 없으므로, 자연인이 법인의 대표기관으로서 한 행위가 법인의 행위로 인정된다. 법인 행위의 담당자인 대표기관으로는 이사·임시이사·특별대리인·청산인 등이 있다.

(2) 대표기관의 대표권의 범위

원칙적으로 이사는 법인의 사무에 관하여 각자 법인을 대표하므로 원칙적으로 법인의 행위능력의 범위와 그 대표기관의 대표권의 범위는 일치하지만, 대표권이 제한되어 있는 경우에는 법인의 행위능력의 범위에 속할지라도 그 대표기관의 대표권의 범위를 넘을 수 있다. 따라서 법인의 행위능력을 넘는 행위와 대표권을 넘는 행위는 구별된다.

법인의 행위능력을 넘는 행위는 그 권리능력을 벗어난 행위로서 법인의 행위가 아니므로 상대방의 선의·악의를 불문하고 법인에 대하여 효력이 없지만, 대표권을 넘는 행위는 제59조 ②항에 의해 준용되는 표현대리규정 또는 이사의 대표권 제한의 대항요건에 관한 제60조에 의해 법인의 행위로 될 수 있으므로 법인에 대하여 효력이 있을 수 있다.

(3) 법인대표의 법률행위의 방식

법인의 대표에 관하여는 대리에 관한 규정이 준용되므로, 법인의 대표기관이 법인을 위한 것임을 표시함으로써 대표권을 행사한다(현명주의).

3. 법인의 대리인(직원 등)

법인의 대표기관으로부터 대리권을 수여받아 계약을 체결한다.

III. 비법인인 사단이나 재단(종중, 교회, 사찰 등)

1. 비법인 사단

민법은 비법인사단에 관해 그 재산귀속관계를 총유·준총유로 한다는 규정을 두고 있을 뿐이고, 그 밖에 부동산등기법과 민사소송법이 대표자가 있는 비법인사단의 등기능력·소송당사자능력을 인정하고 있다.

비법인사단의 권리능력·행위능력, 대표기관의 권한·의무와 대표방식, 대표기관의 불법행위에 대한 손해배상책임 등에 관하여는 사단법인의 규정이 유추적용된다. 비법인사단의 시효취득능력도 인정된다.

그러나 비법인사단의 경우에는 대표자의 대표권 제한에 관하여 등기할 방법이 없어 민법 제60조의 규정을 준용할 수 없다[2002다64780].

(1) 등기능력

대표자가 있는 비법인사단에 속하는 부동산의 등기에 관해서는 그 사단을 등기권리자 또는 등기의무자로 하고, 그 등기는 사단의 명의로 그 대표자가 신청한다.

(2) 소송당사자능력

대표자가 있는 비법인사단은 사단의 이름으로 소송당사자가 될 수 있다(민소법52). 따라서 제3자는 비법인사단에 대한 채무명의로 사단재산에 대해 강제집행할 수 있다.

2. 비법인 재단

법인격을 전제로 하지 않고 법률에 특별한 규정이 없는 한, 재단법인에 관한 민법규정이 유추적용된다. 비법인재단의 설립에는 민법 제47조가 유추적용되며, 그 설립행위는 설립자의 단독행위의 성격을 띤다.

관리인이 있는 비법인재단은 부동산등기능력과 소송당사자능력을 가진다.

전통사찰보존법에 따라 문화공보부에 전통사찰로 등록되어 있고 독립한 사찰로서의 실체로 갖추어 권리능력 없는 재단으로 인정되는 경우에 그 사찰 명의로 등기된 재산은 독립한 권리주체인 사찰의 소유이고 그 재산에 대한 관리권은 그 사찰 주지에게 일임되어 있다[91다9336].

IV. 조합(영농조합 등)

1. 대외관계의 당사자

민법상 조합에는 법인격이 부여되지 않아 대표기관이 없으므로, 대외적 법률행위는 조합원 전원의 명의로 해야 한다. 즉 조합원 전원이 대외관계의 당사자가 된다.

제3자가 불법하게 조합재산을 침해한 경우 이로 인하여 발생한 손해배상청구권은 조합재산으로 조합원의 합유에 속하는 것이고 그 채권이 지분의 비율에 의하여 조합원에게 분해되어 귀속하는 것은 아니므로, 조합이 해산되어 청산의 방법으로 조합채권을 분해귀속키로 하였다면 별문제이지만 그렇지 않은 경우 조합원의 한 사람은 그 채권을 직접 청구할 수 없다[63다330].

합유로 소유권이전등기가 된 부동산에 관하여 명의신탁해지를 원인으로 한 소유권이전등기 절차의 이행을 구하는 소송은 합유물에 관한 소송으로서 고유필요적 공동소송에 해당하여 합유자 전원을 피고로 하여야 할 뿐 아니라 합유자 전원에 대하여 합일적으로 확정되어야 하므로, 합유자 중 일부의 청구인낙이나 합유자 중 일부에 대한 소의 취하는 허용되지 않는다[96다23238].

2. 대리(조합대리)

조합원 전원을 대리하는 대리권의 수여는 인정된다. 민법상 조합의 경우 법인격이 없어 조합 자체가 본인이 될 수 없으므로, 이른바 조합대리에 있어서는 본인에 해당하는 모든 조합원을 위한 것임을 표시하여야 하나, 반드시 조합원 전원의 성명을 제시할 필요는 없고 상대방이 알 수 있을 정도로 조합을 표시하는 것으로 충분하다[2008다79340].

그리고 조합대리에 있어서도 그 법률행위가 조합에게 상행위가 되는 경우에는 조합을 위한 것임을 표시하지 않았다고 하더라도 그 법률행위의 효력은 상법 제48조(상행위의 대리인이 본인을 위한 것임을 표시하지 아니하여도 그 행위는 본인에 대하여 효력이 있다. 그러나 상대방이 본인을 위한 것임을 알지 못한 때에는 대리인에 대하여도 이행의 청구를 할 수 있다. 에 의해 본인인 조합원 전원에게 미친다[2008다79340].

조합의 업무를 집행하는 조합원은 그 업무집행의 대리권이 있는 것으로 추정된다. 제709조에 의해 업무집행조합원은 조합의 목적을 달성하는 데 필요한 범위에서 조합을 위하여 모든 행위를 할 대리권이 있는 것으로 추정되지만, 위 규정은 임의규정이므로 당사자 사이의 약정에 의하여 조합의 업무집행에 관하여 조합원 전원의 동의를 요하도록 하는 등 그 내용을 달리 정할 수 있고, 그와 같은 약정이 있는 경우에는 조합의 업무집행은 조합원 전원의 동의가 있는 때에만 유효하다 할 것이어서, 조합의 구성원이 위와 같은 약정의 존재를 주장·입증하면 조합의 업무집행자가 조합원을 대리할 권한이 있다는 추정은 깨어지고 업무집행자와 사이에 법률행위를 한 상대방이 나머지 조합원에게 그 법률행위의 효력을 주장하기 위하여는 그와 같은 약정에 따른 조합원 전원의 동의가 있었다는 점을 주장·입증할 필요가 있다[99다62838].

조합원이 아닌 업무집행자에 대해서는 명문규정이 없으나, 그의 업무집행에 관하여 위임과 함께 대리권이 수여되었다고 해석한다].

3. 소송당사자능력과 소송대리의 문제

(1) 조합의 소송당사자능력

민법상의 조합에는 민사소송법 제52조가 적용되지 않으므로 조합은 당사자능력이 없고, 조합원 전원이 소송당사자가 되며, 선정당사자제도를 이용할 수 있다

(2) 소송대리

업무집행조합원이 없는 경우, 각 조합원에게 일반의 법률행위에 관한 대리권이 있다는 사실로부터 당연히 소송대리권이 있다고 할 수 없다.

업무집행자에의 임의적 소송신탁은 허용된다는 것이판례이다[83다카1815]. 즉 조합업무를 집행할 권한을 수여받은 업무집행조합원은 조합재산에 관하여 조합원으로부터 임의적 소송신탁을 받아 자기 이름으로 소송을 수행할 수 있다[2000다68924].

V. 수탁자(신탁계약)

수탁자가 신탁계약에서 정한 범위 내에서 법률행위를 할 수 있다.

02 본인을 위하여 법률행위 기타 행위를 하는 자

I. 대리인

> 학습할 사항
> 1. 대리행위를 할 수 있는 권한과 범위를 확인하는 것이 중요하다.
> 2. 대리권의 남용에 해당하는 경우
> 3. 무권대리행위일 때 처리하는 방법
> 4. 대리권수여행위(위임장)의 내용을 정확하고 명확하게 기재하는 것이 가장 중요하다.

1. 서론

(1) 의의

대리란 타인(대리인)이 본인의 이름으로 법률행위를 하거나 의사표시를 받음으로써 그 법률효과가 직접 본인에 관하여 생기는 제도이다.

(2) 대리가 인정되는 범위

대리는 법률행위 즉 의사표시를 하거나 의사표시를 받는 것에 한하여 인정되며, 사실행위나 불법행위에는 인정되지 않는다.

(3) 대리인의 능력

> 제117조(대리인의 행위능력) 대리인은 행위능력자임을 요하지 아니한다.

제117조는 대리인이 제한능력자라는 이유로 대리행위를 취소할 수 없다는 것일 뿐, 대리인의 제한능력으로 인하여 수권행위가 무효로 될 수도 있고, 또 기초적 내부관계가 실효됨으로 인하여 수권행위가 실효될 수는 있다. 대리인에게 의사능력이 없으면 대리행위는 무효로 된다.

(4) 구별개념

① 간접대리

간접대리는 타인의 계산으로 그러나 자기의 이름으로써 법률행위를 하고, 그 법률효과는 행위자 자신에게 생기며, 후에 그가 취득한 권리를 타인에게 이전하는 것으로 위탁매매업이 그 예이다.

② 대표

대리인은 본인과 대립된 별개의 지위를 갖는데 비하여, 대표기관은 법인과 별개의 지위를 갖지 않으며, 대표기관의 행위는 바로 법인의 행위로 간주된다. 대리와는 달리 대표는 사실행위나 불법행위에 관하여도 인정이 된다.

③ 사자

사자는 본인이 결정한 효과의사를 표시하거나 전달함으로써 표시행위의 완성에 협력하는 자로 본인이 완성한 의사표시를 전달하는 전달기관과 본인이 결정한 의사를 상대방에게 표시하여 그 의사표시를 환성하는 표시기관이 있다.

2. 대리권

(1) 의의

대리권이란 권리가 아닌 권한으로 대리인이 본인의 이름으로 의사표시를 하거나 또는 의사표시를 받음으로써 직접 본인에게 법률효과를 발생시키는 법률상의 지위 또는 자격을 말한다.

(2) 대리권의 발생원인

① 법정대리권의 발생원인

법정대리가 성립하는 경우는 세 가지가 있다.

㉮ 법률의 규정

본인에 대하여 일정한 지위에 있는 자가 당연히 대리인이 되는 경우로 일상가사 대리권을 가지는 부부, 친권자 등이다.

> 제827조(부부간의 가사대리권)
> ① 부부는 일상의 가사에 관하여 서로 대리권이 있다.
> ② 전항의 대리권에 가한 제한은 선의의 제삼자에게 대항하지 못한다.

> 제911조(미성년자인 자의 법정대리인) 친권을 행사하는 부 또는 모는 미성년자인
> 자의 법정대리인이 된다.
>
> 제920조(자의 재산에 관한 친권자의 대리권) 법정대리인인 친권자는 자의 재산
> 에 관한 법률행위에 대하여 그 자를 대리한다. 그러나 그 자의 행위를 목적으
> 로 하는 채무를 부담할 경우에는 본인의 동의를 얻어야 한다.

   ⓝ 지정권자의 지정행위
    본인 이외의 일정한 지정권자의 지정으로 대리인이 되는 경우로 지정후견인, 지
    정유언집행자 등이다.
   ⓓ 법원의 선임행위
    법원의 선임에 의하여 대리인이 되는 경우로는 부재자재산관리인, 선임후견인,
    상속재산관리인, 유언집행자 등이 있다.
  ② 임의대리권의 발생원인
   임의대리권은 본인이 대리인에게 대리권을 수여하는 행위 즉 대리권 수여행위에 의
   하여 발생한다. 다수설은 수권행위를 상대방 있는 단독행위라고 한다.
   원인관계가 실효하면 당연히 수권행위도 효력을 잃으며, 그러한 견해가 당사자의 의
   사를 존중하는 해석이라고 하는 유인설이 다수설이다.
   수권행위의 방식에는 제한이 없다. 수권행위의 상대방은 대리인만이 그 상대방이
   된다.

(3) 대리권의 범위

  ① 법정대리권의 범위
   법정대리권의 범위는 각종의 법정대리인에 관한 규정의 해석에 의하여 결정된다.
  ② 임의대리권의 범위
   ㉮ 수권행위에 의한 결정
    임의대리권의 범위는 수권행위에 의하여 결정된다. 대리권의 범위는 궁극적으로
    는 수권행위의 해석에 의하여 확정된다.

> ◦ 임의대리에 있어서 대리권의 범위는 수권행위(대리권수여행위)에 의하여 정하
> 여지는 것이므로 어느 행위가 대리권의 범위 내의 행위인지의 여부는 개별적
> 인 수권행위의 내용이나 그 해석에 의하여 판단할 것이나, 일반적으로 말하면
> 수권행위의 통상의 내용으로서의 임의대리권은 그 권한에 부수하여 필요한 한
> 도에서 상대방의 의사표시를 수령하는 이른바 수령대리권을 포함하는 것으로
> 보아야 한다.
> ◦ 부동산의 소유자로부터 매매계약을 체결할 대리권을 수여받은 대리인은 특별
> 한 사정이 없는 한 그 매매계약에서 약정한 바에 따라 중도금이나 잔금을 수령
> 할 권한도 있다고 보아야 한다(93다39379 판결).
> ◦ 어떠한 계약의 체결에 관한 대리권을 수여받은 대리인이 수권된 법률행위를

하게 되면 그것으로 대리권의 원인된 법률관계는 원칙적으로 목적을 달성하여 종료하는 것이고, 법률행위에 의하여 수여된 대리권은 그 원인된 법률관계의 종료에 의하여 소멸하는 것이므로(민법 제128조), 그 계약을 대리하여 체결하였던 대리인이 체결된 계약의 해제 등 일체의 처분권과 상대방의 의사를 수령할 권한까지 가지고 있다고 볼 수는 없다(대법원 2008다11276).

◦ 매매계약의 체결과 이행에 관하여 포괄적으로 대리권을 수여받은 대리인은 약정된 매매대금 지급기일을 연기해 줄 권한도 가진다(91다43107).
부동산 처분에 관한 소요서류를 구비하여 교부한 것은 부동산처분에 관하여 대리권을 수여한 것이다. 그러나 부동산의 소유자가 부동산을 담보로 하여 은행으로부터 융자를 얻기 위하여 타인에게 부동산의 등기부등본과 인감증명서를 주었다고 하여 그 부동산에 관한 처분의 대리권을 주었다고 할 수 없다(62다436).

◦ 채권자가 채무의 담보의 목적으로 채무자를 대리하여 부동산에 관한 매매 등의 처분행위를 할 수 있는 권한을 위임받은 경우, 채권자는 채무자에 대한 채권의 회수를 위하여 선량한 관리자로서의 주의를 다하여 채무자가 직접 부동산을 처분하는 것과 같이 널리 원매자를 물색하여 부동산을 매매 등의 방법으로 적정한 시기에 매도한 다음 그 대가로 자신의 채권에 충당하고 나머지가 있으면 채무자에게 이를 정산할 의무가 있는 것이지, 자신의 개인적인 채무를 변제하기 위하여 그 채권자와의 사이에 임의로 부동산의 가치를 협의·평가하여 그 가액 상당의 채무에 대한 대물변제조로 양도할 권한이 있는 것은 아니다 (대법원 1997. 9. 9. 선고 97다22720 판결 [소유권이전등기]).

㉯ 민법의 보충규정

> 제118조(대리권의 범위) 권한을 정하지 아니한 대리인은 다음 각호의 행위만을 할 수 있다.
> 1. 보존행위
> 2. 대리의 목적인 물건이나 권리의 성질을 변하지 아니하는 범위에서 그 이용 또는 개량하는 행위

(4) 대리권의 제한

① 자기계약, 쌍방대리의 금지

> 제124조(자기계약, 쌍방대리) 대리인은 본인의 허락이 없으면 본인을 위하여 자기와 법률행위를 하거나 동일한 법률행위에 관하여 당사자쌍방을 대리하지 못한다. 그러나 채무의 이행은 할 수 있다.

자기계약 쌍방대리 금지를 위반하는 행위는 무권대리행위가 된다. 따라서 그 행위는 효력을 발생시키지 않으나, 본인이 사후에 추인을 하면 완전히 유효하게 된다.

② 공동대리

> 제119조(각자대리) 대리인이 수인인 때에는 각자가 본인을 대리한다. 그러나 법률 또는 수권행위에 다른 정한 바가 있는 때에는 그러하지 아니하다.

㉮ 의의

공동대리라 함은 대리인이 여러 명 있는 경우에 그 대리인들이 공동으로만 대리를 할 수 있는 것을 말한다. 따라서 공동대리에 있어서는 한명의 대리인이라도 참석하지 않으면 대리행위는 유효하지 않으며 흠을 가지게 되므로 공동대리는 각 대리인에게는 대리권의 제한이 된다. 여기서 공동이란 의사결정을 공동으로 하여야 한다는 의미이다.

㉯ 위반의 효과

공동대리 위반의 효과는 권한을 넘은 무권대리가 된다.

③ 이해상반행위

> 제921조(친권자와 그 자간 또는 수인의 자간의 이해상반행위)
> ① 법정대리인인 친권자와 그 자사이에 이해상반되는 행위를 함에는 친권자는 법원에 그 자의 특별대리인의 선임을 청구하여야 한다.
> ② 법정대리인인 친권자가 그 친권에 따르는 수인의 자 사이에 이해상반되는 행위를 함에는 법원에 그 자 일방의 특별대리인의 선임을 청구하여야 한다. <개정 2005. 3. 31.>

㉮ 의의

이해상반행위란 행위의 객관적 성질상 친권자와 그 자 사이 또는 친권에 복종하는 수인의 자 사이에 이해의 대립이 생길 우려가 있는 행위를 가리키는 것으로 친권자의 의도나 그 행위의 결과 실제로 이해의 대립이 생겼는가의 여부는 묻지 아니한다는 것이 판례이다. 대한민국 민법 제920조에 의하면 미성년자의 재산에 대한 법률행위는 법정대리인이 대리해야 하며 법정대리인의 권한 남용을 막기 위해 민법 제921조에서는 친권자의 이해상반행위를 금지하고 있다.

㉯ 판단기준

행위의 의도, 목적, 동기, 그 행위의 실질적 결과 등을 고려하여 그 행위로 인하여 미성년자의 자에게 불이익이 되고 친권자에게는 이익이 되는가 여부를 실질적으로 판단한다.

> 【사례】
> 1. 피상속인의 처가 미성년인 자와 동순위의 공동상속인이 된 경우 친권자로서 미성년인 자를 대리하여 상속재산분할 협의를 하는 행위
> 2. 친권자가 자의 생활비 등을 마련하기 위하여 금원을 차용한 후 그 담보로 자신과 미성년자가 공동 소유하는 부동산에 관하여 자신의 지분에 대해서는 공동소유자로서 자의 지분에 대해서는 법정대리인으로서 각각 근저당권을 설정

> 하는 행위
>
> 3. 친권자가 미성년자인 그 차남 소유의 부동산을 성년자인 그 장남에게 증여한 사안에 있어서, 차남은 수개월이 지나면 성년이 될 나이에 있었고, 그가 위 증여를 강력히 반대하였으며, 위 증여도 차남을 위한 것이 아니라 장남만을 위한 것으로서 위 증여로 차남은 아무런 대가도 지급받지 못한 경우

  ㉰ 판례

친권자의 친권에 복종하지 아니하는 자녀와 친권에 복종하는 미성년인 자녀 사이에 이해상반이 되는 경우가 있다하더라도 이를 이해상반행위로 보지 않는다. 공동상속재산분할협의는 그 행위의 객관적 성질상 상속인 상호간의 이해의 대립이 생길 우려가 있는 행위이다. 적모와 미성년자인 수인의 자 사시에 상속재산분할협의를 하게 되는 경우에는 미성년자 각자마다 특별대리인을 선임하여 그 각 특별대리인이 각 미성년자를 대리하여 상속재산분할의 협의를 하여야 하고, 만약 특별대리인 1인이 수인의 미성년자를 대리하여 상속재산분할협의를 하였다면 이는 민법 제921조에 위반된 것으로서 이러한 대리행위에 의하여 성립된 상속재산분할협의는 피대리자의 전원에 의한 추인이 없는 한 무효이다.

미성년자의 친권자인 모가 자기 오빠의 제3자에 대한 채무의 담보로 미성년자 소유의 부동산에 근저당권을 설정하는 행위가 채무자를 위한 것으로서 미성년자에게는 불이익을 주는 것이라고 하더라도, 민법 제921조 제1항에 규정된 "법정대리인인 친권자와 그 자 사이에 이해상반된 행위"라고 볼 수 없다.

법정대리인인 친권자가 부동산을 매수하여 이를 그 자에게 증여하는 행위는 미성년자인 자에게 이익만을 주는 행위이므로 친권자와 자 사이의 이해상반행위에 속하지 아니하고, 또 자기계약이지만 유효하다.

주식회사의 대표이사가 그의 개인적인 용도에 사용할 목적으로 회사명의의 수표를 발행하거나 타인이 발행한 약속어음에 회사명의의 배서를 해주어 회사가 그 지급책임을 부담 이행하여 손해를 입은 경우에는 당해 주식회사는 대표이사의 위와 같은 행위가 상법 제398조 소정의 이사와 회사간의 이해상반하는 거래행위에 해당한다 하여 이사회의 승인여부에 불구하고 같은 법 제399조 소정의 손해배상청구권을 행사할 수 있음은 물론이고 대표권의 남용에 따른 불법행위를 이유로 한 손해배상청구권도 행사할 수 있는 것이다.

(5) 대리권 남용

 ① 의의

대리인이 대리권의 범위 안에서 대리행위를 하였으나 오직 자기 또는 제3자의 이익을 꾀하기 위하여 그렇게 한 경우에 그 법률효과가 본인에게 발생하는가의 문제가 대리권 남용의 문제로 법인의 대표기관의 행위에 있어서도 똑 같은 문제가 발생한다. 대리권의 남용은 임의대리뿐만 아니라 법정대리에서도 문제가 된다. 대리권 남용은 표현대리가 성립한 경우에도 동일하게 적용된다.

> ◦ '친권자인 모가 미성년자인 자의 법정대리인으로서 자의 유일한 재산을 아무런 대가도 받지 않고 증여하였고 상대방이 그 사실을 알고 있었던 경우, 그 증여행위는 친권의 남용에 의한 것이므로 그 효과는 자에게 미치지 않는다. 위의 경우 친권자의 법정대리권의 남용으로 인한 법률행위의 효과가 미성년인 자(자)에게 미치지 아니한다고 하여 그 친권자의 친권이 상실되어야 하는 것은 아니며, 친권자가 자의 법정대리인으로서 소송대리인을 선임하여 그 증여에 기하여 이루어진 소유권이전등기의 말소를 구하는 소를 제기하였다고 하여 이를 금반언의 원칙에 어긋난 것으로 볼 수도 없다(대법원 1997. 1. 24. 선고 96다43928 판결).

② 판례

판례는 대리권 또는 대표권의 남용에 관하여 대체로 제107조 제1항 단서의 유추적용설의 입장이다.

(6) 복임권

> 제120조(임의대리인의 복임권) 대리권이 법률행위에 의하여 부여된 경우에는 대리인은 본인의 승낙이 있거나 부득이한 사유있는 때가 아니면 복대리인을 선임하지 못한다.
>
> 제121조(임의대리인의 복대리인선임의 책임)
> ① 전조의 규정에 의하여 대리인이 복대리인을 선임한 때에는 본인에게 대하여 그 선임감독에 관한 책임이 있다.
> ② 대리인이 본인의 지명에 의하여 복대리인을 선임한 경우에는 그 부적임 또는 불성실함을 알고 본인에게 대한 통지나 그 해임을 태만한 때가 아니면 책임이 없다.
>
> 제122조(법정대리인의 복임권과 그 책임) 법정대리인은 그 책임으로 복대리인을 선임할 수 있다. 그러나 부득이한 사유로 인한 때에는 전조제1항에 정한 책임만이 있다.
>
> 제123조(복대리인의 권한)
> ① 복대리인은 그 권한내에서 본인을 대리한다.
> ② 복대리인은 본인이나 제삼자에 대하여 대리인과 동일한 권리의무가 있다.

> ◦ 대리의 목적인 법률행위의 성질상 대리인 자신에 의한 처리가 필요하지 아니한 경우에는 본인이 복대리 금지의 의사를 명시하지 아니하는 한 복대리인의 선임에 관하여 묵시적인 승낙이 있는 것으로 보는 것이 타당하다.
> 오피스텔의 분양업무는 그 성질상 분양을 위임받은 대리인이 광고를 내거나 그 직원 또는 주변의 부동산중개인을 동원하여 분양사실을 널리 알리고, 분양사무실을 찾아온 사람들에게 오피스텔의 분양가격, 교통 등 입지조건, 오피스텔의 용도, 관리방법 등 분양에 필요한 제반 사항을 설명하고 청약을 유인함으로써 분양계약을 성사시키는 것으로서 대리인의 능력에 따라 본인의 분양사업의 성공 여부가 결정되는 것이므로, 사무처리의 주체가 별로 중요하지 아니한 경우에 해당한다고 보기 어렵다. 즉 복대리인 선임이 허용되지 않는다(대법원 1996. 1. 26. 선고 94다30690 판결).

(7) 대리권의 소멸

① 임의대리와 법정대리에 공동한 소멸원인

> 제127조(대리권의 소멸사유) 대리권은 다음 각 호의 어느 하나에 해당하는 사유가 있으면 소멸된다.
> 1. 본인의 사망
> 2. 대리인의 사망, 성년후견의 개시 또는 파산
> [전문개정 2011. 3. 7.]

㉮ 본인의 사망

본인의 사망으로 대리권은 소멸한다. 다만, 다음과 같은 예외가 있다.

임의대리에 있어서 기초적 내부관계가 본인의 사망에도 불구하고 존속하는 때에는 그 범위에서 대리권도 존속한다.

상법규정상 상인이 그 영업에 관하여 수여한 대리권은 본인의 사망으로 인하여 소멸하지 않는다.

임의대리에서 본인과 대리인 사이에 본인이 사망하더라도 대리인의 대리권이 소멸하지 않는 다는 특약이 있고 그 특약이 유효할 때에 대하여는 무효설과 유효설이 대립하고 있다.

㉯ 대리인이 사망

대리인의 사망에도 불구하고 기초적인 내부관계가 존속하는 때에는 민법 제691조 위임규정을 적용하여 그 범위에서는 대리권도 인정되어야 한다.

㉰ 대리인의 성년후견의 개시 또는 파산

② 임의대리에 특유한 소멸원인

> 제128조(임의대리의 종료) 법률행위에 의하여 수여된 대리권은 전조의 경우외에 그 원인된 법률관계의 종료에 의하여 소멸한다. 법률관계의 종료전에 본인이 수권행위를 철회한 경우에도 같다.

③ 법정대리에 특유한 소멸원인

법정대리에 특유한 소멸원인은 각각의 법정대리에 관하여 규정하고 있다.

3. 대리행위

> [학습할 사항]
> 1. 대리행위를 할 수 있는 권한과 범위를 확인하는 것이 중요하다.
> 2. 대리권의 남용에 해당하는 경우
> 3. 무권대리행위일 때 처리하는 방법
> 4. 대리권수여행위(위임장)의 내용을 정확하고 명확하게 기재하는 것이 가장 중요하다.

(1) 대리행위의 방식

① 현명주의

> 제114조(대리행위의 효력)
> ① 대리인이 그 권한내에서 본인을 위한 것임을 표시한 의사표시는 직접 본인에게 대하여 효력이 생긴다.
> ② 전항의 규정은 대리인에게 대한 제삼자의 의사표시에 준용한다.

현명의 방법에는 제한이 없다. 따라서 반드시 본인이 명백하게 표시되어야 하는 것은 아니고 제반사정에 비추어 본인을 알 수 있으면 된다.

> ○ 매매위임장을 제시하고 매매계약을 체결하는 자는 특단의 사정이 없는 한 소유자를 대리하여 매매행위하는 것이라고 보아야 하고 매매계약서에 대리관계의 표시없이 그 자신의 이름을 기재하였다고 해서 그것만으로 그 자신이 매도인으로서 타인 물을 매매한 것이라고 볼 수는 없다.(대법원 1982. 5. 25. 선고 81다1349,81다카1209 판결 [소유권이전등기])
> ○ 법정대리인이 법정대리권에 기하여 그 친권에 복하는 미성년자들의 상속분까지 함께 처분한다는 표시를 하지 아니하였다 할지라도 이미 이전등기된 이상 친권자의 처분행위에는 그 미성년자의 지분권도 함께 처분하는 취지가 포함된 것이다.(대법원 1973. 2. 26. 선고 72다2479 판결 [소유권이전등기말소])

② 현명하지 않은 행위

> 제115조(본인을 위한 것임을 표시하지 아니한 행위) 대리인이 본인을 위한 것임을 표시하지 아니한 때에는 그 의사표시는 자기를 위한 것으로 본다. 그러나 상대방이 대리인으로서 한 것임을 알았거나 알 수 있었을 때에는 유효한 대리행위가 된다.

③ 대리인이 본인의 이름으로 법률행위를 한 경우

대리인이 대리권의 범위 안에서 본인의 이름을 사용하여 법률행위를 한 경우에는 상대방이 대리인으로 행위하였음을 몰랐더라도 그 법률행위의 효과가 직접 본인에게 귀속한다. 이때 대리인이 본인으로부터 본인 명의로 법률행위를 할 수 있는 권한을 부여받았는가를 묻지않는다.

> ○ '갑'이 '을'을 대리하여 토지를 매도하였다는 주장에는 '갑'이 '을'을 이른바 대행적으로 대리하여 자신의 명의로 토지를 매도하였다는 주장도 포함되어 있다.(대법원 1995. 2. 28. 선고 94다19341 판결 [토지소유권이전등기])
> ○ 민법 제126조의 표현대리는 대리인이 본인을 위한다는 의사를 명시 혹은 묵시적으로 표시하거나 대리의사를 가지고 권한 외의 행위를 하는 경우에 성립하고, 사술을 써서 위와 같은 대리행위의 표시를 하지 아니하고 단지 본인의 성명을 모용하여 자기가 마치 본인인 것처럼 기망하여 본인 명의로 직접 법률행위를 한 경우에는 특별한 사정이 없는 한 위 법조 소정의 표현대리는 성립할 수 없음은 소론 주장과

같으나, 이 사건에서와 같이 본인으로부터 아파트에 관한 임대 등 일체의 관리권한을 위임받아 자신을 본인으로 가장하여 아파트를 임대한 바 있는 대리인이 다시 자신을 본인으로 가장하여 임차인에게 아파트를 매도하는 법률행위를 한 경우에는 권한을 넘은 표현대리의 법리를 유추적용하여 본인에 대하여 그 행위의 효력이 미친다고 볼 수 있는 것이고(당원 1988.2.9. 선고 87다카273 판결; 1978.3.28. 선고 77다1669 판결; 1976.5.25. 선고 75다1803 판결 등 참조),(대법원 1993. 2. 23. 선고 92다52436 판결 [소유권이전청구권양도확인])

- 일방 당사자가 대리인을 통하여 계약을 체결하는 경우에 있어서 계약의 상대방이 대리인을 통하여 본인과 사이에 계약을 체결하려는 데 의사가 일치하였다면 대리인의 대리권 존부 문제와는 무관하게 상대방과 본인이 그 계약의 당사자라고 할 것이다(대법원 2003. 12. 12. 선고 2003다44059 판결 등 참조).(대법원 2009. 12. 10. 선고 2009다27513 판결 [양수금])

④ 현명주의의 예외

상행위에 관하여는 현명주의가 채용되어 있지 않다.

(2) 각자대리의 원칙

제119조(각자대리) 대리인이 수인인 때에는 각자가 본인을 대리한다. 그러나 법률 또는 수권행위에 다른 정한 바가 있는 때에는 그러하지 아니하다.

(3) 대리행위의 하자

제116조(대리행위의 하자)
① 의사표시의 효력이 의사의 흠결, 사기, 강박 또는 어느 사정을 알았거나 과실로 알지 못한 것으로 인하여 영향을 받을 경우에 그 사실의 유무는 대리인을 표준하여 결정한다.
② 특정한 법률행위를 위임한 경우에 대리인이 본인의 지시에 좇아 그 행위를 한 때에는 본인은 자기가 안 사정 또는 과실로 인하여 알지 못한 사정에 관하여 대리인의 부지를 주장하지 못한다.

폭리행위 여부를 판단함에 있어서 매도인의 경솔 무경험은 대리인을 표준으로, 궁박상태에 있었는지 여부는 본인을 표준으로 한다(71다2255).

- 대리인이 본인을 대리하여 매매계약을 체결함에 있어서 매매대상 토지에 관한 저간의 사정을 잘 알고 그 배임행위에 가담하였다면, 대리행위의 하자 유무는 대리인을 표준으로 판단하여야 하므로, 설사 본인이 미리 그러한 사정을 몰랐거나 반사회성을 야기한 것이 아니라고 할지라도 그로 인하여 매매계약이 가지는 사회질서에 반한다는 장애사유가 부정되는 것은 아니다(대법원 1998. 2. 27. 선고 97다45532 판결).

4. 대리의 효과

(1) 법률효과의 발생

대리인이 대리권에 기하여 행한 법률행위의 효과는 직접 본인에게 발생한다.

대리인이 불법행위를 한 경우에 그 효과는 본인에게 발생하지 않고 대리인에게 생긴다. 다만 본인과 대리인이 사용자 피용자 관계에 있을 때에는 그 내부관계에 의하여 본인이 사용자 책임을 질 수는 있다.

(2) 본인의 능력

본인은 스스로 법률행위를 하는 것이 아니므로 의사능력, 행위능력을 가질 필요는 없다. 다만 법률효과가 본인에게 발생하므로 권리능력은 가지고 있어야 한다.

수권행위를 하기 위해서는 행위능력이 있어야 한다.

II. 표현대리가 성립하는 경우

[학습할 사항]
1. 대리 권한을 확인한다(서류상 확인하는 방법, 본인에게 확인하는 방법).
2. 대리 권한의 범위를 확인한다.
3. 실무
   ◦ 가족의 이름으로 부동산을 사고파는 경우
   ◦ 계약의 당사자를 누구로 볼 것인가?
   ◦ 대리행위로 인정되는지 여부
   ◦ 표현대리로 본인이 책임을 질 만한 사정이 있는지 확인
   ◦ 무권대리로 되는 경우 처리방법?
   ◦ 무권대리행위의 추인, 묵시적 추인에 해당할 수 있는지를 확인한다.

1. 의의

무권대리란 대리권 없이 행한 대리행위로 무권대리에는 협의의 무권대리와 표현대리가 있다. 무권대리는 대리권이 없이 행하여진 대리행위이므로 그 행위의 법률효과가 본인에게 발생할 수 없다. 또한 대리인이 본인의 이름으로 행한 것이므로 그 효과를 대리인에게 귀속시킬 수도 없는 문제가 발생한다.

2. 효과

제125조(대리권수여의 표시에 의한 표현대리) 제삼자에 대하여 타인에게 대리권을 수여함을 표시한 자는 그 대리권의 범위 내에서 행한 그 타인과 그 제삼자간의 법률행위에 대하여 책임이 있다. 그러나 제삼자가 대리권없음을 알았거나 알 수 있었을 때에는 그러하지 아니하다.

> 제126조(권한을 넘은 표현대리) 대리인이 그 권한외의 법률행위를 한 경우에 제삼자가 그 권한이 있다고 믿을 만한 정당한 이유가 있는 때에는 본인은 그 행위에 대하여 책임이 있다.
>
> 제129조(대리권소멸후의 표현대리) 대리권의 소멸은 선의의 제삼자에게 대항하지 못한다. 그러나 제삼자가 과실로 인하여 그 사실을 알지 못한 때에는 그러하지 아니하다.

(1) 제125조의 상대방의 선의·무과실

> ○ 저당권설정계약 당시 소외 (갑)이 원고의 인감증명서와 인감도장만을 소지하였을 뿐 대리인으로서는 의당 제시될 것이 통상적으로 기대되는 원고 명의의 등기권리증을 소지하지 않았고 또 피고는 원고가 같은 시내의 국민학교 교장으로 재직하고 있는 것을 알고있었으므로 피고로서는 위 소외인의 대리권에 대하여 의심을 가지고 직접 원고 본인에게 상대방의 대리권의 존부를 확인하는 등으로 좀더 적절한 조사를 하였어야 할 것이니 피고가 이 경우에 막연히 위 소외인 등의 말만 믿고 저당권설정계약을 체결하였다면 피고는 대리인을 상대로 저당권을 설정함에 있어 마땅히 하여야 할 주의를 다하지 못한 과실이 있다고 할 것이다(84다카1024 판결).
>
> ○ 중개인이 본인인 회사에게 오피스텔의 분양 희망자를 중개하여 주고 그 대가로 회사로부터 수수료만을 지급받기로 하였고, 분양계약서의 작성 및 분양대금 수납은 회사에서 직접 관리하였으며, 중개인은 오피스텔을 분양받고자 하는 자가 있으면 그를 오피스텔 내에 있는 회사 분양사무소에 데리고 가서 분양대금을 지급하고 회사 명의의 계약서를 작성하여 받아오는 방식을 취하였고, 상대방의 매매계약서도 그러한 방식에 의하여 작성되었다면, 상대방이 중개인에게 지급한 매매대금에 대한 영수증이 회사의 명의로 발행되지 아니하고 중개인 명의로 발행된 경우, 오피스텔을 분양받으려는 상대방으로서는 본인에게 중개인의 대리권 유무를 확인하여 보았더라면 그가 단순한 중개인에 불과하고 오피스텔의 매매대금을 수령할 대리권이 없다는 점을 쉽게 알 수 있었을 것임에도 이를 게을리한 과실이 있고, 나아가 본인이 중개인에게 오피스텔의 분양중개를 부탁한 것을 가지고 오피스텔 분양에 관련한 어떤 대리권을 수여한 것이라고 볼 수도 없다고 보아 민법 제125조의 표현대리에 해당하지 않는다(대법원 1997. 3. 25. 선고 96다51271 판결).

(2) 제126조의 기본대리권과 권한을 넘은 대리행위

소외 1이 인하공대 등과 임야불하동업계약을 체결할 권한을 수여받은 사실이 있었다면 그 거래에 있어서는 소외 1이 피고 재단의 대리인이라 함에 부족이 없을 것이고 의용민법 제110조(신민법 제126조)는 문제된 법률행위와 수여받은 대리권 사이에 아무런 관계가 없는 경우에도 적용이 있는 것이므로 원고들이 소외 1이 위 인하공대와의 계약체결대리권이 있었던 사실을 알고 있었고 또 원심이 확정하고 있는 바와 같이 소외 1이 피고 재단 이사장의 직인과 사인을 사용하여 피고와 원고 등간의 계약을 체결하고 매매계약서 매도증서 인감증명서 이사회 결의서 등을 교부한 것이라면 그 서류가 위조된 것이라 하더라도 원고들이 그 사실을 몰랐다면 원고들로서는 소외 1이 본건 법률행위를 할 권한이 있다고 믿을만한 정당한 이유가 있는 때라 할 것이다(63다418).

기본대리권이 등기신청행위라 할지라도 표현대리인이 그 권한을 유월하여 대물변제라는 사법행위를 한 경우에도 표현대리의 법리는 적용될 수 있다고 보는 것이 상당하다 (당원 1956.3.3. 선고 4288민상396,387 판결 및 당원 1969.7.22. 선고 69다548 판결 참조)(78다 282,283).

종중으로부터 임야의 매각과 관련한 권한을 부여받은 갑이 임야의 일부를 실질적으로 자기가 매수하여 그 처분권한이 있다고 하면서 을로부터 금원을 차용하고 그 담보를 위하여 위 임야에 대하여 양도담보계약을 체결한 경우, 이는 종중을 위한 대리행위가 아니어서 그 효력이 종중에게 미치지 아니하고, 민법 제126조의 표현대리의 법리가 적용될 수도 없다(99다67598).

민법 제126조에서 말하는 권한을 넘은 표현대리는 현재에 대리권을 가진 자가, 그 권한을 넘은 경우에 성립하는 것이지, 현재에 아무런 대리권도 가지지 아니한 자가, 본인을 위하여 한 어떤 대리행위가 과거에 이미 가졌던 대리권을 넘은 경우에까지, 성립하는 것은 아니라고 할 것이고(대법원 1973.7.30. 선고 72다1631 판결 참조), 한편 과거에 가졌던 대리권이 소멸되어 민법 제129조에 의하여, 표현대리로 인정되는 경우에, 그 표현대리의 권한을 넘는 대리행위가 있을 때에는 민법 제126조에 의한 표현대리가 성립할 수 있다(79다234).

민법 제126조의 표현대리는 대리인이 본인을 위한다는 의사를 명시 혹은 묵시적으로 표시하거나 대리의사를 가지고 권한 외의 행위를 하는 경우에 성립하고, 사술을 써서 위와 같은 대리행위의 표시를 하지 아니하고 단지 본인의 성명을 모용하여 자기가 마치 본인인 것처럼 기망하여 본인 명의로 직접 법률행위를 한 경우에는 특별한 사정이 없는 한 위 법조 소정의 표현대리는 성립될 수 없다(대법원 2002. 6. 28. 선고 2001다49814 판결 [대여금등]).

본인으로부터 아파트에 관한 임대 등 일체의 관리권한을 위임받아 본인으로 가장하여 아파트를 임대한 바 있는 대리인이 다시 자신을 본인으로 가장하여 임차인에게 아파트를 매도하는 법률행위를 한 경우에는 권한을 넘은 표현대리의 법리를 유추적용하여 본인에 대하여 그 행위의 효력이 미친다고 볼 수 있다(92다52436).

다른 사람이 본인을 위하여 한다는 대리문구를 어음 상에 기재하지 않고 직접 본인 명의로 기명날인을 하여 어음행위를 하는 이른바 기관 방식 또는 서명대리 방식의 어음행위가 권한 없는 자에 의하여 행하여졌다면 이는 어음행위의 무권대리가 아니라 어음의 위조에 해당하는 것이기는 하나, 그 경우에도 제3자가 어음행위를 실제로 한 자에게 그와 같은 어음행위를 할 수 있는 권한이 있다고 믿을 만한 사유가 있고, 본인에게 책임을 질 만한 사유가 있는 때에는 대리방식에 의한 어음행위의 경우와 마찬가지로 민법상의 표현대리 규정을 유추적용하여 본인에게 그 책임을 물을 수 있다(99다50385).

(3) 제126조의 정당한 이유

부동산을 담보로 금전을 빌리면서 필요한 서류 일체를 구비하여 교부한 경우, 근저당권 설정계약에서 부동산소유자의 권리문서, 인감증명서, 인감도장을 소지하고 대리인으로 표명한 경우, 이장이 부락민이 맡긴 인장으로 약속어음을 발행하거나, 비료의 외상판매증서를 작성한 경우에는 정당한 이유가 있다.

부동산매매계약에서 처가 남편의 실인을 소지한 사실만으로는 정당한 이유가 없으며, 남편의 인장과 권리증을 교부받아 남편의 부동산을 처분한 경우에 예전에도 그렇게 처분한 사실이 있다는 사정은 정당한 이유가 될 수 없다(69다633).

대리인이 본인에게 자기가 일류회사에 취직하는데 보증인을 세움에 필요하다고 속여서 그로부터 인장과 인감증명을 받아내는 한편 본인 모르게 등기필증을 훔쳐내어 그 정을 모르는 타인과 근저당권 설정계약을 한 다음 설정등기를 하고 그로부터 돈을 차용하였다면 본인이 대리인으로부터 기망당하여 인장과 인감증명서를 동인에게 교부하였다 하여도 본인은 동인에게 자기의 대리로 신원보증서를 작성하라고 교부한 것으로서 대리권을 수여한 것이라고 보아야 할 것이고 동인이 그 대리권의 권한외의 법률행위를 한 경우에 해당한다고 보아야 할 것이므로 표견대리의 성립이 가능하다(대법원 1967. 5. 23. 선고 67다621,67다622 판결 [소유권이전등기]).

'갑' 스스로 '을'에게 친분관계 등에 터잡아 그의 사업수행에 필요한 자금을 조달하는 과정에서 보증용으로 사용할 수 있도록 자신의 인감 등을 넘겨줌으로써 '을'이 그 권한을 남용하여 발생할 거래안전에 미칠 위험성은 상당 정도 '갑'에게도 책임 있는 사유로 유발되었고, 더구나 '갑'이 종전에도 약속어음의 할인에 즈음하여 '병'의 직접 확인 전화를 받고 '을'의 사업자금 조달을 위하여 보증을 한다는 취지에서 배서를 한 사실을 인정까지 해 준 것이라면 '병'으로서는 '을'이 '갑'으로부터 두터운 신뢰를 받고 있어 '갑'을 대리할 수 있는 적법한 권한을 보유하고 있던 것으로 능히 생각할 수 있었다고 할 것이므로 '병'이 '을'에게 그와 금전소비대차계약을 체결함에 있어서 '갑'을 대리할 권한이 있었다고 믿었고 또 그와 같이 믿은 데에 상당한 이유가 있었다고 보아 민법 제126조 소정의 표현대리의 성립을 인정한 사례(2003다7173,7183 판결 [제3자이의·대여금]).

표현대리에 관한 민법 제126조의 규정에서 제3자라 함은 당해 표현대리행위의 직접 상대방이 된 자만을 지칭하는 것이고, 약속어음의 보증은 발행인을 위하여 그 어음금채무를 담보할 목적으로 하는 보증인의 단독행위이므로 그 행위의 구체적, 실질적인 상대방은 어음의 제3취득자가 아니라 발행인이라 할 것이어서 약속어음의 보증 부분이 위조된 경우, 동 약속어음을 배서, 양도받는 제3취득자는 위 보증행위가 민법 제126조 소정의 표현대리행위로서 보증인에게 그 효력이 미친다고 주장할 수 있는 제3자에 해당하지 않는다(대법원 2002. 12. 10. 선고 2001다58443 판결 [약속어음금]).

민법 제126조에서 말하는 권한을 넘은 표현대리의 효과를 주장하려면 자칭 대리인이 본인을 위한다는 의사를 명시 또는 묵시적으로 표시하거나 대리의사를 가지고 권한 외의 행위를 하는 경우에 상대방이 자칭 대리인에게 대리권이 있다고 믿고 그와 같이 믿는 데 정당한 이유가 있을 것을 요건으로 하는 것인바, 여기서 정당한 이유의 존부는 자칭 대리인의 대리행위가 행하여 질 때에 존재하는 모든 사정을 객관적으로 관찰하여 판단하여야 하고 (대법원 1987. 7. 7. 선고 86다카2475 판결, 대법원 2002. 6. 28. 선고 2001다49814 판결 등 참조), 금융기관이 채무자 본인의 서명날인 또는 채무자의 보증의사 확인 등 계약체결에 관한 사무처리규정을 마련하여 둔 경우에는 연대보증계약을 체결하면서 그와 같은 사무처리규정을 준수하였는지 여부가 표현대리에서 정당한 이유가 있는지 여부를 판단하는 요소가 될 수 있다(대법원 1999. 3. 12. 선고 98다51626 판결 참조, 대법원 2000. 1. 28. 선고 99다57461 판결 등 참조)(2007다30331 판결 [대여금등]).

부동산 매도를 위임받은 대리인이 자신의 채무 지급을 담보하기 위하여 그 부동산에 관하여 양도담보계약을 체결한 사안에서, 대리인이 소유권이전등기에 필요한 서류와 인감도장을 모두 교부받아 이를 상대방에게 제시하며 부동산을 처분할 대리권이 있음을 표명하였다면 상대방으로서는 대리권이 있다고 믿는 데에 정당한 이유가 있었다고 볼 수 있고, 더 나아가 본인에 대해 직접 대리권 수여 유무를 확인해보아야만 하는 것은 아니라고 한 사례(대법원 2009. 11. 12. 선고 2009다46828 판결 [소유권말소등기]).

(4) 제129조의 표현대리

표현대리의 법리는 거래의 안전을 위하여 어떠한 외관적 사실을 야기한 데 원인을 준 자는 그 외관적 사실을 믿음에 정당한 사유가 있다고 인정되는 자에 대하여는 책임이 있다는 일반적인 권리외관 이론에 그 기초를 두고 있는 것인 점에 비추어 볼 때, 대리인이 대리권 소멸 후 직접 상대방과 사이에 대리행위를 하는 경우는 물론 대리인이 대리권 소멸 후 복대리인을 선임하여 복대리인으로 하여금 상대방과 사이에 대리행위를 하도록 한 경우에도, 상대방이 대리권 소멸 사실을 알지 못하여 복대리인에게 적법한 대리권이 있는 것으로 믿었고 그와 같이 믿은 데 과실이 없다면 민법 제129조에 의한 표현대리가 성립할 수 있다(97다55317).

III. 협의의 무권대리가 되는 경우

제130조(무권대리) 대리권없는 자가 타인의 대리인으로 한 계약은 본인이 이를 추인하지 아니하면 본인에 대하여 효력이 없다.

제131조(상대방의 최고권) 대리권없는 자가 타인의 대리인으로 계약을 한 경우에 상대방은 상당한 기간을 정하여 본인에게 그 추인여부의 확답을 최고할 수 있다. 본인이 그 기간내에 확답을 발하지 아니한 때에는 추인을 거절한 것으로 본다.

제132조(추인, 거절의 상대방) 추인 또는 거절의 의사표시는 상대방에 대하여 하지 아니하면 그 상대방에 대항하지 못한다. 그러나 상대방이 그 사실을 안 때에는 그러하지 아니하다.

제133조(추인의 효력) 추인은 다른 의사표시가 없는 때에는 계약시에 소급하여 그 효력이 생긴다. 그러나 제삼자의 권리를 해하지 못한다.

제134조(상대방의 철회권) 대리권없는 자가 한 계약은 본인의 추인이 있을 때까지 상대방은 본인이나 그 대리인에 대하여 이를 철회할 수 있다. 그러나 계약당시에 상대방이 대리권없음을 안 때에는 그러하지 아니하다.

제135조(상대방에 대한 무권대리인의 책임)
① 다른 자의 대리인으로서 계약을 맺은 자가 그 대리권을 증명하지 못하고 또 본인의 추인을 받지 못한 경우에는 그는 상대방의 선택에 따라 계약을 이행할 책임 또는 손해를 배상할 책임이 있다.
② 대리인으로서 계약을 맺은 자에게 대리권이 없다는 사실을 상대방이 알았거나 알 수 있었을 때 또는 대리인으로서 계약을 맺은 사람이 제한능력자일 때에는 제1항을 적용하지 아니한다.

1. 본인의 추인권

(1) 추인의 성질

추인은 효력의 발생여부가 확정되지 않은 행위에 관하여 그 행위의 효과를 자기에게 직법 발생하게 하는 것을 목적으로 하는 상대방 있는 단독행위이다. 추인권은 일종의 형성권이다.

(2) 추인의 방법

추인에는 특별한 방식이 요구되지 않으며, 명시적으로뿐만 아니라 묵시적으로도 할 수 있다. 그러나 추인이 유효하려면 무권대리행위가 있음을 알고 하였어야 한다.

추인의 의사표시는 무권대리인에 대하여 할 수도 있고, 무권대리행위의 상대방에 대하여 할 수도 있다. 그 의사표시를 상대방에 하면 추인의 효력은 곧바로 생기나, 무권대리인에게 하는 경우에는 상대방이 추인이 있음을 알지 못한 때에는 그 상대방에 대하여 추인의 효과를 주장하지 못한다. 물론 상대방이 추인이 있었음을 인정하는 것은 된다.

추인은 의사표시 전부에 대하여 행하여져야 하고, 그 일부에 대하여 추인을 하거나 그 내용을 변경하여 추인할 경우에는 상대방의 동의가 없는 한 무효이다(81다카549).

추인의 의사표시는 본인이 스스로 할 수 있고, 그의 법정대리인이나 임의대리인이 할 수도 있다. 본인이 사망한 때에는 그의 상속인이 추인을 할 수 있다.

① 묵시적 추인을 인정한 사례

본인이 무권대리인으로부터 매매대금의 전부 또는 일부를 받은 경우

무권대리의 추인은 무권대리인이나 상대방에게 명시 또는 묵시의 방법으로 할 수 있는바 원판결 인정과 같이 피고의 모친이 본건 토지를 판 대금으로 딴 곳에 농사를 매수하여 경작하고 원고는 본건 토지를 점유경작하고 있음에도 불구하고 위 피고가 군에서 돌아와서 모친에게 나무라기는 하였으나 10여년간 원고에게 아무런 말이 없었다면 동 피고는 무권대리인인 그 모친에게 대하여 본건 매매계약을 묵시적으로 추인하였다고 볼 수 있을 것이다(66다1078).

무권대리인이 차용금중의 일부로 본인 소유의 부동산에 가등기로 담보하고 있던 소외인에 대한 본인의 채무를 변제하고 그 가등기를 말소하고 무권대리인이 차용한 금원의 변제기일에 채권자가 본인에게 그 변제를 독촉하자 그 유예를 요청하였다면 무권대리인의 행위를 추인하였다고 볼 것이다(72다2309, 2310).

원고와 피고사이의 매매계약을 소외인이 자의로 해제한 후 반환받은 금원으로 매수한 대지의 등기관계서류를 원고가 위 소외인으로부터 교부받아 이를 자기 남편명의로 위 대지에 관한 소유권이전등기를 경료한 경우에는, 원고가 소외인이 한 매매계약의 해제행위를 추인한 것으로 볼 것이다(79다1824).

부재자의 모가 적법한 권한없이 원고와 사이에 부재자소유 부동산에 관한 매매계약을 체결하였으나, 그 후 소외 (갑)이 부재자의 재산관리인으로 선임된 후에 위 매매계약에 기한 소유권이전등기를 위하여 자기의 인감증명서를 원고에게 교부하였다면 위 매매계약을 추인한 것으로 볼 것이다(80다1872,1873).

무권대리행위의 추인은 무권대리인이나 상대방에게 명시 또는 묵시의 방법으로 할

수 있는 바이므로 원고가 그 장남이 일건 서류를 위조하여 매도한 부동산을 피고에게 인도하고 10여 년간 아무런 이의를 제기하지 않았다면 원고는 무권대리인인 그 장남의 위 매매행위를 묵시적으로 추인한 것으로 볼 것이다(81다151).

피고가 원고명의의 영수증을 받고 무권대리인인 갑이 체결한 임대차계약상의 차임의 일부를 위 갑에게 지급하였다면 피고는 위 금원을 지급할 때에 위 임대차계약의 임대인이 갑이 아니라 원고임을 알았으며 위와 같이 위 임대차계약상의 차임의 일부로 금원을 지급함으로써 위 갑이 대리인으로서 체결한 원고와의 위 임대차계약을 묵시적으로 추인하였다고 봄이 논리칙과 경험칙에 부합한다(83다카1531).

무권대리인이 상호신용금고로부터 금원을 대출받은 사실을 그 직후에 알고도 그로부터 3년이 지나도록 상호신용금고에 아무런 이의를 제기하지 아니하였으며, 그 동안 4회에 걸쳐 어음을 개서하여 지급의 연기를 구하고, 자신의 이익을 위하여 직접 채무의 일부를 변제하기까지 하였다면 무권대리인에 대한 상호신용금고의 대출을 그 근저당권에 대한 피담보채무로 추인한 것으로 보아야 한다(90다카26812).

임야를 상속하여 공동소유하고 있는 친족들 중 일부가 가까운 친척에게 임야의 매도를 위임하여 매도대금을 동인들의 생활비로 소비하였고, 나머지 공유자들은 임야의 매각 소식을 전해 듣고도 15년간 아무런 이의를 제기하지 아니하였다면 위 신분관계, 매도경위, 대금의 소비관계 등 제반사정에 비추어 처분권을 위임하지 아니한 나머지 공유자들도 매매행위를 묵시적으로 추인한 것이라고 보아야 한다(90다12717).

처가 타인으로부터 금원을 차용하면서 승낙 없이 남편 소유 부동산에 근저당권을 설정한 것을 알게 된 남편이, 처의 채무 변제에 갈음하여 아파트와 토지를 처가 금전을 차용한 자에게 이전하고 그 토지의 시가에 따라 사후에 정산하기로 합의한 후 그 합의가 결렬되어 이행되지 않았다고 하더라도, 일단 처가 차용한 사채를 책임지기로 한 이상 남편은 처의 근저당권 설정 및 금원 차용의 무권대리 행위를 추인한 것이다(94다45098).

'갑' 주식회사의 공동대표이사 중 1인이 단독으로 '을'과 주차장관리 및 건물경비에 관한 갱신계약을 체결한 사안에서, '갑' 주식회사가 종전 계약기간이 만료된 이후 7개월이나 경과된 시점에서 종전 계약의 기간만을 연장한 위 갱신계약의 체결사실을 인식하고 있으면서 '을'에게 기간이 만료된 종전 계약의 계속적인 이행을 요구하는 통고서를 발송하여 갱신계약의 효과가 '갑' 주식회사에게 귀속되는 것을 승인함으로써 위 갱신계약을 묵시적으로 추인하였다고 봄이 상당하다고 한 사례(2009다37718).

② 묵시적 추인을 부정한 사례

타인의 형사책임을 수반하는 무권대리행위에 의하여 권리의 침해를 받은자가 그 침해사실을 알고도 장기간 형사고소나 민사소송을 제기하지 않은 경우에 그 사실만으로 그 행위에 대하여 묵시적인 추인이 있었다고 단정할 수 없다(67다2294,2295).

당사자가 변론기일에 불출석하여 매매사실에 관하여 의제자백한 것으로 간주되었다 하여도 그로써 그 당사자가 소외인의 무권대리매매를 추인한 것이라고 볼 수 없다(대법원 1982. 7. 13. 선고 81다648 판결 [토지인도]).

자가 대리권 없이 부 소유의 부동산을 매도한 사실에 관하여 매수인이 자를 고소하겠다고 하는 관계로 부가 매매대금에 해당하는 돈을 반환해 주겠다고 하면서 그 매매계약을 해약해 달라고 요청하고 또 그 금원반환기일에 금원을 반환하지 못하게 되자 그 기일의 연기를 구하였다고 하는 사실만으로는 부가 자의 위 무권대리 행위를 추인한 것이라고 단정할 수 없다(대법원 1986. 3. 11. 선고 85다카2337 판결 [소유권이전등기등]).

무권대리행위에 대하여 본인이 그 직후에 그것이 자기에게 효력이 없다고 이의를 제기하지 아니하고 이를 장시간에 걸쳐 방치하였다고 하여 무권대리행위를 추인하였다고 볼 수 없다(대법원 1990. 3. 27. 선고 88다카181 판결 [약속어음금]).

권한 없이 종중 소유 부동산을 타인에게 매각처분한 사실을 알고서도 종중측에서 10년이 넘도록 형사고소나 소유권회복을 위한 민사소송을 제기하지 않았다거나, 문장을 비롯한 여러 종중원들이 그 동안 종중 부동산 처분행위를 생활이 곤란해서 그런 것이라고 수차 이해하여 왔다는 등의 말을 했다는 사유만으로는 종중이 위 부동산 처분행위를 묵시적으로 추인하였다고 인정하기 어렵다(대법원 1991. 5. 24. 선고 90도2190 판결 [특정경제범죄가중처벌등에관한법률위반,위증]).

부가 자와 공동상속한 거주가옥의 부지를 자의 대리권 없이 매도하고 사망한 후 자가 매수인에게 그 매매대금상당액을 지급하기로 약정한 것만으로 망부의 무권대리 행위를 추인한 것으로 볼 수는 없다(대법원 1991. 7. 9. 선고 91다261 판결 [소유권이전등기]).

무권대리행위에 대한 추인은 무권대리행위로 인한 효과를 자기에게 귀속시키려는 의사표시이니만큼 무권대리행위에 대한 추인이 있었다고 하려면 그러한 의사가 표시되었다고 볼 만한 사유가 있어야 하고, 무권대리행위가 범죄가 되는 경우에 대하여 그 사실을 알고도 장기간 형사고소를 하지 아니하였다 하더라도 그 사실만으로 묵시적인 추인이 있었다고 할 수는 없는바, 권한 없이 기명날인을 대행하는 방식에 의하여 약속어음을 위조한 경우에 피위조자가 이를 묵시적으로 추인하였다고 인정하려면 추인의 의사가 표시되었다고 볼 만한 사유가 있어야 한다(대법원 1998. 2. 10. 선고 97다31113 판결 [약속어음금]).

③ 추인의 효과

추인이 있으면 무권대리행위는 처음부터 유권대리행위였던 것과 같은 효과가 생긴다. 다만, 다른 의사표시가 있으면 소급효가 없으며, 추인의 소급효는 제3자의 권리를 해하지 못한다.

2. 본인의 추인거절

본인이 추인을 거절한 때에는 무권대리행위의 무효는 확정된다.

3. 무권대리인의 지위와 본인의 지위가 동일인에게 귀속하는 경우

(1) 무권대리인이 본인을 상속한 경우

판례는 무권대리인이 본인을 단독상속한 경우에 관하여 무권대리행위의 무효를 주장하는 것은 금반언의 원칙이나 신의칙에 반하여 허용될 수 없다(94다20617).

(2) 본인이 무권대리인을 상속한 경우

추인뿐만 아니라 추인을 거절할 수도 있다. 다만 추인을 거절한 때에는 제135조에 의하여 이행 또는 손해배상책임을 진다.

IV. 타인의 명의로 한 법률행위의 효력

1. 타인의 명의를 임의로 사용하여 계약을 체결한 경우

타인의 이름을 임의로 사용하여 계약을 체결한 경우에는 누가 계약의 당사자인가를 먼저 확정하여야 하는데, 행위자 또는 명의자 가운데 누구를 당사자로 할 것인지에 관하여 행위자와 상대방의 의사가 일치한 경우에는 일치하는 의사대로 행위자의 행위 또는 명의자의 행위로서 확정하여야 하지만, 그러한 일치하는 의사를 확정할 수 없을 경우에는 계약의 성질, 내용, 목적, 체결경위 및 계약체결을 전후한 구체적인 제반 사정을 토대로 상대방이 합리적인 인간이라면 행위자와 명의자 중 누구를 계약당사자로 이해할 것인가에 의하여 당사자를 결정하고, 이에 터 잡아 계약의 성립 여부와 효력을 판단하여야 한다. 이는 그 타인이 허무인인 경우에도 마찬가지이다.(대법원 2012. 10. 11. 선고 2011다12842 판결 [증권위탁계좌확인])

금융실명거래 및 비밀보장에 관한 법률에 따라 실명확인 절차를 거쳐 예금계약을 체결하고 그 실명확인 사실이 예금계약서 등에 명확히 기재되어 있는 경우에는, 일반적으로 그 예금계약서에 예금주로 기재된 예금명의자나 그를 대리한 행위자 및 금융기관의 의사는 예금명의자를 예금계약의 당사자로 보려는 것이라고 해석하는 것이 경험법칙에 합당하고, 예금계약의 당사자에 관한 법률관계를 명확히 할 수 있어 합리적이다. 그리고 이와 같은 예금계약 당사자의 해석에 관한 법리는, 예금명의자 본인이 금융기관에 출석하여 예금계약을 체결한 경우나 예금명의자의 위임에 의하여 자금 출연자 등의 제3자(이하 '출연자 등'이라 한다)가 대리인으로서 예금계약을 체결한 경우 모두 마찬가지로 적용된다고 보아야 한다. 따라서 본인인 예금명의자의 의사에 따라 예금명의자의 실명확인 절차가 이루어지고 예금명의자를 예금주로 하여 예금계약서를 작성하였음에도 불구하고, 예금명의자가 아닌 출연자 등을 예금계약의 당사자라고 볼 수 있으려면, 금융기관과 출연자 등과 사이에서 실명확인 절차를 거쳐 서면으로 이루어진 예금명의자와의 예금계약을 부정하여 예금명의자의 예금반환청구권을 배제하고 출연자 등과 예금계약을 체결하여 출연자 등에게 예금반환청구권을 귀속시키겠다는 명확한 의사의 합치가 있는 극히 예외적인 경우로 제한되어야 한다.(대법원 2009. 3. 19. 선고 2008다45828 전원합의체 판결 [예금반환])

2. 타인의 허락하에 타인의 이름을 사용한 경우

계약을 체결하는 행위자가 타인의 이름으로 법률행위를 한 경우에 행위자 또는 명의인 가운데 누구를 계약의 당사자로 볼 것인가에 관하여는, 우선 행위자와 상대방의 의사가 일치한 경우에는 그 일치한 의사대로 행위자 또는 명의인을 계약의 당사자로 확정해야 하고, 행위자와 상대방의 의사가 일치하지 않는 경우에는 그 계약의 성질·내용·목적·체결 경위 등 그 계약 체결 전후의 구체적인 제반 사정을 토대로 상대방이 합리적인 사람이라면 행위자와 명의자 중 누구를 계약 당사자로 이해할 것인가에 의하여 당사자를 결정하여야 한다(대법원 1995. 9. 29. 선고 94다4912 판결, 대법원 2001. 5. 29. 선고 2000다3897 판결 등 참조). 그러므로 일방 당사자가 대리인을 통하여 계약을 체결하는 경우에 있어서 계약의 상대방이 대리인을 통하여 본인과 사이에 계약을 체결하려는 데 의사가 일치하였다면 대리인의 대리권 존부 문제와는 무관하게 상대방과 본인이 그 계약의 당사자라고 할 것이다(대법원 2003. 12. 12. 선고 2003다44059 판결 등 참조)(대법원 2009. 12. 10. 선고 2009다27513 판결 [양수금]).

어떤 사람이 타인을 통하여 부동산을 매수함에 있어 매수인 명의 및 소유권이전등기 명의를 그 타인 명의로 하기로 하였다면 이와 같은 매수인 및 등기 명의의 신탁관계는 그들 사이의 내부적인 관계에 불과한 것이므로 특별한 사정이 없는 한 대외적으로는 그 타인을 매매 당사자로 보아야 한다 2001다32120 판결 [소유권이전등기]).

3. 타인이 허무인인 경우

타인이 허무인인 경우에도 차인 명의를 임의로 사용하여 계약을 체결한 경우와 마찬가지지만, 계약이 당사자가 허무인으로 확정되는 경우에는 그와의 사이에 계약이 유효하게 성립할 수는 없다.

> - 타인의 이름을 임의로 사용하여 계약을 체결한 경우에는 누가 계약의 당사자인가를 먼저 확정하여야 하는데, 행위자 또는 명의자 가운데 누구를 당사자로 할 것인지에 관하여 행위자와 상대방의 의사가 일치한 경우에는 일치하는 의사대로 행위자의 행위 또는 명의자의 행위로서 확정하여야 하지만, 그러한 일치하는 의사를 확정할 수 없을 경우에는 계약의 성질, 내용, 목적, 체결경위 및 계약체결을 전후한 구체적인 제반 사정을 토대로 상대방이 합리적인 인간이라면 행위자와 명의자 중 누구를 계약당사자로 이해할 것인가에 의하여 당사자를 결정하고, 이에 터 잡아 계약의 성립 여부와 효력을 판단하여야 한다. 이는 그 타인이 허무인인 경우에도 마찬가지이다.(대법원 2012. 10. 11. 선고 2011다12842 판결 [증권위탁계좌확인])
> - 다만 계약당사자인 을이 허무인인 이상 병 회사와 을 사이에서도 유효한 계좌 개설계약이 성립하였다고 볼 수 없으므로 위 계좌에 입고된 주식은 이해관계인들 사이에서 부당이득 반환 등의 법리에 따라 청산될 수 있을 뿐이다.(대법원 2012. 10. 11. 선고 2011다12842 판결 [증권위탁계좌확인])

4. 무권한자

(1) 전부가 타인의 권리인 때

물권행위와 같은 처분행위에서는 처분권 없는 자가 한 행위는 무효이지만, 채권·채무를 발생시키는 재산적 채권행위에서는 처분권 없는 자가 한 행위도 당사자 사이에서는 유효하다. 판례에 의하면, 무권한자가 한 채권계약도 당사자 사이에서는 유효한 것이며 무권한자는 권한있는 자의 승낙을 받아 그 계약의 목적을 달성하도록 할 의무를 부담한다[95다12071].

제569조(타인의 권리의 매매) 매매의 목적이 된 권리가 타인에게 속한 경우에는 매도인은 그 권리를 취득하여 매수인에게 이전하여야 한다.

제570조(동전-매도인의 담보책임) 전조의 경우에 매도인이 그 권리를 취득하여 매수인에게 이전할 수 없는 때에는 매수인은 계약을 해제할 수 있다. 그러나 매수인이 계약당시 그 권리가 매도인에게 속하지 아니함을 안 때에는 손해배상을 청구하지 못한다.

제571조(동전-선의의 매도인의 담보책임)
① 매도인이 계약당시에 매매의 목적이 된 권리가 자기에게 속하지 아니함을 알지 못한 경우에 그 권리를 취득하여 매수인에게 이전할 수 없는 때에는 매도인은 손해를 배상하고 계약을 해제할 수 있다.
② 전항의 경우에 매수인이 계약당시 그 권리가 매도인에게 속하지 아니함을 안 때에는 매도인은 매수인에 대하여 그 권리를 이전할 수 없음을 통지하고 계약을 해제할 수 있다.

제573조(전조의 권리행사의 기간) 전조의 권리는 매수인이 선의인 경우에는 사실을 안 날로부터, 악의인 경우에는 계약한 날로부터 1년내에 행사하여야 한다.

(2) 일부가 타인의 권리인 때

제572조(권리의 일부가 타인에게 속한 경우와 매도인의 담보책임)
① 매매의 목적이 된 권리의 일부가 타인에게 속함으로 인하여 매도인이 그 권리를 취득하여 매수인에게 이전할 수 없는 때에는 매수인은 그 부분의 비율로 대금의 감액을 청구할 수 있다.
② 전항의 경우에 잔존한 부분만이면 매수인이 이를 매수하지 아니하였을 때에는 선의의 매수인은 계약전부를 해제할 수 있다.
③ 선의의 매수인은 감액청구 또는 계약해제외에 손해배상을 청구할 수 있다.

제573조(전조의 권리행사의 기간) 전조의 권리는 매수인이 선의인 경우에는 사실을 안 날로부터, 악의인 경우에는 계약한 날로부터 1년내에 행사하여야 한다.

V. 수임인(위임계약)

제680조(위임의 의의) 위임은 당사자 일방이 상대방에 대하여 사무의 처리를 위탁하고 상대방이 이를 승낙함으로써 그 효력이 생긴다.

VI. 사무관리, 긴급사무관리

제734조(사무관리의 내용)
① 의무없이 타인을 위하여 사무를 관리하는 자는 그 사무의 성질에 좇아 가장 본인에게 이익되는 방법으로 이를 관리하여야 한다.

② 관리자가 본인의 의사를 알거나 알 수 있는 때에는 그 의사에 적합하도록 관리하여야 한다.

③ 관리자가 전2항의 규정에 위반하여 사무를 관리한 경우에는 과실없는 때에도 이로 인한 손해를 배상할 책임이 있다. 그러나 그 관리행위가 공공의 이익에 적합한 때에는 중대한 과실이 없으면 배상할 책임이 없다.

제735조(긴급사무관리) 관리자가 타인의 생명, 신체, 명예 또는 재산에 대한 급박한 위해를 면하게 하기 위하여 그 사무를 관리한 때에는 고의나 중대한 과실이 없으면 이로 인한 손해를 배상할 책임이 없다.

VII. 수급인(도급계약)

제664조(도급의 의의) 도급은 당사자 일방이 어느 일을 완성할 것을 약정하고 상대방이 그 일의 결과에 대하여 보수를 지급할 것을 약정함으로써 그 효력이 생긴다.

VIII. 피고용인(고용계약)

제655조(고용의 의의) 고용은 당사자 일방이 상대방에 대하여 노무를 제공할 것을 약정하고 상대방이 이에 대하여 보수를 지급할 것을 약정함으로써 그 효력이 생긴다.

IX. 수치인(임치계약)

IV 실전 계약서작성 사례

부동산 매매계약서

매도인(   )과 매수인(   )은 아래 부동산에 대하여 다음과 같이 매매계약을 체결하고 이를 증명하기 위해 계약서 2부를 작성하고 각각 보관하기로 하며, 본 계약서에 서명·날인을 완료한 때 본 계약은 그 효력이 발생한다.

Ⅰ. 매도인과 매수인의 표시

1. 매도인

성 명	강 ○ ○		연락처	
주민등록번호				
주 소	서울특별시 서초구 방배로 30길 34, 000호(방배동)			

2. 매수인

법인명	주식회사 ooo 대표이사 ooo	연락처	
법인등록번호			
주사무소			

Ⅱ. 매매할 부동산의 표시

<table>
<tr><th colspan="3">매매목록</th></tr>
<tr><th colspan="2">구분</th><th>부동산의 표시</th></tr>
<tr><td>1</td><td>[토지]</td><td>서울특별시 중구 충무로3가 26-1, 대 191.7㎡</td></tr>
<tr><td>2</td><td>[건물]</td><td>위 지상의 벽돌조 기와지붕 2층, 근린생활시설,
1층 80.79㎡, 2층 80.79</td></tr>
<tr><td>3</td><td>[토지]</td><td>서울특별시 중구 충무로3가 30-6, 대, 669.1㎡</td></tr>
<tr><td>4</td><td>[토지]</td><td>서울특별시 중구 충무로3가 30-25, 대. 8.6㎡</td></tr>
<tr><td>5</td><td>[토지]</td><td>서울특별시 중구 충무로3가 30-26, 대, 5.3㎡</td></tr>
<tr><td>6</td><td>[토지]</td><td>서울특별시 중구 충무로3가 37-6, 대, 12.7㎡</td></tr>
<tr><td>7</td><td>[건물]</td><td>위 지상의 목조 및 벽돌조 기와지붕 2층 다가구주택,
1층 277.85㎡, 2층 72.73㎡</td></tr>
<tr><td>8</td><td>[건물]</td><td>위 지상의 철근콘크리트 슬래브지붕 5층 근린생활시설
1층 123.37㎡, 2층 123.37㎡, 3층 123.37㎡, 4층 123.37㎡, 5층 57.59㎡,
지하실 90.18㎡</td></tr>
</table>

Ⅲ. 거래대금의 표시

매매대금	숲일백팔십오억원(₩18,500,000,000원), 건물분 부가세 별도

Ⅳ. 매매대금과 지급 시기

총 매매대금	숲일백팔십오억원(₩18,500,000,000원)
계 약 금	숲일십팔억오천만원(₩1,850,000,000원)은 2022. . 계약 시 지급하고
잔 금	숲일백육십육억오천만원(₩16,650,000,000원)은 2022. . 에 지급한다.

V. 입금통장

은행명	우리은행
계좌번호	
통장명의인	강OO

VI. 매매목적물의 명도 및 소유권 이전 시기

□ 소유권 이전서류 교부 시기	2022년 월 일(잔금지급 완납일)
□ 매매목적물 명도/점유이전 시기	2022년 월 일(잔금일로부터 3개월 연장 가능)

VII. 합의사항

제1조 [매매목적의 확인]

매수인은 본 계약체결을 하기 전에 매수인의 매수 목적달성 여부를 직접 확인한 후 본 계약을 체결한 것이므로 매수인의 목적달성 불능을 이유로 계약을 해제할 수 없다.

제2조 [매매목적물의 특정]

매도인이 매매에서 제외한다는 명시적인 의사표시가 없는 경우에는 매매 대상인 토지의 지상에 존재하는 건축물, 공작물, 수목, 경작물과 건축물 내에 존재하는 물건, 건축물의 종물·부합물·부속물 등은 그 소유를 불문하고 매매목적물에 전부 포함된 것으로 한다.

제3조 [면적의 차이 발생 시 처리]

매매대상인 대지와 건물의 면적은 공부상 면적으로 한다. 따라서 향후 실측 면적의 차이가 있는 경우라도 매수인은 일체 이의를 제기하지 못하며, 매매대금의 조정을 요구하지 못한다.

제4조 [경계 침범 등]

본 계약은 매수인이 사실상 경계를 육안으로 확인한 후 계약을 한 것이므로 추후 인접지의 건축물이 매매목적인 토지의 경계를 침범한 사실, 사실상 경계와 공부상 경계가 상이함에 대해서는 일체 이의를 제기하지 못한다.

제5조 [매매대금의 확정]

본 계약상 매매대금은 현장답사와 공부상 면적을 기준으로 하여 위치와 장래 투자가치, 현황 경계 등을 고려하여 산정한 것이므로 실측 면적의 차이에 대해서는 이를 이유로 계약의 해제, 손해배상의 청구, 매매대금의 조정 등을 요구하지 못한다.

제6조 [부가가치세의 처리]

매도인에게 건물분 부가가치세가 발생하는 경우에는 매수인은 매매대금과 별도로 부가가치세를 잔금일에 매도인에게 지급하여야 하고, 매도인은 세금계산서를 발행한다.

제7조 [매매대금의 지급 방법과 지급 시기]

① 매수인은 매도인에게 위에서 정한 시기와 방법에 따라 매매대금을 지급한다.

② 매수인은 매도인의 의사에 반하여 매매대금을 이해관계가 없는 제3자로 하여금 지급하게 하거나, 계약서에서 정한 지급 시기와 다른 시기에 지급한 때에는 매매대금 지급의 효력이 없다. 다만 매도인이 지급을 추인한 때에는 지급의 효력이 있다.

제8조 [해약금]

당사자 간에 다른 약정이 없는 한 당사자 일방이 이행에 착수할 때까지 계약금을 교부한 자는 교부한 금액을 포기하고, 계약금을 교부받은 자는 교부받은 금액의 2배에 해당하는 금액을 상환하고 계약을 해제할 수 있다.

제9조 [소유권 이전과 명도시기]

① 매도인은 매매대금의 잔금 지급일에 잔금 수령과 동시에 매매목적물의 소유권 이전에 필요한 서류를 교부하고 소유권이전등기 절차에 협력하여야 한다.

② 매도인은 잔금 수령과 동시에 매매목적물에 존재하는 권리 중에서 매수인이 인수 또는 승계하기로 한 것을 제외하고 매수인의 소유권 등 권리행사를 제한하는 모든 권리 및 하자를 완전히 제거한 상태로 매수인에게 인도하여야 한다.

③ 매도인은 계약체결 시부터 부동산을 명도 할 때까지(또는 잔금 지급 및 소유권이전서류 제공시 까지) 매매대상인 부동산을 선량한 관리자의 주의의무로 보관 및 관리하여야 한다.

제10조 [매도인의 명도 범위와 의무]

① 임차인의 명도, 등기부상 권리의 소멸, 매매목적물의 명도(점유의 이전)는 매도인의 책임과 비용으로 한다.

② 매매목적물인 건물 내의 모든 물건과 지상의 수목, 동산, 공작물 등은 이행기의 현상대로 매수인에게 소유권이 이전하는 것으로 한다.

③ 명도 기한은 원칙적으로 잔금 지급일로 한다. 다만 임차인의 명도는 이사준비 기간을 고려 잔금지급일로부터 3개월까지로 한다.

④ 전항에도 불구하고 매도인의 명도 지체가 발생한 경우라도 매도인과 세입자 간 체결된 합의서(화해조서)와 부동산점유이전가처분 결정(서울지방법원, '22.07.14.)에 의거 조치 시 까지 명도지체에 대한 책임을 묻지 않기로 한다.

제11조 [매도인의 하자담보책임의 면제]

매수인은 사업을 위한 부지 매입 용도로 본 계약을 체결하는 것이므로 매매대상인 부동산 및 시설물은 계약 시 현상대로 매수하기로 하며 건물 및 시설물의 하자에 대하여는 매수인이 인수하기로 하며 매도인의 하자담보책임을 면제한다.

제12조 [수익의 귀속]

매매목적물로부터 발생하는 수익은 당사자 간의 별도의 합의가 없는 한 잔금 지급일을 기준으로 잔금 지급일 이전에 발생하는 것은 매도인에게 잔금 지급일 부터 발생하는 것은 매수인에게 귀속한다.

제13조 [제세공과금의 정산]

전기, 가스, 수도 요금 등의 공과금 및 관리비, 건물을 위해서 별도로 분할납부하고 있는 비용, 임차인과 정산할 비용 등은 잔금일 전까지 발생하는 부분은 매도인이 부담하고, 잔금일부터 발생하는 부분은 매수인이 부담한다. 다만 잔금 지급기일 이후에 매매목적물을 인도하는 경우에는 인도일의 전일로 정산한다.

제14조 [계약의 이행 의무]

본 계약에서 정하는 교부·명도 또는 인도 시기, 계약의 종기는 특별한 사정이 없는 한 오후 2시로 하며, 지급할 의무가 있는 대금의 지급기한은 특별한 사정이 없는 한 오후 4시까지로 한다,

제15조[계약의 해제사유]

① 매매목적물에 대한 중요한 권리관계 또는 물건의 현황이 당사자의 책임 없는 사유로 대금지급기일에 현저하게 변경된 경우에는 각 당사자는 원상회복하고 계약을 해제할 수 있다.
② 당사자 일방이 본 계약 중 중요한 사항에 대하여 이행지체가 있는 경우에는 별도의 약정이 없는 한 상대방은 상당한 기간을 정하여 구두 또는 문서로 이행을 최고하고, 상대방이 그 기한 안에 이행을 하지 아니한 경우에는 해제의 의사표시 없이 기한의 만료로 본 계약은 즉시 해제된 것으로 한다.

제16조 [매수인의 계약해제 사유, 계약해제 간주, 손해배상]

① 매수인은 매도인의 소유권 이전 불능, 매매대금 수령거절, 명도불이행으로 인한 사업상의 현저한 손해의 발생이 급박한 경우를 제외하고는 계약금 지급 이후에는 본 계약을 해제할 수 없다.
② 매수인이 ①항의 사유 이외의 사유를 이유로 이행거절, 이행지체, 계약불이행 의사의 표시 등을 한 때에는 계약해제의 의사표시가 있는 것으로 간주한다.
③ 매수인의 책임있는 사유로 본 계약이 해제된 때 또는 ②항과 같이 계약해제 간주된 때에는 매수인은 매도인에게 손해를 배상하여야 하며, 이때 손해배상액으로 매수인이 매도인에게 교부한 계약금은 위약벌로 매도인에게 귀속한다.
④ ③항의 경우가 발생 시 매수인은 매도인을 상대로 계약의 효력, 손해배상 등에 대하여 어떠한 소송도 제기하지 못한다. 매수인이 매도인을 상대로 소송을 제기하거나 손해배상액을 돌려받기 위하여 유형·무형의 행위를 한때에는 매도인에 대한 정신적 손해배상으로 매매대금의 30%를 지급한다.

제17조[매도인의 계약해제 사유]

매수인의 책임있는 사유로 본 계약이 해제된 때 또는 제16조 ②항과 같이 계약해제 간주된 때에는 별도의 계약해제 의사표시 없이 본 계약은 즉시 해제된 것으로 한다. 이때 매수인은 동시이행의 항변권을 자동적으로 포기한다.

제18조 [발신주의 의사표시]

① 본 계약과 관련한 의사표시는 구두 또는 서면으로 할 수 있으며, 본 계약서상의 전화번호와 주소로 전자적 표시방법으로 할 수 있으며, 상대방에 대한 의사표시는 전자적 표시방법에 의하여 발송한 때 도달한 것으로 본다. 전자적 표시방법이란 문자, 카카오톡, 이메일 등 상호 이용 가능한 것을 말한다.

② 당사자 일방이 상대방에 한 의사표시는 전항의 방법에 의하여 상대방에게 발송한 때 종국적으로 효력이 발생한다.

제19조 [준용규정]

본 계약을 체결함에 있어서 당사자 간에 별도의 합의가 없는 사항에 대해서는 민법, 민사특별법, 민사관습법 기타 매매목적물과 관련된 법률의 규정을 준용하고, 판례 및 부동산 거래 관행에 따른다.

제20조[관할의 합의]

본 계약으로 인하여 당사자 간의 분쟁이 발생한 때 서울중앙지방법원을 합의관할로 한다.

제21조 [당사자에 관한 확인 사항]

① 계약의 당사자는 본 계약서 작성 당시 계약 체결권한을 증명하는 서류에 대하여 상호 확인하여 이상 없음을 확인한 후 본 계약을 체결한 것이다.

② 계약의 당사자는 상호 의사능력 또는 인지능력에 아무런 장애가 없음을 상호 고지한 후 본 계약을 체결한 것이다.

③ 계약의 당사자는 상호 법률행위능력에 아무런 하자가 없으며, 법률행위를 함에 있어서 제삼자의 동의, 승낙, 허가를 받을 필요가 없음을 상호 고지한 후 본 계약을 체결한 것이다.

매도인과 매수인은 합의에 따라 계약을 체결하고 신의에 따라 성실히 계약상의 의무를 이행할 것을 확약하며, 계약의 내용에 대하여 이의 없음을 확인하고, 이를 증명하기 위하여 각각 서명 날인 후 매장마다 간인하여야 하며, 2통을 작성하여 각 1통씩을 보관한다.

2022년   월   일

위 매도인   서명   인감날인
위 매수인   서명   인감날인

사무소 명칭		등록번호	
대표자 성명	서명 및 날인	전화번호	
사무소 소재지			
소속공인중개사			서명 및 날인

사무소 명칭		등록번호	
대표자 성명	서명 및 날인	전화번호	
사무소 소재지			
소속공인중개사			서명 및 날인

※ 붙임서류
　① 법인등기사항증명서
　② 법인 정관 1부.
　③ 법인인감증명서 1부.
　④ 부동산취득의결서 1부.

부동산 매매계약서

매도인과 매수인은 아래 부동산에 대하여 다음과 같이 매매계약을 체결하고 이를 증명하기 위해 계약서 2부를 작성하고 각각 보관하기로 하며, 본 계약서에 서명·날인을 완료한 때 본 계약은 그 효력이 발생한다.

Ⅰ. 매매할 부동산의 표시

별지 매매목록 첨부

Ⅱ. 매도인과 매수인의 표시

별지 매매목록 첨부

Ⅲ. 매매대금의 지급 시기

① 본 계약은 매매대금 일시 지급계약으로 지급일은 본 계약체결 후 15개월 후로 정한다.
② 매매대금 지급일은 20 년 월 일로 한다.

Ⅳ. 매매목적물의 명도 및 소유권 이전 시기

□ 소유권 이전서류 교부 시기	2022년 월 일
□ 매매목적물 명도/점유이전 시기	2022년 월 일

Ⅴ. 합의사항

제1조 계약조건에 대한 합의

※ 본 특약사항은 본 계약서상의 약정에도 불구하고 최우선적으로 적용하기로 하며 다음과 같이 정한다.

1. 본 계약은 당사자의 합의로 계약금과 중도금 없이 본 계약체결 후 15개월 후에 매매대금 전부를 일시불로 지급하기로 하여 체결한 계약으로 대금지급일은 합의하여 정한다.
   ① 매수인이 매매대금을 지급하지 못하여 본 계약이 해제된 때에는 매수인은 매도인에게 손해배상금으로 매매대금의 20%를 위약벌로 지급하여야 한다.
   ② 매도인이 소유권 이전을 하지 않을 시 매수인이 지출한 모든 비용의 2배에 해당하는 금액을 위약벌로 매수인에게 지급한다.
2. 매도인은 본 계약체결 후 매수인 또는 매수인이 지정하는 자가 요청하는 개발행위허가, 건축허가 등을 위한 토지사용승낙서 등 서류를 요청 즉시 교부해주기로 한다.
   ① 매수인 등은 필요한 서류를 발급에 필요한 기한을 고려하여 매도인 등에게 요청하여야 한다.
   ② 서류요청 시 서류발급을 위한 행정절차에 매수인은 적극적으로 협조를 하여야 한다.

③ 매도인이 서류 등의 발급에 협조하지 않을 때에는 계약 불이행의 책임을 진다.

3. 본 계약이 매수인의 책임있는 사유로 해제되는 때에 매수인의 개발행위, 건축허가 등의 원상회복과 관련하여 다음과 같이 정한다.

① 본 매매계약이 해제된 때에는 매수인은 원상회복하여 매도인에게 반환하여야 한다.

② 원상회복은 매도인이 기한을 정하여 원상회복을 청구하는 날의 만료일로 한다.

③ 매수인이 기한의 만료일까지 원상회복을 하지 않을 때에는 기한의 만료일 다음날 부터 원상회복하는 날까지 1일 100만원의 강제이행금을 지급하여야 한다.

④ 매수인은 원상회복하는 대신 개발행위허가, 건축허가 등의 모든 권리를 매도인에게 이전할 수 있다.

⑤ 매수인은 본 계약상 부동산에 대하여 유치권, 유익비상환청구, 지상물매수청구권 등을 행사하지 않는다.

4. 매도인은 매수인이 위 부동산을 소유권이전등기를 접수하기 전까지 제3자에게 매도하는 것에 대하여 조건없이 허락한다.

① 매수인의 변경으로 인하여 추가되는 모든 비용은 매수인이 지급하기로 하며, 제3자는 본 계약의 내용과 동일한 권리와 의무를 부담한다.

② 매도인이 매수인 변경을 거절한 때에는 매도인은 아래 제4호의 책임을 진다. 다만 제3자가 대금지급능력이 없는 때에는 거절할 수 있다.

5. 본 계약 후 매도인은 위 부동산을 제3자에게 매각하지 못하며, 이를 어길 시 매수인이 본 계약 및 허가 등을 위하여 지출한 모든 비용의 2배를 매수인에게 위약벌로 지급한다.

제2조 [매매목적물의 특정]

매도인이 매매에서 제외한다는 명시적인 의사표시가 없는 경우에는 매매 대상인 토지의 지상에 존재하는 건축물, 공작물, 수목, 경작물과 건축물 내에 존재하는 물건, 건축물의 종물·부합물·부속물 등은 그 소유를 불문하고 매매목적물에 전부 포함된 것으로 한다.

제3조 [면적의 차이 발생 시 처리]

매매대상인 대지와 건물의 면적은 공부상 면적으로 한다. 따라서 향후 실측 면적의 차이가 있는 경우라도 매수인은 일체 이의를 제기하지 못하며, 매매대금의 조정을 요구하지 못한다.

제4조 [경계 침범 등]

본 계약은 매수인이 사실상 경계를 육안으로 확인한 후 계약한 것이므로 추후 인접지의 건축물이 매매목적인 토지의 경계를 침범한 사실, 사실상 경계와 공부상 경계가 상이함에 대해서는 일체 이의를 제기하지 못한다.

제5조 [매매대금의 확정]

본 계약상 매매대금은 현장답사와 공부상 면적을 기준으로 하여 위치와 장래 투자가치, 현황 경계 등을 고려하여 산정한 것이므로 실측 면적의 차이에 대해서는 이를 이유로 계약의 해제, 손해배상의 청구, 매매대금의 조정 등을 요구하지 못한다.

제6조 [매매대금의 지급 방법과 지급 시기]

① 매수인은 매도인에게 위에서 정한 시기와 방법에 따라 매매대금을 지급한다.

② 매수인은 매도인의 의사에 반하여 매매대금을 이해관계가 없는 제3자로 하여금 지급하게 하거나, 계약서에서 정한 지급 시기와 다른 시기에 지급한 때에는 매매대금 지급의 효력이 없다. 다만 매도인이 지급을 추인한 때에는 지급의 효력이 있다.

제7조 [소유권 이전과 명도시기]

① 매도인은 매매대금의 지급일에 매매대금의 수령과 동시에 매매목적물의 소유권 이전에 필요한 서류를 교부하고 소유권이전등기 절차에 협력하여야 한다.

② 매도인은 매매대금의 수령과 동시에 매매목적물에 존재하는 권리 중에서 매수인이 인수 또는 승계하기로 한 것을 제외하고 매수인의 소유권 등 권리행사를 제한하는 모든 권리 및 하자를 완전히 제거한 상태로 매수인에게 인도하여야 한다.

③ 매도인은 계약체결 시부터 부동산을 명도 할 때까지(또는 잔금 지급 및 소유권이전서류 제공시 까지) 매매대상인 부동산을 선량한 관리자의 주의의무로 보관 및 관리하여야 한다.

제8조 [매도인의 명도 범위와 의무]

① 임차인의 명도, 등기부상 권리의 말소, 매매목적물의 명도(점유의 이전)는 매도인의 책임과 비용으로 한다.

② 매매목적물 지상의 수목, 동산, 공작물 등은 이행기의 현상대로 매수인에게 소유권이 이전하는 것으로 한다.

제9조 [매도인의 하자담보책임의 면제 등]

① 매수인은 사업을 위한 부지 매입 용도로 본 계약을 체결하는 것이므로 매매대상인 부동산 및 시설물은 계약 시 현상대로 매수하기로 하며 건물 및 시설물의 하자에 대하여는 매수인이 인수하기로 하며 매도인의 하자담보책임을 면제한다.

② 매매계약 후 불법형질변경 등이 발견되었을 경우에는 매도인의 책임과 비용으로 원상복구를 하여야 한다.

③ 토지에 불법폐기물 등이 매립된 사실이 발견된 때에는 매수인은 매매계약을 취소할 수 있다. 다만 매도인이 원상복구하기로 하고 담보를 제공하는 때에는 그러하지 아니하다.

제10조 [수익의 귀속]

매매목적물로부터 발생하는 수익은 당사자 간의 별도의 합의가 없는 한 대금지급일을 기준으로 대금 지급일 이전에 발생하는 것은 매도인에게 대금 지급일 이후에 발생하는 것은 매수인에게 귀속한다.

제11조 [제세공과금의 정산]

전기, 가스, 수도 요금 등의 공과금 및 관리비, 건물을 위해서 별도로 분할납부하고 있는 비용, 임차인과 정산할 비용 등은 대금지급일 전까지 발생하는 부분은 매도인이 부담하고, 그 다음 날부터 발생하는 부분은 매수인이 부담한다. 다만 대금지급기일 이후에 매매목적물을 인도하는 경우에는 인도일의 전일로 정산한다.

제12조 [계약의 이행 의무]
본 계약에서 정하는 교부·명도 또는 인도 시기, 계약의 종기는 특별한 사정이 없는 한 오후 2시로 하며, 지급할 의무가 있는 대금의 지급기한은 특별한 사정이 없는 한 오후 4시까지로 한다.

제13조[계약의 해제사유]
① 매매목적물에 대한 중요한 권리관계 또는 물건의 현황이 당사자의 책임 없는 사유로 대금지급기일에 현저하게 변경된 경우에는 각 당사자는 원상회복하고 계약을 해제할 수 있다.
② 당사자 일방이 본 계약 중 중요한 사항에 대하여 이행지체가 있는 경우에는 별도의 약정이 없는 한 상대방은 상당한 기간을 정하여 구두 또는 문서로 이행을 최고하고, 상대방이 그 기한 안에 이행을 하지 아니한 경우에는 상대방에 대한 동시이행항변권을 포기하고 해제의 의사표시 없이 기한의 만료로 본 계약은 즉시 해제된 것으로 한다.

제14조 [매수인의 계약해제 사유, 계약해제 간주, 손해배상]
① 매수인은 매도인의 소유권 이전 불능, 매매대금 수령거절, 명도불이행으로 인한 사업상의 현저한 손해의 발생이 급박한 경우를 제외하고는 본 계약을 해제할 수 없다.
② 매수인이 ①항의 사유 이외의 사유를 이유로 이행거절, 이행지체, 계약불이행 의사의 표시 등을 한 때에는 계약해제의 의사표시가 있는 것으로 간주한다.
③ 매수인의 책임있는 사유로 본 계약이 해제된 때 또는 ②항과 같이 계약해제 간주된 때에는 매수인은 매도인에게 손해를 배상하여야 하며, 이때 손해배상액으로 매매대금의 30%에 해당하는 금액을 위약벌로 매도인에게 지급한다.
④ ③항의 경우가 발생 시 매수인은 매도인을 상대로 계약의 효력, 손해배상 등에 대하여 어떠한 소송도 제기하지 못한다. 매수인이 매도인을 상대로 소송을 제기하거나 손해배상액을 돌려받기 위하여 유형·무형의 행위를 한때에는 매도인에 대한 정신적 손해배상으로 매매대금의 30%를 지급한다.

제15조[매도인의 계약해제 사유, 손해배상]
① 매매대금 미지급 등 매수인의 책임있는 사유로 본 계약이 해제된 때 또는 제14조 ②항과 같이 계약해제 간주된 때에는 별도의 계약해제 의사표시 없이 본 계약은 즉시 해제된 것으로 한다. 이때 매수인은 동시이행의 항변권을 포기한 것으로 한다.
② 매도인의 책임있는 사유로 계약이 해제된 때에는 매도인은 매수인에게 손해배상을 하여야 한다.

제16조 [원상회복의무]
① 본 계약이 당사자의 약정, 민법 및 민사특별법, 기타 매매목적물과 관련된 법률에 의하여

불성립, 무효, 취소, 해제가 된 때에는 각자 원상회복하여 반환하여야 한다. 다만 그 책임이 있는 자는 상대방에 대하여 손해를 배상하여야 한다.

② 즉시 원상회복하여 반환하여야 할 자가 정당한 이유 없이 반환을 하지 않아 상대방이 기한을 정하여 반환을 요청하였음에도 불구하고 기한 내에 반환하지 아니한 때에는 별도의 정함이 없는 한 반환할 가액에 (20)%를 가산한 금액을 부가하여 반환하여야 하며, 전부를 반환하는 날까지 별도의 지연이자를 지급하여야 한다.

제17조 [발신주의 의사표시]

① 본 계약과 관련한 의사표시는 구두 또는 서면으로 할 수 있으며, 본 계약서상의 전화번호와 주소로 전자적 표시방법으로 할 수 있으며, 상대방에 대한 의사표시는 전자적 표시방법에 의하여 발송한 때 도달한 것으로 본다. 전자적 표시방법이란 문자, 카카오톡, 이메일 등 상호 이용 가능한 것을 말한다.

② 당사자 일방이 상대방에 한 의사표시는 전항의 방법에 의하여 상대방에게 발송한 때 종국적으로 효력이 발생한다.

제18조 [준용규정]

본 계약을 체결함에 있어서 당사자 간에 별도의 합의가 없는 사항에 대해서는 민법, 민사특별법, 민사관습법 기타 매매목적물과 관련된 법률의 규정을 준용하고, 판례 및 부동산 거래관행에 따른다.

제19조[관할의 합의]

본 계약으로 인하여 당사자 간의 분쟁이 발생한 때 소송의 관할은 부동산소재지를 합의관할로 한다.

제20조 [당사자에 관한 확인 사항]

① 계약의 당사자는 본 계약서 작성 당시 계약 체결권한을 증명하는 서류에 대하여 상호 확인하여 이상 없음을 확인한 후 본 계약을 체결한 것이다.

② 계약의 당사자는 상호 의사능력 또는 인지능력에 아무런 장애가 없음을 상호 고지한 후 본 계약을 체결한 것이다.

③ 계약의 당사자는 상호 법률행위능력에 아무런 하자가 없으며, 법률행위를 함에 있어서 제삼자의 동의, 승낙, 허가를 받을 필요가 없음을 상호 고지한 후 본 계약을 체결한 것이다.

제21조 [본 계약서와 다른 내용의 문서의 효력]

① 본 계약서의 내용에 반하는 문서, 녹음, 녹취 등은 그 작성 시기, 작성자, 문서 형태를 불문하고 효력이 없다.

② 전항에도 불구하고 본 계약서 작성일 이후에 작성된 것이 분명하고 본 계약서의 각 당사자가 우무인으로 날인한 문서는 그 효력을 인정한다. 다만 문서의 내용이 본 계약에서 정한 내용과 다른 때에는 본 계약의 내용은 그 문서의 내용으로 변경된 것으로 본다.

③ 각 당사자가 가지고 있는 연결(동일)문서의 변경·추가·말소된 내용이 서로 상충하는 때에는 추가된 부분 및 변경된 부분에 대한 합의는 없는 것으로 처리하고 말소된 부분은 말소하지 않은 것으로 처리한다.

매도인과 매수인은 합의에 따라 계약을 체결하고 신의에 따라 성실히 계약상의 의무를 이행할 것을 확약하며, 계약의 내용에 대하여 이의 없음을 확인하고, 이를 증명하기 위하여 각각 서명 날인 후 매장마다 간인하여야 하며, 2통을 작성하여 각 1통씩을 보관한다.

2022년   월   일

위 매도인 ＿＿＿＿＿＿＿＿ 서명 인감날인
위 매수인 ＿＿＿＿＿＿＿＿ 서명 인감날인

VI. 공인중개사의 표시

사무소 명칭		등록번호	
대표자 성명	서명 및 날인	전화번호	
사무소 소재지			
소속공인중개사			서명 및 날인

매매목록

구분	부동산의 표시		매매금액
	[토지] 경기도 파주시 적성면 식현리 418-8, 임야, 66115㎡		
	매도인의 표시	매수인의 표시	
1	-이전할 범위: 지분 전부 -성명: 문 0 0 (인) -주민등록번호: 680306- -주소: 서울특별시 강남구 대치동63, 우성아파트 00-000	-매수할 범위: 각 지분 전부 -법인명: (인) -법인등록번호: -주사무소:	
	-이전할 범위: 지분 전부 -성명: 황 0 0 (인) -주민등록번호: 481120- -주소: 경기도 파주시 동패양지길 000(동패동)		
	-이전할 범위: 지분 전부 -성명: 정 0 0 (인) -주민등록번호: 440120- -주소: 서울특별시 양천구 목동 950, 목동이편한세상아파트 000-000		
	-이전할 범위: 지분 전부 -성명: 권 0 0 (인) -주민등록번호: 530511- -주소: 서울특별시 은평구 연서로44길 7. 000-0000(진관동, 은평뉴타운 폭포동)		
	-이전할 범위: 지분 전부 -성명: 이 0 0 (인) -주민등록번호: 610602- -주소: 경기도 고양시 일산동구 무궁화로102번길 00(정발산동)		
	-이전할 범위: 지분 전부 -성명: 우 0 0 (인) -주민등록번호: 610507- -주소: 서울특별시 도봉구 쌍문동727 파라다이스빌아파트000-0000		
	-이전할 범위: 지분 전부 -성명: 주 0 0 (인)		

2		
	-주민등록번호: 520506- -주소: 서울시 서초구 효령로4길 13, 000호(방배동, 파라다이스아파트)	
	[토지] 경기도 파주시 적성면 식현리 392, 답, 291㎡	
	매도인의 표시	매수인의 표시
	-이전할 범위: 지분 전부 -성명: 주 0 0 (인) -주민등록번호: 520506- -주소: 서울시 서초구 효령로4길 13, 000호(방배동, 파라다이스아파트)	-매수할 범위: 각 지분 전부 -법인명: (인) -법인등록번호: -주사무소:
	-이전할 범위: 지분 전부 -성명: 문 0 0 (인) -주민등록번호:610913- -주소: 경기도 고양시 덕양구 화신로 76, 000동-000호(행신동, 샘터마을)	
	-이전할 범위: 지분 전부 -성명: 황 0 0 (인) -주민등록번호: 481120- -주소: 경기도 파주시 동패양지길 000(동패동)	
	-이전할 범위: 지분 전부 -성명: 정 0 0 (인) -주민등록번호: 440120- -주소: 서울특별시 양천구 목동중앙로7길 32, 000동-000호(목동, 목동이편한세상아파트)	
	-이전할 범위: 지분 전부 -성명: 권 0 0 (인) -주민등록번호: 530511- -주소: 서울특별시 은평구 연서로44길 7. 000동 0000호(진관동, 은평뉴타운폭포동)	
	[토지] 경기도 파주시 적성면 식현리 393, 답, 377㎡	
	매도인의 표시	매수인의 표시
3	-이전할 범위: 지분 전부 -성명: 주 0 0 (인) -주민등록번호: 520506- -주소: 서울시 서초구 효령로4길 13, 000호(방배동, 파라다이스아파트)	-매수할 범위: 각 지분 전부 -법인명: (인) -법인등록번호: -주사무소:

	매도인의 표시	매수인의 표시
	-이전할 범위: 지분 전부 -성명: 문 0 0 (인) -주민등록번호:610913- -주소: 경기도 고양시 덕양구 화신로 76, 000-000(행신동, 샘터마을아파트)	
	-이전할 범위: 지분 전부 -성명: 황 0 0 (인) -주민등록번호: 481120- -주소: 경기도 파주시 동패양지길 000	
	-이전할 범위: 지분 전부 -성명: 정 0 0 (인) -주민등록번호: 440120- -주소: 서울특별시 양천구 목동중앙로7길 32, 000동000호(목동, 목동이편한세상아파 트)	
	-이전할 범위: 지분 전부 -성명: 권 0 0 (인) -주민등록번호: 530511- -주소: 서울특별시 은평구 연서로44길 7. 000동 0000호(진관동, 은평뉴타운폭포동)	
4	[토지] 경기도 파주시 적성면 식현리 397, 답, 1669㎡	
	매도인의 표시	매수인의 표시
	-이전할 범위: 지분 전부 -성명: 주 0 0 (인) -주민등록번호: 520506- -주소: 서울시 서초구 효령로4길 13, 000호(방 배동, 파라다이스아파트) -이전할 범위: 지분 전부 -성명: 문 0 0 (인) -주민등록번호:610913- -주소: 경기도 고양시 덕양구 화신로 76, 000-000(행신동, 샘터마을아파트) -이전할 범위: 지분 전부 -성명: 황 0 0 (인) -주민등록번호: 481120- -주소: 경기도 파주시 동패양지길 000(동패동) -이전할 범위: 지분 전부	-매수할 범위: 각 지분 전부 -법인명: (인) -법인등록번호: -주사무소:

	-성명: 정 0 0 (인) -주민등록번호: 440120- -주소: 서울특별시 양천구 목동중앙로7길 32, 000동000호(목동, 목동이편한세상아파트)	
	-이전할 범위: 지분 전부 -성명: 권 인 욱 (인) -주민등록번호: 530511- -주소: 서울특별시 은평구 연서로44길 7. 000동 0000호(진관동, 은평뉴타운폭포동)	
5	[토지] 경기도 파주시 적성면 식현리 398, 답, 2364㎡	
	매도인의 표시	매수인의 표시
	-이전할 범위: 지분 전부 -성명: 주 0 0 (인) -주민등록번호: 520506- -주소: 서울시 서초구 효령로4길 13, 000호(방배동, 파라다이스아파트)	 -매수할 범위: 각 지분 전부 -법인명: (인) -법인등록번호: -주사무소:
	-이전할 범위: 지분 전부 -성명: 문 0 0 (인) -주민등록번호:610913- -주소: 경기도 고양시 덕양구 화신로 76, 000-000(행신동, 샘터마을아파트)	
	이전할 범위: 지분 전부 -성명: 황 0 0 (인) -주민등록번호: 481120- -주소: 경기도 파주시 동패양지길 000	
	-이전할 범위: 지분 전부 -성명: 정 0 0 (인) -주민등록번호: 440120- -주소: 서울특별시 양천구 목동중앙로7길 32, 000동000호(목동, 목동이편한세상아파트)	
	-이전할 범위: 지분 전부 -성명: 권 0 0 (인) -주민등록번호: 530511- -주소: 서울특별시 은평구 연서로44길 7. 000동 0000호(진관동, 은평뉴타운폭포동)	

	[토지] 경기도 파주시 적성면 식현리 399, 전, 1412㎡	
	매도인의 표시	매수인의 표시
6	-이전할 범위: 지분 전부 -성명: 주 0 0 (인) -주민등록번호: 520506- -주소: 서울시 서초구 효령로4길 13, 000호(방 　　　배동, 파라다이스아파트) -이전할 범위: 지분 전부 -성명: 문 0 0 (인) -주민등록번호:610913- -주소: 경기도 고양시 덕양구 화신로 76, 　　　000-000(행신동, 샘터마을아파트) 이전할 범위: 지분 전부 -성명: 황 0 0 (인) -주민등록번호: 481120- -주소: 경기도 파주시 동패양지길 000 -이전할 범위: 지분 전부 -성명: 정 0 0 (인) -주민등록번호: 440120- -주소: 서울특별시 양천구 목동중앙로7길 32, 　　　000동000호(목동, 목동이편한세상아파 　　　트) -이전할 범위: 지분 전부 -성명: 권 0 0 (인) -주민등록번호: 530511- -주소: 서울특별시 은평구 연서로44길 7. 000동 　　　0000호(진관동, 은평뉴타운폭포동)	-매수할 범위: 각 지분 전부 -법인명:　　　　　(인) -법인등록번호: -주사무소:

부동산매매계약서

본 부동산매매계약서(이하 "본 매매계약(서)")는 다음의 당사자들 사이에서 2022년 [   ]월 [   ]일 체결하였다.

1. 부산 기장군 정관읍 정관3로 51, 214동 1203호에 주소지들 둔 1956년 5월 12일 생 주00(이하 "매도인1")
2. 서울 송파구 잠실동 22 리센츠 232-1203에 주소지를 둔 1960년 5월 13일 생 주0(이하 "매도인2")
3. 부산 기장군 정관읍 정관3로 51, 214동 1203호에 주소지들 둔 1953년 1월 3일 생 주00(이하 "매도인3")
4. 부산 기장군 정관읍 정관3로 51, 214동 1203호에 주소지들 둔 1955년 3월 13일 생 주00(이하 "매도인4")
5. 미합중국 캘리포니아 92532 레이크엘시노어스위트 줄리엔레인 52980에 주소지를 둔 주00(이하 "매도인5")
6. 부산시 부산진구 동천로 4, 7층 7002호에 본점 주소지를 둔 주식회사 00종합건설(이하 "매수인")

이하 매도인1, 매도인2, 매도인3, 매도인4, 매도인5를 통칭하여 "매도인(들)"이라 하고, 매도인과 매수인을 개별적으로 지칭할 시 "당사자", 집합적으로 칭할 시 "당사자들"이라 한다.

다 음

제1조 (목적)
본 매매계약서는 매도인들 소유의 아래 토지를 분할한 후 각 분할된 토지에 대하여 매수인과 매매계약을 체결하기로 합의하여 매도인과 매수인의 권리와 의무를 규정하기 위함에 그 목적이 있다.

제2조 (효력)
① 본 매매계약은 체결과 동시에 효력이 있다. 단, 매도인의 귀책사유(분할등기에 필요한 일체의 서류 및 이에 부속하는 인증서 등의 미제공으로 인한 경우에 한정한다) 없이 제1조에서 정한 매도인의 토지분할 등기가 불가할 시 본 매매계약은 효력을 상실한다.
② 전항에 의하여 본 계약이 효력을 상실한 때에는 원상회복에 관한 규정을 적용한다.
③ 전항의 원상회복의 방법에 대하여는 다음과 같이 처리한다.
　　1. 매도인은 교부받은 금원 전부를 즉시 반환하기로 하며 상대방에 대하여 본항 이외에 어떠한 손해배상도 청구하지 않는다.
　　2. 매수인은 즉시 원상회복하여야 하며, 그 방법으로는 매수인이 위 토지 상에 진행한 개

발행위허가, 건축허가 능 모는 절차를 취소하거나, 매수인이 취득한 권리를 매도인에게 무상으로 이전하여야 한다.

3. 매수인은 위 토지의 매수를 위하여 집행한 비용에 대하여 유치권, 비용상환청구, 지상물매수청구, 손해배상청구를 일체 하지않기로 한다.

4. 매도인과 매수인이 즉시 원상회복 또는 제③항 각호를 이행하지 않는 때에는 그 이행을 완료할 때까지 1일 금100만원의 이행강제금을 상대방에게 위약벌로 지급하여야 한다.

제3조 (부동산의 표시 등)

① 본 매매계약에 의하여 매매의 대상이 되는 부동산은 다음 각호와 같다.

1. [토지] 부산시 기장군 일광읍 이천리 720-1, 전, 4,496m²
2. [토지] 부산시 기장군 일광읍 횡계리 47-4, 전, 2,453m²
3. [토지] 부산시 기장군 일광읍 횡계리 산35-2, 임야, 2,188 m²

② 매수인은 매도인으로부터 전항의 부동산 중 일부(약 1,981m²)를 매수하기로 하고, 그 구체적인 구획(위치) 및 면적은 별지1의 가분할도면을 참조하여 당사자들의 합의로 정한다.

제4조 (매매대금)

① 매매대금은 다음과 같다.

1. [매매단가(원/평): 금 9,845,599.31원
2. 매매면적: 약 599.2525평(1,981m²)(1m² = 0.3025평)
3. 매매대금(=단가 * 매매견적): 금 5,900,000,000원

② 분할된 토지의 면적과 본 계약서상 매매할 범위(면적)의 차이가 있는 때에는 분할된 토지의 면적을 기준으로 매매대금을 변경하고 그 증감에 대한 계산은 전항 제1호에 기재된 단가를 적용하여 정산하여야 한다.

제5조 (매매대금의 지급시기 등)

① 매수인은 위 부동산의 매매대금을 아래와 같이 지급한다. 단, 매매대금이 면적의 차이로 조정된 때에는 제4조 제2항에 따라 조정된 금액(단위: 원)으로 한다.

구분	매매면적(평)	계약금(20%)	잔금(80%)
이천리 720-1	447.7000	881,574,962	3,526,299,849
횡계리 47-4	59.8950	117,940,434	471,761,737
횡계리 산35-2	91.6575	180,484,604	721,938,414
합계	599.2525	1,180,000,000	4,720,000,000

② 전항의 매매대금 중 계약금은 본 매매계약을 체결하는 당일을 그 지급기일로 하며, 분할된 토지의 잔금 지급기일은 계약금이 지급된 날로부터 60일까지로 한다.

③ 제1항의 매매대금은 매매대상인 부동산(분할된 토지)에 대한 각 매도인의 지분비율에 따라 안분하여 매수인으로부터 지급받기로 하고 각 매도인에게 실제 지급되어야 하는 매매대금은 별지2 기재의 매매대금지급표에 따른다.

④ 잔금 지급일은 제2항에도 불구하고 토지분할이 잔금일까지 완료되지 않은 때에는 당사자의 합의로 분할된 토지의 소유권이전능기를 신정하는 날을 잔금 지급일로 한다.

⑤ 분할된 토지의 잔금지급일은 제4항에도 불구하고 토지분할이 완료된 날로부터 (10)일 이내로 하여 당사자의 합의로 정한다. 다만 합의가 되지 않는 때에는 본문 기한의 말일을 잔금일로 한다.

⑥ 매매대금의 지급은 매도인이 지정한 은행계좌에 매수인이 매도인이 제공한 매도인의 각 지분별로 계산한 금액을 이체하는 것으로 하고, 본 매매계약 체결 기준 매매대금의 지급계좌는 다음과 같다.

구분	은행명	계좌번호	예금주
매도인1	00은행		주00
매도인2	00은행		주00
매도인3	00은행		주00
매도인4	00은행		주0
매도인5	00은행		주00

제6조 (분할된 토지의 소유권이전 및 부동산인도 범위와 시기)
① 매도인은 매매대금의 잔금 수령과 동시에 매수인 또는 매수인이 지정하는 자에게 소유권이전등기에 필요한 서류를 교부하고 등기절차에 협력하여야 한다.

② 매도인은 매매대금의 잔금 수령과 동시에 소유권이전등기 완료 유무와 상관없이 해당 부동산의 점유를 매수인에게 인도한다.

③ 매도인들이 이전하여야 할 '별지 가분할 대상 부동산의 이전대상 지분의 표시'가 분할면적의 차이로 인하여 달라진 때에는 분할된 토지를 기준으로 다시 정한다.

제7조(계약금에 의한 해제 포기)
① 매도인은 계약금의 배액을 상환하는 방법으로 본 계약을 해제할 수 없다.

② 매수인은 계약금을 포기하고 본 계약을 해제할 수 없다.

제8조 (합의사항)
당사자들은 본 매매계약에서 달리 정하지 아니한 것은 별지3 기재의 합의사항에 따르기로 한다.

붙임
1. 별지1: 가분할도면
2. 별지2: 매매대금 지급표
3. 별지3: 합의사항

4. 각 당사자의 인감증명서
5. 각 당사자의 주민등록등본 또는 신분증 사본(법인의 경우 법인등기사항증명서, 정관, 법인의 의결이 필요한 경우 의결서)
6. 각 매도인의 통장사본

(이하 날인을 위한 여백)

본 매매계약서의 유효한 체결과 성립을 증명하기 위하여 당사자들의 수만큼 본 매매계약서의 원본을 작성하여 각자 기명·날인한 후, 각 1통씩 보관하기로 한다.

2022년 [　]월 [　]일

매도인1   성   명: 주 00 (인)
           주민등록번호:
           주   소: 부산 기장군 정관읍 정관3로 51, 000동 0000호

매도인2   성   명: 주   0 (인)
           주민등록번호:
           주   소: 서울 송파구 잠실동 22 리센츠 000-0000

매도인3   성   명: 주 00 (인)
           주민등록번호:
           주   소: 부산 기장군 정관읍 정관3로 51, 000동 0000호

매도인4   성   명: 주 00 (인)
           주민등록번호:
           주   소: 부산 기장군 정관읍 정관3로 51, 000동 0000호

매도인5   성   명: 주 00 (인)
           주민등록번호:
           주   소: 미합중국 캘리포니아 92532 레이크엘시노어스위트 줄리엔레인 000000

매수인   성   명: 주식회사 00종합건설 대표이사 000 (인)
           법인등록번호: 180111-0000000
           주   소: 부산 부산진구 동천로4, 7층 0000호

별지1: 가분할도면

1. 가분할 대상 부동산의 이전대상 지분의 표시

[토지] 부산광역시 기장군 일광읍 이천리 720-1, 전, 약1,480㎡

매도인의 표시(이전할 지분)		매수인의 표시(이전받을 지분)	
주00	1,480 분의 569.2		
주 0	1,480 분의 227.7		
주00	1,480 분의 227.7	㈜00종합건설	각 지분 전부
주00	1,480 분의 227.7		
주00	1,480 분의 227.7		

[토지] 부산광역시 기장군 일광읍 횡계리 산35-2, 임야, 약 303㎡

매도인의 표시(이전할 지분)		매수인의 표시(이전받을 지분)	
주00	303 분의 116.54		
주 0	303 분의 46.615		
주00	303 분의 46.615	㈜00종합건설	각 지분 전부
주00	303 분의 46.615		
주00	303 분의 46.615		

[토지] 부산광역시 기장군 일광읍 횡계리 47-4, 전, 약198㎡

매도인의 표시(이전할 지분)		매수인의 표시(이전받을 지분)	
주00	198 분의 76		
주 0	198 분의 30.5		
주00	198 분의 30.5	㈜00종합건설	각 지분 전부
주00	198 분의 30.5		
주00	198 분의 30.5		

2. 가분할 도면

(후면에 계속)

별지2: 매매대금 지급표

단위: 원

구분	계약금	잔금	합계
주00	453,846,153	1,815,384,615	2,269,230,768
주 0	181,538,461	726,153,847	907,692,308
주00	181,538,462	726,153,846	907,692,308
주00	181,538,462	726,153,846	907,692,308
주00	181,538,462	726,153,846	907,692,308

합 계	1,180,000,000	4,720,000,000	5,900,000,000

별지3: 합의사항

제1조 [정의 등]
본 합의사항에서 사용하는 용어는 달리 정의하지 아니하는 한 당사자들 사이의 부동산매매계약서 상의 용어를 준용하며, 부동산매매계약서와 본 합의사항이 상호간 상충할 시 본 합의사항을 우선하여 적용하기로 한다.

제2조 [제반조건]
본 매매계약서 상 매도인들이 매수인에게 이전하기로 한 대상이 되는 토지는 본 계약체결 후 토지분할신청을 할 수 있도록 상호간 협의하여 필요한 서류를 구비하여 상대방에게 제공하여야 한다.
전항에 따라 분할된 토지에 대한 매매계약을 체결할 때에는 본 매매계약에서 정한 거래조건(이전 대상 부동산 지분의 표시, 매매대금, 대금의 지급방법, 지급시기 등)에 따라 체결하기로 한다.

제3조 [토지의 분할에 관한 합의]
가분할도면은 매도인 전부와 매수인이 미리 협의하여 작성하기로 하며, 가분할도면에 상호 서명 및 인감도장으로 날인하여 본 계약서에 첨부한다.
매수인은 전항의 협의를 하기 전에 토목설계도면을 매도인에게 제공하여야 하며, 매수인은 토목설계도면 또는 건축상 매도인의 잔여 토지의 이용·경작에 불리한 점이 발생하지 않도록 분할선을 협의하여 선택한다.
본 매매와 관련하여 소요된 토지분할 비용 전부는 매수인의 책임과 비용으로 하고 매도인은 이에 적극적으로 협조하여야 한다. 다만 분할된 토지의 등록비용은 매도인이 부담한다.
토지분할은 본 계약일로부터 2개월 이내에 완료하여야 한다. 다만 행정절차적인 사유로 완료하지 못한 때에는 그러하지 아니하다.

제4조 [토지분할을 위한 매수인의 대위변제에 관한 합의]
매도인들의 토지에 저당권(근저당권) 등이 설정되어 토지분할이 안될 경우, 매도인은 협의를 통하여 매수인이 저당권 등을 대위변제할 수 있는 권한을 부여하고 관련 서류를 제공한다.
전항에 의하여 대위변제된 금원은 매매대금 일부의 지급으로 보고 매매대금에서 상계처리한다.

제5조 [매수인의 진입도로 개설 제공 의무]
매수인은 기부채납하는 도로는 매도인이 잔여 토지의 농업경영을 위한 이용 및 통행에 지장이 없도록 개설하여야 한다.
매수인은 진입도로 개설을 매수인의 사업(아파트건축)에 대한 사용승인을 받을 때까지 완료하여야 한다.

매수인이 부산광역시로부터 사업승인의 조건으로 이행해야 하는 주 진입도로(왕복 4차선, 폭12m)를 개설할 때에는 매도인의 토지 부산광역시 기장군 일광읍 횡계리 47-4에 토지에 접하도록 포장도로를 설치하여야 한다.

매수인이 본 조를 이행함에 있어 관할관청에 대한 일체의 인허가 등 접수는 매수인들의 책임과 부담으로 하고, 인허가 또는 공사 진행 시 매도인들 측의 동의서 등이 필요할 경우 매도인들은 해당 서류를 매수인에게 제공하여야 한다.

제6조 [매도인의 명도의무]

분할된 토지 지상에 존재하는 건축물, 공작물 등과 매도인 소유 잔존토지의 경계를 침범한 건축물, 공작물은 매수인의 책임과 비용으로 철거하기로 한다.

전항에도 불구하고 경작물은 매수인이 공사에 착공하기 전까지 매도인이 취거하기로 한다.

매수인이 분할된 토지에 대한 매매대금 지급을 완료한 날로부터 [60]일이 경과한 그 익일부터 매수인 명의 토지 지상에 존속하는 경작물·수목 등 지상물은 매도인이 소유권을 포기한 것으로 하며, 매수인이 임의로 제거할 수 있다.

매도인은 매매목적물에 매수인의 소유권행사의 제한 또는 부담이 되는 저당권 등 법률적·경제적 하자를 완전히 제거한 후 소유권을 이전하여야 한다.

잔금지급일까지 매매목적물인 부동산에 소유권행사를 제한하는 사유, 제세공과금 기타 부담금 등이 남아 있는 경우 매수인은 매도인을 위하여 대위하여 변제할 수 있고, 대위변제한 때에는 그 금액은 매매대금의 잔금에서 이를 공제한다.

잔금일 전에 매도인의 법령위반 등의 사유로 인하여 매매목적물에 이행강제금 또는 벌금이 부과된 때에는 매도인이 책임지고 처리하여야 하며, 다만 매수인이 이를 납부한 경우에는 그 금액은 매매대금의 잔금에서 공제한다.

제7조 (매도인의 의무)

매도인들이 잔금지급기일에 매수인의 잔금지급과 동시에 이행하여야 하는 것은 다음과 같다.

① 분할된 토지의 소유권이전등기접수에 필요한 일체의 서류의 제공

② 매매대상인 부동산(분할된 토지)에 남아있는 일체의 제한물권(예, 근저당권)의 말소(단, 매수인이 대위변제한 경우 매매대금에서 그 금액을 차감하고 잔금을 지급한다)

③ 잔금지급과 동시에 매도인들은 매매대상인 토지의 소유권이전등기업무를 수행할 매수인이 지정한 법무사에게 소유권이전등기 등 등기업무에 필요한 일체의 서류(예, 등기필증상 일련번호, 위임장, 매도용인감증명서 등 해당 법무사가 등기업무를 수행함에 필요한 서류를 총칭한다)를 교부한다.

④ 본 계약 및 분할된 토지에 대한 매매계약에대한 부동산계약거래신고, 토지취득 자금조달 및 토지이용계획 제출은 매수인의 법무사가 계약체결일부터 30일 이내에 책임지고 신고하여야 하며, 이에 매도인은 각종 서류제출에 협조하여야 한다.

제8조 [수익과 제세공과금의 처리]

매매목적물인 부동산에 관하여 발생한 수익의 귀속과 제세공과금 등 부담금은 매매목적물의 소유권이전일을 기준으로 하여 그 전일까지는 매도인에게 그 이후의 것은 매수인에게 귀속한다.

제9조 [잔금 지급 지체와 계약의 해제]

잔금 지급기일까지 잔금이 지급되지 아니한 경우 매도인은 매수인에게 30일 이내의 기한을 정하여 이행을 통지하여야 하고, 이행기간 내 매수인이 이행하지 아니할 경우 본 계약은 이행기한의 말일이 되는 날에 매수인은 동시이행항변권을 포기하고 본 계약은 자동으로 해제된다.

전항의 사유로 인하여 이행기한이 부여될 시, 본래의 잔금 지급기일부터 실제 잔금이 지급되는 날까지는 연 [24]%의 이율로 계산한 지연손해금을 잔금에 가산하여 지급하여야 한다. 매수인이 지연이자를 지급하지 않는 때에도 본 계약은 제1항에 따라 자동으로 해제된다. 잔금 지급 지체 중에 매수인이 계약을 포기하는 의사를 밝힌 때에는 본 계약은 즉시 해제되고 이미 교부된 금원 전부는 매도인에게 위약벌로 전부 귀속된다.

제10조 [손해의 배상 등]

계약이 당사자의 약정, 민법 및 민사특별법, 기타 매매목적물과 관련된 법률로 불성립, 무효, 취소, 해제된 때에는 각자 원상회복하여 반환하여야 한다. 다만 그 책임이 있는 자는 상대방에 대하여 손해를 배상하여야 한다.

제11조 [합의관할]

본 계약에 관하여 분쟁이 발생할 경우 부산지방법원을 합의관할로 한다.

제12조 [본 계약서와 다른 내용의 문서의 효력]

본 매매계약서의 내용에 반하는 문서, 녹음, 녹취 등은 그 작성 시기, 작성자, 문서 형태를 불문하고 효력이 없다.

전항에도 불구하고 본 계약서 작성일 이후에 작성된 것이 분명하고 본 계약서의 각 당사자가 기명·날인한 문서는 그 효력을 인정한다. 다만 문서의 내용이 본 계약에서 정한 내용과 다른 때에는 본 매매계약의 내용은 그 문서의 내용으로 변경된 것으로 본다.

각 당사자가 가지고 있는 연결(동일)문서의 변경·추가·말소된 내용이 서로 상충하는 때에는 추가된 부분 및 변경된 부분에 대한 합의는 없는 것으로 처리하고 말소된 부분은 말소하지 않은 것으로 처리한다.

제13조 [준용규정]

본 매매계약을 체결하면서 당사자 간에 별도의 합의가 없는 사항에 대해서는 민법, 민사특별법, 민사관습법, 판례 기타 관련된 법률의 규정을 준용하고, 부동산 거래 관행에 따른다.

제14조 [계약체결 권한의 확인]

본 매매계약의 당사자는 거래조건의 합의 당시 또는 본 계약서 작성 당시 계약체결 권한을 증명하는 서류에 대하여 상호 확인하고 이상 없음을 확인한 후 본 계약을 체결한 것이다.

본 매매계약의 당사자는 상호 의사능력·인지능력에 아무런 장애가 없음을 상호 고지한 후 본 계약을 체결한 것이다.

본 매매계약의 당사자는 상호 법률행위능력에 아무런 하자가 없으며, 법률행위를 함에 있어서 제삼자의 동의·승낙·허가를 받을 필요가 없음을 고지하고, 동의·승낙·허가를 받을 필요가 있는 때에는 동의·승낙·허가를 받았음을 증빙서류로 확인한 후 본 계약을 체결한 것이다.

-- 이하 여백 --

제 **2** 강 | 부동산 임대차계약서 작성방법

● 계약서 작성 시 준비물

1. 공적장부

- 등기사항전부증명서
- 건축물대장(건축물현황도면)
- 토지대장(지적도)
- 토지이용계획확인서
- 주소별전입세대열람내역서
- 국세, 지방세 완납증명서
- 주택임대사업자 등록증
- 영업인허가 증
- 기타 계약서류 및 인허가서류

2. 계약 체결 권한 증빙서류

-본인 신분증, 도장
-위임장, 본인발급 인감증명서
-본인서명사실확인서
-법정대리인 증명서류
-후견인선임결정서 등
-기타 계약체결권한을 증명하는 서류

4. 확인설명의 자료

-권리분석조사서
-목적물현황조사서
-점유자 및 임차인 현황조사서

5. 당사자 사이에 합의된 사항

-거래조건합의서

부동산임대차계약서

□ 전세 □ 월세

1. 부동산의 표시
임대인과 임차인 쌍방은 아래 표시 부동산에 관하여 다음 계약내용과 같이 임대차계약을 체결한다.

소 재 지				
토 지	지 목		면 적	㎡
건 물	구조·용도		면 적	㎡
임대할부분			면 적	㎡

2. 계약내용
제 1 조 (목적) 위 부동산의 임대차에 한하여 임대인과 임차인은 합의에 의하여 임차보증금 및 차임을 아래와 같이 지불하기로 한다.

보 증 금	금	원정 (₩)
계 약 금	금	원정은 계약시에 지불하고 영수함. 영수자(㊞)
중 도 금	금	원정은 년 월 일에 지불하며
잔 금	금	원정은 년 월 일에 지불한다.
차 임	금	원정은 (선불로·후불로) 매월 일에 지불한다.

제 2 조 (존속기간) 임대인은 위 부동산을 임대차 목적대로 사용·수익할 수 있는 상태로 _____년 ____월 ____일까지 임차인에게 인도하며, 임대차 기간은 인도일로부터 _____년 ____월 ____일까지로 한다.

제 3 조 (용도변경 및 전대 등) 임차인은 임대인의 동의없이 위 부동산의 용도나 구조를 변경하거나 전대·임차권 양도 또는 담보제공을 하지 못하며 임대차 목적 이외의 용도로 사용할 수 없다.

제 4 조 (계약의 해지) 임차인의 차임연체액이 2기의 차임액에 달하거나 제3조를 위반하였을 때 임대인은 즉시 본 계약을 해지 할 수 있다.

제 5 조 (계약의 종료) 임대차계약이 종료된 경우에 임차인은 위 부동산을 원상으로 회복하여 임대인에게 반환한다. 이러한 경우 임대인은 보증금을 임차인에게 반환하고, 연체 임대료 또는 손해배상금이 있을 때는 이들을 제하고 그 잔액을 반환한다.

제 6 조 (계약의 해제) 임차인이 임대인에게 중도금(중도금이 없을 때는 잔금)을 지불하기 전까지, 임대인은 계약금의 배액을 상환하고, 임차인은 계약금을 포기하고 본 계약을 해제할 수 있다.

제 7 조 (채무불이행과 손해배상) 임대인 또는 임차인이 본 계약상의 내용에 대하여 불이행이 있을 경우 그 상대방은 불이행한 자에 대하여 서면으로 최고하고 계약을 해제 할 수 있다. 그리고 계약 당사자는 계약해제에 따른 손해배상을 각각 상대방에 대하여 청구할 수 있다.

특약사항

_____
_____
_____
_____
_____
_____
_____

본 계약을 증명하기 위하여 계약 당사자가 이의 없음을 확인하고 각각 서명·날인 후 임대인, 임차인은 매장마다 간인하여야 하며, 각각 1통씩 보관한다.

년   월   일

임대인	주 소							㉑
	주민등록번호			전 화		성 명		
	대 리 인	주 소		주민등록번호		성 명		
임차인	주 소							㉑
	주민등록번호			전 화		성 명		
	대 리 인	주 소		주민등록번호		성 명		

Ⅱ 유형별 부동산 임대차계약서 서식

유형별 부동산 임대차계약서 서식

1. 집합건물 임대차계약서 작성법

1-1. 대지권화된 경우

부동산의 수	소유자의 수		임대할 범위	임차인의 수	계약서 유형
1	1		전부	1	집대(1)
				2명 이상	집대(1)-2
			일부	1	집대(2)
				2명 이상	집대(2)-2
	2명 이상(공유)		각 지분 전부	1	집대(3)
				2명 이상	집대(3)-2
			각 지분 일부	1	집대(4)
				2명 이상	집대(4)-2
2개 이상	물건별 소유자 동일	1명	물건별 전부	1	집대(5)
				2명 이상	집대(5)-2

		물건별 일부	1	집대(6)
			2명 이상	집대(6)-2
	2명 이상	물건별 각 지분 전부	1	집대(7)
			2명 이상	집대(7)-2
		물건별 각 지분 일부	1	집대(8)
			2명 이상	집대(8)-2
물건별 소유자 상이	1명	물건별 전부	1	집대(9)
			2명 이상	집대(9)-2
		물건별 일부	1	집대(10)
			2명 이상	집대(10)-2
	2명 이상	물건별 각 지분 전부	1	집대(11)
			2명 이상	집대(11)-2
		물건별 각 지분 일부	1	집대(12)
			2명 이상	집대(12)-2

1-2. 대지권이 없는 경우(공유대지)

(1) 대지가 1필지인 경우

건물의 수	소유자의 수		임대할 범위	임차인의 수	계약서 유형
1	1		전부	1	
				2명 이상	
			일부	1	
				2명 이상	
	2명 이상(공유)		각 지분 전부	1	
				2명 이상	
			각 지분 일부	1	
				2명 이상	
2개 이상	물건별 소유자 동일	1명	물건별 전부	1	
				2명 이상	
			물건별 일부	1	
				2명 이상	
		2명 이상	물건별 각 지분 전부	1	
				2명 이상	
			물건별 각 지분 일부	1	
				2명 이상	
	물건별 소유자 상이	1명	물건별 전부	1	
				2명 이상	

		물건별 일부	1	
			2명 이상	
	2명 이상	물건별 각 지분 전부	1	
			2명 이상	
		물건별 각 지분 일부	1	
			2명 이상	

토지의 수	소유자의 수	임대할 범위	임차인의 수	계약서 유형
1필지	1명	전부	1	
			2명 이상	
		일부	1	
			2명 이상	
	2명 이상	각 지분전부	1	
			2명 이상	
		각 지분일부	1	
			2명 이상	

(2) 대지가 2필지 이상인 경우

건물의 수	소유자의 수		임대할 범위	임차인의 수	계약서 유형
1	1		전부	1	
				2명 이상	
			일부	1	
				2명 이상	
	2명 이상		각 지분 전부	1	
				2명 이상	
			각 지분 일부	1	
				2명 이상	
2개 이상	물건별 소유자 동일	1명	물건별 전부	1	
				2명 이상	
			물건별 일부	1	
				2명 이상	
		2명 이상	물건별 각 지분 전부	1	
				2명 이상	
			물건별 각 지분 일부	1	
				2명 이상	
	물건별 소유자 상이	1명	물건별 전부	1	
				2명 이상	

		물건별 일부	1	
			2명 이상	
	2명 이상	물건별 각 지분 전부	1	
			2명 이상	
		물건별 각 지분 일부	1	
			2명 이상	

토지의 수	소유자의 수		임대할 범위	임차인의 수	계약서 유형
2필지 이상	물건별 소유자 동일	1명	물건별 전부	1	
				2명 이상	
			물건별 일부	1	
				2명 이상	
		2명 이상	물건별 각 지분전부	1	
				2명 이상	
			물건별 각 지분일부	1	
				2명 이상	
	물건별 소유자 상이	1명	물건별 전부	1	
				2명 이상	
			물건별 일부	1	
				2명 이상	
		2명 이상	물건별 각지분전부	1	
				2명 이상	
			물건별 각지분일부	1	
				2명 이상	

2. 일반건물 임대차계약서 작성법

2-1. 대지와 건물의 소유자가 동일한 경우

토지의 수	건물의 수	일반건물의 수	소유자의 수	임대할 범위	임차인의 수	계약서 유형
1필지	1동	1개	1명	전부	1	
					2명이상	
				일부	1	
					2명이상	
			2명 이상	각 지분전부	1	
					2명이상	
				각 지분일부	1	
					2명이상	

	2개 이상	물건별 소유자 동일	1명	물건별 전부	1	
					2명이상	
				물건별 일부	1	
					2명이상	
			2명 이상	물건별 각 지분전부	1	
					2명이상	
				물건별 각 지분일부	1	
					2명이상	
		물건별 소유자 상이	1명	물건별 전부	1	
					2명이상	
				물건별 일부	1	
					2명이상	
			2명 이상	물건별 각지분전부	1	
					2명이상	
				물건별 각지분일부	1	
					2명이상	
2개 동 이상	1개	1명		전부	1	
					2명이상	
				일부	1	
					2명이상	
		2명 이상		각 지분전부	1	
					2명이상	
				각 지분일부	1	
					2명이상	
	2개 이상	물건별 소유자 동일	1명	물건별 전부	1	
					2명이상	
				물건별 일부	1	
					2명이상	
			2명 이상	물건별 각지분전부	1	
					2명이상	
				물건별 각지분일부	1	
					2명이상	
		물건별 소유자 상이	1명	물건별 전부	1	
					2명이상	
				물건별 일부	1	
					2명이상	
			2명	물건별 각지분전부	1	

2필지 이상	1동 / 2개 동 이상	1개 / 2개 이상	소유자	지분 형태	명수	근저당	
				이상		2명이상	
				물건별 각지분일부		1	
				물건별 각지분일부		2명이상	
2필지 이상	1동	1개	1명	전부		1	
				전부		2명이상	
				일부		1	
				일부		2명이상	
			2명 이상	각 지분전부		1	
				각 지분전부		2명이상	
				각 지분일부		1	
				각 지분일부		2명이상	
		2개 이상	물건별 소유자 동일	물건별 전부	1명	1	
				물건별 전부	1명	2명이상	
				물건별 일부	1명	1	
				물건별 일부	1명	2명이상	
				물건별 각지분전부	2명 이상	1	
				물건별 각지분전부	2명 이상	2명이상	
				물건별 각지분일부	2명 이상	1	
				물건별 각지분일부	2명 이상	2명이상	
			물건별 소유자 상이	물건별 전부	1명	1	
				물건별 전부	1명	2명이상	
				물건별 일부	1명	1	
				물건별 일부	1명	2명이상	
				물건별 각지분전부	2명 이상	1	
				물건별 각지분전부	2명 이상	2명이상	
				물건별 각지분일부	2명 이상	1	
				물건별 각지분일부	2명 이상	2명이상	
	2개 동 이상	1개	1명	전부		1	
				전부		2명이상	
				일부		1	
				일부		2명이상	
			2명 이상	각 지분전부		1	
				각 지분전부		2명이상	
				각 지분일부		1	
				각 지분일부		2명이상	
		2개 이상	물건별 소유자 동일	물건별 전부	1명	1	
				물건별 전부	1명	2명이상	

			임대할 범위	임차인의 수	계약서 유형
			물건별 일부	1	
				2명이상	
		2명 이상	물건별 각지분전부	1	
				2명이상	
			물건별 각지분일부	1	
				2명이상	
	물건별 소유자 상이	1명	물건별 전부	1	
				2명이상	
			물건별 일부	1	
				2명이상	
		2명 이상	물건별 각지분전부	1	
				2명이상	
			물건별 각지분일부	1	
				2명이상	

2-2. 토지와 건물의 소유자가 상이한 경우

(1) 토지

토지의 수	소유자의 수		임대할 범위	임차인의 수	계약서 유형
1필지	1명		전부	1	
				2명 이상	
			일부	1	
				2명 이상	
	2명 이상		각 지분전부	1	
				2명 이상	
			각 지분일부	1	
				2명 이상	
2필지 이상	물건별 소유자 동일	1명	물건별 전부	1	
				2명 이상	
			물건별 일부	1	
				2명 이상	
		2명 이상	물건별 각 지분전부	1	
				2명 이상	
			물건별 각 지분일부	1	
				2명 이상	
	물건별 소유자 상이	1명	물건별 전부	1	
				2명 이상	

		물건별 일부	1	
			2명 이상	
	2명 이상	물건별 각지분전부	1	
			2명 이상	
		물건별 각지분일부	1	
			2명 이상	

(2) 건물

건물의 수	소유자의 수		임대할 범위	임차인의 수	계약서 유형
1개	1명		전부	1	
				2명이상	
			일부	1	
				2명이상	
	2명 이상		각 지분전부	1	
				2명이상	
			각 지분일부	1	
				2명이상	
2개 이상	물건별 소유자 동일	1명	물건별 전부	1	
				2명이상	
			물건별 일부	1	
				2명이상	
		2명 이상	물건별 각 지분전부	1	
				2명이상	
			물건별 각 지분일부	1	
				2명이상	
	물건별 소유자 상이	1명	물건별 전부	1	
				2명이상	
			물건별 일부	1	
				2명이상	
		2명 이상	물건별 각지분전부	1	
				2명이상	
			물건별 각지분일부	1	
				2명이상	

3. 토지 임대차계약서 작성법

토지의 수	소유자의 수		임대할 범위	임차인의 수	계약서 유형
1필지	1명		전부	1	
				2명 이상	
			일부	1	
				2명 이상	
	2명 이상		각 지분전부	1	
				2명 이상	
			각 지분일부	1	
				2명 이상	
2필지 이상	물건별 소유자 동일	1명	물건별 전부	1	
				2명 이상	
			물건별 일부	1	
				2명 이상	
		2명 이상	물건별 각 지분전부	1	
				2명 이상	
			물건별 각 지분일부	1	
				2명 이상	
	물건별 소유자 상이	1명	물건별 전부	1	
				2명 이상	
			물건별 일부	1	
				2명 이상	
		2명 이상	물건별 각지분전부	1	
				2명 이상	
			물건별 각지분일부	1	
				2명 이상	

4. 복합 부동산임대차계약서 작성법

- 집합건물, 일반건물, 토지의 일괄임대차
- 여러 부동산의 소유자가 동일한 경우
- 여러 부동산의 소유자가 상이한 경우

5. 분양권상태에서 임대차계약서 작성법

6. 입주권상태에서 임대차계약서 작성법

7. 권리금계약서 작성법

1. 임차목적물의 표시

ㅇ집합건물 – 대지권이 있는 경우

+–	1.[집합건물]	소재지번, 동·호수를 기재한다.
		구조, 건축물의 용도, 전용면적을 기재한다.
+–	대지권의 목적인 토지의 표시	지목, 단지면적을 기재한다.
	대지권의 표시	대지권의 종류, 대지권의 비율을 기재한다.
+–	제시 외 물건	제시외 건물이 있을 경우 기재한다.

ㅇ집합건물 – 대지권이 없는 경우(공유토지) –건물/토지 소유자 동일한 경우

(1) 건물의 표시

+–	1.[집합건물]	소재지번, 동·호수를 기재한다.
		구조, 건축물의 용도, 전용면적을 기재한다.
+–	제시 외 물건	

(2) 공유대지의 표시

+–	1.[토지]	소재지번, 지목, 단지면적을 기재한다.

ㅇ집합건물 – 대지권이 없는 경우(공유토지) – 건물/토지 소유자 상이한 경우

(1) 건물의 표시

+–	1.[집합건물]	소재지번, 동·호수를 기재한다.
		구조, 건축물의 용도, 전용면적을 기재한다.
+–	제시 외 물건	

임대인		임차인	
+–	성명 주민등록번호 주소 이전할 범위(지분)	+–	성명 주민등록번호 주소 취득할 범위(지분)

(2) 공유대지의 표시

+-	1.[토지]		소재지번, 지목, 단지면적을 기재한다.	
임대인			임차인	
+-	성명 주민등록번호 주소 임대할 범위(지분)		+-	성명 주민등록번호 주소 임차할 범위(지분)

∘ 일반건물 소유자 동일

+-	1.[토지]	소재지번, 지목, 면적을 기재한다.
+-	2.[건물]	위 지상의 건물, 구조, 건축물의 용도, 연면적을 기재한다.
+-	제시 외 물건	

∘ 일반건물 소유자 상이

+-	1.[토지]		소재지번, 지목, 면적	
임차보증금		금	원(₩ 원)	
임대인			임차인	
+-	성명 주민등록번호 주소 임대할지분(범위)		+-	성명 주민번호 주소 임차할지분(범위)

+-	1.[건물]		위 지상의 건물, 구조, 건축물의 용도, 각 층별 면적	
+-	제시 외 물건			
임차보증금		금	원(₩ 원)	
임대인			임차인	
+-	성명 주민등록번호 주소 임대할지분(범위)			

∘ 토지

(1) 단독소유인 경우

+-	1.[토지]	소재지번, 지목, 면적을 기재한다.

(2) 공동소유자 중 일부 임대인 경우

+−	1.[토지]	소재지번, 지목, 면적을 기재한다.
+−	임대할 범위(지분)	갑구, 등기번호, 소유자, 이전할 범위를 표시

2. 임차보증금의 표시

∘ 건물

(1) 물건이 1개/지분 임대차인 경우

총 임차보증금	금	원(₩	원)

(2) 물건이 2개 이상인 경우

총 임차보증금		금	원(₩	원)	
부동산의 표시		임차보증금			
+−	1. [건물]		금	원(₩	원)
+−	2. [건물]		금	원(₩	원)

∘ 토지

(1) 물건이 1개/지분인 경우

총 임차보증금	금	원(₩	원)

(2) 물건이 2개 이상인 경우

총 임차보증금		금	원(₩	원)	
부동산의 표시		임차보증금			
+−	1. [토지]		금	원(₩	원)
+−	2. [토지]		금	원(₩	원)

∘ 일반물건

(1) 일반물건이 1개/지분인 경우

총 임차보증금		금	원(₩	원)
□상세내역	1. 건물보증금 +−	금	원(₩	원)
	2. 토지보증금 +−	금	원(₩	원)
	기타 +−	금	원(₩	원)

(2) 일반건물 2개 이상인 경우

총 임차보증금		금	원(₩	원)	
부동산의 표시		임차보증금			
+-	1. [건물]	금	원(₩		원)
+-	2. [토지]	금	원(₩		원)

3. 임대인과 임차인의 표시

∘ 임대인

(1) 임대인 1인, 전부/일부 임대

임대인	성명		주민번호/법인등록번호	
	주소			
	□임대할 범위(지분)+-	갑구, 등기번호, 소유자, 임대할 범위를 표시		

(2) 임대인 2명 이상 지분 전부/일부 임대

+-	임대인1	성명		주민번호/법인등록번호	
		주소			
		□임대할 범위(지분)+-	갑구, 등기번호, 소유자, 임대할 범위를 표시		

∘ 임차인

(1) 임차인 1명 전부/일부 임차

임차인	성명		주민번호/법인등록번호	
	주소			
	□임차할 범위(지분) +-	임차인의 임차 지분을 표시		

(2) 임차인 2명 이상 공동 임차

+-	임차인1	성명		주민번호/법인등록번호	
		주소			
		□임차할 범위(지분) +-	임차인의 임차 지분을 표시		

4. 임대보증금과 지급시기

총 임대보증금	금	원(₩	원)		
□1차 계 약 금 +-	금	원(₩	원)은 20 .	계약 시 지급하고 영수함	(인)
□1차 중 도 금 +-	금	원(₩	원)은 20 .	에 지급하며	
= 1차 잔 금 +-	금	원(₩	원)은 20 .	에 지급한다.	

5. 월차임, 관리비와 지급시기

월차임	금	원을 매월 일에 지급한다.(선불, 후불)
관리비	금	원을 매월 일에 지급한다.

6. 임차목적물의 인도 시기

□매매목적물 명도/점유이전시기	20 년 월 시까지

본 계약의 당사자는 계약의 내용에 대하여 이의 없음을 확인하고, 이를 증명하기 위하여 각각 서명 날인 한 후 임대인, 임차인, 개업공인중개사가 각 1통씩을 보관하기로 하며, 임대계약자의 계약체결권한 서류는 임차인의 계약서에 첨부하여 교부한다.

20 년 월 일

7. 계약당사자의 표시

<table>
<tr><td>+- 위 임대인</td><td>서명 날인</td></tr>
<tr><td>위 임대인의 대리인</td><td>서명 날인</td></tr>
<tr><td>+- 위 임차인</td><td>서명 날인</td></tr>
<tr><td>위 임차인의 대리인</td><td>서명 날인</td></tr>
</table>

8. 개업공인중개사의 표시(+-)

사무소 명칭		등록번호	
대표자 성명	서명 및 날인	전화번호	
사무소 소재지			
소속공인중개사			서명 및 날인

사무소 명칭		등록번호	
대표자 성명	서명 및 날인	전화번호	
사무소 소재지			
소속공인중개사			서명 및 날인

[IV] 실전 계약서작성사례

아파트전세계약서

임대인과 임차인은 아래 목적물에 대하여 다음과 같이 전세계약을 체결한다.

제1조 [임대인과 임차인의 표시]

임대인	성명	
	주민등록번호	
	주소	
	연락처	
임차인	성명	
	주민등록번호	
	주소	
	연락처	

① 임대인이 임차기간 중 임차목적물을 매도, 담보제공, 추가담보설정 등을 하는 때에는 미리 임차인에게 통지하여야 한다.

② 전항의 통지를 받은 임차인은 전세보증금반환받지 못할 위험이 있는 때에는 임대차계약을 해지할 수 있다.

③ 임차인이 법률적, 경제적 사유로 인하여 임대차계약의 이행을 할 수 없는 경우에는 임차인은 임대인에게 임차인의 변경 또는 계약인수(경개계약을 포함한다)에 대한 동의를 요구할 수 있고, 임대인의 임대비용이 증가하지 않거나 그 증가하는 임대비용을 임차인이 지불하기로 한 때에는 임대인은 임차인의 변경 또는 계약인수계약을 승낙한 것으로 하고 임대인은 이에 적극 협조하여야 한다.

④ 임차인의 계약상 지위를 승계하는 자가 임대차계약을 이행, 유지할 수 없는 때에는 전항에도 불구하고 임대인은 거절할 수 있다.

제2조 [임차목적물의 표시]

소 재 지	서울특별시 서초구 반포동
건물의 표시	
대지권의 표시	
임차할 부분	위 부동산 전부

① 임차목적물의 범위는 원칙적으로 계약서에 표시된 건물과 그 부수 토지·종물·부합물을 전부 포함한다. 다만 당사자의 약정으로 제외하기로 한 것은 그러하지 아니하다.

② 본 계약에서 임차면적은 공부상의 면적으로 한다. 따라서 임차면적의 과부족은 별도의 약정이 없는 한 본 계약의 성립과 효력에 영향을 미치지 아니한다.

③ 임차인이 임차면적이 일정면적 이상일 것을 요하는 때에는 반드시 임대인에게 고지하여야 하며, 고지하지 아니한 때에는 면적부족을 이유로 본 계약을 해제할 수 없다.

제3조 [전세보증금과 지급 시기]

① 전세보증금과 임차기간은 다음과 같다.

보 증 금	금육십억원(₩6,000,000,000원)
임차기간	2022년 월 일 시경 ~ 2024년 월 일 시경

② 임차보증금 등 지급 시기는 다음과 같다.

계약금	금오억원(₩500,000,000원) 계약 시에 지급한다.
잔 금	금오십오억원(₩5,500,000,000원) 2023. . . 지급한다.

③ 잔금은 계약일로부터 당사자의 합의로 계약체결일로부터 1년 후로 정한 날에 지급하기로 한다. 다만 임차인은 잔금을 지급하기 전까지는 미지급 전세보증금에 대한 이자로 월 30,000,000원으로 하여 12개월분에 해당하는 금360,000,000원을 계약시에 일시금으로 지급한다.

④ 잔금지급시기는 당사자의 합의로 잔금일 전으로 조정할 할 있으며, 잔금일이 조정되는 때에는 미지급전세보증금의 이자는 일할로 계산하여 정산하기로 한다.

④ 각 당사자는 전세보증금 중 잔금이 지급되기 전에는 임대차계약을 해지할 수 없다. 따라서 임차인의 책임있는 사유로 해지한 때에는 임대인에게 제3항에서 선급한 이자의 정산을 요구할 수 없다.

제4조 [임차목적물의 인도시기 및 명도의무]

① 임대인은 임차목적물을 잔금을 지급하기 전이라도 2022년   월   일   시경까지 임차인의 사용·수익을 제한 또는 방해하는 모든 권리를 제거한 후 인도하여야 하기로 한다,

② 임차인은 잔금을 전부 지급하기 전까지는 임대인의 점유보조자의 지위로 점유하기로 하며, 본 조항의 의미에 대하여는 임차인이 자세히 설명받고 이해하였으므로 본 조항에 대해서 이의를 제기하지 않기로 한다.

③ 임차인이 잔금을 전부 지급한 때에는 그 즉시 임차인의 지위로 점유한다.

제5조 [임차인의 공과금 등 지급의무]

① 임차목적물에 대한 관리비는 별도의 약정이 없는 한 관리사무소에서 부과 징수하는 금액을 임차인이 지급한다.

② 임차인이 임차목적물을 사용함에 따라 부과되는 공과금 등은 임차인이 계좌이체를 통하여 지급하여야 한다.

③ 특별수선충당금에 대해서는 당사자 사이에 별도의 합의가 없는 때에는 [□임대인, □임차인]이 부담하며, 임차인이 부담하기로 한 때에는 임대인은 임대차 종료 시 임차인에게 반환하어야 한다.

제6조 [임차목적물에 설정된 저당권 등의 처리에 대한 합의]

① 전조에도 불구하고 임차목적물에 설정되어 있는 저당권 등 채권은 현 상태를 유지한 채로 임대차한다.

② 전항에도 불구하고 임차인이 전세보증금중 잔금을 전부 지급한 때에는 임대인은 지급받은 보증금 전부로 임차목적물에 설정된 저당권 등 채권을 변제하기로 하며, 저당권 등은 변제하고 남은 피담보채권의 범위내에서 말소 또는 변경등기를 하기로 한다.

제7조 [계약의 효력 발생시기]

① 본 계약은 당사자의 서명 날인에도 불구하고 계약금 전액 및 전세보증금중 잔금에 대한 이자 전부가 지급된 때로부터 그 효력이 발생한다.

② 임차인이 점유를 이전받은 이후에는 임차인은 교부한 계약금을 포기하거나 임대인은 교부받은 계약금의 배액을 상환하고 본 계약을 해제할 수 없다.

제8조 [계약의 이행]

① 각 당사자는 이행기일에 계약의 내용에 부합하는 현실적 이행을 하여야 한다. 다만 이행기일 전의 합의로 이행기일을 연기할 수 있으며 합의는 문서로 하여야 한다.

② 본 계약에서 정하는 교부·명도 또는 인도 시기는 특별한 사정이 없는 한 오전(11시)로 하며, 지급할 의무가 있는 대금의 지급기한은 특별한 사정이 없는 한 (오후 4시)까지로 한다,

③ 본 계약과 관련된 이행의 장소는 계약서를 작성한 개업공인중개사의 사무소로 한다. 다만 다른 장소에서의 이행에 대하여 상대방이 즉시 이의를 제기하지 않은 때에는 이행으로서의 효력이 있다.

④ 각 당사자의 수령지체, 상대방에 대한 이행거절의 의사표시, 약정시점의 연락두절은 채무불이행의 명백한 의사가 있는 것으로 간주하여 채무불이행 또는 위약금에 관한 규정을 준용한다.

제9조 [계약의 해제사유]

① 임차인은 계약을 체결하는 과정에서 상대방에게 고지한 부동산 임차의 목적을 달성할 수 없는 때에는 원상회복하고 계약을 해제할 수 있다.

② 임차목적물에 대한 중요한 권리관계 또는 물건의 현황이 당사자의 책임 없는 사유로 임차목적물의 인도시에 현저하게 변경된 경우에는 각 당사자는 원상회복하고 계약을 해제할 수 있다.

③ 당사자 일방이 본 계약 중 중요한 사항에 대하여 이행지체가 있는 경우에는 별도의 약정이 없는 한 상대방은 상당한 기간을 정하여 구두 또는 문서로 이행을 최고하고, 상대방이 그 기한 안에 이행을 하지 아니한 경우에는 해제의 의사표시 없이 기한의 만료로 본 계약은 즉시 해제된 것으로 한다.

제10조 [계약의 해제와 손해배상책임]

① 계약의 해제는 손해배상의 청구에 영향을 미치지 아니하며 계약이 해제된 경우 별도의 약정이 없는 한 채무불이행으로 인한 손해배상의 규정을 준용하기로 한다.

② 전항에 의하여 계약이 해제된 때에는 그 책임이 있는 자는 상대방에 대하여 손해를 배상하여야 하며, 이 때 손해배상액은 임차보증금의 (20)%로 한다. 다만 당사자 일방의 고의나 과실 없이 계약을 이행할 수 없게 된 때에는 그러하지 아니하다.

제11조 [지연손해배상 및 위약금 약정]

① 당사자 일방이 본 계약 중 계약의 해제사유에 해당되지 않는 사항에 대하여 위약이 있는 때에는 상대방은 상당한 기한을 정하여 이행을 최고하고 그 기한 내에 이행을 하지 아니한 때에는 위약자는 상대방에 대하여 위약금을 지급하여야 한다.

② 본 계약과 관련하여 금전지급의무에 대하여는 지급일 이후에는 연12%의 이자를 더하여 지급하여야 한다.

③ 본 계약상 의무 있는 자가 의무를 이행하지 아니한 때에는 의무발생일 부터 의무 이행일까지 1일에 금 100만원의 이행강제금을 지급하기로 한다. 다만 대체집행이 가능한 의무불이행에 대하여는 상대방의 대체집행비용의 2배에 해당하는 금액을 손해배상액으로 지급하여야 한다.

제12조 [임대인의 사용·수익하게 할 의무]

① 임대인은 계약 존속 중 임차인이 임차목적물을 사용·수익하는데 필요한 상태를 유지 할 적극적인 의무를 진다.

② 임대인의 수선의무는 전항에도 불구하고 소모품의 교체, 임차인이 관리·유지해야 할 의무가 있는 것, 그리고 별 비용을 들이지 않고 손쉽게 고칠 수 있는 사소한 것으로 임차인의 사용·수익을 방해할 정도의 것이 아니면 면제한다.

③ 임차인은 임대인의 보존에 필요한 행위 또는 수선에 적극적으로 협조하여야 한다. 임차인이 협조를 거부하는 때에는 임대인의 수선의무는 면제된다.

④ 임대인은 수선의무 위반으로 인한 임차인의 손해를 배상하여야 한다. 다만 임대인의 손해배상의 대상과 범위는 수선의무위반으로 인하여 발생한 직접적인 피해에 한한다.

제13조 임차목적물의 수선 관리의무

① 임차목적물의 현황은 계약일 현재 수리가 완료된 상태이므로 시설물 부합물의 수선·유지·관리의무는 임차인이 전적으로 부담하기로 한다. 따라서 임대차기간 동안의 유지관리비는 전적으로 임차인이 부담하기로 한다.

② 임차기간 동안의 장기수선충당금은 [□임대인, □임차인]이 부담하기로 한다.

③ 부동산의 하자에 대하여는 임대인이 수선·유지의무를 부담한다. 하자로 인하여 임차인이 사용수익할 수 없는 때에는 임대차계약을 해지할 수 있고, 이때 임대인은 임차인의 포장이사비용 및 중개보수에 해당하는 금액을 손해배상금으로 지급한다.

제14조 [임차보증금 반환의무]

① 임차보증금은 차임의 미지급, 임차목적물의 멸실 등 임대차관계 존속 중에 발생한 임차인의 모든 채무뿐만 아니라 임대차관계의 종료 후에 발생하게 되는 임차인의 모든 채무를 담보하므로 임대차가 종료 시에 임차인의 채무를 청산하고 남은 보증금의 반환의무와 임차인의 건물 명도의무는 동시이행의 관계에 있다.

② 임대인은 임대차관계가 종료하면 임차보증금을 임차목적물의 반환(당사자 사이에 별도의 합의가 없는 한 폐업신고, 사업자등록말소 또는 이전을 포함한다) 받음과 동시에 임차인에게 반환하여야 한다. 다만 임차인에게 반환하지 못할 정당한 사유(임차인의 연락두절, 행방불명, 사망 등 소재가 불명한 때)가 있는 때에는 사실상 임차목적물을 점유사용하고 있는 자에게 임차보증금을 반환한 때 임차인에 대한 보증금 반환의무는 소멸한다.

③ 임대차계약이 종료한 때 임대인의 책임 없는 사유(임차인의 채권자에 의한 채권보전조치, 채권양도, 질권 등 담보설정, 임대차계약서 원본 미 반환, 원상회복 불이행 등)로 임차인에게 임차보증금을 반환할 수 없는 때에는 임차보증금을 공탁(위탁보관)한 때 반환한 것으로 하며 이에 대하여 임차인은 동시이행항변권을 주장할 수 없으며 즉시 임차목적물을 원상회복 후 반환하여야 한다.

④ 임대차계약이 종료하였음에도 불구하고 임대인이 정당한 이유 없이 임차보증금을 반환하지 아니한 때에는 반환하여야 할 날부터 월 (2)%의 지연이자를 지급하여야 한다. 다만 임차인이 임차목적물을 계속 사용·수익하는 때에는 사용이익을 공제하고 지급하여야 한다.

⑤ 임차보증금을 지급받을 자를 별도로 정한 때에는 그 자에게 임차보증금을 반환하여야 하며, 임차보증금을 반환한 때 임차목적물도 반환받은 것으로 한다.

제14조의 2[임차보증금반환을 위한 임차인의 협조의무]

① 임대인이 임차인의 임차보증금을 반환하기 위하여 임차목적물을 매도하거나 새로운 임대차계약을 체결하고자 하는 때에는 임차인은 적극적으로 협조하여야 한다.

② 임차인이 전항의 협조의무를 이행하지 않는 때에는 임대인의 임차보증금 반환지체에 대하여 임차인은 손해배상을 청구할 수 없다.

제15조 [임대인의 고지의무]

① 임대인은 자신의 임대차계약체결권한 및 임차인의 임차의사에 영향을 미칠 수 있는 중요한 사항이 있는 때에는 임대차계약을 체결하기 전에 임차인에게 고지하여야 한다.

② 임대인은 임차목적물에 존재하는 임차인의 부담이 되는 등기부상 권리뿐만 아니라 미공시 권리관계(임대차관계, 유치권, 점유관계 등)에 대하여 정확하게 고지하여야 한다.

③ 임대인이 고지의무를 위반한 때에는 임차인은 임대차계약을 해제 또는 해지할 수 있다. 이로 인하여 임차인에게 발생한 손해 전부에 대해서는 임대인이 배상하여야 한다.

④ 임대인이 고지 또는 제공한 내용이 허위 또는 임대인의 위계로 인하여 본 계약에 체결되지 못하거나 임차인이 영업을 할 수 없거나 현저하게 영업비용이 추가되는 때에는 임차인은 본 계약을 해제 해지할 수 있으며, 이로 인하여 발생한 임차인의 손해 전부를 임대인은 배상하여야 한다. 다만 상대방이 알았거나 조금만 주의하면 알 수 있었을 때에는 그러하지 아니하다.

제16조 [임대인의 긴급사용·수익 제한 조치]

임대인은 다음의 사유가 발생한 때에는 임차인의 사용·수익을 제한하는 조치를 취할 수 있다.

1. 임차인이 임차건물의 다른 임차인들의 권리를 현저하게 침해하는 행위가 있는 때
2. 임차인의 공과금 등 미납으로 인하여 임차건물의 다른 임차인들이 사용·수익을 제한하는 조치를 임대인에게 요구하는 때
3. 임대인의 동의 없이 제3자가 불법으로 점유를 이전받아 사용하는 때,
4. 임차인의 연락이 (2)개월 이상 두절된 때

    임차인은 위의 임대인의 긴급사용·수익 제한 조치에 대하여 어떠한 이의도 제기하지 않을 것을 서약하며, 임대인의 사용·수익제한 조치를 손괴하거나 효용을 상실하게 한 때에는 그에 따른 형사상의 책임을 지도록 하겠습니다. (임차인   서명 날인)

제17조[임차인의 전입신고]

① 임차인은 원칙적으로 잔금을 지급한 후 계약서상의 주소로 전입신고를 하여야 한다. 다만 임대인의 명시적인 반대의사가 없으면 잔금지급일 전이라도 전입신고를 할 수 있다.
② 임대차계약을 체결한 자와 점유할 자(계약자의 가족 등)가 다른 때에는 점유자가 전입신고를 할 수 있다.
③ 임차인이 계약서상 주소로 전입신고가 불가능한 경우에는 임대인은 주택임대차보호법에 따라서 대항력이 인정되는 주소로 전입신고를 하도록 협조하여야 한다.

제18조 [임차인의 선량한 관리자의 주의의무]

① 임차인은 임차목적물을 임대인에게 반환할 때 까지 선량한 관리자의 주의를 가지고 보관 관리하여야 한다. 이를 위반한 때에는 임차인의 비용으로 원상회복하여야 하며, 이로 인하여 발생하는 이행강제금 등 부담금은 임차인이 부담하기로 한다.
② 임차인은 계약 또는 목적물의 성질에 의하여 정하여진 용법으로 사용·수익하여야 하며, 이에 위반하여 사용·수익한 때에는 즉시 계약을 해지할 수 있다.
③ 임차인은 임대인의 서면에 의한 동의 없이 임차한 부동산의 구조나 용도를 변경하거나 계약에서 정한용도 이외의 용도로 사용하지 못한다. 다만 에어컨 등 주거생활에 필요한 시설물의 설치를 위한 경우에는 임대인이 동의를 한 것으로 한다.
④ 임차인은 임차목적물에 하자가 발견되거나 수리를 요하거나 권리를 주장하는 자가 있는 때에는 지체 없이 임대인에게 통지하여야 한다. 다만 임대인이 알고 있는 때에는 그러하지 아니하다.
⑤ 전항의 통지를 하지 아니한 임차인은 그로 인한 손해를 임대인에게 청구할 수 없다.

제19조 임차인의 화재배상책임보험 가입의무

① 임차인은 임차목적물에 대하여 입주 후 (1)개월 이내에 화재배상책임보험에 가입을 하여야 한다. 임차인이 가입하지 아니한 경우에는 임대인은 임대차계약을 해지할 수 있다.
② 전항에 의하여 임대차계약이 해지된 때에는 임차인은 선지급한 전세보증금 중 잔금의 대체 이자에 대한 정산을 요구하지 못한다.

제20조 [임차인의 금지행위]

① 임차인은 임대인의 서면에 의한 동의 없이는 제3자에게 임차권을 양도하거나 전대(사용대차를 포함한다)를 하지 못한다.

② 임차인은 임대인의 사전의 동의 없이는 임차보증금을 담보로 제공하거나 질권을 설정하지 못하며, 이를 위반한 담보권자 또는 질권자는 지체 없이 그 사실을 임대인에게 통지하지 않으면 임대인에게 대항할 수 없다.

③ 임차인은 임대인의 사전의 동의 없이 점유를 제3자에게 이전하지 못한다. 점유를 제3자에게 이전한 때에는 임차인의 점유권은 즉시 상실되어 임대인에게 점유를 이전한 것으로 간주하여 임대인이 즉시 불법점유자로부터 점유를 회수 또는 탈환할 수 있다.

④ 전항의 경우에 임차목적물 내에 방치되어 있는 물건은 소유자여부를 불문하고 그 소유권을 포기한 것으로 하여 점유회복자가 임의로 처분할 수 있다.

⑤ 임차인은 임대인의 명시적인 승낙없이는 이웃 주민에게 피해를 야기시키는 애완동물과 반려동물을 실내에서 키울 수 없다. 다만 맹인안내견에 대해서는 그러하지 아니하다.

제21조 [임차목적물의 반환의무]

① 임대차가 종료한 때 임차인은 부속시킨 물건을 철거하여 원상으로 회복하여 반환하여야 한다. 다만 임대인의 동의를 얻어 설치한 시설물에 대해서는 그 소유권을 포기 또는 임대인에게 무상으로 증여한 때에는 임차인의 시설물의 설치를 위한 건물의 훼손에 대하여는 원상회복의무를 면제하기로 한다.

② 임차인이 임대인의 동의를 얻은 경우와 통상적인 사용에 따라 훼손·멸실·변경·노후화되거나 소모품에 대해서는 원상회복 책임을 지지 않는다.

③ 임대차가 종료한 후 임차목적물 내에 방치되고 있는 물건은 소유자를 불문하고 그 소유권을 포기한 것으로 하여 임대인이 임의로 처분할 수 있다. 다만 사용가치가 남아 있는 물건은 임대인이 통상적인 방법으로 보관하며, 보관기간이 3개월이 경과하도록 반환요청이 없는 때에는 임대인의 보관의무는 소멸되어 임의로 처분할 수 있다.

제21조의 2 [명도불이행에 대한 손해배상]

① 임대차계약이 종료된 때 임차인이 정당한 이유 없이 임차목적물을 반환하지 아니한 때에는 임대차기간만료일 부터 반환받은 날까지 임차보증금에 월(5)부의 징벌적 지연이자율을 곱하여 산정한 이행강제금을 지급하여야 한다.

② 전항의 이행강제금은 임대인이 반환하여야할 임차보증금에서 우선 공제할 수 있다.

제22조 [임대인의 승낙을 받을 의무]

① 임차인은 임대인에게 상당한 부담이 되는 필요비 또는 유익비를 지출할 필요성이 있는 때에는 그 사실을 즉시 임대인에게 통지하고 서면에 의한 동의를 받아야 한다. 다만 천재지변 등 급박한 사유가 있는 때는 사후 지체 없이 통지를 하여야 한다.

② 전항의 통지 및 동의를 위반하여 지출한 비용에 대해서는 임대인에게 비용의 반환을 청구할 수 없다. 다만 천재지변 등 급박한 사유가 있는 때에는 그러하지 아니하다.

제23조 [임대차계약의 해지]

① 각 당사자는 본 계약에서 정한 사유, 민법 및 임차목적물과 관련된 법률에서 규정하고 있는 사유가 발생한 때 또는 당사자의 합의로 계약을 해지할 수 있다.

② 각 당사자는 본 계약에서 정한 사유의 발생 또는 임대차계약을 존속하기 어려운 정당한 사유가 발생한 때에는 상호 계약을 해지할 수 있다. 해지의 효력은 해지 통고를 받은 날부터 (2)개월이 경과하면 임대차는 종료된다.

③ 본 계약에서 정함에 따라 임차보증금을 지급받을 자에게 임차보증금을 반환한 때, 사실상 점유자에게 임차보증금을 반환한 때, 임차보증금에 채권가압류, 질권이 설정된 때에는 임대차기간이 만료됨과 동시에 임대차계약은 해지되며 임차인은 임차목적물을 즉시 임대인에게 원상회복하여 반환하여야 한다.

제23조의 1[임대차계약의 해지사유]

① 임차인은 다음 각 호의 사유가 발생한 때에는 임대차계약을 해지통고를 할 수 있으며, 상대방에 대하여 해지 통고 후 1개월이 경과하면 계약 해지의 효력이 발생한다.

1. 휴학 등으로 학업을 계속할 수 없는 경우
2. 직장의 근무지 변동 및 군 입대를 하는 경우
3. 1년 이상의 치료를 요하는 질병이 발생한 경우
4. 사용자가 1년 이상의 해외 출국 또는 이민

② 임대인은 다음 각호의 사유가 발생한 때에는 임대차계약을 해지할 수 있으며, 상대방에 대하여 해지 통고 후 1개월이 경과하면 계약 해지의 효력이 발생한다.

1. 건축물이 멸실, 도괴, 소실, 노후 등으로 안전사고의 우려가 있어 대규모 수선 또는 재건축이 필요한 경우
2. 임차인이 공동생활을 할 수 없을 정도의 공동생활규칙을 위반한 경우로 계약체결 당시 고지한 경우

③ 임대인이 다음 각 호에 해당하는 사유에 대해서 임대차계약 체결 당시 고지한 경우에는 임대차계약을 해지할 수 있으며, 해지 통고일로부터 1개월이 경과하면 계약 해지의 효력이 발생한다.

1. 철거 또는 재건축을 고지한 경우

> 1. 철거예정일 또는 재건축 착공일:
> 2. 공사예정기간:
> 3. 임차인보상에 관한 내용:

2. 매도예정을 고지한 경우

> 1. 매도예정 사유:
> 2. 매도예정 일:
> 3. 임차인보상에 관한 내용:
> 4. 임차인의 대항력 주장 시 협조의무
>   임차인이 대항력을 주장할 경우 매수인의 주택담보대출 신청에 대하여 임차인의 임차보증금의 반환을 해하지 않는 한 일시 주민등록 퇴거 등에 적극 협조하겠습니다.
>   임차인   서명

3. 다른 법령에 따라 수용, 철거 또는 재건축이 이루어지는 경우

제24조 [임대차계약의 해지와 명도간주]

① 임차인이 정당한 이유 없이 2개월 이상 사용·수익하지 않으면서, 공과금 등을 체납하고 있는 때에는 임차목적물의 사용·수익을 포기하고 임대인에게 임차목적물을 반환한 것으로 간주한다. 이 때 임대인은 임차인의 채무를 공제하고 남은 임차보증금이 있는 때에는 즉시 반환하여야 한다.

② 임차인이 정당한 이유 없이 임차목적물을 사용·수익하지 않으면서 연락이 2개월 이상 두절된 때에는 전항의 규정을 준용한다.

③ 본 조항에 의하여 임대차계약이 해지 되어 임차목적물이 임대인에게 반환된 때에는 임대인에게 전적으로 임차목적물의 관리권한이 있다.

④ 임대차계약이 해지되어 명도된 때에는 원상회복에 관한 규정을 준용한다.

제25조 [공동관리 전환]

① 임차목적물의 보존·유지·관리에 현저한 위험(파손, 점유권 침탈, 임차보증금 전부의 소멸, 차임지급능력의 상실, 임차인의 부도 등)이 발생한 때, 임대인에게 회복할 수 없는 물건의 위험, 임대인이 소유권 또는 점유권을 회복하기 위하여 상당한 비용이 예상되는 때에는 임대인은 임차인에게 임차목적물을 공동관리를 요청할 수 있으며 임대인의 공동관리 요청이 있는 때 공동관리로 전환되는 것으로 한다.

② 임차목적물의 공동관리는 임차인의 주거의 평온, 영업행위를 방해하지 않는 한도에서 실시하여야 하며 임차목적물에 대한 영업시간 외의 입·출입 통제에 한한다.

③ 공동관리로 인한 임차인 소유물건의 보관·관리는 임차인의 책임으로 하며, 물건의 분실·도난 등에 대해서는 공동관리자에게 그 책임을 묻지 않기로 한다.

제26조 [의사표시]

① 본 계약과 관련한 의사표시는 구두 또는 서면으로 할 수 있으며, 본 계약서상의 전화번호와 주소로 전자적 표시방법으로 할 수 있으며, 상대방에 대한 의사표시는 전자적 표시방법에 의하여 발송한 때 도달한 것으로 본다. 전자적 표시방법이란 문자·카카오톡·이메일 등 상호 이용 가능한 것을 말한다.

② 당사자 일방이 상대방에 한 의사표시는 전항의 방법에 의하여 상대방에게 발송한 때 종국적으로 효력이 발생한다. 다만 상대방이 그 의사표시가 철회 또는 취소될 가능성이 있음을 알았거나 알 수 있었을 때에는 의사표시를 한 자에 대하여 확정적 의사표시임을 확인한 후가 아니면 효력이 발생하지 않는다.

제27조 [준용규정]

본 계약을 체결함에 있어서 당사자 간에 별도의 합의가 없는 사항에 대해서는 민법, 민사특별법, 민사관습법 기타 매매목적물과 관련된 법률의 규정을 준용하고, 판례 및 부동산 거래관행에 따른다.

제28조 [관할의 합의]

본 계약으로 인하여 당사자 간의 분쟁이 발생한 때 소송의 관할은 부동산소재지 관할을 합의관할로 한다.

제29조 [당사자에 관한 확인사항]

① 계약의 당사자는 거래조건의 합의 당시 또는 본 계약서 작성 당시 계약체결권한을 증명하는 서류에 대하여 상호 확인하여 이상 없음을 확인한 후 본 계약을 체결한 것이다.

② 계약의 당사자는 상호 의사능력 또는 인지능력에 아무런 장애가 없음을 상호 고지한 후 본 계약을 체결한 것이다.

③ 계약의 당사자는 상호 법률행위능력에 아무런 하자가 없으며, 법률행위를 함에 있어서 제3자의 동의, 승낙, 허가를 받을 필요가 없음을 상호 고지한 후 본 계약을 체결한 것이다.

(임대인   서명 날인   ,임차인   서명, 날인)

제30조 [개업공인중개사의 확인·설명의무 이행 확인]

① 임차인은 본 계약을 체결함에 있어서 임차목적물에 대한 모든 공적장부에 의한 소유자, 계약체결권한을 증명하는 서류, 공시 미공시 권리관계, 목적물의 현황 및 상태, 주변 환경, 세무분석, 점유자 및 임차인의 현황에 대해서 개업공인중개사로부터 확인 설명을 받은 후, 임차인이 직접 방문하여 확인 및 조사를 한 바 이상 없음을 확인한 후 본 계약을 체결하였음을 확인합니다.

(임차인   서명날인)

② 임대인은 임차인의 임차의사 결정에 중대한 영향을 미칠 수 있는 사실의 존재여부에 대해서 임차인에게 고지하였으며, 임차인은 이를 인지한 후 본 계약을 체결하였음을 확인합니다.

(임차인   서명 날인)

③ 개업공인중개사는 본 계약과 관련하여 당사자가 합의한 사실에 의거 작성한 계약서, 중개대상물 확인 설명서 및 근거자료, 공제증서, 계약체결권한 입증 서류를 20   년   월   일 각 당사자에게 교부하였습니다.

(임대인   서명 날인,   임차인   서명 날인)

제31조 [개별 약정]

※ 본 특약사항은 본 계약서상의 약정에도 불구하고 최우선적으로 적용하기로 하며 다음과 같이 정한다.

계약의 당사자는 위 내용에 대해서 그 의미를 알고 상호 협의하여 정한 것으로 본 계약에 대해서는 상호 이의를 제기하지 않기로 하며, 계약서 2통을 작성하여 각 1통씩 보관하기로 한다.

20   년   월   일

위 임대인   서명 날인
위 임차인   서명 날인

◦ 공인중개사의 표시

사무소 명칭		등록번호	
대표자 성명	서명 및 날인	전화번호	
사무소 소재지			

※ 입주 시 반드시 임차인에게 다음 사항을 확인하도록 하세요.
1. 임차인이 입주시 임차목적물의 현황을 직접 확인한바 계약시점의 상태와 동일하며, 물건의 하자 등 이상 없음을 확인하였습니다.
임차인   서명 날인
2. 임차인은 입주전에 권리관계의 변동여부를 확인한바 계약시점과 동일한 상태이며, 권리의 하자가 없음을 확인하였습니다.
임차인   서명 날인
3. 임차인은 입주하기 전에 본 계약에서 정한 권리 또는 등기의 설정 또는 말소신청서류를 직접 확인한바 이상 없음을 확인하였습니다.
임차인   서명 날인

저자 권동한

저자 약력

한양대 법학 전공자의 법리적 기초 위에 세워진 중개실무를 만나다.
법학 전공에서 부동산 기업 그리고 현장 실무까지...전문가만의 입체적 실전 노하우를 전해드립니다.

교재내용 요약

주거용부동산의 3대 핵심, 물건(고객) 계약금 중개보수에 집중하자
    주거용부동산 실전고객응대 방법
    주거용부동산 현장안내와 계약클로징
    주거용부동산 계약서작성과 잔금
    주거용부동산 특약 작성방법
    주거용부동산 거래신고

머리글

실무에 올인하다!
실무 스킬만 꽉 채운 All in One 강의

실무는 다릅니다.
합격 후의 넥스트레벨, "진짜 현장"의 실전 노하우를 소개합니다.

"계약 잘 하는 법 좀 알려주세요"
부동산 중개실무의 핵심, 계약하는 법을 알려준다.

"매물 확보는? 고객 끄는 법은?" 매물이 생명이다. 매물을 확보하는 방법을 알려준다.

"제일 중요한 거 하나만 알려줘요!"
수익과 직접 연결되는 고객들의 니즈를 판단하는 법을 알려준다.

부동산 중개업자가 법률과 세무, 그리고 대출을 알아야 하는 이유를 알려드립니다.

완벽한 계약행위와 중개사고 예방 및 대처, 미리 설명하는 세무상식, 각종 부동산대책에 따른 대출상식까지 부동산 컨설팅을
제안합니다.

-주택별 임대차부터 매매까지
-부동산 중개의 실전 노하우, 현장의 소리를 말하다
-계약성사를 위한 긴박한 순간 대응법 사례별 살펴보기
-실무에서 늘 사용하는 사이트 미리 보기

Part

03

주거용부동산 중개실무

제 1 강 부동산 창업과 계약실무 전반에 대한 소개

제 2 강 부동산 중개사무소 개설

제 3 강 주거용부동산 중개 기초

제 4 강 주거용부동산 중개 절차

제 5 강 주거용부동산 물건 계약하기

제 6 강 주거용부동산 계약 마무리단계와 중개보수

제 7 강 주거용부동산 중개실무를 위한 기초지식 (보너스)

제 **1** 강   부동산 창업과 계약실무 전반에 대한 소개

1 부동산 전문가의 첫 발걸음, 부동산머니법칙

제1법칙 "부동산은 부동산으로 산다"
제2법칙 "부동산을 사기(Buying) 위해서 부동산을 파는(Selling) 것이다"
제3법칙 "부동산은 사는 것(Living)이 아니라 부동산을 사는 것(Buying)이다"
제4법칙 "부동산은 소득으로 사는 것이 아니라 은행·금융으로 사는 것이다"

2 부동산 안목 지수 향상

 - 직접적으로 부동산 안목을 높이는 방법은 자기주도적인 부동산 학습을 통해 임대수익
이나 시세차익실현을 이루는 것이다.
 - 간접적으로 부동산 안목을 높이는 방법은 부동산 전문자격증인 공인중개사 자격을 취
득한 후 부동산 중개업을 통해 시장흐름을 분석하고 고객을 이롭게 하고 기본소득을
얻을 수 있다. 시장진입 타이밍과 가격에 대해 지역전문가로서 유리하게 접근가능하다.

2-1. 직접적으로 부동산 안목을 높이는 방안

 (1) 임대수익형 부동산

　　1) 원룸(다중주택) 부지매입 및 건축 후 임대
　　2) 단독·다가구주택 매입 및 리모델링(대수선) 후 임대
　　3) 오피스텔(주거용) 매입 및 임대
　　4) 상가 또는 고시원 매입 및 임대

 (2) 시세차익형 부동산

　　1) 꼬마빌딩 매입 및 리모델링(대수선), 임차완료 후 매도
　　2) 재개발 빌라·단독·다가구 매입, 조합원 아파트 만들기
　　3) 재건축 아파트 매입, 조합원 아파트 만들기
　　4) 경매를 통한 부동산 매입 후 매도

 (3) 임대수익형과 시세차익형을 별개로 분리해서 생각하라

　　착각에 빠지기 쉬운 함정,
　　임대수익과 시세차익을 모두 실현하고 싶다
　　그러나 두 마리 토끼를 모두 잡는 부동산은 드물다!!!

　　임대수익형은 상대적으로 시세차익이 적고, 매도가격이 높아 매도기간이 오래 걸린다.

시세차익형은 상대적으로 임대수익이 적지만, 매도는 매매가에 비해 상대적으로 빠른 편이다.

Case 영등포구 다중주택(다가구주택) 신축, 임대 후 매각, 임대수익형
"임대수익형을 임대수익외 시세차익형까지 기대한 사례"
2016년 12월 부지매입(대지40평, 사도6평 포함), 토지매입비 5억원
2017년 08월 준공, 건축비 6억원, 제반비용 3,000만원
2022년 10월, 매각금액 13억7,000만원
시세차익 2억4,000만원, 5년간 임대수입(대출이자 제외),
연1500만원 X 5년=7,500만원, 양도소득세 6,800만원,
실제 시세차액 1억7,000만원, 수익률 6~8%이상,

그러나 매각하는데 3년이상 걸렸으며, 대출규제와 다주택자규제 정부정책으로 인해 어려움이 있었으나 윤석열정부의 등장으로 양도세중과를 피할 수 있었고 그 만큼 가격할인을 해서 매매가 성사되었습니다.

Case 영등포구 오피스텔 분양, 임대 후 매각, 임대수익형
2016년 10월 주거용 오피스텔 2개호실 분양, 분양가 1억6,500만원,
2개호실 분양, 임차 보증금 2,000만원, 월세 60만원, 연720만원 수익
2020년 06월 아파트 매수 계약 체결, 매수금액 12억6,000만원
2020년부터 대출규제강화로 인해, 주거용 오피스텔 2개는 2주택으로 보게 되어, 다주택자 대출 불가,
2021년 02월 매수잔금체결 전에, 1개 주거용오피스텔을 마이너스 1,000만원으로 법인임대사업자에게 매각, 순손실 1,000만원 발생

Case 영등포구 꼬마빌딩 리모델링, 임대 후 매각 , 시세차익형
2022년 01월 대지 79평, 지하1층~지상4층 상가주택매입,
주택을 근린생활시설로 용도변경하고 세입자 퇴거조건 매수계약
매입금액 28억(취등록세 등 경비 1.5억원, 법인취득)
2022년 04월~08월 리모델링(대수선, 공사비용 3억원) 후 전체층 임대완료, 보증금 1.2억원, 월 1,000만원
2024년 11월 매도계약체결, 매도금액 37억5,000만원,
양도차액 4억원, 양도소득세 약 21% 8,500만원 납부,
시세차익 3억1,500만원
3년간 임대수익 약 6,000만원 X 3년=1.8억원
실제 시세차익 4억9,500만원

Case 재개발사업예정지, 강서구 다세대주택 매매, 시세차익형

2007년 01월, 이명박 서울시장 뉴타운정책에 기반하여, 반지층 신축6년차 점유개정방식으로 매입, 매입가 1억2,000만원, 전세 7,000만원,

초기투자금액 5,000만원

10여년간 뉴타운 지정 무산되면서 매매가격 하락, 반지층 홍수 피해로 수리비 1,000만원 이상 소요,

2017년 01월, 지인소개로 매매가 1억1,000만원으로 매도,

손실 2,000만원

Case 반포재건축아파트 관리처분 후 이주단계에서 매수, 시세차익형

1995년 12월, 소규모 조합아파트 분양, 분양금액 3억원

1999년 12월, 준공

2018년 05월, 반포소규모아파트 매도계약, 매도금액 15억원(최저가)

2018년 07월, 반포재건축아파트 매수계약, 매수금액 22억원(최고가)

2018년 09월, 반포재건축아파트 이주시작,

2022년 09월, 반포재건축아파트 준공완료, 입주

2024년 11월, 매매호가 45억원

Case 영등포구 소형아파트 경매(낙찰은 받았으나), 시세차익형

2024.07월, 영등포구 소형아파트 27평 경매감정가 6억600만원

4차 입찰시작가 4억8480만원, KB부동산 평균가 6억1,000만원

ALG적정가 5억3,000만원

낙찰가 1위 6억1,200만원, 2위 5억5,000만원, 3위 5억3,000만원

테스트용 경매참여가 실제 낙찰된 사례, 그러나 운이 좋게도 경매절차에 흠결이 발생하여, 낙찰이 무효됨.

2-2. 간접적으로 부동산 안목을 높이는 방안

부동산 창업과 함께 직·간접적인 부동산 안목을 높이고 부동산 전문가가 되는 방식이 있다.

공인중개사로서 부동산 창업의 일반적인 방식은 공인중개사사무소를 설립하는 것이다. 이외에도 부동산자산관리, 부동산투자회사 등의 구성원으로 활동할 수 있다.

(1) 공인중개사사무소를 개설하여 공인중개사로서 지역전문가가 되면

첫째, 지렛대(대출)효과를 활용한 공격적인 부동산 투자를 시작할 수 있다. 일반적인 직장생활을 해왔던 베이비부머세대는 대부분 회사나 국가에 올인(All-In)해서 젊음을 바쳤다. 저축하고 승진하며 자녀를 키우고 화목한 가정을 이루어갔다. 그리고 빚을 진다는 것은 모범적인 학창시절과 직장생활을 한 어른세대에게는 불안과 걱정일 뿐이다. 그러나 부동산중개사무소를 운영하면서 대출을 일선하고, 투자안목이 생긴다면 지렛대 원리는 엄청난 기회를 탄생시키며 이익을 눈덩이처럼 일으킬 수 있는

스노우효과(Snow effect)를 보여준다.

둘째, 실수요자이든 투자자이든 부동산거래시장의 동향을 발빠르게 파악할 수 있다. 프롭테크의 시대에 부동산앱을 통해 곧바로 시세와 실거래가, 그리고 매물들을 분석할 수 있지만, 현장성을 중시하는 부동산거래의 특징에 의해서 지금 바로 여기에서 어떻게 거래가 일어나고 있는지 본능적으로 느낄 수 있다. 그래야만 고객에게 매매를 유도할 수 있고 적절한 타이밍에 거래가격을 조정해서 거래를 성사시킬 수 있는 것이다.

셋째, 정부의 부동산 정책에 따른 대응방안을 신속하고 정확하게 대처할 능력이 생기며, 부동산 세금(양도소득세, 취등록세, 부동산보유세, 상속증여세)에 대해 기본적인 지식을 쌓고 고객과 공유할 수 있다.

넷째, 부동산거래와 더불어 CO-WORK 네트워킹을 활용할 수 있다. 부동산세금은 세무사와, 부동산등기이전은 법무사와, 부동산분쟁은 변호사와, 부동산수리는 인테리어업자와, 부동산이사는 이사업체와, 부동산대출은 대출상담사와 연계되어 있다. 이를 활용할 때 협상력을 높일 수 있고, 그에 상응한 예기치 못한 보수를 부가적으로 만들 수도 있다.

(2) 성공한 부동산 공인중개사의 기본자세

1) 고지식한 사고방식은 고객을 어렵게 하고 계약성사에 방해가 된다.

2) 하얀 거짓말을 할 줄 아는 정직한 사람이라야 좋다.

3) 협상의 기술을 배우고 응용하는 사람이 계약을 성사시킨다. 끊임없는 협상의 연속이다. 거래가액, 일정잡기, 쌍방간 의사 조정, 이 모든 것에 답을 정해놓고 협상 테이블에 앉아야 한다.

4) 내 옷에 적합한 자리에 있어야 한다. 대체로 남성은 일반주택, 상가, 건물, 토지 분야에, 여성은 아파트, 오피스텔, 원투룸 분야에 적합하다. 그러나 최선의 방법은 남성과 여성이 함께 일하며 이중분야를 취급하는 것이다.

5) 두려움과 강박증, 걱정이 너무 많으면 계약을 할 수 없다.

3 공인중개사가 부동산 창업하는 법

(1) 공인중개사가 되는 길

1) 공인중개사 1차시험과 2차시험이 동시에 치루어집니다.

① 공인중개사 1차시험은 부동산학개론, 민법·민사특별법
  - 부동산학개론은 경영·경제관련 전공자에게 전략과목이 되겠으며,
  - 민법·민사특별법은 법학관련 전공자에게 전략과목이 됩니다.

② 공인중개사 2차시험은 공인중개사법 및 중개실무, 부동산공법, 부동산공시법 및 관련 세법
  - 공인중개사법 및 중개실무는 고득점과목이며,
  - 부동산공법은 내용이 방대하고 법령마다 비슷하여 50점이상 목표로,

- 부동산공시법 및 관련 세법은 등기실무와 지적 관련된 부분으로 내용이 까다롭고, 관련 세법은 취·등록세와 양도소득세, 부동산보유세 등을 정확히 알아두고 나머지 세법 부분도 문제를 많이 풀어봐야합니다.

> 원서접수는 매년 08월. 시험일은 매년 10월, 합격자 발표는 매년 11월
>
> 합격기준은 가 과목 40점이상, 전 과목 평균 60점이상
> 합격률(3개년),
> 2021년(31회) 1차 21.35%, 2차 29.07%
> 2022년(32회) 1차 19.74%, 2차 31.59%
> 2023년(33회) 1차 20.44%, 2차 23.07%

2) 학습법은 인터넷 강의나 오프라인 강의를 듣는 것을 추천하며

- 직장인은 한 해는 1차시험만, 그 다음 해는 2차시험을 권합니다.
  - ☑ 꾸준히 매 주말마다 6개월 이상 강의에 전념해야만 합격합니다.
  - ☑ 시험당일까지 끝까지 포기하지 않으면 1-2문제 차이로 합격합니다.
  - ☑ 반드시 고득점 전략과목을 만들어야합니다.
- 1차시험에서는 두 과목 중에 한 과목을, 2차시험에서도 최소 한 과목을 고득점 전략과목으로 만들어야합니다. 예를들면, 경영관련 전공자는 1차시험에서는 부동산학개론을, 2차시험에서는 공인중개사법 및 중개실무를 집중해서 공부하고 고득점해야 취약한 과목은 최소한 과락을 면하는 방법을 선택할 수 있습니다.

(2) 공인중개사 자격증 취득 후 첫걸음

1) 부동산 창업아카데미

각 공인중개사 학원마다, 온·오프라인으로 부동산창업아카데미를 개설하고 있습니다. 개설과목은 스피치&CS, 부동산세무실무, 아파트청약실무, 고객심리학, 홈 스테이징&인테리어, 부동산 풍수지리, 특수부동산 중개실무, 부동산임대관리실무, 중개사무소 창업실무,부동산마케팅, 경매실무, 상가 중개실무, 주거용부동산 중개실무, 재개발&재건축실무, 토지중개실무 등이 있습니다. 매주 화요일, 목요일, 저녁시간 강의가 개설되며, 과목별 3-4주간 강의가 이루어집니다. 부족한 부분은 집중심화반이 별도로 편성되어 있습니다.

2) 부동산 중개실무 트레이닝

소속공인중개사로서 전문 분야별 부동산 중개사무소에서 트레이닝을 받아야합니다. 주거용부동산 중개사무소에서는 가장 기본적인 고객응대와 매물확보방법, 계약까지 이르기 위한 제반 절차를 모두 배울 수 있습니다. 상가, 오피스, 건물 전문 부동산 중개사무소에서는 상권분석, 근린생활시설에 대한 매칭작업, 권리금이나 특수한 조건 협의 등에 대해 배울 수 있습니다. 그 외 특수부동산(공장, 지식산업센터), 토지, 분양업무 등에 대해서는 각 분야별 전문 공인중개사무소에서 업무를 배워야합니다.

다만, 40대이상 남성의 경우, 소속공인중개사 활동이 용이한 곳은 상가, 오피스, 건물 그리고 특수부동산(공장, 지식산업센터), 토지, 분양업무 분야로 생각됩니다. 그만큼 여성들이 주로 활동하는 중개분야는 접근이 어렵고, 경쟁력이 상대적으로 열세입니다. 여성의 경우, 아파트, 오피스텔, 원·투룸을 중심으로 소속공인중개사 활동이 용이합니다.

(3) 부동산공인중개사사무소 개설을 위한 사전단계

1) 제1단계: 전략적 중개대상물(Target) 선정하기

개업공인중개사의 성별(남성, 여성), 나이(30대, 40대, 50대), 거주지역, 경력(대기업, 공무원, 중소기업, 자영업, 사무직, 영업직, 금융계, 산업계 etc), 가용예산에 따라 나만의 전략적 중개대상물을 선정해야한다.

첫째, 거주지역과 가까워야한다(30분이내 추천)

둘째, 남성은 상가, 오피스, 건물, 특수부동산(공장, 지식산업센터), 토지, 분양업무가 주를 이루며, 여성은 아파트, 오피스텔, 원·투룸을 전략적 중개대상물로 주로 선정합니다. 부가적으로 남성은 여성분야를, 여성은 남성분야를 접목시켜야한다. 예를들면, 상가, 오피스, 건물을 전략적 중개대상물로 선정하더라도 기본적인 아파트, 오피스텔, 원·투룸 분야의 중개도 영위해야한다.

셋째, 경력을 무시할 수 없다.
- 영업이나 서비스 계열 종사자는 부동산중개사무소 운영에 통상적으로 가장 적합하다.
- 그러나 각 분야별 경력을 살릴 수 있는 부동산 분야가 중개업이다. 예를들면, 대기업 관리부장 출신들은 사옥거래를 주도하기에 유리하다.

넷째, 가장 중요한 부분이 예산이다. 안정적인 부동산 중개사무소 운영을 위해서는 권리금을 주고 기존 부동산 중개사무소를 인수·인계받는 방식이다. 적게는 1~2천만원부터 많게는 5천만원~1.5억원에 이르기까지 다양한 중개사무소 거래금액이 있다. 그 뿐만 운영경비에 대한 예산확보가 되어있고 중장기적인 안목으로 중개사무소를 운영할 수 있는 기질의 소유자라면 당장의 계약건수에 연연하지 않기 때문에, 좀 더 좋은 입지의 좀더 비싼 임대료와 권리금을 감당할 수 있는 곳에서 시작할 수 있다.

전략적 중개대상물 선정을 하고 나면, 예산범위 내에서 전략적 중개대상지역을 선정해야한다.

2) 제2단계: 전략적 중개대상지역(Area) 선정하기

기본적으로 내 거주지역과 가까운 곳이 좋다

전략적 중개대상물에 적합한 전략적 중개대상지역을 선정해야한다.

① 상가, 오피스, 건물을 전략적 중개대상물로 선택한다면,
   - 상권이 발달한 지역(예를들면, 강남역, 압구정로데오역, 방배&내방&이수역, 합정&상수&망원역, 홍대입구역, 마포&공덕오거리역, 여의도역 등 역세권),
   - 업무중심지역(광화문, 명동&회현&을지로&충무로, 강남테헤란로, 여의도 등)
   - 또는 그와 유사한 지역을 진입해야한다.

② 아파트, 오피스텔, 원·투룸이 많은 지역은 주거지역 및 일반상업지역과 가까운 지역이다.
   - 각 지역별 아파트 지구(신축단지, 구축단지)나
   - 각 지역별 일반상업지역과 가까운 지역(역세권, 구청 등 업무지역, 상업시설이 많은 정자동 복합상가)이 대상이다.
   - 예산이 많고 수입에 대한 강박이 약할수록 좀 더 매출이 발생하기 편한 지역을 선택할 수 있다. 예를 들면, 신축단지아파트를 분양받거나 임차받아 입점한다거나 그 주변 상업지역에 중개사무소를 개설하는 것이다.

3) 제3단계: 개업공인중개사 단독이나 합동 사무소를 열것인지 중개법인을 개설할 것인지 판단한다.

① 가장 일반적인 사례는 단독으로 개업공인중개사가 되는 것이다.

이는 최소비용으로 최소수익이 보장되는 구조이나 폭발적인 매출증대를 기대할 수 없고 중첩된 일정을 소화할 수 없어 고객을 놓칠 수 있다. 뿐만아니라 외부활동을 할 수 없는 단점이 있다.

② 이를 보완한 것이 합동사무소형태이다. 비용과 수익을 안분하고 세금부담을 최소화할 수 있으나 매출에 대한 기여도가 다를 경우 분쟁의 우려가 있다.

③ 풍부한 예산과 관리능력이 우수하다면 중개법인형태로 중개사무소를 개설하는 것이 좋다.
   - 다만 아파트, 오피스텔을 중개대상물로 진행할 때에는 큰 효과를 기대할 수 없으나,
   - 상가, 오피스, 건물 등을 중개대상물로 진행할 때에는 매출증대에 따른 세금문제와 비용문제를 해결할 수 있고 대외적인 신인도를 높일 수 있다.
   - 아직 중개법인의 활동이 일반개업중개사와 활동에 있어서 차별성이 별로 없으나 향후 중개법인의 필요성은 계속 대두될 것이며, 영세한 1인 중심의 중개사무소 형태는 프롭테크시대를 맞이하여 큰 변화에 직면하게 될 것이다.

4) 제4단계: 기존 부동산 중개사사무소를 인수할 것인지 신규로 개척할 것인지 선택해야한다.

아파트, 오피스텔을 중심으로 한 주거용부동산의 경우, 기존 부동산 중개사사무로를 인수하면 좋은 점이 많다. 기본적인 매물과 고객을 확보한 상태에서 개업공인중개사로서 역할에 충실하면, 안정적인 스타트가 가능하고 시행착오를 줄일 수 있다.

상가, 건물을 중심으로 한 상업용부동산의 경우, 기존 부동산을 인수해도 좋고, 신규로 개척해도 좋은 점이 있다. 다만 기존 부동산을 인수한다면, 마찬가지로 기본적인 매물과 고객을 확보한 상태에서 안정적인 스타트를 할 수 있다. 그래서 권리금이라는 대가를 지불하는 것이다.

다만, 소속공인중개사로서 업무를 습득해서 경쟁력이 있는 경우에는 반드시 부동산중개 사무소를 인수할 필요는 없다. 반드시 1층일 필요도 없다. 업무 스킬이 있다는 전제하에서 상가, 건물 등 상업용부동산은 주거용부동산보다 매물확보가 훨씬 용이하다. 네이버 부동산 등에 나와 있는 매물을 보고 직접 찾아가거나 전화확인을 통해 매물을 접수할 수 있다.

그러나, 경험이 없다면 소속공인중개사 또는 직접 개업공인중개사로써 중개시장이라는 전쟁터에서 속칭 굴러봐야한다.

에피소드 1) 개업공인중개사와 소속공인중개사의 관계: 소속공인중개사는 곧 개업공인중 개사로 떠날 사람이다.

소속공인중개사는 1년이 지나면 중개업무를 배워서 독립하는 사람이다.

아파트, 오피스텔 이든, 상가, 건물이든 그 누구도 1년이상 같이 갈 사람은 없다. 다만 1년이 지나도 같이 있는 이유는 나름대로 이유가 있어서 이다.

개업공인중개사와 소속공인중개사는 불편한 관계이다. 대등하지 않다. 보수의 관계이다. 개업공인중개사와 소속공인중개사는 임대인과 임차인의 관계와 비슷하다. 아무리 좋은 임대인도 임차인에게 비용이라는 돈 문제가 부딪치면 좋지 않은 임대인이 되는 것처럼, 그리고 곧 떠날 준비가 된 관계이다. 그러나 임대인에게는 임차인이 필요하고, 임차인에 게도 임대인이 필요하듯, 개업공인중개사와 소속공인중개사는 그런 관계이다.

(4) 부동산중개사무소개설을 위한 필요적 절차

1단계: 공인중개사 자격증이 필요하다.
2단계: 부동산공인중개사사무소가 필요하다.
3단계: 부동산공인중개사사무소 개설등록절차가 필요하다.
4단계: 부동산공인중개사사무소 사업자등록절차가 필요하다.
5단계: 부동산공인중개사사무소 중개행위가 필요하다.

1) 1단계: 공인중개사 시험을 합격하면, 공인중개사 자격증이 발급된다.

2) 2단계: 부동산공인중개사사무소가 필요하다.

- 부동산 중개사무소는 건축법상 사무실로 사용하기에 적합한 건물로서 사용승인, 사용 검사 등을 받은 건물을 임대차합니다.
- 건축물 대장(건축법 제20조제4항에 따른 가설건축물대장은 제외한다)에 기재된 건물 (준공검사, 준공인가, 사용승인, 사용검사 등을 받은 건물로서 건축물대장에 기재되기 전의 건물을 포함한다)에 중개사무소를 확보(소유·전세·임대차 또는 사용대차 등의 방법에 의하여 사용권을 확보)하여야합니다.

- 임대인과의 임대차계약, 그와 동시에 권리금계약을 기존 임차인과 신규 임차인 간에 권리금계약을 체결합니다.
  가) 임대차계약은 보증금은 1,000만원에서 5,000만원까지, 월세는 50만원에서 500만원까지, 입지와 중개대상물에 따라 다양합니다.
    - 아파트의 경우, 구축은 보증금 2,000만원에서 5,000만원까지, 월세는 100만원에서 250만원까지 소요됩니다. 신축은 보증금 5,000만원에서 7,000만원까지, 월세는 250만원에서 500만원까지 소요됩니다. 따라서 보증금은 기본적으로 2,000만원에서 5,000만원까지 예상하면 됩니다.
  나) 권리금계약은 기존 임차인과 신규 임차인이 거의 동시에 또는 임대차계약 보다 선행적으로 진행합니다.
    ㄱ) 권리금 (상가임대차보호법제10조의3①)이란 :
      ① 임대차목적물인 상가건물에서
      ② 영업을 하는 자 또는 영업을 하려는 자가
      ③ 영업시설·비품·거래처·신용 영업상의 노하우·상가건물의 위치에 따른 영업상의 이점 등 유형·무형의 재산적 가치의 양도 또는 이용대가로서
      ④ 임대인, 임차인에게 보증금과 차임 이외에 지급하는 금전 등의 대가를 말한다.
    ㄴ) 권리금계약(상가임대차보호법제10조의 3②)이란 :
      신규임차인이 되려는 자가 임차인에게 권리금을 지급하기로 하는 계약울 말한다.
    ㄷ) 권리금 산정기준은 시설비와 영업권입니다.
      시설비는 인테리어와 사무용집기 등 구입비용이 되겠고, 영업권은 1~3개년도의 매출과 영업이익을 기준으로 산정합니다.
      - 예를들면) 권리금은 없으나 시설비에 대해 일부 받겠다는 것은 시설비 중 일부, 2,000만원 정도 투자했다면 1,000만원 정도는 인수인계비로 주었으면 좋겠다는 표현입니다.
      - 예를들면) 내가 들어올 때 권리금을 5,000만원 주었다는 것은 기본적으로 5,000만원을 기준으로 부동산 경기나 분위기를 봐서 깎아 주겠다는 표현입니다.
    ㄹ) 권리금계약시 주의사항
      권리양도 후 (3년)동안은, 같은 구 또는 개업공인중개사로부터 거리상 (5km)까지 범위내에서는 부동산중개사무소를 개설하지 않는다.
      또한 양도한 매물에 대해 광고행위 및 중개행위를 하지 아니한다.
      이를 위반시 지급한 권리금의 배액을 손해배상하거나, 광고행위 및 중개행위를 통해 받을 보수의 5배를 손해배상하기로 한다.

다) 부동산중개사무소 필요경비

ㄱ) 부동산중개사무소를 임차하는데, 필요한 경비는 보증금 2,000만원에서 5,000만원, 매월 월세 50만원~500만원 중 1년 임대료 600만원에서 6000만원, 권리금 500만원에서 1억5,000만원까지 필요합니다.
- 대략 보증금 3,000만원, 월세 200만원 1년 임대료 2,400만원, 권리금 3,000만원이 필수 경비입니다.
- 광고비와 운영비를 제외한 부동산임대비용은 연간 약8,400만원입니다.

ㄴ) 그외 부동산중개사무소를 운영하는데 필요한 경비는 광고비 월 100만원에서 200만원, 근무인원과 규모에 따라 다르겠지만 기본 운영비 월 200만원이 소요됩니다.

ㄷ) 따라서 광고비와 운영비가 월 400만원 연 4,800만원입니다. 따라서 아파트나 상가 중심 부동산중개사무소 기본 경비는 부동산 임대비용 연 8,400만원과 광고비와 운영비 연 4,800만원, 합계 1억3,200만원이 필요합니다. 이는 인건비를 제외한 비용입니다.
- 개업공인중개사와 소속공인중개사 포함 3인 기준이라면 비용은 줄이고 매출은 늘려야 합니다. 연간 기본 경비가 1억이라면, 최소 매출 2억5천만원 이상이라야 1인당 연간 5,000만원의 소득을 올릴 수 있습니다.

3) 3단계: 부동산공인중개사사무소 개설등록절차가 필요하다.

가) 사무소를 두고자 하는 관할 시장·군수·구청장에게 (부동산정보과) 등록신청
나) 등록신청서 작성 및 접수
① 실무교육 이수확인증
② 사무소임대차계약서
③ 반명함판 사진(여권사진)2장
다) 등록신청 후 7일이내 서면으로 등록 통지
라) 등록통지 받은 후 업무 개시 전 업무보증 2억원 설정
① 협회 공제
② 서울보증보험
마) 업무 개시 전 성명이 나타난 인장 등록 (등록관청)
바) 등록관청 등록증 교부
① 중개업등록대장에 등록에 관한 사항 기재
② 업무보증설정 여부 확인

4) 4단계: 부동산공인중개사사무소 사업자등록절차가 필요하다.

부동산중개업등록증을 받은 후 이를 사무소임대차계약서와 함께 제출하면 사업자등록증을 교부받는다.

5) 5단계: 부동산공인중개사사무소 중개행위가 필요하다.

부동산 중개는 부동산과 관련된 매매, 교환, 임대차 그 밖의 권리의 득실변경에 관해 거래 당사자 간의 계약을 중개인이 알선하는 행위를 말한다.

4 **부동산으로 돈벌기, 좋은 공인중개사를 만나자**

(1) 공인중개사의 특징

1) 30대: 원·투룸, 오피스텔, 신축빌라, 상가, 지식산업센터 중개업무종사자가 많다. 부지런하고 체력이 좋다. 친절하다. 젠틀하다. 초보공인중개사가 많다. 외제차를 탄다. 임대차계약을 잘한다. 그러나 책임보다 계약이 우선이다.

2) 40대와 50대: 아파트, 상가, 지식산업센터, 공장, 건물, 토지 분야까지 다양한 중개분야에 종사한다. 아는 게 많다. 원스탑 업무가 가능하다(세무부터 등기업무까지). 경험을 바탕으로 고객의 니즈를 빨리 파악하고 대응한다.

3) 60대이상: 눈치 백단이다. 머리부터 생각하고 몸을 움직인다. 보면 바로 안다. 살 사람인지 임차할 사람인지 동물적 감각으로 바로 알아차린다. 내 매물과 지역을 잘 안다. 그러나 더 넓은 지역을 감당하기에는 체력이 열세다. 전속매물을 꼭 한 두 개씩 갖고 있다. 훈수를 잘 둔다. 고객에게 맞추지 않게 중개사에게 맞추게 만드는 탁월한 능력이 있다. 이제 은퇴할 세대이다.

(2) 좋은 공인중개사의 기준은 무엇인가

1) 고객의 눈높이에 맞는 매물을 연결해주는 매칭 전문가이다.

2) 내 돈벌이보다 고객 돈벌이를 우선한다.

3) 협상능력이 뛰어나다. 경험으로부터 나오는 가격이나 일정 조율능력이 남다르다.

4) 기본적인 수량의 매물을 보유하고 있으면서, 공동중개도 열심히 한다.

5) 가장 좋은 공인중개사는 내가 찾는 매물 찾아주는 공인중개사이다.

  ☑ 아무리 불친절하고 계약하고 싶지 않은 공인중개사도 내가 원하는 매물을 갖고 있고 연결해주면 미워도 계약한다.

  ☑ 친절하고 유식한 공인중개사보다 불친절하고 지식은 부족해도 내가 원하는 매물을 찾아주고 계약시켜주는 공인중개사를 오히려 신뢰한다. 이게 부동산 중개 시장 뿐만 아니라 모든 사업의 아이러니이다.

  ☑ 특히, 매물 갑질하는 공인중개사, 중개보수 안받으며 매물 독점하는 공인중개사가 돈을 잘 번다. 공인중개사로부터 양질의 서비스를 받기 위해서는 매물 갑질하는 공인중개사, 중개보수로 장난치며 매물 독점하는 공인중개사를 멀리해야하는데, 고객의 절반은 그렇지 않다.

(3) 좋은 중개사를 만나고 좋은 중개사를 만들어주자.

  ☑ 좋은 중개사는 실력은 기본이며, 인성도 좋다.

  ☑ 좋은 중개사는 발빠르게 고객의 니즈에 대처해준다.

  ☑ 그러나 누가 좋은 중개사인지 만나서 중개행위에 동참해봐야만 알 수 있다.

네이버부동산을 통해서 알 수 있는 방법은 없을까?

1) 매물현장에서 가까운 곳에 위치한 중개사무소가 매물에 따라 다르지만 약간 우위에 있다.

2) 중개사무소 개업연도를 통해 추측할 수 있다. 다만 중개사무소를 이전하거나 재창업할 경우도 있으니, 2년 이상 경험이 있는 중개사무소 개업중개사가 약간 우위에 있다. 15년 이상 베테랑 개업공인중개사는 지역전문가이고 부동산시장과 힘께 성징한 부유한 사징님이라서 여유가 있어 좋다.

3) 매물광고를 읽어보고 그 내용의 진솔함을 확인할 수 있고, 사진을 통해 인상을 알 수 있다.

4) 네이버부동산 최상단에 노출시키는 개업공인중개사가 제일 부지런하고 광고비를 많이 집행하니 매출이 좋은 편이다. 그러나 저가매물, 허위매물은 파악할 수 있어야 하지만 쉽지 않다. 몇 개 매물을 부동산 별로 확인해보는게 필요하다.

5) 전화를 통해 음성(톤)과 손님을 대하는 자세를 통해 개업공인중개사에 대한 신뢰성을 느낄 수도 있다. 개업공인중개사를 방문해보면 바로 알 수 있지만.

6) 중개보수에 대해 호의를 베풀자. 어떻게 하면 중개보수를 적게 줄까, 부동산 단톡방이나 온라인 카페 블로그를 통해 호구잡히지 않을 궁리를 하는 것보다, 적정한 중개보수가 얼마인지, 수고에 보답하려는 자세로 접근하면 좋다. 그렇다고 중개보수를 무작정 깎아주는 개업공인중개사는 없다. 합리적인 선에서 서로 기분 나쁘지 않은 조정을 해주자. 개업공인중개사도 사람인지라, 좋은 매물을 내놓으면서, 급매로 빨리 팔아달라고 하면서, 중개보수까지 더 주겠다고 하면 얼마나 신바람이 나겠는가

7) 한 두 개 개업공인중개사와 끈끈한 관계를 갖는다.
   - ☑ 서로 신뢰하고 책임있는 관계가 되면 임대차와 매매가 편하고 고객의 눈높이에서 일을 처리해준다.
   - ☑ 좋은 매물을 찾을 때에도, 지속적인 관계를 맺고 정당한 보수를 지급해주면, 늘 1순위로 연락하게 된다.
   - ☑ 개업공인중개사는 고객의 발이자, 고객의 눈이다. 고객의 비서실장이 된다.

5 매매계약·임대차계약 잘하는 법

(1) 매물 잘 내놓는 방법

1) 개업공인중개사 사무소 어디에 매물을 내놓아야 하는가?

대부분 고객이 매수하거나 임차한 개업공인중개사 사무소에는 매물을 내어놓는다. 그런데 기분이 나빴다거나 알 수 없는 이유로 처음 거래한 개업공인중개사 사무소를 건너뛰고 다른 부동산에 매물을 내어놓는 경우가 있다. 고객의 자유이지만, 불친절했거나 내 편에서 일하지 않아서 기분이 나빴던 경우를 제외하고는 내가 거래한 부동산을 이용하는게 고객에게 유리하다.
   ① 내 매물에 대해 기억을 하거나 빨리 기억을 이끌어낸다. 즉 매물을 알고 있다는 것이다.
   ② 내 상황에 대해 기억을 하거나 빨리 기억을 이끌어낸다. 즉 고객의 니즈를 빨리 파악할 수 있다. 이 모든 것을 통해 거래성사를 빨리 이끌어낼 소지가 많다.

2) 거래한지가 오래되어서 어디에 매물을 내놓아야할지 모를 때 어떻게 선택해야하는가

네이버부동산을 통해 좋은 공인중개사를 파악할 수 있는 약간의 힌트를 생각해보자.
   ① 매물현장에서 가까운 곳에 위치하고 있는지
   ② 중개사무소 운영 경험이 최소 1년이상은 되는지
   ③ 매물광고와 대표공인중개사 사진을 보고 느낌을 파악한다든지
   ④ 광고매물이 많은지, 열심히 일하는 개업공인중개사인지 확인해보고

⑤ 전화통화나 개업공인중개사 방문을 통해 분위기를 파악해보면 됩니다. 어떤 경우는 네이버블로그나 유투브, 그리고 개업공인중개사의 경력 등을 통해서도 신뢰와 실력을 평가해봅니다.

(2) 내 편 공인중개사 만들기

예전에는 60세 이상 개업공인중개사는 노골적으로 임대차에서는 임대인 편을, 매매에서는 매수인 편을 들었다. 왜냐하면 임대인은 바뀌지 않기 때문이고, 매수인은 새로운 고객이 되기 때문이다. 임차인도 떠나고 매도인도 떠나는 경우가 대부분이기 때문이다.

개업공인중개사는 계약의 완전한 성립을 위해 임대인과 임차인, 매도인과 매수인의 조정자 역할을 감당하기 때문에, 중간자 역할이 어렵다.
의도하지 않았지만 결과적으로 임대인·매도인 편으로 남을 수도 있고, 임차인·매수인 편으로 남을 수 있다.

1) 임대인이 내 편 개업공인중개사를 만들기는 상대적으로 쉽다.

가격협상이나 내부수리사안에 대해 개업공인중개사의 말을 귀담아주고 조치를 취해줘서 계약을 성사시켜주면 된다. 그리고 중개보수도 깎지 않고 늘 관리해줘서 고맙다는 표현만 해줘도 늘 개업공인중개사는 임대인 편이다.

2) 매도인이 내 편 개업공인중개사를 만들기는 상대적으로 어렵다.

가격협상이나 일정조율이 아무래도 매수인 입장에 맞출 수 밖에 없는 매수자 우위시장에서는 어쩔 수 없다. 또 매도계약 후에 잔금 지급 전, 매매가격이 올라가는 분위기라면 매도인은 늘 저기압이며, 중개보수도 주기 싫어한다. 매도자 우위시장에서도 마찬가지이다. 매도계약 후에 잔금 지급 전, 매매가격이 올라가면 싸게 매도하게 했다고 개업공인중개사를 미워한다.

3) 임차인이 내 편 개업공인중개사를 만들기는 상대적으로 어렵다.

가격협상이나 일정조율을 아무리 잘 해줘도 입주 시점이 되면 집 상태는 안좋아지고 수리비 명목 때문에 임대인과 임차인은 부딪치기 십상이다. 임차인 편에서 수리를 도와줘도 임차인은 늘 부족한 마음이다.

4) 매수인이 내 편 개업공인중개사를 만들기는 상대적으로 쉽다.

대부분 매수인의 입장을 매매계약에 반영하였고, 매수계약 후 가격이 오르면 매수인은 대부분 기분이 좋다. 매매시장이 어렵더라도 매수인은 기대한 것보다 싼 가격으로 매수하면 대부분 기분이 좋다. 그리고 매수인은 계속 볼 사이이다. 부동산 중개보수도 무리하게 깎지 않는다.
내 편 공인중개사를 두면 임대차계약이나 매매계약에서 늘 마음이 편하다. 불안하지 않다. 수리비 등 돈이 들더라도 합리적인 조율을 해준다. 당사자끼리 직접 부딪혀서 감정이 상하지 않도록 도와주는 조력자역할을 한다. 개업공인중개사와 마음이 통하면 손해 끼칠게 아무것도 없다.

(3) 매도인·임대인이 반드시 하지 말아야 할 사항

1) 첫번째, 매도금액을 계속 높이거나 고집부리는 고객은 되지 말자.

매도자 우위시장이라 부동산시장이 뜨겁게 달아오를 때는 약간의 예외를 둘 수 있지만, 일하는 개업공인중개사에게 힘이 빠지게 하는 가장 큰 요인이 매매계약을 하려는데, 매도금액을 계속해서 높인다거나 절대로 이 금액에서 한 푼도 양보할 수 없다는 자세이다. 꼭 팔아야되는 매도의사가 의심되기 시작한다.

2) 두번째, 매물을 보여주는데 잘 협조하지 않는 고객은 되지 말자.

시간에 대한 기준이 없다거나, 사전에 하루 전 예약이 아니면 매물을 보여줄 수 없다거나, 매물을 보여주는데 차가운 분위기를 조성하면 개업공인중개사가 중개행위를 하기 힘들다.

3) 세번째, 중개보수로 힘들게 하는 고객은 되지 말자.

고객기준으로 중개보수를 협상테이블에 놓고 장기전을 벌리는 고객도 있고, 고객이 생각한 중개보수를 입금시켜 버리는 고객도 있다. 신뢰와 책임있는 행동이 나중에 더 큰 보상을 받게 하며, 늘 좋은 에너지는 늘 좋은 결과로 나타납니다.

6 임대차 및 매매계약시 꼭 알아야하는 사항

(1) 전·월세 신고와 매매에 따른 부동산 거래신고제도

2021년 6월 1일 시행, 전·월세 거래 등 주택 임대차 계약 시 임대차 계약 당사자(집주인과 세입자)가 30일 이내에 주택 소재지 관청에 임대차 보증금 등 임대차 계약 정보를 신고해야 한다. 만약 당사자 중 일방이 신고를 거부하면 단독으로 신고할 수 있도록 했으며, 임대차 신고가 이뤄지면 확정일자를 부여한 것으로 간주된다.

법 시행령에서 대상 지역과 임대료 수준을 정하도록 했다.(보증금 6천만원 초과, 월임대료 30만원 초과) 개업공인중개사는 계약일로부터 30일이내 전월세신고를 임차인이 확정일자 받으면서 임대차거래신고하도록 제안한다.

부동산거래신고 등에 관한 법률 제3조에 거래계약 체결일부터 30일이내에 그 권리의 대상인 부동산 등(권리에 관한 계약의 경우에는 그 권리의 대상인 부동산을 말한다)의 소재지를 관할하는 신고관청에게 거래당사자(매도인·매수인) 및 공인중개사에게 신고의무가 있다

(2) 전·월세 상한제

전월세상한제는 임대료 상승폭을 직전 계약 임대료의 5% 내로 하되, 지자체가 조례로 상한을 정할 수 있도록 했다

(3) 계약갱신요구권

계약갱신요구권은 세입자에게 1회의 계약갱신요구권을 보장해 현행 2년에서 4년(2+2)으로 계약 연장을 보장받도록 하되, 주택에 집주인이나 직계존속·비속이 실거주할 경우 등에는 계약 갱신 청구를 거부할 수 있도록 했습니다.

부동산 중개사무소 개설

1 **부동산 시장은 용도에 따라 크게 상업용과 주거용부동산 시장으로 구분됩니다.**

1) 주거용부동산은 생활 및 거주 목적으로 사용되는 자산을 의미하며, 공동주택(아파트, 다세대주택, 연립주택, 도시형 생활 주택)과 단독주택 등이 해당됩니다.

   상업용 부동산은 생활 및 주거 목적 이외의 활동을 수행하는 데 사용되는 공간으로 수익 창출을 목적으로 하는 부동산 자산을 의미합니다. 상업용 자산으로는 오피스, 공장, 호텔, 리테일, 물류센터, 데이터 센터 등이 해당됩니다.

2) 주거용부동산은 개인이 쉽게 투자할 수 있어 투자 규모가 상대적으로 적은 편이며, 보다 적극적인 투자 활동이 가능합니다. 또한, 상업용 부동산에 비해 투자 비용이 상대적으로 낮아 투자 장벽이 낮은 편입니다.

   상업용 부동산 시장의 주요 투자자는 기업 및 기관 등의 단체이며 주거용부동산 시장에 비해 투자 규모가 크고 투자 범위가 훨씬 넓은 편 입니다. 또한, 자산에 따라 차이는 있지만 상업용 부동산은 주거용부동산에 비해 높은 수익을 실현할 수 있지만 그에 따른 위험도 발생할 수 있습니다.

2 **건축법상 단독주택과 공동주택에 대한 분류입니다.**

1) 단독주택

   ① 단독주택: 한 세대가 하나의 건축물 안에서 독립된 주거생활을 할 수 있는 구조로 된 주택

   ② 다중주택: 학생 또는 직장인 등 다수인이 장기간 거주할 수 있는 구조로 되어 있으면서, 독립된 주거의 형태가 아니어야합니다(각 실별로 욕실은 설치할 수 있으나, 취사시설은 설치할 수 없습니다)

   동시에 1개동의 주택으로 쓰이는 연면적의 합계가 660제곱미터이하이고(2021.06.16. 변경) 주택으로 쓰이는 층수(지하층은 제외한다)가 3개층이하입니다.

   ③ 다가구주택: 주택으로 쓰이는 층수(지하층을 제외한다)가 3개층 이하입니다(다만, 1층 전부 또는 일부를 필로티구조로 하여 주차장으로 사용하고 나머지 부분을 주택외의 용도로 쓰는 경우에는 해당층을 주택의 층수에서 제외한다). 동시에 1개동의 주택으로 쓰이는 바닥면적(부설 주차장 면적은 제외한다)의 합계가 660제곱미터이하이고 19세대 이하가 거주해야합니다.

   ④ 공관: 정부의 고위관리 등이 공적으로 쓰는 주택

2) 공동주택

공동주택의 기준에서 층수의 산정에서 지하층은 제외한 층수를 기준으로 하며 아파트, 연립주택에서 1층 전부를 필로티 구조로 하여 주차장으로 사용하는 경우에는 필로티 부분을 층수에서 제외합니다.

다세대주택의 경우 1층의 전부 또는 일부를 필로티 구조로 하여 주차장으로 사용하고 나머지 부분을 주택 이외의 용도로 사용할 경우 필로티가 있는 층을 주택의 층수 산정에서 제외합니다

① 아파트: 주택으로 쓰이는 층수가 5개층 이상인 주택
② 연립주택: 주택으로 쓰이는 1개동의 연면적(지하주차장 면적을 제외한다)이 660제곱미터를 초과하고, 층수가 4개층 이하인 주택
③ 다세대주택: 주택으로 쓰이는 1개 동의 연면적(지하주차장 면적을 제외한다)이 660제곱미터 이하이고, 층수가 4개층 이하인 주택 (2개 이상의 동을 지하주차장으로 연결하는 경우에는 각각의 동으로 보며, 지하주차장 면적은 바닥면적에서 제외한다)
④ 기숙사: 학교 또는 공장 등의 학생 또는 종업원 등을 위하여 사용되는 것으로서 공동취사 등을 할 수 있는 구조이되, 독립된 주거의 형태를 갖추지 아니한 것

다세대주택과 다가구주택을 간단하게 구별해보면
다세대주택은 공동주택, 다가구주택은 단독주택, 다세대주택은 세대별로 구분등기와 매매(분양)을 할 수 있지만 다가구주택은 가구별로 구분등기와 매매(분양)을 할 수 없습니다.

3 주거용부동산은 중개대상물의 가장 기본적인 형태입니다.

기본을 알아야 특수부동산영역인 토지, 지식산업센타, 분양권 입주권, 재건축 재개발, 경매, 분양대행, 건축 등에 대해서도 그 영역을 넓혀갈 수 있습니다.

4 주거용부동산 중개사무소 개설 POINT

첫째, 주거용부동산 중 어떤 중개대상물을 중심으로 업무를 시작할 것인지
둘째, 어느 지역, 어느 입지에서 부동산 중개사무소를 개설할 것인지
셋째, 기존 부동산 중개사무소를 인수할 것인지 개척할 것인지
넷째, 경영형태는 1인 대표체제로 할 것인지 합동사무소 형태 또는 중개보조원 소속공인중개사와 함께 일하는 체제로 할 것인지 가장 본인에게 합당한 선택을 하셔야합니다.

1) 어떤 중개대상물을 중심으로 업무를 시작할 것인지 선정합니다.

① 아파트단지를 중심으로 한 부동산 중개사무소 (아파트형)
50대이상 남자(30~40%) 여자(70~60%), 최소 중개경험3~4년이상 필요,
경쟁치열하다, 노동대비 수수료많다, 한정적 손님계층, 약육강식

② 오피스텔 도시형생활주택 원룸을 중심으로 한 부동산 중개사무소 (오피스텔형)

원투룸 신축빌라 30대 남자 중심, 강한 체력 필요하다, 넓은지역 누빈다(기동력), 수수료 괜찮다, 물건금방소진된다

③ 단독 다가구 다세대를 중심으로 한 부동산 중개사무소 (주택형)

일반주택형, 고급주택형 주택빌라 60대 남자(60~70%), 여자(40~30%)

다양한 손님 계층, 오래된 주택이라 보수할게 많다, 인간미 있다, 경쟁치열하지 않다. 노동대비 수수료 적다

2) 어느 지역, 어느 입지에서 부동산중개사무소를 개설할 것인지 선정합니다.

① 반드시 내가 잘 아는 지역·입지를 고집할 필요는 없습니다. 입지가 중요합니다.

② 내가 거주하는 곳과 가까우면 좋습니다

- 서울 및 수도권 관심지역을 중심으로 예를들면, 강남권·강서권·강동권·마포공덕아현·강북권·옥수 신당 행당 왕십리권·신도시·위례 하남권·과천 광명 김포 청라 남양주권 등으로 분류해봅니다.
- 관심지역을 선정한 후 어떤 입지를 중심으로 부동산중개사무소 업무를 시작할 것인지 선정하는 것이 좋습니다.

① 아파트형 부동산중개사무소

- 강남3구(높은 경쟁력),
- 신축단지(입주장 중심),
- 신축급단지(10년이내, 활발한 거래)
- 구축단지(기본거래 중심, A/S, 리모델링/재건축),
- 아파트형 부동산중개사무소는 경기영향을 많이 받습니다. 거래집중기간에 성과를 내야합니다.

② 오피스텔형 부동산중개사무소

- 상업지역·소규모아파트단지 연계,
- 활발한 회전율,
- 꾸준하고 다양한 거래.

③ 주택형 부동산중개사무소

- 주거밀집지역,
- 재개발, 지역상권연계,
- 원룸주택, 소규모아파트단지 연계,
- 경기영향을 덜 받습니다. 상대적으로 스트레스를 덜 받습니다.
- 월세부담이 적고, 소소한 계약이 꾸준히 일어납니다.

3) 기존 부동산 중개사무소를 인수할 것인지 개척할 것인지 선택합니다.

① 처음 시작하는 공인중개사는 기존 부동산 중개사무소를 인수하는 것이 좋습니다.
- 기존 부동산 물건과 고객, 부동산 중개사무소 지역커뮤니티(회원제)를 활용하여 업무시작과 동시에 부동산 거래성사가 일어납니다 예시) 부동산전문가들의 모임
- 시행착오기간을 최소화시킵니다 (오프라인모임, 마음맞는 중개업자와 친분쌓기)
- 업무인수인계를 통해 쉽게 부동산 중개업무에 대한 기초지식과 기반을 다질 수 있습니다 (부동산중개사무소 양도인이 가장 좋은 멘토이다)
- 가장 중요한 고객인 부동산 중개사무소와 관계성을 맺을 수 있습니다

② 다만 신규개척을 원한다면 부동산 중개사무소에서 경험을 미리 쌓아야합니다.
여성 공인중개사에 비해 남성 공인중개사는 경험을 쌓을 부동산 중개사무소를 지인소개 형태가 아니면 쉽게 경력을 만들어주는 부동산 중개사무소를 만나기 쉽지 않습니다. 짧게는 1개월도 가능합니다.

4) 경영형태는 1인 대표체제로 할 것인지 합동사무소 형태 또는 중개보조원 소속공인중개사와 함께 일하는 체제로 할 것인지 선택합니다.

① 혼자서 과감하게 직접 뛰어다니며 부딪치는 용기가 필요합니다.
동업, 합동사무소, 피고용자 신분의 소속공인중개사 등 필요에 의해 상호합의하에 일을 하는 것은 아름다운 일입니다. 그러나 공인중개사 자격증을 획득할 만한 실력을 갖춘 분이라면 주거용부동산 중개행위에서 일어나는 어떤 일도 감당할 수 있습니다.

② 혼자서 일할 때 비용부담이 적고 내부적으로 스트레스를 적게 받습니다. 다만 업무분담과 업무공유가 없어 지칠 수 있습니다. 함께 일하는 방식은 혼자서 일할 때와 정반대가 되겠습니다. 각자 형편에 맞게 경영방식을 선택하면 됩니다.

5 주거용부동산 중개사무소 개설절차와 방법

부동산 중개사무소 임대차계약 및 권리금 계약, 상호결정 및 사무실 양수양도, 관할구청 중개사무소 등록, 공인중개사협회 회원등록이 이루어져야합니다.

5-1. 부동산 중개사무소 임대차계약 및 권리금 계약

1) 부동산중개사무소 임대차계약

부동산 중개사무소는 건축법상 사무실로 사용하기에 적합한 건물로서 사용승인, 사용검사 등을 받은 건물을 임대차합니다.

가) 건축물 대장(건축법 제20조제4항에 따른 가설건축물대장은 제외한다)에 기재된 건물(준공검사, 준공인가, 사용승인, 사용검사 등을 받은 건물로서 건축물대장에 기재되기 전의 건물을 포함한다)에 중개사무소를 확보(소유·전세·임대차 또는 사용대차 등의 방법에 의하여 사용권을 확보)하여야합니다.

나) 부동산 중개사무소의 임대차계약의 경우, 다른 일반상가임대차에 비해 특별히 유의해야할 사항이 많지 않습니다. 기존 간판 인수, 주차관리, 청소관리 외에는 평이합니다.

> ① 다만 개업 공인중개사는 부동산 중개사무소 양수 후에도 기존 부동산 중개사무소의 업무를 지원해야 할 경우가 있습니다. 기존 매매계약이나 전월세계약 후 아직 입주가 이뤄지지 않은 경우, 잔금 및 정산업무를 위해 인수받은 부동산 중개사무소를 제공해주셔야 합니다. 이 시기를 활용해서 임대인(매도인)과 임차인(매수인)을 확보하고 업무진행이 어떻게 이루어지는지 간접경험의 기회로 삼으면 되겠습니다. (중개보수가 오가는 것을 보면 부러운 마음이 생깁니다!!!)
> ② 또한 기존 부동산 중개사무소에서 여러 가지 이유로 부동산 중개사무소 이전을 하지 않고 1~2개월 중개사무소 등록증을 상호합의하에 그대로 유지하는 경우도 있습니다. 이러한 경우 임대인의 동의를 얻어 사용대차 계약을 체결하여 두 개의 부동산 중개사무소가 병존하는 경우가 있습니다.

Part 03

다) 일반적인 상가임대차의 경우, 업종에 따라 체크해야할 리스트가 다양합니다.

예를 들면, 용도지역·지구 및 개별법령에 따른 해당용도 허용가능여부, 용도변경 가능여부, 하수도원인자부담금, 단독정화조: 하수처리용량 확인, 부설 주차장 확보(용도별 주차대수), 소방관련 시설 완비증명, 안전시설 등 완비증명(다중이용업소), 개별법령 인·허가 가능여부, 학생환경위생정화구역, 학교교과교습학원 및 교습소(청소년 유해시설 확인), 공부상 전용면적 외 실제사용가능면적 확인(학원, 프랜차이즈 업종 등), 행정처분 승계(기 처분 및 진행중 포함), 영업 및 시설설치에 추가되는 부담금(전기 증설, 직통계단 설치, 장애인편의시설 설치 등), 비품 및 시설 인계, 부가가치세, 각종 세금 정산, 추가부담금, 권리금 등(영업권, 시설비 등 정산 및 처리, 영업권리 양·수도 계약), 상가임대차보호법 적용대상여부, 상가관리단규약(동일)업종 제한여부, 기타(간판, 배기시설, 닥트 설치, 냉동/냉장고 실외기 설치장소, 급·배수, 도시가스, 주방설비, 전화/POS단자, 공용화장실 등)

라) 일반적인 상가임대차의 특약사항으로는

㉠ 임차인이 임대차부동산에서 영업하는 데 필요한 행정절차는 임차인의 책임으로 하며, 인·허가 등의 문제로 영업하지 못하는 경우라도 이로 인한 불이익은 임차인이 부담하며 임대인에게 그 책임을 묻지 아니한다.
㉡ 영업의 인·허가에 관한 사항은 임차인의 비용과 책음으로 하되, 임대인은 임차인의 요청에 적극 협조하여야 한다.
㉢ 임차인은 임대차계약 종료 또는 해지 후 임대인의 각종 인·허가사항 말소를 위한 행정처분 신처에 대하여 일체 이의제기하지 않는다.
㉣ 임차인은 임대차부동산을 OO업종의 영업을 하는 용도로 사용하여야 하며 다른 용도로 사용하여서는 안 된다.
㉤ 임차인은 임대인의 동의 없이 지정된 업종(OO업종)을 변경할 수 없다.

ⓗ 임대인의 임차목적물에 제3자의 사업자등록 등이 있는 경우 잔금 지급전까지 폐업 또는 이전신고를 하여야 한다.

ⓢ 임차인은 임대차부동산에 대하여 어떠한 명목으로도 권리금 또는 시설에 대한 프리미엄 등을 임대인에게 요구하거나 타인에게 받아서는 아니되며, 이에 대하여 임대인은 일체의 책임을지지 아니한다.

ⓞ 본 건물에 설치된 간판(위치 및 종류: OO)은 임차인이 사용하기로 하며, 사용에 따른 인적·물적 피해에 대하여는 임차인이 부담하여야 한다.

ⓩ 임차인은 본 건물의 화재, 범죄피해, 파손, 천재지변 및 기타 모든 위험으로부터 시설의 보전을 위하여 임차인의 부담으로 하여 화재보험 및 손해보험에 가입하여 야한다. 만약, 임차인이 이를 위반할 시 임대보증금의 OO%를 위약벌로 임대인에게 손해배상금으로 지급하기로 한다.

2) 부동산 중개사무소 권리금계약

가) 권리금이란 임대차 목적물인 상가건물에서 영업을 하는 자 또는 영업을 하려는 자가 영업시설·비품, 거래처, 신용, 영업상의 노하우, 상가건물의 위치에 따른 영업상의 이점 등 유형·무형의 재산적 가치의 양도 또는 이용대가로서 임대인, 임차인에게 보증금과 차임 이외에 지급하는 금전 등의 대가를 말합니다 (상가임대차보호법 제10조의3①)

나) 권리금 계약이란 신규임차인이 되려는 자가 임차인에게 권리금을 지급하기로 하는 계약을 말합니다(상가임대차보호법 제10조의3②)

다) 부동산 임대차계약과 동시에 개업공인중개사는 영업양·수도에 따른 권리금계약을 체결합니다.

Case 통상 권리금계약을 기존임차인과 신규임차인이 먼저 체결함과 동시에, 신규임차인과 임대인이 새로운 임대차계약을 체결합니다.

개업공인중개사에게 부동산 중개사무소 임대차계약의 보증금과 월세, 권리금이 가장 중요합니다. 여러 가지 당면과제를 미리 생각하고 있어야합니다.
◦ 당해 부동산 중개사무소의 보증금과 월세는 합당한가, 권리금은 합당한가?
◦ 권리금 산정기준이 무엇일까?
◦ 권리금 지급하고 부동산 중개사무소를 양수하였는데, 가까운 거리에 사전 합의 없이 양도인이 부동산 중개사무소를 개설하면 어떻게 해야하나?
◦ 매물장부에서 고객정보까지 어떻게 다 확보할 수 있을까?

가) 부동산중개사무소의 보증금과 월세는 합당한가, 권리금은 얼마가 합당한가? 그 산정기준은 무엇인가?
ⓘ 보증금과 월세, 권리금은 주변시세를 알아봐야합니다.
가장 좋은 예는 한국공인중개사협회 중개사무소매매물건에 대해 지역별·형태별 보증금과 월세, 권리금을 조사·비교분석하면 많은 도움이 됩니다.

ⓛ 권리금에는 시설권리금, 영업권리금, 바닥권리금이 있습니다.
경기흐름과 지역에 따라 권리금은 상이합니다. (이해의 편의를 위한 분류입니다)
A급 사무소는 대략 1억~2억,
B급 사무소는 대략 0.6억~1억,
C급 사무소는 대략 0.2억~0.5억,
D급 사무소는 대략 0.05억에서 0.1억으로 나눠보겠습니다.
A급이 가장 좋은 사무소인가? 그렇지 않습니다.
D급이 가장 나쁜 사무소인가? 그렇지 않습니다.

ⓒ 1차적으로 권리금 산정기준은 전년도 매출입니다.
통상 부동산 중개사무소 권리금을 전년도 매출의 50%를 기준으로 고려해볼 수 있습니다.
전년도 매출에는 현금영수증(세금계산서)발급 매출과 그 외 부가적 소득을 합친금액이 될 것입니다.

나) 부동산중개사무소 권리금 계약시 놓치기 쉬운 부분: 중요Point!
부동산 중개사무소 권리금 계약은 제3자(중개계약을 진행하는 공인중개사)를 통해서 진행하는 것을 추천합니다. 매수자인 개업공인중개사가 초보인 경우, 매도자인 부동산중개사무소 대표에게 유리한 계약으로 진행될 우려가 있기 때문입니다.

첫째, 권리금 계약서에 반드시 양도 후 OO년까지는 OO지역에서 부동산중개사무소를 개설하지 않는다는 특약을 엄격하게 기술하여야합니다.
특히 아파트형 중개사무소를 인수할 경우, 핵심단지지역을 기준으로 거리기준, 관할구청기준 등 엄격한 잣대를 제시해야합니다. 그에 따른 손해배상책임(위약벌 또는 손해배상액예정)까지 제시해야합니다.
둘째, 권리금 계약시 물건정보 및 고객정보를 잔금 전까지 정리해서 인수인계하기로 한다는 특약을 넣으면 좋습니다.
셋째, 권리금 계약시 재개발·재건축·지역개발 이슈 등에 대한 상황체크가 필요합니다. 나중에 권리금을 회수할 기회를 상실할 여지를 만들지 말아야합니다.

Case 권리금을 지급하고 부동산중개사무소를 인수했는데, 수 년 내에 재개발이 진행된 경우, 권리금회수를 할 수 있을까요? 임대인에게 손해배상을 청구할 수 있을까요?

임대인의 권리금 회수기회 보호의무 위반 [대법원2019.7.25. 선고 2018다252823]
상가임대인이 임대차기간 만료 전 임차인에게 계약갱신의사가 없으며 자신이 상가를 직접 이용할 계획이므로 신규임차인과 임대차계약을 체결하지 않겠다고 하였고, 이에 임차인이 임대인을 상대로 권리금 회수 방해로 인한 손해배상을 구한 사안에서, 임대인이 임차인의 신규임차인 주선을 거절하는 의사를 명백히 표시하였으므로 임차인은 실제로 신규임차인을 주선하지 않았더라도 임대인의 권리금 회수기회 보호의무 위반을 이유로 임대인에게 손해배상을 청구할 수 있고 이는 전체 임대차기간이 5년을 경과하였더라도 마찬가지이다

제10조의4(권리금 회수기회 보호 등) ①임대인은 임대차기간이 끝나기 6개월 전부터 임대차 종료 시까지 다음 각 호의 어느 하나에 해당하는 행위를 함으로써 권리금 계약에 따라 임차인이 주선한 신규임차인이 되려는 자로부터 권리금을 지급받는 것을 방해하여서는 아니 된다. 다만, 제10조제1항 각 호의 어느 하나에 해당하는 사유가 있는 경우에는 그러하지 아니하다

1. 임차인이 3기의 차임액에 해당하는 금액에 이르도록 차임을 연체한 사실이 있는 경우
2. 임차인이 거짓이나 그 밖의 부정한 방법으로 임차한 경우
3. 서로 합의하여 임대인이 임차인에게 상당한 보상을 제공한 경우
4. 임차인이 임대인의 동의 없이 목적 건물의 전부 또는 일부를 전대(轉貸)한 경우
5. 임차인이 임차한 건물의 전부 또는 일부를 고의나 중대한 과실로 파손한 경우
6. 임차한 건물의 전부 또는 일부가 멸실되어 임대차의 목적을 달성하지 못할 경우
7. 임대인이 다음 각 목의 어느 하나에 해당하는 사유로 목적 건물의 전부 또는 대부분을 철거하거나 재건축하기 위하여 목적 건물의 점유를 회복할 필요가 있는 경우
   가. 임대차계약 체결 당시 공사시기 및 소요기간 등을 포함한 철거 또는 재건축 계획을 임차인에게 구체적으로 고지하고 그 계획에 따르는 경우
   나. 건물이 노후·훼손 또는 일부 멸실되는 등 안전사고의 우려가 있는 경우
   다. 다른 법령에 따라 철거 또는 재건축이 이루어지는 경우
8. 그 밖에 임차인이 임차인으로서의 의무를 현저히 위반하거나 임대차를 계속하기 어려운 중대한 사유가 있는 경우

5-2. 상호결정 및 사무실 양수양도

1) 상호결정: 기존 상호사용을 원칙으로 합니다. 시대적인 표현이 담겨있습니다.

- 1기 삼성, 현대, 중앙, 이화 등 상호가 많습니다.
- 2기 힐스테이트, 자이, sk view, 롯데캐슬 등 브랜드 상호가 많습니다.
- 3기 오피스텔이나 주택군을 중심으로 공인중개사 이름을 상호로 내놓은 경우도 있고,
- 카페 같은 느낌의 상호를 제시합니다.
- 취향 따라 상호를 선택하면 되겠지만, 영업에 가장 효과적인 상호명이 우선입니다.

2) 중개사무소 양수·양도: 물건정보와 고객정보가 생명입니다.

① 간판은 기존 간판을 그대로 유지하는게 홍보효과에 유리합니다.
② 컴퓨터는 개인정보보호와 자기관리차원에서 인수인계 물품에서 제외되는 추세입니다.
③ 난방기구, 냉방기구 등은 숫자와 상태를 확인하셔서 잘 인계받아야합니다.
④ 가장 중요한 것은 물건정보와 고객정보입니다.

> 1. 한방을 사용하는 중개사무소는 계약관리에 관한 모든 내용을 양수받는 방법을 추천합니다.(예시)
> 2. 물건소유자와 임차인 고객정보를 파일형태나 휴대폰저장장치를 활용해서 확보해야합니다.

특히 아파트형 중개사무소는 소유자별·임대인별·세입자별 스토리텔링에 주목해야합니다.

5-3. 관할구청 중개사무소 등록

1) 사무소를 두고자 하는 관할 시장·군수·구청장에게 등록신청을 하게 됩니다.

[실무상 "부동산정보과" 방문합니다.]

2) 등록신청시 실무교육 이수확인증, 사무소임대차계약서, 반명함판 사진(여권사진)2장을 지참하여 부동산정보과를 방문하여 등록신청서를 작성·접수합니다.

① 아파트형 부동산중개사무소는 단지내 상가인 경우 OO아파트 단지내 상가 OO호로 기재하시길 바랍니다.

② 최근 홍보를 위해 대표번호를 상호에 넣는 경우가 많습니다.

3) 등록신청 후 7일이내 서면으로 등록을 서면통지해줍니다.

4) 등록통지를 받고 업무 개시 전에 개업공인중개사는 협회 공제 등 가입하거나 서울보증보험에 2억원(공인중개사법 시행규칙 일부개정령안 입법예고 2021.09.02.) 업무보증설정을 합니다.

Case 업무보증은 한국공인중개사협회 공제에 가입할 것을 추천합니다.

5) 중개업무 개시 전에 성명이 나타난 인장을 등록관청에 등록하여야합니다.

Case 인장은 도장찍기 편한 크기를 추천합니다(막대형 사이즈)

6) 등록관청은 등록을 할 때 중개업등록대장에 등록에 관한 사항을 기재하고 업무보증설정 여부를 확인한 후 등록증을 교부합니다.

7) 교부받은 등록증과 사무소임대차계약서를 지참하여 관할세무서에 사업자등록을 신청합니다.

Case 사업의 종류 중에서 업태(부동산) 종목(부동산중개업 및 컨설팅)을 기본적으로 설정합니다.

5-4. 공인중개사협회 회원등록

1) 회원사로 등록하고 정례회비를 납부하면 한방을 사용할 수 있습니다.
공인중개사로서 사업자단체인 한국공인중개사협회 회원사가 되어, 바람직한 중개문화정착과 회원사로서 책무와 권리를 누리면 좋겠습니다.

2) 공제보험은 서울보증보험이 더 저렴하지만, 협회 공제에 가입하는 게 큰 의미가 있습니다.

3) 협회등록비도 부담스럽지만 공인중개사 사무소의 공동체적 접근도 의미가 있습니다.

4) 한방

네이버부동산에 매월 10개이상 실매물 간편등록합니다: 공인중개사협회용 매물
Case 한방회원사에 한해 무료가입, 무료 매물등록, 까다롭지 않은 매물등록 절차
지역공인중개사간 매물 홍보에 유익합니다
특히, 상가, 토지 매물 등 광범위한 지역매물을 파악하기 좋습니다.

제3강 주거용부동산 중개 기초 핵심 Key Point

부동산 물건 부동산 고객	+	계약금	+	중개보수

1 부동산 물건과 고객: 부동산 중개사무소가 가장 중요한 물건지 & 고객이다!!!

1) 물건지 부동산 중개사무소: "부동산 매물과 고객의 주된 공급처"

① 물건지 부동산 중개사무소는 1층 사무소 위주로 운영하고 있습니다.
- 아파트 단지내 1층 상가 부동산
- 오피스텔 입점 1층 부동산
- 주택 밀집지역 빛 유명 상권내 1층 부동산

㉠ 물건지 부동산 중개사무소는 상대적으로 업무가 편하고 양타확률이 높아 기본매출 유지에 좋습니다. 특히, 매도자우위시장에서는 물건지 부동산 중개사무소가 "갑"입니다.

㉡ 매도자(임대인)에게 철저한 서비스를 제공해야 전속물건이 외부로 빠져나가지 않습니다. 예를들면, 전등교체, 내부보수 등 필요시 업체섭외와 관리까지 해드려야합니다. 임대물건일 경우, 재계약서 관리까지 해드립니다. 중개보수는 기분 상하지 않도록 할인해드립니다.

㉢ 물건에 대해 수리상태, 확장여부, 조망권 등 디테일하게 파악해야하며, 물건지 소유자(임대인)에 대한 신상정보·가족관계·성향 등에 대해 세밀하게 파악하고 있어야합니다.

㉣ 물건지 부동산 중개사무소는 철저하게 소유자(임대인)을 우선적으로 고려해야합니다. 특히 공동중개의 경우, 손님지 부동산 중개사무소의 무리한 요구는 사전에 차단해야합니다. 예를들면, 무리한 가격흥정, 무리한 수리요구, 무리한 입주일정 조정 등 소유자(임대인)을 귀찮게 만들지 말아야합니다.

Case OO아파트 매매가 8억원, 매도인 아들이 전화통화를 하면서 절대로 8억원 이하로 매도할 생각이 없으니, 매매가 깎으려는 고객은 집보러 오지 말라고 했습니다. 손님지 부동산중개사무소에서 1,000만원만 깎아주면 바로 계약할 것같으니, 매도인에게 한번만 부탁해달라, 이럴 때 개업공인중개사는 어떻게 해야할까요?

Case OO아파트 전세가 4억원, 손님지 부동산중개사무소에서 도배와 장판을 해달라고 합니다. 현 상태는 양호한 편입니다. 개업공인중개사는 어떻게 해야할까요?

② 지역커뮤니티 회원사로 등록된 부동산 중개사무소로부터 부동산 매물을 확보합니다. 부동산 물건 공유·부동산 정보 공유·회원간 친목도모·정기모임·비회원사 공동중개 거절·정기휴가(여름단체휴가)·휴업일 지정(토요휴무 또는 격주휴무)등

    ㉠ 아파트 단지별로 배타적 네트워크 운영:

      Case 목동회원사, 대치동회원사, 반포회원사 등 각 회원사별 공동으로 사용하는 네트워크에 물건정보를 올립니다. 회원사만 볼 수 있는 사이트입니다. 가입비가 높습니다.

    ㉡ 주택 밀집지역 및 유명 상권내 친목 네트워크 운영

      Case 다음카페 등 활용하여 각 회원사별 공동중개물건을 공유합니다. 회원사만 볼수있도록 일반인 비공개입니다. 예를들면, 부동산전문가들의 모임, 젊은 공인중개사들의 모임 등 각 중개지역별 회원사를 모집하여 거리제한을 두는 등 정관에 따라 회원을 관리합니다. 가입비가 높지 않습니다.

③ 네이버부동산 & 지역 거래망을 통해 물건지 부동산 중개사무소의 부동산 매물을 확보하고 공동중개를 준비합니다.

   – 양질의 중개매물을 관계성 좋은 물건지 부동산 중개사무소로부터 제공받아야합니다. 적극적 태도, 성실한 자세, 계약성사 잘하는 손님지 또는 물건지 부동산 중개사무소에는 좋은 매물을 우선적으로 다른 부동산중개사무소로부터 제공받을 수 있습니다.

④ 좋은 매물확보를 위해서 평소에 물건지 부동산 중개사무소에 자주 들러 커피 한잔 하면서 좋은 관계를 맺어둡니다.

    ㉠ 서로 마음이 통하면 이 매물 괜찮은데 손님 붙여 달라고 살며시 얘기합니다.

    ㉡ 직접 들은 실시간 중개 매물 정보는 머릿속에 잘 저장됩니다.

    ㉢ 손님이 왔을 때 순식간에 매물정보가 떠올라 고객과 방문하면 계약성사율 또한 높습니다.

2) 손님지 부동산 중개사무소: "부동산 고객의 주요 공급처"

① 손님지 부동산 중개사무소는 대로변 또는 역세권 1층 사무소 위주로 운영되고 있습니다.

   – 온라인 광고를 전문으로 하는 경우, 건물내 2층에 위치하는 경우가 있습니다.

   – 지하철역 출입구 또는 대로변에 위치한 손님지 부동산 중개사무소는 기본적으로 자기 매물 뿐만 아니라 넘치는 고객으로 인해 늘 매물이 부족하기 때문에 다른 물건지 부동산 중개사무소의 매물을 상시 파악하고 있어야 합니다. 순발력과 영업력 있는 공인중개사·중개보조원의 역량에 계약성사가 달려 있습니다.

② 손님지 부동산 중개사무소라도 부동산 물건 확보가 중요합니다.

   – 손님은 부동산 매물을 알아보러 오는데, 온라인 광고든지 오프라인 광고든지 진성매물이 있어야 고객방문을 유도할 수 있습니다.

– 특히, 아파트 매물은 단지 특성에 따라 영업환경이 다릅니다.

☑ 지역커뮤니티 회원사 중심으로 운영되는 단지내 부동산 중개사무소는 회원가입을 해야만 공동중개가 가능하며, 회원간 매물 공유를 통해 네이버부동산 등에 다른 부동산 중개사무소 매물을 동의를 받은 후 광고행위를 할 수 있습니다.

☑ 신설된 뉴타운지역 아파트 단지내 부동산 중개사무소 또는 항아리형 아파트 단지내 부동산 중개사무소는 지역커뮤니티 없이 개별적으로 운영되는 경우도 있습니다. 지역커뮤니티가 없더라도 우호적인 부동산 중개사무소와 협력관계를 맺어야 매물을 원하는 시점에 거래할 수 있습니다. 그래야만 물건도 지키고 손님도 지킬 수 있습니다. 일정기간까지 거래성사가 되지 않으면 소유자(임대인)은 다른 부동산중개사무소에 매물을 내놓을 수 밖에 없습니다. 그러면 전속관리하던 매물이 빠져나갈 확률이 많아집니다.

☑ 각자도생, 같은 단지내 부동산 공인중개사무소 간에는 예외적인 경우를 제외하고 공동중개를 해야할 필요성을 느끼지 못합니다.

☑ 멀리 떨어진 아파트 부동산 공인중개사무소와 공동중개는 열려있습니다.

③ 손님지 부동산중개사무소는 특히 부동산 소유자(임대인)이 활용하는 광고사이트를 필수적으로 이용해야합니다.

☑ 오피스텔 원룸 주택은 공실클럽, 직방 온하우스, 다방

☑ 신축빌라매매 전세는 집플러스

부동산 물건과 고객이 확보되면, 물건과 고객 사이에 절묘한 매칭으로 계약을 성사시켜야합니다. 그 중에서 가장 중요한 포인트가 계약금을 일부라도 지급하게 만드는 것입니다.

2 계약금 계약

매매계약, 임대차계약, 권리금계약 등 주거용부동산 중개실무에서 꼭 필요한 계약금인데, 계약금의 일부를 지급하고 계약을 해제하거나 계약금의 일부를 돌려달라는 사례가 빈번하기 때문에 계약금에 대해 그 법리와 실무를 잘 알아야합니다.

1) 계약금 계약(부동산 매매·임대차계약x)의 법적성질은 요물계약(종된계약·쌍무계약)으로서, 계약금이 전액 지급되어야, 그 계약금 계약 자체의 효력이 발생하게 됩니다. 현재 계약금 전액이 지급된 상황이 아니라면, 계약금 계약이 유효함을 전제로 계약금 잔액만을 청구하는 소송은 불가합니다.

2) 다만, 부동산매매·임대차 계약 자체는 여전히 유효하고, 상대방은 계약금, 중도금을 포함한 대금지급의무를 불이행하고 있으므로, 매매대금(임대차보증금) 전체를 구하는 소를 제기하실 수 있습니다(물론, 부동산 소유권의 이전을 동시이행 하셔야 합니다).

3) 실무상 알고 있으면 도움되는 계약금·가계약금 관련, 대법원 판례에 대해 소개하겠습니다.
   가) 대법원에서는 가계약서에 잔금 지급시기가 기재되지 않았고 후에 그 정식계약서가 작성되지 않았다 하더라도, 위 가계약서 작성 당시 매매계약의 중요 사항인 매매목적물과 매매대금 등이 특정되고 중도금 지급방법에 관한 합의가 있었다면 부동산에 관한 매매계약은 성립된다고 판단한 사례가 있습니다(대법원 2006. 11. 24. 선고 2005다39594 판결).

나) 계약금을 1억원을 정하고, 일단 계약 당일에 1천만원만 입금하고, 다음날에 나머지 9,000만원을 입금하기로 한 상태라고 가정합니다. 그런데 매도인이 그날 저녁 마음이 변하여 민법 제565조에 의하여 계약을 해제할 수가 있는지가 문제됩니다.

이에 대해 대법원은 계약금이 전부 교부되지 아니한 이상 아직 계약금계약은 성립되지 아니하였다고 할 것이니, 매도인측은 매수인의 채무불이행이 없는 한 이 사건 매매계약을 임의로 해제할 수 없다고 할 것이므로, 이 사건 계약금을 수령하기 전에 매도인측이 일방적으로 한 이 사건 매매계약 해제의 의사표시는 부적법하여 효력이 없다고 판시하였다(대법원 2008. 3. 13. 선고 2007다73611 판결).

다) 당사자가 계약금의 일부만을 먼저 지급하고 잔액은 나중에 지급하기로 약정하거나 계약금 전부를 나중에 지급하기로 약정한 뒤 계약금의 잔금이나 전부를 약정대로 지급하지 않으면 상대방은 계약금 지급의무의 이행을 청구하거나 채무불이행을 이유로 계약금약정을 해제할 수 있고, 나아가 이 약정이 없었더라면 주계약을 체결하지 않았을 것이라는 사정이 인정된다면 주계약도 해제할 수도 있다. 그러나 교부자가 계약금의 잔금 또는 전부를 지급하지 않는 한 계약금계약은 성립하지 아니하므로 임의로 주계약을 해제할 수는 없다.(대법원 2008. 3. 13. 선고 2007 73611 판결)

라) 또한 대법원은 최근 "원고는 2013. 3. 25. 피고로부터 서울 서초구 서초동 아파트를 매매대금 11억 원에 매수하기로 하는 이 사건 매매계약을 체결하면서, 계약금 1억 1,000만 원 중 1,000만 원은 계약 당일에 지급하고, 나머지 1억 원은 다음 날인 2013. 3. 26. 피고의 은행계좌로 송금하기로 약정하고, 원고는 이 사건 매매계약을 체결한 당일 피고의 은행계좌로 계약금 중 1,000만 원을 송금하였고 피고는 다음 날인 2013. 3. 26. 이 사건 매매계약 체결을 중개하였던 공인중개사에게 이 사건 매매계약을 해제하겠다고 통보하고 피고의 은행계좌를 해지하여 폐쇄한 상태에서, 원고는 이러한 사실을 모른 채 같은 날 11:30경 피고의 은행계좌에 나머지 계약금 1억 원을 송금하려 하였으나 위와 같은 계좌 폐쇄로 송금에 실패하자, 1억 원을 자기앞수표 1장으로 발행하여 공인중개사 사무소를 방문하였고, 공인중개사로부터 피고가 이 사건 매매계약을 해제하려고 피고의 은행계좌를 폐쇄하였다는 사실을 전해들은 사안"에서, 다음과 같이 판시하였다.

"매매계약이 일단 성립한 후에는 당사자의 일방이 이를 마음대로 해제할 수 없는 것이 원칙이다. 다만 주된 계약과 더불어 계약금계약을 한 경우에는 민법 제565조 제1항의 규정에 따라 해제를 할 수 있기는 하나, 당사자가 계약금 일부만을 먼저 지급하고 잔액은 나중에 지급하기로 약정하거나 계약금 전부를 나중에 지급하기로 약정한 경우, 교부자가 계약금의 잔금 또는 전부를 지급하지 아니하는 한 계약금계약은 성립하지 아니하므로 당사자가 임의로 주계약을 해제할 수는 없고, 해약금의 기준이 되는 금원은 '실제 교부받은 계약금 1,000만원'이 아니라 '약정 계약금 1억1천만원'이라고 봄이 타당하다. '실제 교부받은 계약금'의 배액만을 상환하여 매매계약을 해제할 수 있다면 이는 당사자가 일정한 금액을 계약금으로 정한 의사에 반하게 될 뿐 아니라, 교부받은 금원이 소액일 경우에는 사실상 계약을 자유로이 해제할 수 있어 계약의 구속력이 약화되는 결과가 되어 부당하다고 판시하였다(대법원 2015. 4. 23. 선고 2014다231378 판결).

요약하자면,

1) 계약금계약으로 계약을 해제하려면 약속된 계약금 전액이 지급되지 않는 한 매도인이나 매수인 모두 계약을 해제할 수가 없는 것입니다. 물론 양 당사자가 합의로 해제하는 것은 별론입니다(실무에서는 분쟁을 미연에 방지하고자 합의해제문구를 작성합니다).

2) 위 사안에서 매수인은 법리상, 매매계약 해제가 불가하다면서 계약의 이행을 주장할 수도 있습니다. 만일 매수인이 상기 법리를 모른다면, 지급한 계약금 일부의 2배인 2천만원만 받고 매매계약 해제에 동의를 할 위험도 있습니다.

3) 또 계약금의 일부만 지급된 경우 설령 수령자가 매매계약을 해제할 수 있다고 하더라도, 그 해약금의 기준이 되는 금원은 '실제 교부받은 계약금'이 아니라 '약정 계약금'이라는 것이 대법원의 입장이라는 점도 기억할 필요가 있습니다. '실제 교부받은 계약금'의 배액만을 상환하여 매매계약을 해제할 수 있다면 이는 당사자가 일정한 금액을 계약금으로 정한 의사에 반하게 될 뿐 아니라, 교부받은 금원이 소액일 경우에는 사실상 계약을 자유로이 해제할 수 있어 계약의 구속력이 약화되는 결과가 되어 부당하기 때문이다(대법원 2015. 4. 23. 선고 2014다231378 판결)

마) 계약금은 법정해약금으로 보고 있습니다. (위약금약정X, 계약의 성립요소X)

대법원판례는 매매당사자 사이에 수수된 계약금에 대하여 매수인이 위약하였을 때에는 이를 무효로 하고 매도인이 위약하였을 때에는 그 배액을 상환할 뜻의 약정이 있는 경우에는 특별한 사정이 없는 한 위약금은 민법 제398조 제1항 소정의 손해배상액의 예정의 성질을 가질 뿐만 아니라 민법 제565조 소정의 해약금의 성질도 가진 것으로 볼 것이다 하여 원칙적으로 손해배상액의 예정 또는 해약금으로 보고 있습니다(대법원 1996.10.25. 선고 95다33726 판결)

다만 민법 제565조의 해약권은 당사자 간에 다른 약정이 없는 경우에 한하여 인정되는 것이고 만일 당사자가 위 조항의 해약권을 배제하기로 하는 약정을 하였다면 더 이상 그 해제권을 행사할 수 없는 것이다는 판결도 있습니다(대법원 2009.4.23.선고 2008다50615 판결)

계약금에 기한 해제권 행사는 당사자가 특약으로 배제가 가능하고, 상대방이 이행에 착수할 때까지만 가능합니다.

> **민법 제565조(해약금)** ① 매매의 당사자 일방이 계약당시에 금전 기타 물건을 계약금, 보증금등의 명목으로 상대방에게 교부한 때에는 당사자간에 다른 약정이 없는 한 당사자의 일방이 이행에 착수할 때까지 교부자는 이를 포기하고 수령자는 그 배액을 상환하여 매매계약을 해제할 수 있다.

민법 제398조(배상액의 예정) ① 당사자는 채무불이행에 관한 손해배상액을 예정할 수 있다.

② 손해배상의 예정액이 부당히 과다한 경우에는 법원은 적당히 감액할 수 있다.

③ 손해배상액의 예정은 이행의 청구나 계약의 해제에 영향을 미치지 아니한다.

④ 위약금의 약정은 손해배상액의 예정으로 추정한다.

⑤ 당사자가 금전이 아닌 것으로써 손해의 배상에 충당할 것을 예정한 경우에도 전4항의 규정을 준용한다.

바) 판례상 계약금이 일부만 건너가거나 지급되지 않은 경우, 즉 계약금 전액이 지급되지 않으면 계약금에 기한 해제권 행사는 불가합니다. 매수인은 중도금 지급기일 전이라도 중도금을 지급하여 계약금에 기한 해제를 막을 수가 있고, 반대로 매도인은 일단 해제를 한다는 의사표시를 하여 중도금 지급기일을 자신을 위한 것으로 만들 수도 있습니다.

3) 부동산 물건을 확인하고 고객의 요구조건이 합치되면, 개업 공인중개사는 조건조율 및 클로징 단계에 돌입하게 됩니다: 어떤 좋은 말을 듣더라도 계약 클로징을 못하면 헛수고입니다!!!

– 계약조건 협의을 이끌어내고 계약금 중 일부를 송금함으로써 계약을 성사시킵니다.

상기 대법원 판례를 이해한다는 전제하에, 양 당사자간 계약금 계약을 양 당사자 합의로 이끌어내어 통상적으로 아래와 같이 진행합니다.

– 계약서 작성과 동일하게 계약조건 협의, 등기사항전부증명서를 통해 소유자·임대인 및 권리관계 확인, 건축물대장을 통해 위반건축물 여부 확인 후 계약금 중 일부를 지급하도록 해야합니다.

– 매도인·임대인과 매수인·임차인이 특별히 요구하는 조건이 있다면, 특약사항까지 기술해야합니다. 예를 들면, 반려견 금지, OO부분 결로 누수 수리조건, 도배·싱크대 교체·화장실보수·보일러교체·전등교체 등 세부적인 내용도 포함시킬 수 있습니다.

① 매매대금·임대보증금, 그 외 월세, 관리비

② 계약금 10% 중 일부를 매수인·임차인OOO이 매도인·임대인OOO OO은행 계좌로 송금하기로 한다.

③ 계약서 작성일: 일주일 이내 협의

④ 중도금: 계약서 작성시 협의

⑤ 잔금 및 입주일: 2022.01.31.

⑥ 특약사항

☑ 현 시설상태에서의 계약임

☑ 매도인은 채권최고액 금OO억원(OO은행, 근저당권 3건) 잔금일에 상환말소하기로 한다.

Case 계약합의 문자 예시: 중요합니다. 실무활용!!!

OO년OO월OO일 매도인·임대인 OOO이 지정하는 OO은행 계좌로 계약금10% 중 일부인 금일천만원을 입금하기로 하며, 계약서 작성일 전까지 매도인·임대인은 기 수령한 계약금 중 일부인 금일천만원의 배액을 상환하고 계약을 해제할 수 있으며, 매수인·임차인은 이미 지급한 계약금 중 일부인 금일천만원을 포기하고 계약을 해제할 수 있다(계약서 작성 전까지 합의해제 가능하도록 함)

위 내용에 대해 매도인·임대인과 매수인·임차인에게 동시에 OO공인중개사사무소에서 통지하며 이를 확인하여 주시기 바랍니다.
OOOO년 OO월 OO일 OO공인중개사 사무소 올림

Case

OO아파트 월세 보증금 1억원, 월세 80만원, OOOO년 OO월 OO일 대상물건을 고객에게 확인시킨 후 임차인OOO과 임대인OOO에게 OO부동산에서 날짜협의를 끝내고 임대인 OOO에게 계약금 중 일부인 금300만원을 계좌송금한 사례.

추석연휴기간 후 계약서작성을 위해 OO부동산에서 계약일시를 협의하던 중, 임차인 OOO은 OO부동산에 OOOO년 OO월 OO일에 이사할 수 없음을 통보함. OO부동산에서는 임차인OOO에게 집을 보러가서 OOOO년 OO월 OO일에 이사갈 수 있다는 사실을 확인하고 임대인OOO으로부터 계좌번호를 수령하여 계약금 중 일부인 금300만원을 송금했다, 이사날짜 준수를 요청함.

그런데 임차인OOO은 계약명의자는 OOO인데, 왜 계약명의자가 아닌 아내OOO에게 이사날짜를 확인했느냐, 계약명의자 OOO은 OOOO년 OO월 OO일에 이사나갈 수 없다고 통보함.

이에 OO부동산에서 고객에게 OOOO년 OO월 OO일에 입주불가함을 통지하였으나, 고객은 기 지급한 금300만원의 배액이 아니라 보증금 1억원의 계약금 10%(일천만원)의 배액상환을 요구하였음.

Case

OO지역 역세권재개발 이슈가 한창 떠오르면서 OOOO년 OO월 OO일 OO역세권 OO동 789-1번지 제5층 501호 매매금액 금일억오천만원, 계약금 중 일부인 금500만원을 매도인 OO회사 계자로 송금하였고, 이를 확인함. 전세 금일억원 승계조건 매매계약임.

매물상태 확인 없이 금500만원을 송금한 사례, 계약서 작성일을 바로 다음날 진행하려고 했으나 매수인이 일정을 계속 미루었음, OO부동산에서는 매수인에게 매도인이 계약금 중 일부인 금500만원 배액상환하고 계약을 파기할 수 있으니 빨리 계약서 작성하자고

재촉하였으나 코로나 및 지방 일정 등을 이유로 계약서 작성을 할 수 없었음. 최종적으로 내일 계약서 작성을 진행하고자 시간조정 중 매도인이 다른 매수인이 더 높은 매매가를 제시하자 계약파기를 통보함. 매도인은 기 수령한 금500만원의 배액을 상환하겠다고 했으나 매수인은 계약금 1500만원의 배액상환을 요구한 사례.

3 중개보수: 개업공인중개사 사무소의 마지막 종착점, 복비!!!

1) 개업공인중개사는 어떻게 하면 정당한 중개보수를 요구하고 받을 수 있을까?

① 아파트형 부동산 중개사무소:
거래가액이 높아지면서 중개보수 지급에 대한 부담이 커지는 현실입니다.
최근 30~40대 초반이 실수요자 매수·매도 대열에 적극 참여하면서, 중개보수에 상흔이 남겨지고 있습니다.

Case

OO아파트 매매가 9억1000만원, 전세가3.6억원, 전세승계조건 OO년 08월 만기, 아직 매도자 우위시장이라 가격네고 없이 매매계약체결하기로 함, 계약금의 일부 일천만원 계좌이체 후 계약서 작성일에 매도자가 일찍 중개사무소에 방문함. 갑자기 중개보수 부가세 포함 300만원으로 합의하지 않으면 매매계약 안하고 가겠다고 함.

② 오피스텔형 원룸형 주택형 부동산 중개사무소 :
중개보수 지급에 대한 분쟁이 거의 없습니다. 대체로 매물이 귀하고 중개보수 부담이 높지 않기 때문입니다. (임대차 0.4퍼센트, 매매 0.5퍼센트)

③ 일반주택형 부동산 중개사무소 :
연세가 많은 다가구주택 소유자(임대인)은 자기가 정한 중개보수를 막무가내식으로 주고 가버리는 경우가 있습니다. 어떻게 대응해야할까요?
정해진 중개보수를 주면서 은근히 자발적으로 할인해주길 바라는 소유자(임대인)이 있습니다. 어떻게 대응해야할까요?

2) 중개실무에서 아파트형 부동산 중개사무소가 자주 경험하는 사례별 중개보수 제대로 받는 방법을 나눠보도록 하겠습니다.: 정해진 룰은 없습니다 다만 합당한 범위내에서 조정해드립니다.

① 매매와 매매잔금으로 전세를 동시에 계약진행하는 경우 :
매수계약에 따른 중개보수와 전세계약에 따른 중개보수를 100퍼센트 다 지급하는 매수인이라면 좋겠지만, 통상적인 관례는 어떤게 있을까요?

② 갈아타기(매도와 매수) 동시에 계약진행하는 경우 :
매도계약에 따른 중개보수와 매수계약에 따른 중개보수를 100퍼센트 다 지급하는 고객이라면 좋겠지만, 통상적인 관례는 어떤게 있을까요?

③ 매도와 전·월세를 동시에 계약진행하는 경우 :
매도계약에 따른 중개보수와 전·월세계약에 따른 중개보수를 100퍼센트 다 지급하는
고객이라면 좋겠지만, 통상적인 관례는 어떤게 있을까요?

④ 지인(친척포함) 계약진행하는 경우 :
지인(친척포함) 매매·임대차계약을 진행할 경우, 중개보수를 어떻게 받으면 좋을까요?

3) 중개보수, 적게 주려고 작정한 고객, 이길 수 있을까요?

내 일보다 고객의 일에 더 최선을 다하는게 공인중개사가 대체로 일하는 방식입니다.

① 대체로 매수인·임차인은 중개보수를 덜 주려고 하지 않습니다:
좋은 물건을 좋은 가격으로 매수·임차해드린 것에 대한 보상, 여러 산적한 문제들을
함께 해결함으로써 순식간에 생기는 동업자 의식 등이 생기기 때문입니다.

② 대체로 매도인·임대인은 중개보수를 덜 주려고 합니다:
내가 개업공인중개사에게만 매물을 특별히 내놓았다.
내가 개업공인중개사의 사정을 감안해서 가격을 네고해주었다.
통상적으로 계약시점보다 잔금시점에 매매가격이 상승해서 속상하다.
등 매도인·임대인은 아쉬움과 불편함이 있습니다.
물론 정반대로 최선을 다해 매도시점·매도가격을 잘 맞춰드릴 때 넉넉함을 베푸시는
고객이 계십니다. 그러나 중개보수요율 한도를 크게 초과해서 중개보수를 지급하시는
분은 거의 없다고 봐야 합니다.

③ 떠나가는 매도인에게는 중개보수를 제대로 받아야하고
남게 되는 매수인에게는 중개보수를 약간 감액해드리고 싶지만
실제 중개 현장에서는 정반대의 일이 자주 발생합니다.

④ 법정요율에서 물러나지 않는 자세가 필요합니다. 합의를 잘 이끌어내야 합니다.
Case 물러설 수 없는 가이드라인이 필요하며, 그에 합당한 근거가 필요합니다.
- 부동산 매출이 크게 증대한 것같지만, 최근 거래건수가 줄어들어 실상 어려움이 많
습니다.
- 부가세는 정부에서 악착같이 가져가기 때문에 부가세 면세는 어렵습니다.
- 매매의 경우 거래신고로 인해 소득이 거의 100% 잡혀서 세금을 피할 방법이 없습니다.
- 좋은 가격으로 매도해드렸으니 or 좋은 가격으로 매수해드렸으니 기분 좋게 복비를
주세요. ⇨ 거래에 합당한 스토리를 만들어 준비하는 자세가 필요합니다.

⑤ 중개보수에 대해 기본 3가지 안을 준비하지 않으면 필패합니다!!!
Case
1안) 중개보수 법정요율대로 요청했을 때 고객은 어떤 반응을 보일 것같고, 그럴 경우
어떻게 수정제시할지 그대로 법정요율을 주장할지
2안) 중개보수 법정요율에서 부가세를 감액해주는 경우,
3안) 중개보수 법정요율을 0.01% 인하했을 경우, 등 고객이 기대하는 중개보수를 예측
하고 그에 합당한 대응을 해야합니다.

⑥ 중개보수는 가능하면 고객이 먼저 요구할 때까지 미리 요율이나 금액을 밝히지 않습니다. 최대한 생각하고 밀당할 시간이 필요합니다.

⑦ 인정작업으로 중개보수를 법정요율보다 더 받아도 되는가?

부동산중개업법 제15조 제2호의 규정에 의하면

개업공인중개사는 수수료 또는 실비를 초과하여 금품을 받거나 그 외에 사례 증여 기타 어떠한 명목으로라도 금품을 받는 행위를 금지하고 있으며, 이를 위반할 경우 동법에서 강력한 제재를 받게 됩니다.

제22조 제2항 제3호의 규정에 의한 등록취소,

제23조 제1항 제7호의 규정에 의한 업무정지,

제38조 제2항 제5호의 규정에 의하여 1년 이하의 징역 또는 1천만원이하의 벌금에 처하게 되고 징역형을 선고받은 경우 동법 제24조의 규정에 의하여 공인중개사의 자격이 취소됩니다.

Case

매도인이 매물을 내놓으면서, 매매가격 10억원, 매도인 입금금액 9.5억원, 그 외 매매가격을 더 받아서 중개보수를 대신하기 바랍니다 라고 할 때, 거래성사시 어떻게 중개보수를 받아야할까요?

● **[공인중개사법 시행규칙 일부개정령안에 대해 살펴보겠습니다.]**

2021년은 2020년에 비해 매매기준, 거래량이 50%이상 급감하였습니다.

기존 중개보수체계로 인해 매출급감이 없었지만, 공인중개사법 시행규칙 일부개정령안이 2021.10.19.부터 시행됨으로써 거래량 감소에 따른 매출감소가 충분히 예상됩니다.

실제 중개실무에서는 매매 0.9%, 임대 0.8%를 제대로 받은 경우는 거의 없다시피 했습니다. 오히려 월세의 경우, 중개보수가 보증금으로 환산하면 전세나 매매에 비해 현저히 낮아지는 병폐가 있었는데 이에 대해 아무런 개선이 이루어지지 않은 점이 안타깝습니다.

● **[공인중개사법 시행규칙 일부개정령안: 국토교통부령 제902호, 2021.10.19.부터 시행]**

1) 개정이유

① 최근 부동산 가격 상승에 따른 중개보수의 증가로 국민의 부담이 크게 증가하고 이에 대한 개선 요구가 지속 제기됨에 따라 중개보수 체계를 개편하려는 것임.

② 거래가격구간과 관계없이 매매와 임대차에 대해 전체 상한요율(매매 0.9%, 임대차 0.8%) 범위 내에서 조례로 정하도록 규정

③ 또한, 매매 9억 및 임대차 6억에서 요율이 급증하여 이로 인해 거래금액 차이는 적음에도 중개보수는 급증

④ 거래가격구간별 상한요율을 시행규칙에 정하고 그 범위에서 조례로 정할 수 있도록 개정

2) 공인중개사법 시행규칙 일부개정령안

공인중개사법 시행규칙 일부를 다음과 같이 개정한다.

제20조제1항 중 "매매·교환의 경우에는 거래금액의 1천분의 9이내로 하고, 임대차 등의 경우에는 거래금액의 1천분의 8이내로 한다"를 "별표 1과 같으며, 그 금액은 법 제32조제4항에 따라 시·도의 조례로 정하는 요율한도 이내에서 중개의뢰인과 개업공인중개사가 서로 협의하여 결정한다"로 하고, 같은 조 제4항제1호 각 목 외의 부분 중 "별표 3"을 "별표 2"로 한다.

제22조제1항 중 "별표 1"을 "별표 3"으로 한다.

제25조 중 "별표 2"를 "별표 4"로 한다.

별표 2를 별표 4로 하고, 별표 3을 별표 2로 하며, 별표 1을 별표 3으로 하고, 별표 1을 별지와 같이 신설한다.

3) 부칙

> 제1조(시행일) 이 규칙은 공포한 날부터 시행한다.
>
> 제2조(주택의 중개보수에 관한 적용례 등) ①제20조제1항 및 별표 1의 개정규정은 이 규칙 시행 이후 중개의뢰인 간에 매매·교환 또는 임대차 등의 계약을 체결하는 경우부터 적용한다.
>
> ②이 규칙 시행 전에 법 제32조제4항에 따라 시·도의 조례로 정한 주택의 중개보수에 관한 사항은 별표 1의 개정규정에 따른 주택 중개보수의 상한요율의 범위에서 해당 시·도의 조례가 제정되거나 개정되기 전까지는 종전의 시·도의 조례를 적용한다. 다만, 종전의 시·도 조례로 정한 중개보수가 별표 1의 개정규정애 따른 상한요율을 초과하는 경우에는 해당 시·도의 조례가 제정되거나 개정되기 전까지 별표 1의 개정규정에 따른 상한요율을 적용한다.

4) [별표 1]

주택 중개보수 상한요율(제20조 제1항 관련)

거래내용	거래금액	상한요율	한도액
1. 매매·교환	5천만원 미만	1천분의 6	25만원
	5천만원 이상 2억원 미만	1천분의 5	80만원
	2억원 이상 9억원 미만	1천분의 4	
	9억원 이상 12억원 미만	1천분의 5	
	12억원 이상 15억원 미만	1천분의 6	
	15억원 이상	1천분의 7	
2. 임대차 등	5천만원 미만	1천분의 5	20만원
	5천만원 이상 1억원 미만	1천분의 4	30만원
	1억원 이상 6억원 미만	1천분의 3	
	6억원 이상 12억원 미만	1천분의 4	
	12억원 이상 15억원 미만	1천분의 5	
	15억원 이상	1천분의 6	

제 4 강 │ 주거용부동산 중개 절차

1 부동산 매물확보: 부동산 매물은 개업공인중개사의 생명이다!!!

부동산 매물확보와 부동산 매물홍보는 동전의 양면과 같습니다.
개업공인중개사는 없는 매물도 만들어서 매물광고를 해야할 이유가 이것입니다.

1) 부동산 매물확보방법

① 부동산 중개사무소가 보유하고 있는 입점단지 소유주와 임차인 명단이 경쟁력입니다
계약을 통해 누적된 부동산매물정보와 소유자(임대인) 및 임차인 정보가 계속해서 매매계약과 임대차계약을 꾸준히 진행되게 하는 소스(Source)입니다.

② 공동중개는 부동산매물확보에 장기적으로 가장 좋은 수단입니다.
손님지 부동산중개사무소는 공동중개를 통해 소유자(임대인)과 관계를 갖게되고 임차인이 계약기간중 이사갈 경우, 우선적으로 물건지 부동산중개사무소 역할을 하게 됩니다.

Case 공동중개시, 손님지 부동산중개사무소는 물건지 부동산중개사무소에게 부담을 주지 않도록 조심해야합니다. 물건지 부동산중개사무소는 매물을 지켜야하는 입장이기에 예민할 수 밖에 없습니다. 초보개업공인중개사는 소유주(임대인)에게 자기 부동산 명함을 건네며 인사하고 홍보하는 경우가 있는데, 이는 동종업계 에티켓을 벗어난 행동입니다. 업무처리를 잘하고 친절한 이미지를 심어주면 다음 기회에 소유주(임대인)이 매물을 의뢰할 가능성이 있지만, 욕심을 부리면 가장 중요한 고객인 물건지 부동산중개사무소를 잃게 될 수 있습니다.

③ 나중에 입점하는 개업공인중개사는 부동산 매물확보를 위해,
 - 단지내 엘리베이터 광고,
   엘리베이터 내부광고는 미관상 축소되는 중입니다. 신규진입 부동산중개사무소는 광고노출을 해야하지만 비용대비 단기적인 광교효과는 적은 편입니다.
 - 단지내 게시판 광고,
   단지내 게시판 광고는 한·두 개 부동산중개사무소에게 광고를 허용하는 경우, 눈에 잘띄어서 광고효과가 있습니다. 광고기획사와 좋은 관계를 맺어두면 시즌별 광고변동이 있을 경우, 우선적으로 광고기회를 받을 수 있습니다.
 - 정기적 명함 광고,
   개업공인중개사·중개보조원이 직접 발로 뛰는 명함붙이기 광고를 할 수 있습니다. 다만 관리사무소에 신고접수가 되지 않도록 눈에 잘 안띄는 명함을 별도 제작한다거나 사은품형식으로 광고하는 방법이 있습니다. 광고효과는 적지만 1년에 1건이상 매물접수가 됩니다.
 - 직방·호갱노노·아파트실거래가·네이버 파워링크·네이버 파워블로그 등 온라인 광고를 특화시켜야합니다.

직방·호갱노노는 플랫폼을 이용한 중개행위에 직접 뛰어들어서 현재 아파트광고는 중단된 상태입니다. 직방회원사 중심으로 OOO중개사무소가 지역별·단지별 광고로 노출되어있습니다.

아파트실거래가는 단지별 대표 부동산중개사무소 광고를 진행중입니다. 최근 네이버부동산에서도 실거래가 정보제공이 실시간으로 진행되면서 아파트실거래가 광고단가는 낮아졌습니다. 특장점으로 아파트 동·호수를 아실에 입점한 부동산중개사무소에 알려줍니다.

네이버파워링크는 클릭당 광고단가를 정해서 직접 운영할 수 있는 측면이 있습니다. 네이버파워블로그 광고는 네이버카페와 마찬가지로 연관검색어를 통해 들어온 네이버블로그 하단에 링크광고를 게재합니다. 광고효과는 괜찮은 것같습니다. 광고비용이 비쌉니다.

④ 소규모단지나 신규단지에 입점할 경우,

KB 국민은행 시세제공 부동산 중개사무소 지위를 선점한다거나

네이버부동산 벤더사에 시세제공 부동산 중개사무소 지위를 확보하는 것이 좋습니다. KB 국민은행 시세제공시 당해 중개사무소 매물이 노출되고 고객에게 신뢰도를 높이는 계기가 됩니다. 네이버부동산 벤더사에도 시세제공시 당해 중개사무소가 인터넷상에 좀더 노출되는 기회가 생깁니다.

⑤ 부동산중개사무소와 부동산매물 홍보는 부동산매물확보 수단이자 고객확보 수단입니다.

부동산중개사무소와 부동산매물 광고를 보고, 매도자·임대인은 전화나 방문을 통해 부동산매물을 내놓습니다.

부동산중개사무소와 부동산매물 광고를 보고, 매수자·임차인은 전화나 방문을 통해 부동산매물을 보러 방문합니다.

⑥ 소유주가 직접 매물을 내놓는 광고사이트를 확보합니다.

원룸·투룸·오피스텔의 경우, 직방의 온하우스, 다방, 공실클럽을 활용하며

신축빌라의 경우, 집플러스를 이용합니다.

아파트의 경우, 기존에는 직방, 다방, 소유주 매물방이 있었으나 새로운 유료시장으로 재편중입니다.

직방의 중개 플랫폼시장 진출 선언, 다윈의 매도인·임대인 한시적 수수료 공짜, 우대빵의 반값 수수료 등으로 후발 개업공인중개사를 이용해서 부동산중개시장을 교란시키고 있습니다.

⑦ 아파트/오피스텔/다세대주택은 네이버부동산광고가 필수입니다.

지역네트워크 회원사 보유매물을 사전 허락을 받아 네이버광고에 홍보합니다.

원룸·투룸·오피스텔은 직방, 다방, 공실클럽 광고가 필수입니다.

직방은 고객인지도가 높아 광고단가가 높습니다. 광고효과로 인해 전문업체들은 광고를 필수적으로 하고 있습니다.

다방은 직방에 비해 광고단가가 낮습니다. 지하철역세권 파워광고 등이 광고단가는 높지만 상위노출되기 때문에 광고효과가 높습니다.

⑧ 가장 기본적인 다음지도 서비스와 네이버지도 서비스에는 무조건 등록해야합니다.
  ☑ 다음지도 신규장소등록하기
  ☑ 네이버지도 네이버플레이스 신규장소등록하기
다음이나 네이버에서 안내하는 순서대로 입력하시면 됩니다.
상호 주소 전화번호 건물내부 건물외부 사진을 등록할 수 있습니다.
부동산중개사무소 등록증, 사업자등록증, 첨부할 사진, 사업자용 ID 등을 등록하면 됩니다.
음식점이나 커피숍처럼 방문자 리뷰 또는 평점을 매길 수 있도록 홍보하면 좋습니다.
⑨ 개업공인중개사무소는 기존 간판이나 사무실 전면을 활용한 오프라인 광고에도 관심을 가져야합니다. 간판 리뉴얼, 색상, 사무실 전면 유리에 시각적 효과를 도모한 상호광고 등
부동산중개사무소 인수시, 대외적 평가와 인지도가 좋지 않은 경우에는 새로운 공인중개사 중심으로 바뀌었음을 대외적으로 알리기 위해 새단장하는 것이 좋습니다.
다만 대외적 평가와 인지도가 좋은 경우에는 고객과 부동산중개사무소 인수자가 적응기간이 필요합니다. 그대로 간판이나 인테리어를 1~2년 유지하는 것도 좋습니다.
⑩ 개업공인중개사무소는 외부 배너광고도 노출광고로서 효과가 있습니다.
오고가는 길목이나 2층 입점 부동산 중개사무소는 안내광고가 필요합니다.
⑪ 개업공인중개사무소는 사무실 전면 상단 유리게시판을 활용해서 시세표를 부착하는 방법도 매물확보와 고객확보의 중요한 수단이 될 수 있습니다. 다만 부동산중개사무소의 형편에 맞게 탄력적으로 활용해야합니다.
특히 일반주택, 원룸·투룸·오피스텔의 경우 상당한 효과가 있습니다.
아파트의 경우, 장·단점이 있기에 상황에 맞춰 활용하면 좋겠습니다.

2) 부동산 매물접수와 관리방법

"안녕하세요, 부동산이죠? 물건내놓으려구요"
"네, OO부동산입니다. 연락주셔서 감사합니다. 어떤 매물인가요? "
"……"

① 개업공인중개사가 처음 부동산 매물접수를 받기 위한 전화를 받았을 때,
  너무 좋아서 기뻐해야하는데, 사실 가장 긴장하고 부담스러운 순간이 됩니다.

Case
컴퓨터 모니터에 무엇을 물어야할지 스티커 메모를 붙여놓습니다.

육하원칙에 따라, 물건지 소재지(주소)는 어떻게 되는지, 몇 층인지, 몇 호인지, 방은 몇 개인지, 금액은 얼마인지, 이사날짜는 언제인지, 매도인(임대인) 연락처와 현 거주자(임차인) 연락처를 확인합니다.

공인중개사가 가장 관심을 갖는 부분이 무엇일까요? (주관적/상대적 참고내용입니다)

공인중개사가 가장 관심을 갖는 부분이 고객이 관심을 갖는 부분입니다.

첫째, 매매(임대차) 금액

둘째, 집 상태 중에서 1순위는 부엌 싱크대, 화장실

셋째, 집 상태 중에서 2순위는 도배와 장판

넷째, 집 상태 중에서 3순위는 샷시, 아파트의 경우 베란다 확장 여부

다섯째, 층 수(몇층 중에 몇층인지), 주차여부, 남향여부

여섯째, 이사날짜

② 전화접수와 방문접수에서 별다른 차이는 없습니다.

구체적으로 부동산 매물접수에 대해 알아보겠습니다.

- 아파트/오피스텔을 기준으로 질문사항과 필수기록사항에 대해 알아보겠습니다.
- 개업공인중개사는 아파트/오피스텔 단지에 대한 정보를 사전에 숙지하여야합니다.
- 네이버부동산, 호갱노노 등을 통해 기초자료를 만들어 두어야 합니다.
- 고객이 갖고 있는 정보 보다 더 빠르고 정확한 단지별 정보를 알고 있어야합니다.
  - ☑ 예를들면, 준공년도(사용승인일), 단지세대수, 평형별, 동별 층수, 선호하는 동·호수, 최근 실거래가, 최근 호가, 최근 매물, 평형별 매매가·전세가·월세를 알고 있어야 합니다.
  - ☑ 가장 빠른 방법은 내 매물정보를 계속 업데이트하며 정리하는 것입니다.
  - ☑ "조사하고 외우고 익히다 보면 어느 날 자연스럽게 몸이 알고 있습니다."

2-1) 부동산 물건소재지(주소)

① 동·호수: OO아파트 OO동 OOO호입니다.

② 평형(전용면적): 25평형, 33평형, 42평형, 50평형, 60평형

③ 방 수: 25평형(방2 거실 화1 또는 방3 거실 화1, 신축은 방3 거실 화2)

④ 방향: 주실(안방, 거실)을 기준으로 남향, 남동향, 남서향, 북향, 북서향

⑤ 주차: 지하주차장 여부, 지하주차장과 엘리베이터 연결여부

⑥ 관리비: 난방형태, 아파트 년식, 단지규모에 따라 상이합니다.

⑦ 난방형태: 지역난방 중앙난방 개별난방

2-2) 금액(매매·임대차)

요즘 얼마나 받아야하나요?

대부분 매도인·임대인은 금액을 정해놓고 매물을 내놓습니다.

① 개업공인중개사의 실수

"매도인·임대인에게 금액을 정답처럼 알려주어야한다는 강박관념에서 벗어나야한다."

금액을 높게 부르면, 그 금액으로 기래성시를 시켜야하는 부담감이 있고, 매도인·임대인에 따라 매물을 접수받으려고 약간 뻥친다는 느낌을 줄 수 있습니다.

금액을 낮게 부르면, 다른 부동산에서는 얼마까지 가능하다는데 이 부동산은 너무 금액을 낮게 잡는다고 싫어할 수 있습니다.

무엇보다 집 수리상태, 층수, 방향에 따라 매도·임대금액이 통상 5000만원까지 차이가 날 수 있습니다.

늘 이런저런 상황을 고려하여, OO만원에서 OO만원까지 받을 수 있습니다.

선택권을 고객에게 넘겨드리면, 고객은 상황에 따라 중간금액을 기준으로 금액을 정해줍니다.

② 얼마까지 받아주세요,

금액 조정해 줄 여지가 있는지 빨리 파악해야합니다.

금액 조정은 매물 광고와 집보여주기를 통해 최근 거래상황을 분석하여 꼭 필요한 경우, 금액조정 필요가 있다는 점을 살짝 흘러주는 방식으로 해야합니다.

계약성사단계에서만 금액조정을 제안해야 부동산중개사무소에대한 신뢰를 지킬 수 있습니다.

Case

매매인 경우 Key Point

☑ 1세대1주택 비과세 요건을 갖추었는지 여부,

☑ 일시적2주택 비과세 요건을 갖추었는지 여부,

☑ 이사갈 곳을 정했는지 여부(매도와 매수 동시진행기회),

☑ 이미 이사갈 집을 계약했는지 여부(이사날짜 조정여지)

임대차인 경우 Key Point

☑ 만기시점이 언제인지, 만기에 퇴거하는 것인지,

☑ 임차인이 만기전 사정이 생겨 퇴거하는 것인지 여부에 따라

부동산 중개전략을 세워야합니다.

매도인·임대인이 계약갱신요구권제에 대해 정확히 알지 못하고 매물을 내놓는 경우가 자주 있습니다.

Case

[매도인은 임차인이 이미 계약갱신을 하고 4년째 살고 있다. 만기가 되면 반드시 나가기로 했다]

개업공인중개사는 합리적 의심을 하고 미리 상황파악을 해야합니다.

임대차 연장재계약을 언제 했는지(2020.07.31.부터 계약갱신요구권 시행),

통상 그 이전에 임대차 연장재계약을 한 후 법 시행된 경우, 매도인·임대인은 기존임차인이 새롭게 계약갱신할 수 없는 것으로 아는 경우가 있습니다.

계약갱신여부 통지기간: 계약기간 만료 6~2개월 사이에 임대인·임차인에게 통지해야 하고 본 기간 사이에 임대인·임차인에게 도달하여야 합니다.

☑ 전세승계조건 매매계약과 계약갱신여부 통지기간
☑ 주인입주를 이유로 계약갱신거절통지

● [임대차 3법에 대해 질 일고계시겠지만, 실무에서 필요한 부분만 재확인하겠습니다.]
임대차 3법은 전월세신고제·전월세상한제·계약갱신요구권제 등을 핵심으로 하는 법안입니다.
계약갱신요구권과 전월세상한제를 핵심으로 한 '주택임대차보호법' 개정안과 전월세신고제를 핵심으로 한 '부동산 거래신고 등에 관한 법률' 개정안이 이에 포함됩니다.

임대차 3법 중 주택임대차보호법 개정안(2020.07.31.시행)은 계약갱신요구권제와 전월세 상한제를 담고 있습니다.

① 계약갱신요구권은 세입자에게 1회의 계약갱신요구권을 보장해 현행 2년에서 4년(2+2)으로 계약 연장을 보장받도록 하되, 주택에 집주인이나 직계존속·비속이 실거주할 경우 등에는 계약 갱신 청구를 거부할 수 있도록 했습니다.
② 또 전월세상한제는 임대료 상승폭을 직전 계약 임대료의 5% 내로 하되, 지자체가 조례로 상한을 정할 수 있도록 했습니다. 이러한 계약갱신청구권과 전월세 상한제는 개정법 시행 전 체결된 기존 임대차 계약에도 소급 적용됩니다.
③ 또 임대차 3법 중 전월세신고제의 도입 근거가 되는 '부동산 거래신고 등에 관한 법률' 개정안에 따라 2021년 6월 1일부터는 전월세 거래 등 주택 임대차 계약 시 임대차 계약 당사자(집주인과 세입자)가 30일 이내에 주택 소재지 관청에 임대차 보증금 등 임대차 계약 정보를 신고해야 합니다. 만약 당사자 중 일방이 신고를 거부하면 단독으로 신고할 수 있도록 했으며, 임대차 신고가 이뤄지면 확정일자를 부여한 것으로 간주됩니다.
법 시행령에서 대상 지역과 임대료 수준을 정하도록 했다.(보증금 6천만원 초과, 월임대료 30만원 초과) 개업공인중개사는 계약일로부터 30일이내 전월세신고를 임차인이 확정일자 받으면서 임대차거래신고하도록 제안합니다.

2-3) 이사일자 확인

부동산거래의 성사기준은 통상 금액과 이사일자입니다.

– 이사일자는 매물접수시 또는 거래계약시 가능하면 어느정도 변동가능한지 체크해야합니다.
이사일자가 고정되어 있으면, 맞추기 쉽지 않습니다.
물건지 부동산중개사무소는 매물접수시 이사일 조정가부를 확인하고, 매물이 마음에 든 고객은 물건지에 날짜를 맞춰주기 쉽고, 집 나가는 것이 급한 물건의뢰자는 고객에게 날짜를 맞춰주기 쉽습니다. 긍정적 자세가 계약을 성사시킵니다.

– 매매의 경우, 중요확인사항은

① 양도소득세 1세대1주택 보유기간(2년)과 거주요건(2년) 완성시점

② 양도소득세 일시적2주택 비과세: 3년 이내·2년 이내·1년 이내,

반드시 계약시점(계약금 입금일)을 기준으로 산정할 수 있음을 기억해야합니다.

– 임대차의 경우, 중요확인사항은

① 만기전 퇴실시 부동산중개보수는 누가 부담할 것인가(만기 3~4개월 전 이사가는 경우, 3~4년이상 오랜기간 임차하고 살았던 경우, 어떻게 대처할 것인가?)

② 임차인이 집을 매입해서 이사나가는지(분양받은 신축아파트 입주여부, 매수한 아파트 수리하고 들어가는지 여부)

2-4) 집 상태확인

① 수리여부,

② 수리시점,

③ 수리정도(집주인거주용 여부, 싱크대 신발장 화장실, 도배장판, 샷시, 전등),

④ 베란다 결로,

⑤ 베란다 방 확장여부,

⑥ 방충망,

⑦ 옵션여부(식기세척기, 에어컨, 쿡탑 가스렌지 또는 인덕션)

2-5) 집 보여주는 방법

① 방문가능시간,

② 평일저녁 & 주말,

③ 맞벌이여부

2-6) 매도인·임차인 연락처

아파트·오피스텔·빌라(다세대주택)은 소유자의 연락처와 집주인확인매물을 위해 통신사를 물어봅니다. 소유자가 아니지만 실질적인 결정권자의 연락처를 꼭 확인해야합니다. 임차인 연락처도 집 보여주기를 위해서 미리 알아두면 매도인·임대인을 귀찮게 하지 않아 좋습니다.

Case 개업공인중개사의 실수:

① 연락처를 바빠서 놓치는 경우가 허다합니다. 가끔 숫자를 잘못 적는 경우도 허다합니다. 꼭 재확인!

② 전화접수·방문접수시 고객에게 개업공인중개사 사무소 명함을 드릴 뿐만 아니라 문자로 매도·매수·임대·임차관련 정보를 적어 인사를 드립니다.

2-7) 매도인·임대인이 주택임대사업자 여부

연 5% 증액조건, 보증보험의무가입, 계약후 30일이내 신고

나중에 주택임대사업자에 대해 추가 설명드리겠습니다.

2 부동산 매물홍보와 고객확보

앞서 설명 드린 바와 같이 부동산 매물확보방법과 부동산매물홍보는 동시 진행되는 형태입니다. 부동산 매물을 홍보하면 부동산 매물이 확보됩니다.

기본적인 부동산 매물홍보는 필수적으로 하셔야하며, 그 외 관심 있는 부동산 매물홍보도 부가적으로 하셔야 합니다.

1) 기본적인 부동산 매물홍보: 온라인 광고

가) 네이버부동산 광고: 특히 아파트 매물 홍보에 필수적입니다.

① 집주인확인매물, 현장확인매물, 홍보확인서매물이 대표적인 홍보수단입니다.

② 벤더사에 회원가입을 합니다.

- ☑ 벤더사의 종류: 부동산써브·부동산뱅크·부동산114·매경·한경·조인스랜드·피터팬의 좋은방구하기·공실클럽·스피드공실·한국공인중개사협회 등
- ☑ 벤더사 상품 선택: 연간광고계약체결, 3개월광고계약체결, 건수별광고계약체결 등 다양한 상품 있으며 거의 비용은 동일합니다. (할인정책)

주의 1 아파트형 부동산 중개사무소는 2개 벤더사 활용하는 경우가 늘고 있습니다

벤더사를 선택합니다. => 전화연락을 합니다.=> 담당자가 배정됩니다.

=> 회원가입 후 상품가입을 합니다.

개업공인중개사는 기존 부동산중개사무소에서 운영중인 벤더사를 승계받는 것이 편합니다

새로 가입할 때에는 가장 기본 상품에 가입합니다.

주의 2 사업자용 아이디와 비밀번호는 잘 메모해서 관리합니다

(정보변경시 꼭 필요합니다)

부동산 내외부 사진, 대표 공인중개사 사진 등을 준비합니다.

나) 직방 온하우스·다방·공실클럽·집플러스·한방에 가입합니다.

　업체별 광고방법과 금액이 다릅니다

다) 오피스텔 원룸투룸은 직방·다방·공실클럽이 필수광고수단입니다

라) 아파트는 네이버부동산에만 집중하셔도 아직 괜찮습니다.

주의 3 부동산 플랫폼 시장에 진출한 직방, 다윈, 우대빵과 같은 업체들이 온라인상에 부동산뉴스를 통해 엄청난 광고를 하고 있습니다. 주거용부동산 중개사무소는 어떻게 해야할까요? 특히 처음시작하는 공인중개사는 부동산플랫폼 시장의 구성원 공인중개사 또는 온라인상 협력 창업 지원업체가 되어야할까요?

마) 블로그 광고

① 일단 블로그를 만들어봅니다
- 부동산 파워블로그를 벤치마킹합니다 (메뉴 디자인 등).
- 아파트형 부동산 중개사무소는 아파트시장을 중심으로, 재건축·재개발까지
- 주택형 부동산 중개사무소는 원·투룸 오피스텔을 중심으로, 지역특수성에 맞춰서 작성합니다.

② 매물확보와 고객확보를 위한 광고성 블로그는 한계가 있습니다.현장의 소리가 고객의 마음을 움직이고 매물을 내놓거나 매수를 위해 찾아오는 계기를 만듭니다
- 네이버부동산에서 전달하는 부족한 정보를 추가한다거나
- 현장의 소리,
- 실거주이야기,
- 부동산시장추세,
- 개정사항 중심의 세금이야기,
- 부동산대책요약

등 소리없이 강한 스토리를 만들어갑니다.

③ 누군가 전혀 모르는 고객이 온라인상에서 보고 있습니다. (고객의 확장성)

주의 1 부동산 물건과 관련, 내가 알고 있는 모든 것을 노출하면 아니됩니다

주의 2 고객이 궁금한 게 뭘까 고민하고 고객이 간지러운 부분을 긁어주어야합니다. 실거래동향, 부동산분위기, 살아봐야 알 수 있는 이야기, 실시간 이야기를 제공합니다.

주의 3 직접 관리하는 단지 외 타 단지에 대한 정보를 제공합니다. 사진이나 동영상이 있으면 임팩트가 있습니다.

④ 처음부터 욕심내지 말고 쉽게 내가 할 수 있는 부분을 자주 올립니다
- 부동산밀당, 자기만의 컨셉을 만들어 제시해야합니다.
- 소소한 이야기도 올립니다
- 새로운 입주단지 이야기도 올립니다
- 재건축 재개발 이야기도 올립니다
- 코로나 이야기도 올립니다
- 다만 자기만의 컨셉, 부동산시장과 어떤 식으로든 연결되면 좋습니다.
- 블로그 방문자 통계를 분석하면 실시간으로 고객관심사를 파악할 수 있습니다.

바) 네이버검색광고:
네이버 파워링크, 네이버검색광고 직접하기, 클릭당 금액 설정, 카테고리별 광고전략 수립

사) 네이버블로그검색광고:
네이버 파워링크, 네이버블로그 하단 검색어에 따른 광고노출

아) 유튜브·네이버TV·카카오TV

① 유튜브가 대세이지만 주거용부동산을 어떤식으로 담을 것인지 기획하고 시도합니다 전 연령대가 유튜브를 통해 정보를 얻기 때문에 개업공인중개사에게 가장 적합한 부분을 찾아 노출시켜야합니다.

② 주로 신축빌라, 신축아파트, 신축원·투룸, 신축오피스텔 홍보용 제작은 필수입니다. 나중에 계속 활용할 수 있습니다.

신길뉴타운 지역에 대한 단지별 소개영상이 대표적인 예입니다.

③ 개업공인중개사 본인이 관심가는 분야, 좋아서 해야 꾸준히 노출될 수 있습니다.

상업적 냄새만 풍기는 블로그 카페는 잠시 클릭수 증가될 뿐 연속성이 없습니다.

2) 부가적인 부동산 매물 홍보: 오프라인 광고

- 입간판 & 배너 광고: 유동인구가 많고 상가밀집지역에서는 가시성 확보가 중요합니다.
- 현수막 광고: 주로 공실상태인 상가 사무실 부동산 중개사무소 홍보용으로 설치합니다.
- 부동산 사무실 전면 유리창 광고: 네온사인형, 모니터화면 연동형, LED형, 매물시세판
- 명함 광고: 직접 또는 대행업체 활용, 매물접수, 고객유인, 연속성, 생각보다 효과 있습니다.
- 대단지 신축아파트 브로슈어 광고: 아파트단지별 비교 정보제공(평형별 구조)
- 전단지 광고: 부동산 시장 현황 정보, 세무정보, 재건축 재개발 추진현황, 실거래추세
- 엘리베이터 광고: 아파트 시장에서 기본적인 광고형태, 광고비 대비 광고효과 떨어지는 추세
- 새로운 형태의 오프라인 광고 개척: 고객추천(소개)마케팅, 절세 & 투자자문 광역화 전문화
- 자동차 광고: 영업용 중개사무소 소형 차량 후면/측면 중개사무소 상호와 연락처 노출 광고

3) 고객확보

"계약성사율이 높은 나만의 고객층이 개업공인중개사의 경쟁력이다"

진심을 전하며, 고객의 이익을 우선순위로 하며, 고객의 소리에 예민하게 반응합니다.

일순간의 이익을 위한 부동산 중개는 고객을 떠나게 합니다.

내 이익보다 고객의 이익을, 공인중개사의 생각보다 고객의 생각을 최우선 고려합니다.

온라인 광고·오프라인 광고와 관련, 2020.08.21. 시행된 공인중개사법 개정사항에는 광고 표시을 엄격하게 규정하고 있습니다.

□국토교통부(장관 김현미)는 부동산 중개대상물에 대한 허위·과장 광고로 인한 소비자 피해 예방을 위해 개정된「공인중개사법」및 「동법 시행령과 시행규칙」이 금일 시행되었다고 밝혔다.

동법 시행령 및 시행규칙에서 중개대상물의 표시·광고 명시사항 세부기준 등 고시에 위임한 사항도 금일부터 시행되고, 부동산 개업공인중개사 등의 교육지침 개정안(고시)은 코로나 - 19 확산을 막기 위해 지난 18일 긴급 시행하였다.

① 중개대상물의 표시·광고 명시사항 세부기준 고시,
② 부당한 중개대상물 표시·광고행위의 유형 및 기준 고시,
③ 인터넷을 이용한 중개대상물 표시·광고의 모니터링 세부기준 고시,
④ 중개대상물의 인터넷 표시·광고에 관한 업무위탁 기관 지정 고시

□ 이번에 개정·시행되는 중개대상물의 표시·광고에 관한 고시와 공인중개사 등의 교육지침의 주요내용은 다음과 같다.

1. 중개대상물의 표시·광고 명시사항 세부기준

□ 개업공인중개사가 의뢰받은 중개대상물에 대하여 일반적인 표시·광고하는 경우 중개보조원에 관한 사항은 명시해서는 아니되고, 중개사무소의 등록번호를 반드시 추가하여 명시하여야 한다.
(기존 명시사항) 중개사무소의 명칭, 소재지, 연락처, 개업공인중개사의 성명
중개업자의 중개대상물 명시사항 표시의무 위반: 50만 원의 과태료
또한, '13년도부터 시행된 공인중개사가 아닌 컨설팅업자, 중개보조원 등의 중개대상물에 대한 광고행위는 여전히 금지된다.

공인중개사가 아닌 자의 광고 행위: 1년 이하의 징역 또는 1천만 원이하의 벌금

□ 개업공인중개사가 인터넷을 이용하여 표시·광고하는 경우에는 중개대상물별로 소재지, 면적, 가격, 중개대상물 종류, 거래 형태를 명시하고, 건축물은 총 층수, 사용승인일, 방향, 방 및 욕실의 개수, 입주가능일, 주차대수, 관리비 등도 함께 명시하여야 한다. 특히, 소재지의 경우에는 토지, 건축물 등 중개대상물의 종류별로 표시해야 하는 범주에 차이가 있다.
① 토지는 토지대장에 기재된 소재지를 표시하되, 읍·면·동·리까지,
② 건축물 중 단독주택은 건축물대장의 소재지를 표시하되, 지번을 포함해야 하고, 중개의뢰인이 원하지 않는 경우에 읍·면·동·리까지 표시할 수 있다.
③ 건축물 중 단독주택을 제외한 주택(공동주택 등)은 건축물대장의 지번과 동, 층수를 포함하여야 하고, 중개의뢰인이 원치 않는 경우에는 층수를 저/중/고로 대체하여 표시할 수 있다.
④ 건축물 중 근린생활시설 등 상가건물은 읍·면·동·리까지 표시할 수 있고, 층수는 포함하여야 한다.
⑤ 건축물의 면적은 전용면적을 표시하되, 제곱미터로 표시하여야 하고, 아파트는 공급면적, 오피스텔은 계약면적, 단독주택은 대지면적을 함께 표시할 수 있다.

⑥ 세대 수가 적은 다세대·다가구주택(원룸, 투룸 등)은 관리비(청소비, 승강기 유지비 등)와 사용료(전기요금, 수도요금 등)가 혼재되어 사용되고 있으므로, 이를 분리하여 표시하여야 한다.

(기존) 보증금 500만원/ 관리비 7만원(수도, 인터넷 포함)

(개선) 보증금 500만원/ 관리비 5만원/ 수도요금, 인터넷 각 1만 원(또는 별도부과)

2. 부당한 중개대상물 표시·광고행위의 유형 및 기준

□ 부당한 중개대상물의 표시·광고에 관한 규정은 신문, 방송, 인터넷 등 매체의 유형과 방식을 불문하고 모든 표시·광고에 적용되고, 그 유형으로는 부존재·허위광고, 거짓· 과장광고, 기만적인 광고 등으로 나눌 수 있다.

중개업자의 부당한 중개대상물 표시·광고규정 위반: 500만 원의 과태료

① 부존재·허위광고는 중개대상물이 존재하지 않아서 실제로 거래를 할 수 없거나 중개 대상물로 존재하지만 실제로 중개의 대상이 될 수 없는 중개대상물에 관한 광고를 말 한다.

☑ 매도인이 중개의뢰를 하지 않았음에도 공인중개사가 임의로 광고하는 경우

☑ 매도인으로부터 중개의뢰를 받지 못한 공인중개사가 다른 공인중개사가 중개의뢰받아 광고한 중개 대상물에 대해 임의로 중개광고를 하는 경우,

☑ 이미 계약이 체결된 중개대상물임을 알고도 중개광고하는 경우 등

② 거짓·과장광고는 중개대상물의 가격, 면적, 평면도, 사진 등을 사실과 다르게 거짓으 로 표시하거나 과장하는 광고를 말한다.

③ 기만적인 광고는 중개대상물의 입지조건, 생활여건, 가격 및 거래조건 등 중개대상물 선택에 중요한 영향을 미칠 수 있는 사실을 빠뜨리거나 은폐·축소하는 등의 방법으로 소비자를 속이는 광고를 말한다.

3. 인터넷을 이용한 중개대상물 표시·광고 모니터링 세부기준

□ 국토교통부는 인터넷을 이용한 중개대상물에 관한 광고가 해당 공인중개사법령을 준 수하는지 여부를 모니터링 할 계획으로, 매 분기별로 진행하는 기본모니터링과 국토교 통부장관이 필요하다고 판단하는 경우 실시하는 수시모니터링으로 나누어 진행한다. 모니터링은 인터넷 표시·광고감시에 전문성을 갖춘 한국인터넷광고재단에서 진행하 게 되며, 인터넷 표시·광고규정 위반사항에 대해서는 '한국인터넷광고재단 부동산광 고시장감시센터' 누리집(www.budongsanwatch.kr)를 통해 신고할 수 있다

"인터넷광고 시장에서의 소비자보호, 인터넷 광고 조사 등" 공익목적으로 설립된 공익 법인(공정거래위원회 인가)으로, 교육부, 복지부 등 정부부처와 MOU를 체결하여 각 부처 소관분야의 인터넷 부당광고 감시업무 수행

□ 국토교통부는 중개대상물 표시·광고 규정의 원활한 시행을 위해

2020년 8월 21일 이후부터 적용하되, 한 달간 계도기간을 갖고, 개정된 중개대상물 표 시·광고에 관한 규정을 적극적으로 홍보한 후 단속할 계획으로, 그 기간 동안 중개업 자의 명시의무가 지켜지지 않은 광고와 부당한 중개대상물 광고에 대하여는 지자체

및 관련협회가 자진철거 및 수정을 요청하고, 중개플랫폼업체에서도 신속하게 플랫폼 내 시스템을 정비할 수 있도록 독려할 계획이다.

4. 부동산 개업공인중개사 교육지침 개정

□ 코로나-19와 같이 감염병 등 자연재난 또는 사회재난이 발생하여 공인중개사들의 업무역량 강화 등을 위해 실시하는 실무·연수교육*의 집합교육 및 현상실습 운영 등이 사실상 불가능할 경우, 시·도지사는 집합교육 등을 사이버교육으로 대체하여 운영할 수 있도록 개정하였다.

(실무교육) 공인중개업소 개업시 개업공인중개사가 수료해야 하는 의무교육으로, 집합교육·사이버교육·현장실습과정으로 구성

(연수교육) 개업 및 소속공인중개사는 2년마다 수료하는 의무교육으로, 집합교육과 사이버교육 과정으로 구성, 앞으로 시·도지사는 개업공인중개사, 소속공인중개사 등이 각각 이수해야 하는 실무·연수 교육을 각 시·도별 여건에 따라 집합교육 또는 사이버교육을 선택적으로 진행할 수 있다.

(기존) 집합교육, 사이버교육, 현장실습 각각 진행 → (개선) 모두 사이버 교육 진행 가능

□ 국토교통부 부동산산업과 한정희 과장은 "새로운 제도가 중개대상물에 대한 허위·과장 광고로부터 소비자들을 보호하고, 중개업자들에게는 국민들의 재산권을 지키는 파수꾼으로서의 신뢰를 높이는 데 기여할 수 있는 만큼, 이 제도가 제대로 정착될 수 있도록 중개업자, 중개사협회, 중개플랫폼업체, 지자체 등의 적극적인 협조가 필요"하다고 당부하였다.

● **공인중개사법 제18조의2(중개대상물의 표시·광고)**

① 개업공인중개사가 의뢰받은 중개대상물에 대하여 표시·광고(「표시·광고의 공정화에 관한 법률」 제2조에 따른 표시·광고를 말한다. 이하 같다)를 하려면 중개사무소, 개업공인중개사에 관한 사항으로서 대통령령으로 정하는 사항을 명시하여야 하며, 중개보조원에 관한 사항은 명시해서는 아니 된다. [개정 2014.1.28, 2019.8.20] [[시행일 2020.8.21]]

② 개업공인중개사가 인터넷을 이용하여 중개대상물에 대한 표시·광고를 하는 때에는 제1항에서 정하는 사항 외에 중개대상물의 종류별로 대통령령으로 정하는 소재지, 면적, 가격 등의 사항을 명시하여야 한다. [신설 2019.8.20] [[시행일 2020.8.21]]

③ 개업공인중개사가 아닌 자는 중개대상물에 대한 표시·광고를 하여서는 아니 된다. [개정 2014.1.28, 2019.8.20] [[시행일 2020.8.21]]

④ 개업공인중개사는 중개대상물에 대하여 다음 각 호의 어느 하나에 해당하는 부당한 표시·광고를 하여서는 아니 된다. [신설 2019.8.20] [[시행일 2020.8.21]]

1. 중개대상물이 존재하지 않아서 실제로 거래를 할 수 없는 중개대상물에 대한 표시·광고

2. 중개대상물의 가격 등 내용을 사실과 다르게 거짓으로 표시·광고하거나 사실을 과

장되게 하는 표시·광고

3. 그 밖에 표시·광고의 내용이 부동산거래질서를 해치거나 중개의뢰인에게 피해를 줄 우려가 있는 것으로서 대통령령으로 정하는 내용의 표시·광고

⑤ 제4항에 따른 부당한 표시·광고의 세부적인 유형 및 기준 등에 관한 사항은 국토교통부장관이 정하여 고시한다. [신설 2019.8.20] [[시행일 2020.8.21]][본조신설 2013.6.4] [[시행일 2013.12.5]]

● 공인중개사법 시행령 제17조의2(중개대상물의 표시·광고)

① 법 제18조의2제1항에서 "대통령령으로 정하는 사항"이란 다음 각 호의 사항을 말한다. <개정 2014. 7. 28., 2020. 8. 21.>

1. 중개사무소의 명칭, 소재지, 연락처 및 등록번호

2. 개업공인중개사의 성명(법인인 경우에는 대표자의 성명)

② 법 제18조의2제2항에서 "대통령령으로 정하는 소재지, 면적, 가격 등의 사항"이란 다음 각 호의 사항을 말한다. <신설 2020. 8. 21.>

1. 소재지

2. 면적

3. 가격

4. 중개대상물 종류

5. 거래 형태

6. 건축물 및 그 밖의 토지의 정착물인 경우 다음 각 목의 사항

　가. 총 층수

　나. 「건축법」 또는 「주택법」 등 관련 법률에 따른 사용승인·사용검사·준공검사 등을 받은 날

　다. 해당 건축물의 방향, 방의 개수, 욕실의 개수, 입주가능일, 주차대수 및 관리비

③ 중개대상물에 대한 제1항 및 제2항에 따른 사항의 구체적인 표시·광고(「표시·광고의 공정화에 관한 법률」 제2조제1호 및 제2호에 따른 표시·광고를 말한다. 이하 같다) 방법에 대해서는 국토교통부장관이 정하여 고시한다. <신설 2020. 8. 21.>

④ 법 제18조의2제4항제3호에서 "대통령령으로 정하는 내용의 표시·광고"란 다음 각 호의 사항을 말한다. <신설 2020. 8. 21.>

1. 중개대상물이 존재하지만 실제로 중개의 대상이 될 수 없는 중개대상물에 대한 표시·광고

2. 중개대상물이 존재하지만 실제로 중개할 의사가 없는 중개대상물에 대한 표시·광고

3. 중개대상물의 입지조건, 생활여건, 가격 및 거래조건 등 중개대상물 선택에 중요한 영향을 미칠 수 있는 사실을 빠뜨리거나 은폐·축소하는 등의 방법으로 소비자를 속이는 표시·광고

● 중개대상물의 표시광고 명시사항 세부기준 고시 국토교통부고시 제2020-595호

제1장 총칙

제1조(목적) 이 고시는 「공인중개사 법」 제18조의 2 제1항 및 제2항, 같은 법 시행령 제17조의 2 제3항에 따라 중개대상물의 표시·광고 명시사항에 관한 세부기준을 정함을 목석으로 한다.

제2조(정의) 이 고시에서 사용하는 용어는 「공인중개사 법」(이하 "법"이라 한다) 제2조각 호에서 정한 용어의 정의와 같으며, "표시·광고"는 「표시·광고의 공정화에 관한 법률」 제2조제1호 및 제2호에서 정한 용어의 정의와 같다.

제2장 중개사무소 및 개업 공인중개사의 표시·광고 명시사항

제3조(중개사무소에 관한 표시·광고 명시사항) 법 제18조의 제2 제1항 및 제2항에 따라 개업 공인중개사가 표시·광고에 명시하여야 하는 중개사무소에 관한 사항은 다음 각 호와 같다.

1. 중개사무소의 "명칭"은 중개사무소 등록증에 기재된 명칭을 표시하여야 한다. 다만, '사무소' 및 '법인 사무소'는 생략하여 표시할 수 있다.
   ☑ (예시) 삼환 공인중개사, 삼환 부동산 중개

2. 중개사무소의 "소재지"는 중개사무소 등록증에 기재된 소재지를 표시하여야 한다. 다만, 지번과 건물번호는 생략하여 표시할 수 있으며 '시·도·군·구'를 줄여서 등록관청을 기준으로 표시할 수 있다.
   ☑ (예시) 서울 영등포구 여의대방로, 서울 영등포구 여의대방로43나길, 서울 영등포구 신길동

3. 중개사무소의 "연락처"는 '등록관청에 신고된 중개사무소의 전화번호 (유선전화번호를 포함한다)'라는 표시할 수 없다.

4. 중개사무소의 "등록번호"는 중개사무소 등록증에 기재된 등록번호를 표시하여야 한다.

제4조(개업 공인중개사의 표시·광고 명시사항) 법 제18조의 제2 제1항 및 제2항에 따라 개업 공인중개사의 "성명"은 중개사무소 등록증에 기재된 개업 공인중개사의 성명(법인은 대표자 성명, 분사무소는 분사무소 책임자 성명)을 표시하여야 한다.

제3장 중개대상물의 종류별 인터넷 표시·광고 명시사항

제5조(토지에 관한 인터넷 표시·광고 명시사항) 법 제18조의 2 제2항에 따라 개업 공인중개사가 토지에 관한 인터넷 표시·광고를 할 때에 명시하여야 하는 사항은 다음 각 호와 같다.

1. "소재지"는 토지대장에 기재된 소재지를 표시하되, 읍·면·동·리까지 표시할 수 있다.

2. "면적"은 토지대장에 기재된 면적을 표시하되, 제곱미터로 표시하여야 한다.

3. "가격"은 거래 형태에 따라 구분하여 중개가 완성되기 전 거래 예정금액을 단일 가격으로 표시하여야 한다.

4. "중개대상물 종류"는 「공간 정보의 구축 및 관리 등에 관한 법률」 제67조에 따른 지목의 종류로 구분하여 표시하여야 한다.
   ☑ (예시) 전, 답, 과수원, 목장용지, 임야, 광천지, 염전, 대(垈), 공장 용지, 학교용지, 주차장, 주유소 용지, 창고용지, 도로, 철도용지, 제방, 하천, 구거, 유지, 양어장, 수도용지, 공원, 체육용지, 유원지, 종교용지, 사적지, 묘지, 잡종지로 구분하여 표시

5. "거래 형태"는 매매·교환·임대차 그 밖에 권리의 득실변경으로 구분하여 표시하여야 한다.

제6조(건축물 및 그 밖에 토지의 정착물에 관한 인터넷 표시·광고 명시사항) 법 제18조의 2 제2항에 따라 개업 공인중개사가 건축물 및 그 밖에 토지의 정착물에 관한 인터넷 표시·광고를 할 때에 명시하여야 하는 사항은 다음 각 호와 같다.

1. "소재지"는 건축물대장에 기재된 소재지를 표시한다.

　　가. 건축물 중 건축법 시행령 별표 1의 제1호 가목의 단독주택은 해당 건축물의 지번을 포함하여야 한다. 다만, 중개 의뢰인이 원하지 않는 경우에는 읍·면·동·리까지 표시할 수 있다.

　　나. 건축물 중 건축법 시행령 별표 1의 제1호 가목의 단독주택을 제외한 주택은 해당 건축물의 지번과 동, 층수를 포함하여야 한다. 다만, 중개 의뢰인이 원하지 않는 경우에는 층수를 저/중/고로 대체할 수 있다.

　　다. 건축물 중 근린생활시설 등 상가건물은 읍·면·동·리까지 표시할 수 있고. 이 경우 층수는 포함하여야 한다.

2. "면적"은 전용면적을 표시하되 제곱미터로 표시하여야 한다.

3. "가격"은 거래 형태에 따라 매매는 매매가격, 임대차는 보증금과 차임으로 구분하여 중개가 완성되기 전 거래 예정금액을 단일 가격으로 표시하여야 한다.

4. "중개대상물 종류"는 「건축법」 제2조제2항에 따른 건축물의 용도로 구분하여 표시하여야 한다. 다만, 미등기 건물의 경우에는 "미등기 건물"이라고 표시하여야 한다.

　　☑ (예시) 단독주택, 공동주택, 제1종 근린생활시설, 제2종 근린생활시설, 문화 및 집회 시설, 종교시설, 판매시설, 운수시설, 의료시설, 교육연구시설, 노유자(노인 및 어린이) 시설, 수련 시설, 운동시설, 업무시설, 숙박시설, 위락시설, 공장, 창고시설, 위험물 저장 및 처리 시설, 자동차 관련 시설, 동물 및 식물 관련 시설, 자원순환 관련 시설, 교정 및 군사 시설, 방송 통신시설, 발전시설, 묘지 관련 시설, 관광 휴게시설, 장례시설, 야영장 시설, 미등기 건물, 그 밖의 토지의 정착물로 구분하여 표시

5. "거래 형태"는 매매·교환·임대차 그 밖에 권리의 득실변경으로 나누어 표시하되, 임대차는 전세와 월세로 구분하여 표시하여야 한다.

6. "총층수"는 중개대상물의 소재하는 해당 건축물의 건축물대장에 기재된 총층수를 표시하여야 한다.

7. "입주 가능일"은 실제 입주가 가능한 세부 날짜를 표시하되, '즉시 입주' 문구로 표시할 수 있다.

8. "방 수 및 욕실 수"는 건축물 현황도 등을 통해 확인한 방 수 및 욕실 수를 표시하여야 한다.

9. "사용검사일·사용승인일·준공인가일"은 해당 건축물 및 그 밖의 토지의 정착물을 규율하는 법률에 따라 행정기관이 승인한 날짜를 정확하게 표시하여야 한다.

10. "주차 대수"는 총 가능한 주채 대수 또한 세대 당 가능한 주채 대수 구분하여 표시하여야 한다.

11. "관리비"는 「공동주택관리법」 제23조에 따른 관리비의 월평균 액수를 표시하되, 그 외의 비목이 포함된 경우 그 내용을 표시하여야 한다. 다만, 「주택법」에 따른 주택 이외의 건축물은 관리비를 표시하지 아니할 수 있다.

☑ (예시) 다세대주택의 경우, 관리비 매월 4만 원, 수도료 매월 1만 원

12. "방향"은 주거용 건축물의 경우 거실이나 안방 등 주실의 방향을 기준으로, 그 밖의 건축물은 주된 출입구의 방향을 기준으로 8가지 방향 (동향, 서향, 남향, 북향, 북동향, 남동향, 남서향, 북서향)으로 표시하되, 그 기준을 함께 표시하여야 한다.

제7조(입목에 관한 인터넷 표시·광고 명시사항) 법 제18조의 2 제2항에 따라 개업 공인중개사가 입목에 관한 인터넷 표시·광고를 할 때에 명시하여야 하는 사항은 다음 각 호와 같다.

1. "소재지"는 입목등기부에 기재된 소재지를 표시하되, 읍·면·동·리까지 표시할 수 있다.

2. "면적"은 입목등기부에 기재된 면적을 표시하되, 그 단위는 제곱미터로 한다.

3. "가격"은 거래 형태에 따라 구분하여 중개가 완성되기 전 거래 예정금액을 단일 가격으로 표시하여야 한다.

4. "입목내욕"은 입목등기부 기재된 수종·수량·수령을 표시하여야 한다.

5. "거래 형태"는 매매·교환·임대차 그 밖에 권리의 득실변경으로 구분하여 표시하여야 한다.

제8조(공장재단에 관한 인터넷 표시·광고 명시사항) 법 제18조의 2 제2항에 따라 개업 공인중개사가 공장재단에 관한 인터넷 표시·광고를 할 때에 명시하여야 하는 사항은 다음 각 호와 같다.

1. "소재지"는 공장재단등기부에 기재된 소재지를 표시하되, 읍·면·동·리까지 표시할 수 있다.

2. "가격"은 거래 형태에 따라 구분하여 중개가 완성되기 전 거래 예정금액을 단일 가격으로 표시하여야 한다.

3. "거래 형태"는 매매·교환·임대차 그 밖에 권리의 득실변경으로 구분하여 표시하여야 한다.

제9조(광업재단에 관한 인터넷 표시·광고 명시사항) 법 제18조의 2 제2항에 따라 개업 공인중개사가 광업재단에 관한 인터넷 표시·광고를 할 때에 명시하여야 하는 사항은 다음 각 호와 같다.

1. "소재지"는 광업재단등기부에 기재된 소재지를 표시하되, 읍·면·동·리까지 표시할 수 있다.

2. "가격"은 거래 형태에 따라 구분하여 중개가 완성되기 전 거래 예정금액을 단일 가격으로 표시하여야 한다.

3. "거래 형태"는 매매·교환·임대차 그 밖에 권리의 득실변경으로 구분하여 표시하여야 한다.

제4장 보칙

제10조(재검토 기한) 국토교통부는 「훈령·예규 등의 발령 및 관리에 관한 규정」에 따라 이 고시에 대하여 2021년 1월 1일을 기준으로 매 3년이 되는 시점 (매 3년째의 12월 31일까지를 말한다)마다 그 타당성을 검토하여 개선 등의 조치를 하여야 한다.

부칙

이 고시는 2020년 8월 21일부터 시행한다.

Case OO아파트 반전세 4억/60 네이버부동산 광고를 통해 공동중개계약 성사되었습니다. 개업공인중개사는 거래완료가 되었기 때문에 네이버부동산 광고를 내려야합니다.

언제 어떻게 내리면 될까요?

네이버부동산 광고를 내리기 전에 고객에게 전화가 왔습니다. 어떻게 답변해야할까요?

3 부동산 고객상담 및 현장안내

1) 부동산중개대상지역과 중개대상물에 대해 미리 알고 있어야 합니다.

개업공인중개사가 근무 경험없이 부동산 중개사무소를 인수하거나 바로 개설하는 경우, 부동산중개대상지역, 고객, 경쟁우호관계가 있는 다른 부동산 중개사무소에 대해서도 제대로 파악하지 못하고 일을 시작합니다.

찾아온 고객니즈를 제대로 파악하기 전에 고객니즈에 합당한 부동산중개 대상물에 대한 기본적인 데이터를 보유하고 있어야합니다.

본인 부동산 중개사무소가 보유하고 있는 중개대상물은 가장 기본적으로 숙지해야하며,

타 부동산 중개사무소가 보유하고 있는 중개대상물에 대해 우선순위에 따라 숙지해야합니다.

주택의 경우, 고객과의 접점에서 대략 1~2분 내에, 아파트의 경우, 대략 5분 이내에 고객니즈와 그에 합당한 부동산 중개대상물 매칭작업이 이루어져야합니다.

고객은 기다려주지 않습니다.

"이러저러한 부동산 물건 있나요? 없으면 그냥 갈게요"

전화상담이든 방문상담이든 고객과의 접점 1분으로 고객을 내 편으로 만들어야합니다.

1-1) 중개대상지역 미리 파악하기

개업공인중개사의 사무소를 중심으로 동·서·남·북 각 영역으로 중개대상지역을 확장합니다

각 지역별 포인트 지점은 해당 지역 부동산중개사무소를 기준으로 정합니다.

지역별 부동산중개사무소는 공동중개시 중개매물 공급원이며, 고객 안내 또는 해당 매물정보 파악에 기준점이 됩니다.

아파트의 경우, "OO아파트 OO동 앞에서 만날게요"

주택의 경우, "OO부동산, OO수퍼. OO식당. OO공원 등 기준점을 미리 알고 있어야합니다.

익숙해질 때까지 중개대상지역을 계속 방문해야합니다. (출근길, 퇴근길, 점심시간, 고객 안내시)

1-2) 중개대상물 미리 파악하기

● **자기물건 미리 파악하기**

① 아파트의 경우, 단지별, 평형별, 동별, 매매·전세·월세, 입주시기, 수리상태, 임대인·임차인에 대한 정보, 금액을 미리 파악합니다. 암기할 정도로 계속 확인합니다.

② 주택의 경우, 지번주소·위치·층수·주차여부·수리상태·입주시기·금액을 미리 파악합니다.
빌라·다가구·단독·상가주택 등에 따라 고객 선호도 금액이 다르기 때문에 건물형태에 따라 각 특장점을 미리 파악합니다.

③ 매물접수 후, 항상 물건지를 먼저 방문하고 내부를 둘러보려는 적극적 자세가 필요합니다. 물건의뢰자도 적극적인 공인중개사에 대해 좋은 인상을 가지게 되고, 초보 공인중개사는 매물에 대해 위치 상태 구조 일조량 주차여부 층수 등 정확한 내용을 미리 인지할 수 있어 고객에게 자신있게 매물소개 가능합니다.

● **공동중개물건 미리 파악하기**

① 내 물건만으로 고객의 요구사항·희망사항에 부응할 수 없습니다.

② 고객에게 가장 합당한 중개물건을 최소3개~5개이상 보여줄 수 있어야합니다.
내 부동산과 공동중개가 잘이루어지는 부동산 매물을 중심으로 정보를 파악하고 있어야합니다.

> **예시** 지역네트워크 회원사 OO부동산이 보유하고 있는 중개물건, 매매·전세·월세, 입주시기, 위치 등 매물정보 파악하기, 처음에는 자기만의 방식으로 효율적인 매물정보대장을 만들어 봅니다(엑셀 활용하기 ·노트활용하기)

③ 개업공인중개사가 흘러보낸 고객은 누군가 OO부동산에서 계약을 성사시킵니다.

● **매일 출근하면 부동산 매물 파악하기**

① 아파트의 경우, 네이버광고 업데이트하기, 관련 단지 매물 날마다 확인하기,

② 주택의 경우, 지역네트워크 회원 부동산의 매물파악하기, 시간이 많이 걸립니다. 네이버지도 활용 위치별 좋은매물 미리 파악하기, 굉장히 매물내용이 많지만 익숙해질 때까지 숙지합니다.

③ 내 매물 계약에 집중하면 고객의 소리가 들리지 않습니다. 고객의 소리에 귀기울여야합니다.
회원사 부동산 중개사무소의 좋은 매물에 대한 소리에 귀를 열어두어야 공동중개가 순식간에 이루어집니다.

2) 전화상담·방문상담 기본사항

"전화상담·방문상담은 반드시 부동산매물 임장으로 연결되어야합니다"
"OO부동산에 OO일에 방문하도록 약속을 잡아야합니다"(물건 의뢰자에게는 추가상담이나 매물접수를 위해, 고객에게는 매물준비 후)

● 전화상담은 15분을 넘기지 않습니다. 예외는 있습니다.

> **Case** 부동산이죠? 요즘 ○○아파트 매매가·전세가 얼마 하나요?

① 부동산 물건 매도의사가 있는 소유자일 경우가 많습니다.

② 본인 부동산 중개사무소에서 집을 매수한 고객인지 아닌지 중요합니다.

　그냥 시세정보만 알아보려는 것인지 어떤 이유인지 살펴야합니다

③ 전화상담고객은 매물정보를 가르쳐주지 않는 경우가 많습니다.대신 연락처 정보가 있습니다.

　다른 부동산중개사무소를 거래하면서 가격정보를 알고 싶은 경우가 많고 아직 매도나 임대차계획이 확정되지 않은 경우가 많기 때문입니다. 동·호수 또는 집 주소를 대략적으로 파악하는 것도 좋은 방법입니다.

● 방문상담은 30분을 넘기지 않습니다. 예외는 있습니다.

> **Case** 요즘 ○○아파트 매매가·전세가 얼마 하나요?

① 시세정보를 알려드리면서, 매도자·매수자인지, 임대인·임차인인지

　방문고객 상황을 파악하기 위해 고객이 알고 싶어하는 정보를 구체적으로·명확하게·전문성을 갖고 제공해야합니다. 왜 매매나 임대 생각을 하는지, 어디로 옮기고 싶어하는지, 상황이 허락하는지, 세금문제는 괜찮은지, 학군지 때문인지, 집이 좁은지 등

② 만족스러운 상담을 받은 고객은 동·호수 또는 집주소를 공개해줍니다.

　절대로 동·호수 또는 집주소를 파악할 목적만으로 접근하지 마시고

　조금씩 상담과정 속에서 필요에 의해 몇 동 사시나요? 몇 층이세요? 자연스럽게 층수까지 알려주시는 분은 대체로 호수까지 알려주십니다. 이렇게까지 노력했는데도 알려주지 않는 고객은 다른 이유가 있기 때문이지 본인의 잘못이 아닙니다. 물건지 고객정보가 왜 중요할까요?

③ 방문고객은 실수요자이기 때문에 반드시 재확인작업이 필요합니다.

　당장 매도하지 않더라도 1년이내 매도할 경우가 많습니다.

　당장 임대하지 않더라도 곧 계약갱신이나 새로 집을 내놓을 경우가 많습니다.

　당장 매수하지 않더라도 1~2개월이내 매수할 경우가 많습니다.

　당장 임차하지 않더라도 1~2개월이내 임차할 경우가 많습니다.

3) 부동산 매수인·임차인 상담 Key Point

부동산 중개사무소에서 전화상담·방문상담의 목적은 고객의 관심대상물건을 파악하고 집을 보여주고 계약을 성사시키기 위함입니다. 상담만으로 끝나버리는 경우가 대부분이지만, 1~2일이내 피드백을 해드린 고객이 내 부동산중개사무소 고객이 될 수 있습니다. 우선적으로 고객의사를 파악하고, 그에 합당한 부동산매물을 선정하여 즉시 집을 보여주든지 방문시간을 조정하여 가장 가까운 시일내 집을 보여주어야합니다.

주의. 방문예약은 최대 1주일 범위내에 진행합니다. 통상 1~2일 이내에 부동산물건지를 방문해야합니다. 고객은 기다리지 않습니다. 1주일뒤 예약은 미리 잡아도 오지 않는 고객이 많습니다.

● 매수인·임차인 고객의사 파악하기: 가장 중요합니다.

① 아파트 부동산의 경우, 희망 평형과 금액, 입주시기가 가장 기본사항입니다.

주의 개업공인중개사는 고객이 말한 부분을 통해 고객이 말하지 않은 부분을 유추할 수 있어야합니다. 최초 상담시간과 부동산물건을 임장하면서 고객의 숨겨둔 마음을 파악해야합니다.

② 부가사항을 기분나쁘지 않게 파악해야합니다. 적합한 매물을 찾아드리기 위함입니다.
  - 가족관계(어른4명, 방 크기·방 수),
  - 직장위치(출퇴근에 따른 적합한 입지),
  - 현재 거주하고 있는 곳(아파트·빌라·다가구, 거주지역),
  - 대출필요여부(잔금대출, 전세자금대출),
  - 왜 이사해야하는지(매수타이밍을 놓쳤다. 집주인 입주로인해 나와야한다. 직장 때문에, 결혼 때문에)

사무적으로 질문하면 사생활침해와 조사받는 느낌을 받을 수 있습니다. 자연스럽게 묻거나 자연스럽게 답변이 나오도록 조심해야합니다.

주의 고객이 말하는 희망평형과 금액, 입주시기는 늘 변동성이 많습니다.

Case OO아파트 32평형 찾고있습니다. 금액이 부족합니다 :
OO아파트 25평형은 구조가 잘 나왔기 때문에 어른4명도 거주할 수 있습니다.

Case OO아파트 25평형 매수하고 싶습니다. 좋은 물건 나오면 알려주세요.
33평형 급매 좋은 가격 매물이 있다면, 가용자금을 파악하고 대출금액을 체크하여 집을 보여줘야합니다. 초보공인중개사가 넘어야할 산입니다.

Case OO아파트 25평형 매매8.7억 보여주세요 :
OO아파트 25평형 매매8.7억 외
XX아파트 25평형 매매9.0억,
AA아파트 25평형 매매 9.7억,
OO아파트 33평형 저층 급매 10.3억까지
다양한 매물을 준비해서 보여줘야합니다.
초보공인중개사는 OO아파트 25평형 매매8.7억, 그 외 아파트 25평형 매매 8.5억~9.1억까지 보여드리는 계획만 잡습니다. 유연한 사고가 필요합니다. 초보공인중개사가 넘어야할 산입니다.

Case OO아파트 25평형 월세 1억/100만원 보여주세요 :
OO아파트 25평형 월세 1억/100만원 외
OO아파트 33평형 월세 1억/ 150만원도 보여줄 필요가 있습니다.
그 외 다른 아파트 단지도 소개해야합니다. 수리상태·입주시기 등이 마음에 들 수 있기 때문입니다. 집이 마음에 들면 없던 돈이 생깁니다.

Case OO아파트 25평형 전세 5.5억 보여주세요:

OO아파트 25평형 전세 5.5억이 없다면, 월세 3억/50도 보여드립니다.

전세자금대출 이자와 월세를 비교해드립니다.

월세는 집상태가 전세보다 좋은 경우가 많습니다.

● **입주시기의 중요성: 고객상황을 잘 알아야 매수·임차시기를 조정할 수 있습니다.**

아파트의 경우, 입주시기가 가장 중요한 요소중 하나입니다.

① 신혼부부, 신축아파트 입주계획 있는 경우, 집주인 입주 때문에 임차주택을 찾고 있는 경우, 본가에 들어가거나 나오는 경우, 대체로 입주시기를 결정하기 좋습니다.

② 미리 이사갈 곳이 정해져 입주시기가 고정되어 있다면, 매도·매수는 급매로, 임대·임차는 가격조정이 가능할 여지가 있습니다.

● **대출의 중요성: 부동산대책에 따라 최근 5년간 변동성이 많았습니다. 기본적으로 알아야합니다.**

① 부동산담보대출: 금융기관별 대출금리, 중도상환수수료율, 대출가용금액, 신용대출, 중간퇴직금정산, 약관대출, 자금조달계획신고

② 부동산전세자금대출: 주택보유여부, 분양권·입주권 보유여부, 소득여부, 희망대출금액

③ 전문 대출상담사와 실시간 상담, 각 금융기관별 금리와 대출금액 파악

● **세금의 중요성: 지금 매수해도 되나요?**

– 1주택자의 취·등록세 중과(피할 수 있는 방법),

– 일시적2주택 활용하기

● **고객의 인적사항**

① 고객 기초 정보: 상담일지 기록남기기

– 연령대,

– 직장 위치,

– 현재 거주하는 곳,

– 매수 시점,

– 가용 금액,

– 고객 특징 등

② 고객의 연락처 저장하기

③ 고객의 연락처로 문자 보내기

4) 현장안내

개업공인중개사는 미리 현장방문 매물의 특장점, 방문순서를 정해야합니다.

① 어떤 집부터 보여줄 것인가?

- 통상 3개~5개 매물을 보여주기로 합니다.
- 동선이 편하면서 계약가능성이 높은 집을 어느 순서에 넣을지 정해야합니다.
- 제일 좋은 집을 먼저 보여주거나 나중에 보여주는 방법이 있습니다.
- 통상 제일 좋은 집은 중간이나 나중 순서에 넣는게 좋습니다.

② 현장방문 전 매물에 대한 전체적인 브리핑을 해주거나 현장방문 후 매물에 대한 고객의 생각을 정리하는 시간이 꼭 필요합니다.

● **현장안내의 중요성: 고객니즈파악, 신뢰감 쌓기,**

① 현장안내 1시간이 고객과 개업공인중개사 사이를 결정합니다.

- 함께 걸어가면서 아파트단지 또는 지역 전반에 대해 좋은 이야기를 나눕니다.
- 어떻게 이곳에 관심을 갖게 되었는지,
- 이곳에 엄마나 친척, 친구가 살고 있는지,
- 아이들은 몇 살인지

② 개업공인중개사가 모든 것을 알고 있어야한다는 부담감을 떨쳐야합니다.

- 절대로 모른다는 말을 해서는 안됩니다. 똑같은 말이라도 확인해보겠다/ 정확히 알아보겠다라는 표현이 좋습니다. 다만 절대로 거짓정보를 말해서도 안됩니다.
- 사전에 아파트단지 준공년도, 주차대수, 관리비, 난방방식, 베란다, 확장여부, 일조량, 방 거실 배치 평면도, 커뮤니티시설이나 관리소 위치, 주변 편의시설 등을 미리 파악해야합니다.

● **현장매물을 객관적으로 설명하기**

① 현장매물의 장점 설명하기: 동간거리, 일조량, 꼼꼼한 인테리어 상태,

② 현장매물의 단점 설명하기(대안마련): 결로(페인트도색, 통풍주의), 화장실 상태(일부교체), 싱크대(문짝수리, 입주청소),

③ 현장에서 기존 매도인·임차인이 공인중개사보다 더 좋은 역할을 하기도 합니다. 다만 가끔 눈치없이 집이 춥다, 햇빛이 안들어온다, 주인이 안좋다, 이런 얘기를 하는 분을 만나면 나중에 그런 얘기를 하지 않도록 부탁드립니다. 웬만하면 대화가 없는게 좋습니다.

- 매매의 경우, 수리상태보다는 금액이 중요합니다.
- 임대차의 경우, 금액보다는 수리상태가 더 중요합니다.

● **고객의 성향 파악**

집보여주기는 부부가 함께 왔을 때 가장 좋은 타이밍입니다.

대체로 결정권자는 아내이지만, 매매인 경우 남편이 최종결정하는 경우가 있습니다.

주도권이 누구에게 있는지 중요합니다.

● **고객의 결정 도와주기**

- 경험이 부족한 젊은 세대나 우유부단한 성격의 장년세대에게는 개업공인중개사의 의견제시도 중요합니다. 그러나 선택권은 반드시 고객에게 넘겨드려야합니다.

- 개업공인중개사 의견으로는 A B C 중에 A가 가장 좋은 것같지만, 고객 의견이 B가 좋다고 하면 B를 좋아하는 고객의 주관적 성향을 존중하면서 그 장점도 어필합니다.

① 50대이상은 10층이상을 선호하지 않습니다. 로얄층 고층이라고 무조건 권유해서는 안됩니다.

② 30대 40대는 10층이하를 선호하지 않습니다. 저층을 가격과 상태가 좋다고 무조건 권유해서는 안됩니다.

③ 아이가 있는 집은 1층을 선호합니다.

④ 층간소음에 힘든 사람은 탑층을 선호합니다.

1 **계약단계에서 놓치지 말아야할 Key Point: 마지막 조건조율 및 클로징**

1) 마지막 조건조율단계

"감정상하는 작은 말 한마디가 계약을 망친다"
: 단어 하나까지 늘 조심스럽게 선택해서 말해야 합니다

● **개업공인중개사는 누구 편에서 계약진행을 해야하나요?**

단독중개와 공동중개, 각 상황별 개업공인중개사는 중개자(조율자)로서의 책무를 다해야
합니다(공인중개사의 존재이유)

Case 금액, 수리, 입주시기 등 최종 조건 협의시

단독중개시 매도인·임대인측이나 매수인·임차인측 한쪽 편만 들면 어떨까요?
단독중개시 매도인·임대인측이나 매수인·임차인측 어느 편도 들 수 없는 상황은?
예를들면, 매수인이 특약사항 중 매도인의 담보책임(누수 등 하자) 6개월까지 책임진다고
명시해달라고 요청합니다. 어떻게 해야할까요?

Case 매매계약시 매매금액 조율을 어떻게 할 것인가

매도자 희망금액 9억2000만원, 9억1000만원까지 네고 가능한 경우
매수자 희망금액 9억원, 9억500만원까지 네고 가능한 경우
매매금액과 같이 가장 중요한 사항은 사전조율이 되어야 거래성사됩니다.
앵무새처럼 매수인 희망금액을 매도인에게 전달하고, 매도인이 제시한 금액을 매수인에
게 전달하는 개업공인중개사는 계약성사 확률이 떨어집니다(경력과 노하우 차이)

Case 임대차계약시 계약조건(특약사항) 조율을 어떻게 할 것인가

임대인 희망금액 4억/70만원, 일부수리조건(싱크대교체), 현재 공실인 경우
임차인 희망금액 3억/90만원, 도배/장판/화장실 수리까지, 입주시기 2개월 뒤

● **물건지 부동산 중개사무소는 임대인측 형편을 미리 파악하고 있어야합니다.**

① 보증금 조정이 가능한지 여부, 범위확대 수리가능성, 임대인 성향 등 늘 가격조율을
위해서는 설득력 있는 근거가 필요합니다.
  - 임대인에게 임차인 희망금액 3억/90을 3억/100으로 조정한다든지,
  - 구축 아파트라서 화장실 일부수리는 해줘야한다든지,
  - 임차인에게는 입주시기를 1개월 뒤로 앞당겨달라든지,
   양측이 수용할만한 근거를 제시해서 협상을 이끌어야합니다.

`Case` 단독중개(양타)라면 매도인·임대인과 매수인·임차인 양측 모두를 잘 조율해야합니다

OO아파트 신축 첫입주, 임대인측이 소속공인중개사와 친척관계였고, 통상 4억/100만원 기준이었지만, 1개월뒤 입주조건으로, 2년 후 주인 입주시 이사가는 조건으로, 시공사 하자보수기간동안 잘 협조하겠다는 조건으로 4억/80만원으로 월세계약을 진행하였습니다. 그런데 임차인측이 계약 후 볼멘 목소리로 전화연락이 왔습니다. 소속공인중개사가 임대인과 무슨 관계냐, 왜 모든 내용을 임대인 입장만 대변하느냐 기분이 너무 나쁘다.

`Case` 공동중개시 우선적으로 개업공인중개사는 본인 고객의 입장을 잘 전달해야합니다.

물건지 부동산 중개사무소는 매도인·임대인 입장에서 적극적인 의사전달을 해야하며 손님지 부동산 중개사무소는 매수인·임차인 입장에서 적극적인 의사전달을 해야합니다. 다만 사회상규와 상식에 반하지 않도록 각 개업공인중개사는 계약성사를 위한 조율과정이 필요합니다. 개업공인중개사 간 신뢰가 있어야하며 물건지 부동산 중개사무소를 중심으로 의사결정이 잘 이루어지도록 상호협력해야 합니다.

`Case` 반려동물 사육금지

다가구주택, 다중주택, 원룸주택, 오피스텔의 경우, 반려동물 사육금지 조건을 내세우는 임대인이 많습니다. 늘 주의해야할 부분입니다.

그런데 다세대(빌라)와 아파트의 경우, 반려동물 사육금지 조건을 내세우지 않았던 임대인이 계약성사단계(조건조율 및 클로징) 또는 계약서 작성시 특약사항에 넣어달라는 경우, 어떻게 해야하나요?

첫째, 개업공인중개사는 알고 있는 사항에 대해서 거짓을 말해서는 안됩니다. 그에 따른 책임을 져야합니다.
둘째, 반려동물을 가족으로 생각하는 임차인의 마음을 이해해야 합니다.
셋째, 반려동물을 사육했을 때 발생하는 오염(소음, 냄새, 털빠짐, 집손상)으로 부담스러워하는 임대인의 마음을 이해해야합니다.
넷째, 계약성사단계에서 알게된 반려동물 사육금지조건은 계약종료시 반려동물 사육으로 인해 발생한 손해에 대해 임차인이 책임지기로 한다는 특약사항을 기재하고, 원상복구와 손해배상책임에 대해 양당사자가 수용하도록 조율해야합니다.

실제로 반려동물 사육으로 발생한 소음으로 인해 임대인과 임차인간 분쟁이 생기면 불똥이 개업공인중개사에게 튑니다. 물건지 부동산중개사무소는 물건도 잃고 손님도 잃습니다.

`Case` 매매계약 조율단계에서 중도금 금액, 전세승계조건(점유개정포함), 전세임대조건에 대해 미리 사전조율해야 하는가

2) 현장방문까지 마쳤으나 계약단계까지 진입하지 못한 고객관리

늦어도 당일이나 2~3일 이내 새로운 물건을 제시한다거나 기존 보여줬던 매물에 대해 클로징단계까지 진입하지 못하면 계약성사 확률이 10%미만으로 뚝 떨어집니다.

바쁘거나 귀찮아서, 계약할 확률이 낮아서 연락을 게을리하면 다시 그 고객을 만날 확률은 거의 제로(0)에 가깝습니다.

고객감동은 계속적인 고객의 필요에 반응하는 것입니다. 다른 부동산으로 발걸음을 옮겼다가도 다시 돌아옵니다. 그러나 노력하지 않으면 그 고객은 벌써 다른 부동산에서 계약을 체결했습니다. 고객은 가만히 내 부동산 중개사무소만 바라보며 기다리지 않습니다. 착각입니다.

3) 클로징 단계

금액, 입주일자 등 계약조건협의가 완료되면 계약금의 일부를 매도인·임대인에게 송금하거나 계약서 작성일시를 정하여 다른 부동산이나 다른 고객이 계약하지 않도록 문을 달아야합니다.

하루저녁을 보내면 매도인·임대인이나 매수인·임차인의 마음이 변할 가능성이 높기 때문에 통상적으로 계약금의 일부를 계좌이체하여 단순변심에 의한 계약해제를 미연에 방지해야합니다.

Case 간혹 매도·임대 우위시장에서 계약금의 일부를 받지 않겠다는 매도인·임대인이 있다면, 개업공인중개사는 어떻게 해야할까요?

Case OO아파트 전세6억3000만원 또는 월세 4억/60만원 임대차진행의뢰를 받아, 공동중개로 월세 5억/30만원으로 계약조건협의를 끝내고 계약금의 일부 1000만원을 임대인 계좌로 송금하였습니다. 그런데 그 다음날 아침 임대인의 아내로부터 계약조건변경요청을 받았습니다. 전세6억3000만원을 더 원하는데, 부동산 중개사무소에서 월세를 너무 낮게 잡았다는 것입니다. 월세5억/40만원으로 해주지 않으면 계약서 작성하지 않겠다고 합니다. 어떻게 해야할까요?

계약서를 작성하고 계약금10%를 지급하기 전까지 개업공인중개사는 1단계 업무가 완료되지 않았습니다. 늘 계약성사에 집중하고 있어야합니다.

2 **계약서 작성 시 확인사항**

1) 계약서 작성에 필요한 공적장부

1-1)등기사항전부증명서: 대법원인터넷등기소

- 계약서 작성에 필요한 기본사항 확인 후 계약서와 중개대상물확인서에 기술합니다.
- 3번정도 열람·발급합니다:

> ◦클로징단계에서 계약금의 일부를 보내기 전,
> ◦계약서 작성시점,
> ◦잔금시점시 열람·발급합니다.

고객이 부동산 중개사무소에 있지 않을 경우, 사진전송 및 내용숙지여부 확인합니다. 등기사항전부증명서 열람·발급을 귀찮아하거나 비용아끼는 것보다 권리관계확인에 최선을 다하여 중개사고발생을 미연에 발생하고 고객에게 안심할 수 있게 해야합니다. 기본사항에 충실하지 않으면 고객은 당해 부동산중개사무소에 대해 좋지 않은 인식을 갖게 됩니다.

주의 집합건물의 경우, 영문으로(보라매sk뷰) 단지이름이 표기되거나 A동 또는 에이동, 제에이동 등으로 입력해야 검색되는 경우가 있습니다. 당황하지 마세요!

Case 지역 특수성에 따라 빌라 매매시, 토지등기부를 반드시 발급해야하는 경우가 발생합니다.(남구로역 역세권 개발이슈에 따른 빌라매매사례)
토지이용계획확인원에 정비구역(예정)지역으로 기재된 경우, 수십 년 전 개발진행시 건축주는 시유지·국유부지를 분할상환방식으로 매입하였으나 상환을 다하지 못한 매물이라면, 개업공인중개사는 매도인에게 대지매입비 상환을 조건으로 계약서를 작성해야합니다.

Case 일반주택의 경우, 매매시 토지와 건물 등기사항증명서를 모두 발급하지만 임대차시 통상 건물 등기사항증명서만 발급하는 경우가 많습니다.
- 현재유효사항기준으로 발급하는 경우가 대부분입니다. 말소사항 포함시 등기사항증명서가 복잡하고 임대차 진행시 혼선을 주는 경우가 많습니다.
- 다만 말소사항 포함을 요구하는 임차인·매수인에게 발급해주시되 히스토리에 대한 설명이 필요합니다.
- 복잡한 지분소유자가 다수일 경우, 등기사항증명서 요약란을 체크하시면 편리합니다.

> ◦주택임대사업자의 경우, 그 내용을 부기등기해야합니다
> ◦네이버광고시 집주인확인매물용으로 등기사항전부증명서를 발급할 경우, ezPDF Editor를 활용하여 PDF 파일저장하여 업로드사용합니다.

● (집합건물의 경우)

부동산물건소재지: ○○아파트 제○○동 제○층 제○○호

계약서에 기재할 부동산물건소재지는 건물 등기사항전부증명서 내용를 기준으로합니다.

1동의 건물의 표시: ○○아파트 제○○동,

대지권의 목적인 토시의 표시: 소재지번, 지목, 면적

전유부분의 건물의 표시: 제○층 제○○호, 철근콘크리트 ○○㎡

계약서에 공동주택의 경우, 건물 등기사항전부증명서에 나온 구조 및 전용면적을 기재합니다.

갑구 소유권에 관한 사항(권리자 및 기타사항: 소유자, 거래가액):

갑구에는 지분변동사항이 기재되어있습니다.

갑구 제일 마지막에 기재된 사람이 현재 소유자입니다.

을구 소유권 이외의 권리에 관한 사항(권리자 및 기타사항: 채권최고액(근저당권)/전세권, 채무자)

1-2) 건축물대장: 세움터, 정부24

주택의 경우, 단독·다가구·다세대는 건축물대상상 위반건축물 여부, 내진능력, 사용승인일 등을 확인합니다.

위반건축물인 경우, 매매시 위반건축물 해소가능여부, 이행강제금 등 확인하고, 임대차시 위반건축물인 경우 전세자금대출 여부 확인해야합니다.

로그인이 필요하며, 세움터발급이 정부24보다 편리합니다. 무료발급입니다.

네이버광고시 홍보확인서방식을 선택하면 집주인 성명을 알기위해 건축물대장을 활용합니다.

집합건물의 경우, 중개대상물확인설명서에 기재해야할 내진설계·내진능력이 표재부에 표시되어있으며, 주차대수를 확인할 수 있습니다.

위반건축물 여부는 다세대주택의 경우, 건물1동의 표제부와 위반사항 해당하는 동·호수 전유부에 기재됩니다. 표제부에 위반건축물 표시되어있더라도 동·호수 전유부에 위반건축물 표시된 호수만 위반건축물입니다.

1-3) 토지이용계획확인원: 토지이음, 정부24

지역·지구 등 안에서의 행위제한내용

행위가능여부: 시설물 또는 토지이용행위 검색

(해당 토지에 건축을 하거나 이용하고자 하는 토지이용행위를 입력해 주세요)

건폐율·용적률, 층수·높이제한, 건축선, 도로조건 등 행위제한내용을 살펴봅니다.

1-4)부동산종합정보: 씨:리얼 SEE:REAL, 서울부동산정보광장

간편검색은 서울부동산정보광장을 활용합니다.

상세검색은 씨:리얼 SEE:REAL을 활용합니다.

부동산종합정보, 부동산정보열람, 실거래가, 공시가격을 한 곳에서 쉽게 확인할 수 있습니다.

씨:리얼은 특히 다세대주택의 대지권비율을 등기사항전부증명서를 발급하지 않고 확인할 수 있습니다.

공동주택가격 중에서 오피스텔은 홈택스에서 확인합니다.

Case OO지역 역세권 공공재개발추진이슈, 공동주택공시가격 1억원미만, 투자매수세가 붙었습니다. 투자자들이 궁금한 사항은 무엇일까요?

개발가능성, 투자할만한 갭적은 매물, 공동주택공시가격 1억원미만, 전세금액, 수리상태, 위치, 층수, 전용면적 등

그리고 무엇보다 대지지분이 어떻게 되는지? 바쁘거나 빌라매물이 많아 등기사항전부증명서를 일일이 열람·발급하기 곤란할 때 씨:리얼에 그 정보가 있습니다.

1-5) 토지대장: 정부24

Case 건축물대장과 토지대장에 대지 면적이 다른 경우

1-6) 진위확인

계약 당사자 신분확인을 철저하게 진행할 경우,
- 주민등록증 진위확인은 정부24에서
- 운전면허증 진위확인은 경찰청 교통민원24에서 확인합니다.

3 **주거용부동산 일반임대차계약서 작성**

일반임대차계약서는 반드시 정해진 양식에 따라 작성하는 것은 아닙니다.
한국공인중개사협회 회원이라면 다수가 한방부동산거래정보망을 이용합니다.
지역네트워크정보망을 활용하시는 분들도 많이 있습니다.
가장 편리한 시스템을 사용하세요.

3-1. 부동산의 표시

가) 소재지: 등기사항전부증명서를 기준으로 지번주소 기재를 원칙으로 합니다
나) 토지
① 지목(대),
(대지권목적인 토지표시의)면적OOm²,
② 대지권종류(소유권대지권),
③ 대지권비율OO분의 OO
☑ 면적은 여러 필지의 경우 합산하여 기재합니다.

다) 건물:
① 구조(철근콘크리트구조),
② 용도(아파트, 대장상의 용도기입),
③ 면적○○㎡
☑ 용도는 건숙물내장상 용도를 기준으로 작성합니다.
☑ 원룸용 다중주택의 경우, 1층 근린생활시설이 있으면, 근린생활시설 및 주택으로 기재합니다.
☑ 오피스텔 주거용이라도 업무시설로 작성합니다.
☑ 면적은 전용면적을 기준으로 작성합니다.
라) 임대할 부분:
① 전체, 일부일 경우 구체적으로 기재합니다.
② 다가구주택의 경우, 1층 계단왼쪽 현관문 방2 (통칭 101호)

3-2. 계약내용

제1조 목적

보증금○○원
계약금○○원은 계약시에 지불하고 영수함. 영수자(자필서명) (인)
계약금은 통상 10%, 전세자금대출시 계약금5%이상 영수증을 발급·금융기관제출해야합니다.
중도금○○원은 ○○일에 지불한다
전·월세임대차계약은 대체로 중도금이 없지만, 상황에 따라 중도금 있습니다.
잔금○○원은 ○○일에 지불한다
차임○○원은 매월○○일 (선불, 후불)로 지불한다. 부가세(별도)여부
월세지급일은 통상 입주시점을 기준으로 정하지만, 관리편의상 매월말일, 매월1일로 정하는 경우 있습니다.

제2조 존속기간: 2년, 1년
제3조 용도변경 및 전대 등
제4조 계약의 해지 :임차인의 차임 연체액이 2기의 차임액에 달하거나 제3조 위반시
제5조 계약의 종료: 원상회복반환의무
제6조 계약의 해제: 중도금(중도금없을때는 잔금) 지불전까지 임대인은 계약금의 배액을 상환하고, 임차인은 계약금을 포기하고 계약해제
제7조 채무불이행과 손해배상의 예정: 손해배상에 대하여 별도의 약정이 없는 한 계약금을 손해배상의 기준으로 본다
제8조 중개보수: 개업공인중개사의 고의나 과실없이 본 계약이 무효, 취소 또는 해약되어도 중개보수는 지급한다
제9조 중개대상물 확인설명서 교부 등

3-3. 특약사항

1) 임차인은 현장확인 후 현 시설상태에서 계약을 체결하며, 본 특약사항에 기재되지 않은 사항은 민법상 계약에 관한 규정과 부동산 거래 관례에 따른다
현장확인을 하지 않은 경우, 현장확인없이 계약을 체결한다고 기재합니다.

2) 소유권이외의 권리사항은 없으며 임대인은 잔금 익일까지 근저당설정 및 제한물권설정을 하지 아니한다.

3) 소유권이외의 권리사항이 있는 경우, 등기사항전부증명서 을구에 기재된 내용을 기재하고, 잔금일에 상환말소하기로 한다고 기재합니다.

4) 양 당사자는 개인정보제공 및 활용에 동의한다.
☑ 개인정보보호법에 따라 개인정보제공 및 활용 동의서를 별도로 작성함을 원칙으로 합니다.

5) 계약금 중 금OO원은 OO일에 임대인계좌이체하였고, 나머지 금OO원은 계약시 지급한다

6) 임대인은 전세자금대출에 동의하고 협조한다.
① 금융기관 전세자금대출을 위해서 반드시 필요한 기재사항입니다.
② 초기에는 질권설정을 하지 않기로 한다는 문구를 넣어달라는 임대인이 있었는데, 최근 전세자금대출이 상용화되어 단서조항을 달지 않습니다.
③ 계약서 작성후 은행에서 전화확인 및 질권설정시 우편통지문이 배달된다는 설명을 합니다.
④ 질권설정시 계약종료시 전세반환금은 은행에 전액상환함을 원칙으로 합니다.

7) 임대인은 도배해주기로 한다. 장판은 임대인과 임차인이 비용 1/2씩 부담한다.
일부수리해주는 경우, 그 범위를 명확하게 기재합니다. 전등은 안방, 주방 교체해준다

8) 소모품(전등 샤워기) 고장수리는 임차인 비용부담으로, 시설물(보일러, 수도배관) 고장수리는 임대인 비용부담으로 한다.
① 양 당사자 합의사항으로 10만원 이하는 임차인이, 10만원 이상은 임대인이 비용부담한다고 할 수 있습니다.

9) 만기전 퇴실시 임차인 책임하에 방(집)을 빼고 나가며, 발생하는 부동산 중개보수는 임차인이 부담한다.

10) 임차인은 당해 부동산이 매매진행중임을 확인하고 체결하는 전세계약이며, 매매계약서 사본을 첨부한다(매도인OOO.매수인OOO. 매매금액 금OO원, 매매계약일 OO일, 매매잔금일 OO일).

11) 임대인계좌: OO은행

3-4. 당사자 인적사항

1) 임대인: 주소(도로명주소), 주민등록번호, 전화번호, 성명 (서명 또는 날인)

2) 임차인: 주소(도로명주소), 주민등록번호, 전화번호, 성명 (서명 또는 날인)
☑ 법인인 경우, 법인등록번호 인감도장 또는 사용인감 날인, 법인인감증명서 필요합니다.

3) 개업공인중개사: 사무소소재지, 사무소명칭, 대표자명(자필서명), 전화번호, 등록번호
☑ 한방부동산거래정보망이나 서울부동산정보광장에서 개업공인중개사 세부내역 조회합니다.

● 주택임대사업자제도

1. 주택임대사업자 자격

1) 주택임대사업자는 공공주택사업자가 아닌 자로 1호 이상의 민간임대주택을 취득해 임대사업을 할 목적으로 등록한 사람을 말합니다.

2) 분양·매매·건설등을 통해 주택을 소유할 예정인 사람도 포함합니다. 주택임대사업자로 등록을 하게 되면 임대 목적으로 주택을 제공하게 됩니다.

　① 소유자는 건물등기사항증명서를,

　② 소유예정자는 사업계획승인서(6년)·건축허가서(4년)·매매계약서(3개월)·분양계약서 (1년)로 등록가능하며 소유권확보기간 내 주택을 취득하지 못할 경우, 임대주택등록이 말소 처리될 수 있습니다. 분양계약은 등록신청일 기준으로 분양계약 잔금 지급일 3개월이내이거나 잔금 지급일 이후인 경우만 등록가능합니다.

2. 민간임대주택의 종류

1) 임대주택은

　① 취득유형에 따라 민간건설 임대주택과 민간매입 임대주택으로 분류할 수 있습니다.

　② 임대의무기간에 따라 (기업형 임대사업자) 공공지원 민간임대주택(10년)과 (일반형 임대사업자)-장기일반 민간임대주택(10년)으로 구분됩니다 (2020년8월18일이후)

　　　a) 민간건설 임대주택의 경우 300세대(호)이상을 취득하였거나 취득하려는 경우이며,

　　　b) 민간매입 임대주택의 경우 100세대(호)이상을 취득하였거나 취득하려는 경우로 구별됩니다.

　　☑ 임대를 목적으로 주택을 건설한 경우라도 보존등기 전에 임대등록 했을 경우에 민간건설 임대주택이며, 보존등기 후에 임대등록 했을 경우는 민간매입 임대주택입니다.

3. 주택임대사업자 등록: 주소지 관할 주택과 방문등록, 온라인(렌트홈renthome)등록

1) 주택임대사업자 등록은 먼저 시군구청에 임대사업자로 등록한 후 세무서에 사업자등록을 신청하는 순서로 진행됩니다

2) 주택임대사업자 등록은 주소지 관할 시군구청의 주택과를 방문합니다

　① 일반적으로 주택을 소유하고 있는 자가 임대사업자 등록을 하는 경우, 등기부등본과 본인 신분증을 가져가시면 됩니다.

　② 주택소유예정자 중에서 분양계약이나 매매계약을 체결한 상태에서 임대사업자 등록을 하는 경우, 분양계약서나 매매계약서와 신분증을 지참하면 됩니다.

3) 시군구청에 주택임대사업자 등록을 한 후 당초 임대주택으로 등록하지 않은 주택을 추가로 임대주택으로 등록하거나 새로 취득한 주택을 임대주택으로 등록하는 경우, 새로 임대사업자 등록을 신청하는 것이 아니라 당초 임대사업자등록증에 등록하려는 물건을 추가하는 형식으로 등록이 이루어집니다.

4) 민간임대주택법개정(2020.08.18.부터)
 ① 단기임대주택의 등록이 불가합니다.
 ② 아파트의 장기일반(매입)민간임대주택 등록도 불가합니다. [단 건설임대주택의 경우
   는 아파트라도 장기일반(건설)민간임대주택 등록이 가능]
5) 세법에서는
 ① 2020.07.10. 이전 등록 신청분만 임대주택에 대한 혜택이 부여됩니다.
 ② 2020.07.11. 이후 등록 신청분부터는 세법상 혜택이 부여되지 않습니다.
 ③ 2020.07.11. 이후 단기임대 등록·장기일반민간임대로 전환등록한 경우 세제지원이 배
   제됩니다.

4. 사업자등록: 주소지 관할 세무서에서 방문등록

1) 사업자등록(부가가치세 면세사업자)은 원칙적으로 사업장 관할 세무서에 해야 합니다.
   예외적으로 주택임대사업자로 등록한 자는 주소지를 사업장으로 하여 사업자등록이
   가능합니다.
2) 주택임대사업의 경우 본인이 주택을 소유하고 있거나 소유할 예정이라는 사실을 확인
   할 수 있는 서류와 시군구청에 임대사업자로 등록하고 받은 임대사업자 등록증 사본
   을 제출해야 합니다.
3) 배우자와 공유지분으로 보유하는 주택은 공동사업자로 등록을 해야 하며, 한 명으로
   선택하여 등록할 수 없습니다

5. 민간임대주택의 등록말소: 양도세 중과 배제

1) 자진 말소의 경우:
 ① 임대의무기간의 1/2 이상 경과 후 자진 말소하고 1년 이내 매도시 양도세 중과 배제
   됩니다. 민간임대주택법상 임대의무기간이 경과하기 전에 세입자의 동의가 있으면
   과태료(3,000만원) 부담없이 임대주택 등록을 자진말소할 수 있습니다.
 ② 장기임대주택을 민간임대주택법상 임대의무기간(단기임대로 등록한 임대주택은 4
   년, 장기일반민간임대로 등록한 경우 8년)이 지나기 전에 등록을 말소하고, 자진 말
   소한 날부터 1년 이내에 해당 주택을 처분할 경우 조정대상지역의 주택이더라도 중
   과를 하지 않습니다.
 ③ 단 등록 이후 임대한 기간이 민간밈대주택법상 임대의무기간의 1/2 이상이 경과한
   경우에만 중과 적용이 배제됩니다.
2) 자동 말소의 경우:
 ① 폐지되는 단기(4년), 아파트 장기일반매입민간임대(8년)유형은 최소 임대의무기간
   경과시 자동으로 등록 말소됩니다.
 ② 민간임대주택법상 임대의무기간이 경과한 후 임대 등록이 자동으로 말소되는 세법
   상 장기임대주택은 양도시기에 관계없이 양도세가 중과되지 않습니다.

6. 민간임대주택의 혜택

1) 거주주택 비과세특례

　　2년 이상 거주한 주택과 세법상 장기임대주택을 보유한 자가 거주주택을 양도하는 경우 장기임대주택은 주택 수 계산에서 제외되므로 거주주택은 소득세법시행령 제155조 20항의 규정에 따라 비과세가 가능합니다("거주주택 비과세특례").

① 기존 등록된 장기임대주택이 자진하여 또는 자동으로 등록이 말소된 경우, 세법상 의무임대기간을 충족하지 않더라도 거주주택을 등록말소 후 5년 이내에 양도하면 양도세 비과세를 인정해줍니다.

② 이미 거주주택을 양도하여 비과세를 적용받은 분들은 이후 장기임대주택이 자진(민간임대주택법상 1/2 이상 임대한 경우) 또는 자동으로 말소되는 경우에도 거주주택의 양도세는 추징되지 않습니다.

③ 거주주택을 먼저 매도하는 경우에도 거주주택은 비과세가 가능하며, 이후 장기임대주택은 의무임대기간을 채우면 거주주택의 비과세는 유지됩니다.

2) 종부세 합산 배제
① 종부세 합산 배제 신청

　　㉠ 과세기준일(매 년 6월 1일) 당시 세법상 장기임대주택으로 등록된 장기임대주택은 9월 16일~9월 30일까지 합산배제를 신청해야 해당 연도의 종부세가 과세되지 않습니다.

　　　이 때 종부세가 합산배제되는 장기임대주택이란 지자체와 세무서에 임대사업자 등록을 하고 임대개시(임대주택 등록일) 당시 기준시가가 6억 원(수도권 외 지방은 3억 원) 이하인 주택을 말합니다.

　　㉡ 다만 조정대상지역의 주택으로서 2018.09.14 이후에 취득한 주택을 임대주택으로 등록한 경우에는 종부세 합산배제가 적용되지 않습니다.

　　㉢ 한편, 합산배제 신청을 해서 적용이 된 경우에는 이후 사업연도부터는 계속해서 합산배제가 적용되므로 추가로 신청할 필요는 없습니다.

② 자진말소 또는 자동말소된 경우 기존에 합산배제 임대주택을 자진말소하거나 임대의무기간 경과로 자동말소된 경우에는 더 이상 세법상 장기임대주택으로 인정이 되지 않습니다.

　　그러나 말소일로부터 5년 이내에 거주주택을 매도할 경우
　　거주주택 비과세는 적용되며, 말소일로부터 1년 이내(자진말소) 혹은 양도시기에 상관없이(자동말소) 중과배제도 적용되지만
　　종부세 과세기준일(6월 1일) 현재 말소된 상태라면 해당 연도의 종부세는 납부해야 합니다.

3) 취득세 감면신청

취득세 감면신청은 감면 대상에 해당하면 즉시 해야 합니다.

공동주택이나 오피스텔을 건축 또는 최초 분양받은 경우, 전용면적 기준에 따라 취득세 감면받을 수 있습니다.

① 전용면적 60㎡ 이하 공동주택 취득시 취득세 면제

② 10년이상 장기임대목적으로 전용면적 60㎡ 초과 85㎡ 이하인 임대주택을 20호 이상 취득하거나 20호 이상 장기임대주택을 보유한 임대사업자가 추가로 장기임대주택을 취득시 취득세 50% 경감

4) 종합소득세 감면 신청

종합소득세 감면 신청은 5월에 합니다.

① 임대주택 1호를 임대하는 경우, 소득세 또는 법인세의 100분의 30 감면

② 임대주택 2호이상 임대하는 경우, 소득세 또는 법인세의 100분의 20 감면

5) 재산세 자동 감면

재산세는 별도의 감면신청 절차없이 자동으로 감면처리됩니다.

① 전용면적 40㎡ 이하 임대목적의 공동주택 다가구주택 오피스텔: 재산세 면제

② 전용면적 40㎡ 초과 임대목적의 공동주택 오피스텔: 재산세 75% 경감

③ 전용면적 60㎡ 초과 85㎡ 이하 임대목적의 공동주택 오피스텔: 재산세 50% 경감

6) 양도소득세 감면 신청

양도소득세도 양도소득세 감면신청을 따로 해야합니다.

① 장기일반민간임대주택 등에 대한 양도소득세 과세특례해당요건을 충족한 경우: 장기보유특별공제 50% 공제율 적용

(다만 장기일반민간임대주택 등을 10년이상 계속하여 임대한 후 양도하는 경우 장기보유특별공제율 70% 공제율 적용)

② 장기임대주택에 대한 양도소득세 과세특례는 임대기간에 따라 추가공제율을 적용합니다.

장기임대주택을 6년이상 임대한 후 양도하는 경우, 추가공제율 100분의 2(6년~7년), 100분의 4(7년~8년), 100분의 6(8년~9년), 100분의 8(9년~10년), 100분의 10(10년~)을 적용합니다.

7. 주택임대사업자의 포괄승계

민간임대주택을 다른 임대사업자에게 양도할 수 있습니다

민간임대주택을 다른 임대사업자에게 양도하는 경우

먼저 임대사업자(양도자)가 시장·군수·구청장에게 양도신고를 한 후

다른 임대사업자(양수자)는 이전등기를 하기 전에 민간임대주택을 등록해야한다.

이전등기를 완료하고 민간임대주택 양도신고를 한다면 포괄양수도계약이라고 해석하기

힘들기 때문이다.
민간임대주택 매매시 임대사업자로서의 지위를 포괄적으로 승계한다는 사실을 매매(양수도)계약서에 명시하여야합니다.

임대수택으로 등록된 주택을 임대의무기간이 경과하기 전에 포괄 양수도 계약으로 취득하여 매수인이 임대주택으로 등록한 경우 민간임대에 관한 특별법상 매도인의 임대기간 기산일이 매수인의 임대기간 기산일로 인정됩니다.

다만 세법상 특례(양도소득세 비과세, 장기보유특별공제)를 적용받기 위해서는 매수인은 취득 후 임대주택으로 등록한 시점부터 새롭게 기산하기 때문에 처음부터 임대의무기간을 다 채운 후 양도해야합니다.

● **[민간임대주택에 관한 특별법]**
제43조 (임대의무기간 및 양도 등)
② 제1항에도 불구하고 임대사업자는 임대의무기간 동안에도 국토교통부령으로 정하는 바에 따라 시장·군수·구청장에게 신고한 후 민간임대주택을 다른 임대사업자에게 양도할 수 있다. 이 경우 양도받는 자는 양도하는 자의 임대사업자로서의 지위를 포괄적으로 승계하며, 이러한 뜻을 양수도계약서에 명시하여야 한다.

제6조(임대사업자 등록의 말소)
① 시장·군수·구청장은 임대사업자가 다음 각 호의 어느 하나에 해당하면 등록의 전부 또는 일부를 말소할 수 있다. 다만, 제1호에 해당하는 경우에는 등록의 전부 또는 일부를 말소하여야 한다
11. 제43조에도 불구하고 종전의 「민간임대주택에 관한 특별법」(법률 제17482호 민간임대주택에 관한 특별법 일부개정법률에 따라 개정되기 전의 것을 말한다. 이하 이 조에서 같다) 제2조 제5호의 장기일반민간임대주택 중 아파트(「주택법」 제2조 제20호의 도시형생활주택이 아닌 것을 말한다)를 임대하는 민간매입임대주택 또는 제2조 제6호의 단기민간임대주택에 대하여 임대사업자가 임대의무기간 내 등록 말소를 신청(신청 당시 체결된 임대차계약이 있는 경우 임차인의 동의가 있는 경우로 한정한다)하는 경우

⑥ 제1항 각 호(제5호 중 제43조 제2항에 따라 민간임대주택을 다른 임대사업자에게 양도하는 경우는 제외한다) 및 제5항에 따라 등록이 말소된 경우에는 그 임대사업자(해당 주택을 양도한 경우에는 그 양수한 자를 말한다)를 이미 체결된 임대차계약의 기간이 끝날 때까지 임차인에 대한 관계에서 이 법에 따른 임대사업자로 본다

● 민간임대주택에 관한 특별법(시행 2021.09.14.)
시행령(시행 2021.08.10.) 시행규칙(시행 2020.12.10.)

1. 주택임대사업자는 반드시 표준임대차계약서를 작성합니다.
2. 주택임대사업자의 임대의무기간(최대10년) 동안 계약갱신 보장,
3. 임대료 연5%이내 증액제한(새로운 임차인과 계약을 하더라도 연5%)
4. 주택임대사업자는 임대차계약체결후 3개월이내 부동산소재지 관할 지자체에 임대차 계약신고의무 (재계약, 묵시적 갱신 포함, 계약체결일 기준O, 입주일 기준X, 위반시 1차 위반시 500만원, 2차 위반시 700만원, 3차 위반시 1,000만원의 과태료가 부과됩니다.)
5. 등록임대주택 부기등기의무도입(법제5조의2, 시행령제4조의2)
   임대사업자는 법제5조에 따라 등록한 민간임대주택이 제43조에 따른 임대의무기간과 제44조에 따른 임대료 증액기준을 준수하여야 하는 재산임을 소유권등기에 부기등기 (附記登記)하여야 합니다.

   ① 부기등기는 임대사업자의 등록 후 지체 없이 하여야 합니다. 다만, 임대사업자로 등록한 이후에 소유권보존등기를 하는 경우에는 소유권보존등기와 동시에 하여야 합니다.
      (법 시행전에 소유권보존등기를 한 민간임대주택은 시행후 2년이내에 부기등기를 해야합니다)
   ② 등록임대주택의 부기등기표기사항: "이 주택은 「민간임대주택에 관한 특별법」 제43조제1항에 따라 임대사업자가 임대의무기간 동안 계속 임대해야 하고, 같은 법 제44조의 임대료 증액기준을 준수해야 하는 민간임대주택임"이라고 표기해야 합니다.
   ③ 부기등기 의무 위반시 500만원 이하 과태료 부과

☑ 부기등기란?
   독립된 순위번호를 갖지 않고 기존의 등기에 부기번호를 붙여서 행하여지는 등기
   기존등기(주등기)의 순위와 효력을 그대로 갖게할 필요가 있을 때 사용

6. 임대주택권리관계 정보제공 의무강화(법 제48조, 시행령 제37조)
   ① 민간임대주택의 선순위 담보권, 국세·지방세의 체납사실 등 권리관계에 관한 사항을 임차인에게 설명하고 확인받아야합니다. 이 경우 등기부등본 및 납세증명서를 제시 하여야 합니다
      이를 위반하는 경우 500만원 이하의 과태료 부과
   ② 민간임대주택에 둘 이상의 임대차계약이 존재하는 등 대통령령으로 정하는 사유에 해당하는 경우 임대사업자는 그 주택에 대한 임대차계약을 체결하려는 자에게 「주택임대차보호법」 제3조의6제2항에 따라 확정일자부에 기재된 주택의 차임 및 보증금 등의 정보를 제공하여야 합니다.

예를들면, 등록임대주택이 '단독 다중주택 다가구주택'유형인 경우 임대사업자가 해당주택에 대한 선순위보증금정보를 임대차계약시 예비임차인에게 제공하여야합니다.

7. 보증금 미반환으로 인한 피해 발생시 등록말소 가능(법 제6조, 시행령 제5조)
8. 임대차계약 미신고 능 공적의무 미준수시 등록말소 가능(법 제6조, 시행령 제5조)

4 주거용부동산 표준임대차계약서 작성 (6쪽 중 1쪽)

4-1. 계약당사자

1) 임대사업자: 성명(법인명), 주소(대표사무소소재지), 주민등록번호, 전화번호,
 임대사업자 등록번호 (2020-영등포구-임대사업자-OOO), 일반사업자등록번호와 구별
합니다.
 임대사업자등록은 "임대사업자" "주소지(거주지)" 지자체 주택과에서 & (국세)면세사업
자 등록은 관할 세무서에서
2) 임차인: 성명(법인명), 주소, 주민등록번호, 전화번호

4-2. 공인중개사(개업공인중개사가 계약서를 작성하는 경우 해당)

개업공인중개사: 사무소 명칭, 대표자 성명(서명 및 날인), 사무소 소재지, 등록번호, 전화번호
(6쪽 중 2쪽)

4-3. 민간임대주택의 표시

1) 주택소재지
2) 주택유형: 아파트·연립주택·다세대주택·다가구주택·그밖의 주택
3) 민간임대주택면적(㎡):
 주거전용면적(필수기재사항),
 공용면적(주거공용면적,
 그밖의 공용면적(지하주차장 면적을 포함한다),
 합계
4) 민간임대주택의 종류:
 공공지원(10년, 8년),
 장기일반(10년, 8년),
5) 그밖의 유형: 건설·매입 .
6) 임대의무기간개시일(임대사업자 등록일 또는 임대등록 후 첫 임차인 입주일)
7) 민간임대주택에 딸린 부대시설·복리시설의 종류
8) 선순위 담보권 등 권리관계설정여부: 없음 / 있음
9) 국세·지방세 체납사실: 없음 / 있음
10) 임대보증금 보증가입여부:

가입

일부가입

미가입 -사유(가입대상금액이 0원이하, 가입거절, 그밖의 사유)

2020.12.10. 이후 주택임대차사업자등록한 경우, 즉시 임대보증금 보증가입을 해야합니다. 그 이전 주택임대차사업자등록한 경우, 새로운 임대차에 한하여 임대보증금 보증가입을 해야합니다.

4-4. 계약조건

제1조(임대보증금, 월임대료 및 임대차 계약기간)

① 임대보증금, 월임대료, 임대차계약기간

② 계약금, 중도금, 잔금, 계좌번호·은행·예금주

(6쪽 중 3쪽)

제2조(민간임대주택의 입주일)

제3조(월임대료의 계산)

제4조(관리비와 사용료)

제5조(임대조건 등의 변경)

제6조(임차인의 금지행위)

제7조(임차인의 의무)

제8조(민간임대주택 관리의 범위)

제9조(민감임대주택의 수선·유지 및 보수의 한계)

(6쪽 중 4쪽)

제10조(임대차계약의 해제 및 해지)

제11조(임대보증금의 반환)

제12조(임대보증금 보증): 보증수수료의 75퍼센트는 임대사업자가 부담하고, 25퍼센트는 임차인이 부담한다.

(6쪽 중 5쪽)

제13조(민간임대주택의 양도)

제14조(임대사업자의 설명의무): 본인은 임대보증금 보증가입, 민간임대주택의 권리관계 등에 관한 주요 내용에 대한 설명을 듣고 이해했음

성명(임차인): (서명 또는 날인)

제15조(소송)

제16조(중개대상물의 확인·설명)

제17조(특약)

(6쪽 중 6쪽)

4-5. 개인정보의 제3자 제공 동의서

제공받는 자: 국토교통부장관, 시장·군수·구청장

제공 목적: 등록임대주택에 관한 정보제공을 위한 우편물 발송, 문자 발송 등 지원 관련

개인정보 항목: 성명, 주소, 전화번호

보유 및 이용 기간: 임대차계약 종료일까지

본인의 개인정보를 제3자 제공에 동의합니다.

임차인 성명: (서명 또는 날인)

☑ 임차인은 본 개인정보 제공에 대한 동의를 거부할 수 있으며, 이 경우 임차인 권리, 등록임대주택에 관한 정보제공이 제한됩니다.

계약서별지 출력용: 공동임대인, 공동임차인

계약서별지 및 확인설명서 출력용: 개업(공동)공인중개사

5 **주거용부동산 매매계약서 작성**

매매계약은 개업공인중개사의 로망, 설레임, 첫계약을 언제하나?

1) 매매대금, 계약금은 조건조율 및 클로징단계에서 의사합치를 보았습니다.

2) 중도금은 금액과 기한을 어떻게 정할지, 계약서 작성시에 최종합의를 합니다.
   - 개업공인중개사는 미리 매도인은 언제·얼마나 중도금이 필요한지,
   - 중도금이 많이 필요한지·명목상 필요한지,
   - 매수인은 언제·얼마나 중도금을 지급할 수 있는지,
   - 전세승계조건계약일 경우 중도금을 언제·얼마를 지급하도록 할 것인지

대략적인 계획을 갖고 있어야합니다.

상호 희망사항을 알고나서 어떻게 중도금 일정과 금액을 제시하여 원활한 의견일치를 이끌어내야합니다.

　Case　 매도인이 중도금을 많이 받아야하는 경우: 상급지 갈아타기 매수한 경우

　Case　 매수인이 중도금을 적게 지급하는 경우:
매수인이 매도한 집이 중도금이 적은 경우,
매수인이 잔금대출을 많이 받고 현재 전세를 살고 있어 중도금을 지급할 여력이 적은 경우

　Case　 매수인이 중도금을 지급하지 않는 경우: 잔금기한이 짧은 경우
중도금은 잔금기한이 짧더라도 최근 매매가 변동성이 큰 경우, 소액이라도 지급함을 원칙으로 합니다. 중도금 없이 계약금만 지급한 경우, 배액배상으로 계약 파기되는 경우가 많습니다.

3) 잔금은

가) 전세를 맞춰야할 경우(전세임대조건거래),

① 첫째, 매도인은 전세맞추는 조건거래를 대체로 좋아하지 않습니다. 계약단계에서 또는 사전에 매도인에게 전세조건거래를 설득하고 집보여주기 협조를 이끌어내야합니다.

② 둘째, 매수인은 전세조건거래가 성사되지 않을 위험성에 불안해합니다. 개업공인중개사는 보수적 전세금액을 설정하고, 수리조건으로 전세임대가 잘되도록 최선을 다해야합니다. 중개보수 때문에 공동중개를 안하고 계약을 놓치지 않도록 상황파악에 민감해야합니다. 만약 전세가 나가지 않을 경우에 대한 최소한의 대비책도 마련해야합니다.

③ 셋째, 중개보수는 얼마나 받을지 상황에 맞춰 계획수립하고 매수인의 사전협의에 응해야합니다.

나) 전세승계조건거래는 중도금과 잔금시기를 최대한 앞당기는 것이 좋습니다.
다만 계약갱신요구권제도 도입으로 전세만기 6개월 전에 소유권이전등기가 완료되도록 매매타이밍을 잡아야합니다. 매수인 입주조건을 무리없이 진행할 수 있도록 하기 위함입니다.

다) 점유개정(매도인이 전세사는 조건)거래는 매매계약시 굉장히 유리한 조건입니다.
투자목적의 매수인이 매매결정하기에 좋고, 매도인은 좋은 매매가를 받을 수 있어서 좋습니다.

4) 매매계약시 특약사항

`Case` 민법상 하자담보책임에 대한 규정이 있음에도 매수인은 매수후 6개월이내 중요한 하자에 대한 매도인책임을 요구하는 경우가 있습니다(누수관련) 매도인은 잔금일까지 발생하는 하자에 대한 담보책임만 지겠다고 하는 경우가 있습니다. 이런 경우 어떻게 해야할까요?

`Case` 매매잔금시 전세임대조건거래인 경우, 보일러(고장), 싱크대(수전), 화장실(수전, 환풍기), 출입문도어락, 현관인터폰, 방충망, 전등 등 시설물(부착물)에 하자가 발생한 경우, 고장수리책임을 누구에게 물어야 할까요?

`Case` 채권최고액 OO원 근저당권 상환 말소는 잔금일에 어떻게 진행해야할까요?

`Case` 잔금시 전세임대조건으로 진행하는 경우, 임차인이 전세자금대출을 받을 경우, 전세계약서는 누구와 작성해야할까요?

5) 매매잔금시 매도인과 매수인 준비서류

가) 매도인 준비서류
① 매도용 인감증명서(1통)은 매수자이름, 주민등록번호, 주소를 기재하고 발급당사자의 서명이 있어야합니다.
② 주민등록초본(1통)(주소변동 포함)
③ 등기권리증
④ 인감도장

Case 매도용 인감증명서를 발급하는데, 매수인의 주소가 변경되었다고 합니다. 매도인은 계약서상의 주소를 기재해야할까요? 변경된 주소를 기재해야할까요?

Case 매도인이 등기권리증을 분실했습니다. 어떻게 해야할까요?

나) 매수인 준비서류
① 주민등록등본(1통)
② 도장
③ 가족관계증명서(1통)

Case 매수인이 왜 가족관계증명서를 제출할까요? 매수인은 세대분리를 해야하나요? 세대분리를 하지 않았다면, 언제까지 세대분리를 해야할까요?

지방세법 시행령
다주택자 판단기준인 1세대의 범위를 규정하였습니다.
① 1세대란 세대별 주민등록표에 함께 기재되어 있는 가족(부모, 배우자, 자녀, 형제자매 등)으로 구성된 세대를 말하며, 배우자와 미혼인 30세 미만의 자녀는 주택을 취득하는 자와 같은 세대별 주민등록표에 기재되어 있지 않더라도 같은 세대로 본다.
② 다만, 30세 미만의 자녀라 하더라도 일정 소득이 있고 따로 사는 경우에는 별도의 세대로 볼 수 있도록 예외규정을 두었습니다.
　☑ 「국민기초생활 보장법」 제2조제11호에 따른 기준 중위소득('20년 1인가구 월 175만원)의 100분의 40 이상(월 70만원)
③ 단,미성년자(만 18세이하)인 경우에는 소득요건이 충족하더라도 부모의 세대원에 포함 예정

다) 매도자와 매수자가 법인인 경우 준비서류가 어떻게 달라질까요?
 ① 매도인이 법인인 경우, 추가되는 준비서류
    - 법인등기부등본(1통, 말소사항 전체 포함)
    - 법인인감도장

 ② 매수인이 법인인 경우, 추가되는 준비서류
    - 법인등기부등본(1통, 말소사항 전체 포함)
    - 법인장부(보조원장) 및 사용계획서
    - 부동산중개보수영수증

라) 매도자가 외국인인 경우 준비서류가 어떻게 달라질까요?
 ① 매도인이 외국인인 경우, 추가되는 준비서류
    - 국내거소사실증명서
    - 외국인양도신고사실확인서(세무서)

6 중개대상물 확인설명서(주거용건축물)

1) 단독주택·공동주택여부, 매매·교환·임대여부 체크합니다
2) 확인·설명자료 중 그 근거자료는 실제 확인·설명한 자료를 체크합니다. 그밖의 자료에
   는 통상 본인신분증 확인 등 추가 기재합니다.
3) 개업공인중개사 기본확인사항 중 내진설계적용여부·내진능력은 건축물대장 기재사항
   을 기준으로 작성합니다. 내진설계시행 이전 건축물은 기재내용이 없기 때문에 해당사
   항없음으로 작성합니다.
4) 등기부기재사항중 소유권에 관한 사항을 기재할 경우, 등기부기재된 내용을 입력합니
   다.
   예를들면, 등기부상 소유자의 주소가 OO시 OO구 OO동 897-1이라면, 계약서 작성시
   소유자 인적사항(주소)와 다를 경우, 등기부에 기재된 내용으로 입력합니다.
5) 민간임대등록여부: 민간임대등록되어있다면 표준임대차계약서를 작성하고 중개대상
   물 확인설명서에는 그 내용을 간략하게 기재합니다.
6) 계약갱신요구권행사여부:
   일반임대차계약의 경우, 재계약서 작성시 계약갱신요구권행사여부를 확인합니다.
   매매계약의 경우, 계약갱신요구권행사여부는 가장 중요한 요소입니다.
   매도인은 계약갱신요구권행사여부에 대해 확인서를 발급하며, 이를 근거로 매수인은 실
   입주시 임차인의 계약갱신요구에 거절할 수 있는지 여부를 확인할 수 있습니다.
7) 토지이용계획, 공법상이용제한 및 거래규제에관한 사항(토지)에서는 건폐율상한과 용
   적률상한, 투기지역여부에 대해 기재하여야합니다.

용도지역	세분	서울 조례		
		건폐율	용적율	비고
주거	제1종전용	50	100	
	제2종전용	40	120	
	제1종일반	60	150	
	제2종일반	60	200	
	제3종일반	50	250	
	준주거	60	400	
상업	중심상업	60	1000	4대문안 800
	일반상업	60	800	4대문안 600
	근린상업	60	600	4대문안 500
	유통상업	60	600	4대문안 500
공업	전용공업	60	200	
	일반공업	60	200	
	준공업	60	400	
녹지	보전녹지	20	50	
	생산녹지	20	50	
	자연녹지	20	50	
관리	계획관리	취락지구 건폐율 60		
	생산관리			
	보전관리			
농림				
자연환경보전				

8) 도로와의 관계는 네이버지도에 나온 "거리"를 활용합니다.

9) 거래예정금액 등 개별공시지가(㎡)는 토지이용계획확인원·서울부동산정보광장·부동산종합정보 등 다양한 사이트에서 제공합니다. 건물(주택)공시가격은 부동산공시가격알리미에서 확인합니다. 오피스텔은 홈택스에서 확인합니다.

10) 취득시 부담할 조세의 종류 및 세율은 매수자 보유주택수를 확인하고 그에 따른 취득세 요율을 결정합니다.

11) 실제 권리관계 또는 공시되지 않은 물건의 권리사항에는 선순위임대내역 등을 기재합니다. 매매의 경우, 토지비 납부현황 등 필요내용을 기재합니다

12) 중개보수 지급시기는 의무기재사항입니다. 통상 잔금시로 기재합니다.

7 부동산거래신고: 부동산거래관리시스템, 관할지자체 방문신고

1) 매매계약시 부동산거래신고

① 부동산거래신고는 부동산거래신고 등에 관한 법률 제3조에 법적근거를 두고있습니다.

② 부동산거래신고를 거래계약 체결일부터 30일이내 하지 않은 경우 과태료가 있습니다.

③ 부동산거래신고는 거래당사자(매도인·매수인) 및 공인중개사에게 신고의무가 있습니다.

2) 임대차계약시 주택임대차신고

① 주택임대차신고도 부동산거래관리시스템에서 가능합니다. (주택임대차신고서 양식)

② 주택임대차신고는 임대인·임차인에게 주택임대차신고의무가 있습니다.

③ 일반적으로 임차인이 확정일자·전입신고를 위해 관할동사무소에 방문시 주택임대차신고를 진행합니다. 2022.05.31.까지 1년간 계도기간이며, 그 이후 미신고시 과태료가 있습니다.

(제3조) 부동산거래신고

거래당사자는 다음 각호의 어느 하나에 해당하는 계약을 체결한 경우 그 실제 거래가격 등 대통령령으로 정하는 사항을 거래계약 체결일부터 30일이내에 그 권리의 대상인 부동산 등(권리에 관한 계약의 경우에는 그 권리의 대상인 부동산을 말한다)의 소재지를 관할하는 신고관청에게 공동으로 신고하여야한다.

1. 부동산의 매매계약,

2. 택지개발촉진법, 주택법 등 대통령령으로 정하는 법률에 따른 부동산에 대한 공급계약

3. 다음 각 목의 어느 하나에 해당하는 지위의 매매계약

　　가. 제2호에 따른 계약을 통하여 부동산을 공급받는 자로 선정된 지위

　　나. 도시 및 주거환경정비법 제48조에 따른 관리처분계획의 인가로 취득한 입주자로 선정된 지위

부동산거래신고 업무메뉴얼 (2020.10. 국토교통부 토지정책과)

현행 부동산거래신고에 가장 기본되는 내용이 기술되어 있습니다.

처음 매매계약시 부동산거래신고를 어떻게 해야하는지 긴장하지만, 업무메뉴얼을 따라 신고서작성하면 됩니다. 각 사안별 어떻게 해야하는지 모를 때에는 관할 구청 부동산정보과 거래신고담당자에게 질문하면 친절하게 답변해줍니다.

1. 자금조달계획서 제출대상 확대

1) 주요내용

「부동산거래신고법 시행령·시행규칙」개정(10.27. 시행)에 따라 규제지역(투기과열·조정대상) 거래가격과 관계없이 자금조달계획서 제출

【자금조달계획서 제출대상 개정내역】

구 분	현 행	개 정
투기과열지구	3억이상	·거래가격과 관계없이 모든 주택거래
조정대상지역	3억이상	·거래가격과 관계없이 모든 주택거래
非 규제지역(일반지역)	6억이상	·변동 없음
법인(매수) 주택거래	–	·지역·가격과 관계없이 모든 주택거래

2) 적용대상: 2020.10.27일 이후 체결한 매매계약

① 투기과열지구·조정대상지역 주택,

② 비 규제지역 6억원 이상 주택,

③ 법인매수 주택거래

☑ 분양·입주권 공급계약 및 전매계약도 자금조달계획서 제출대상(오피스텔의 경우 주택으로 구분하지 않음)

【자금조달계획서 제출대상 개정 연혁】

17.9.26(시행령·시행규칙)	20.3.13.(시행령·시행규칙)	20.10.27(시행령·시행규칙)
· 투기과열 3억 이상 ⇒	·투기과열·조정대상 3억이상 ·非 규제지역 6억이상 ⇒	·투기과열·조정대상 모든주택 ·非 규제지역 6억이상 ·법인(매수) 주택거래
·(기간): ´17.9.26 ~´20.3.12.	·(기간): ´17.9.26 ~´20.3.12.	·(기간): ´20.10.27.~

2. 증빙서류 제출대상 확대

1) 주요내용

「부동산거래신고법 시행령·시행규칙」개정(10.27. 시행)에 따라 투기과열지구 거래가격과 관계없이 자금조달에 대한 증빙서류 제출

【증빙서류 제출대상 개정내역】

구 분	현 행	개 정
투기과열지구	9억초과 주택거래	·거래가격과 관계없이 모든 주택거래

☑ 법인·외국인·개인구분 없이 투기과열지구 내 주택을 구입하는 경우대상

2) 적용대상

2020.10.27일 이후 체결한 투기과열지구 내 주택 매매계약을 체결한 경우(분양권·입주권 공급계약 및 전매계약 제출대상)

☑ 오피스텔의 경우 주택으로 구분하지 않음(비 대상)

3. 자금조달계획서 및 증빙서류 제출 의무자

1) 자금조달계획서 및 증빙서류는 매수인이 제출해야 하며, 중개거래의 경우 개업공인중개사가 실거래 신고서와 함께 제출 가능

- 공인중개사가 자금조달계획서를 제출하려는 경우 매수인은 25일 이내에 자금조달계획서를 공인중개사에게 제공(인터넷·방문 제출 가능)
- 제3자 제출 대행을 하는 경우 대리인은 시행규칙 제5조에 따라 관련서류*와 함께 신고관청에 제출할 수 있음(방문 제출만 가능)
    ☑ 자필서명(법인인감)위임장·위임인 신분증(법인인감증명서)사본·대리인 신분증
    ☑ 자금조달계획서 및 증빙서류는 거래계약 체결일로부터 30일 이내 제출

4. 법인 주택 거래 신고서 제출

1) 법인 주택 거래 신고서 제출 시행

① 주요내용

「부동산거래신고법 시행령·시행규칙」개정(10.27. 시행)에 따라 법인이 주택을 거래하는 경우 법인 주택 거래계약 신고서를 제출

☑ 상법법인이란, 상법 제170조에 따른 주식회사·합명회사·합자회사·유한책임회사·유한회사를 말하며 법인등록번호(부동산등기용등록번호)로 확인 가능

② 적용대상

2020.10.27일 이후 법인이 주택 매매계약을 체결하는 경우

☑ 최초 공급(분양)계약, 전매계약 및 국가등은 해당되지 않음(영 별표 1 제2호 참조)

③ 법인 주택 거래계약 신고 항목

- (법인 등기현황) ① 자본금, ② 등기임원 수, ③ 회사성립연월일, ④ 법인등기기록 개설사유(최종), ⑤ 목적상 부동산 매매업(임대업) 포함 여부, ⑥ 사업의 종류
    ☑ ①~⑤번은 법인등기사항전부증명서 기준, ⑥번은 사업자등록증 기준으로 작성
- (거래상대방 간 특수관계 여부): ① 법인 임원과의 거래여부, ②매도·매수법인 임원 중 동일인 포함 여부, ③ 친족관계 여부
- (주택 취득목적) 직원 숙소용, 임대사업용 등

2) 법인신고서 작성 및 제출 의무자

① 주택 거래당사자 중 모든 법인(매도·매수 모두 해당)이 제출해야하며, 중개거래의 경우 개업공인중개사가 실거래 신고서와 함께 제출 가능

② 공인중개사가 법인신고서를 제출하려는 경우 법인은 25일 이내자금조달계획서를 공인중개사에게 제공(인터넷·방문 제출 가능)

③ 제3자 제출 대행을 하는 경우 대리인은 시행규칙 제5조에 따라 관련서류*와 함께 신고관청에 제출할 수 있음(방문 제출만 가능)

    ☑ 자필서명(법인인감)위임장·위임인 신분증(법인인감증명서)사본·대리인 신분증

    ☑ 자금조달계획서 및 증빙서류는 거래계약 체결일로부터 30일 이내 제출

5. 부동산거래계약 신고서 등 제출 방법 등

5-1. 부동산거래계약 신고서와 동시 제출 방법

구분	제출자	거래종류	구비서류	제출방법
방문 제출	거래 당사자	직거래	◦ 부동산거래계약신고서 ◦ 법인신고서 ◦ 자금조달계획서(매수인 작성) ◦ 증빙서류(매수인 제출)	신고관청에 구비 서류+신분증 지참 하여 제출
	개업 공인중개사	중개거래	◦ 부동산거래계약신고서 ◦ 법인신고서(법인제공) ◦ 자금조달계획서(매수인 제공) ◦ 증빙서류(매수인 제공)	
	대리인 제출대행	직거래	◦ 부동산거래계약신고서 ◦ 법인신고서(법인제공) ◦ 자금조달계획서(매수인 제공) ◦ 증빙서류(매수인 제공) ◦ 자필서명(법인/사용인감) 위임장 ◦ 위임인 신분증 사본 ◦ 대리인 신분증 지참	개업공인중개사 제출 대행은 소속공인 중개사만 가능
인터넷 제출	거래 당사자	직거래	◦ 거래당사자 신고 ◦ 법인신고서 ◦ 자금조달계약서(매수인 작성) ◦ 증빙서류(매수인 제출)	부동산거래관리시스템에 접속하여 화면양식에 따라 작성 후 전자서명 (공인인증서 필수)
	개업 공인중개사	중개거래	◦ 개업공인중개사 신고 ◦ 법인신고서(법인제공) ◦ 자금조달계약서(매수인 제[공] ◦ 증빙서류(매수인 제공)	

☑ 자금조달계획서, 증빙서류, 법인신고서는 부동산거래신고서와 별도 제출가능

5-2. 부동산거래신고 및 자금조달계획서 등 제출 세부안내

1) 개업공인중개사 중개거래

가. 필요서류
- 부동산거래계약 신고서: 개업공인중개사(공동중개인 경우 공동) 작성
- 자금조달계획서(증빙서류 제출대상인 경우 증빙서류 포함, 이하 같음): 매수인이 작성하여 25일 이내 개업공인중개사에게 제공 또는 매수인 별도(대리인) 제출도 가능

나) 방문 제출방법
- 개업공인중개사가 신고관청에 실거래 신고서와 자금조달계획서 제출(소속공인중개사에게 신고서 제출 위임 가능)
  - ☑ 자금조달계획서를 매수인이 별도 제출하기로 한 경우 신고서만 선 제출

다) 인터넷 제출방법(제3자 대리제출 불가, 공인인증서 사용)
- 부동산거래관리시스템(https://rtms.molit.go.kr)에 접속하여 개업공인중개사가 신고서와 자금조달계획서 작성·제출
- 매수인이 자금조달계획서 등을 별도 제출하려는 경우 개별(대리) 제출 가능
  - ☑ 공동 중개의 경우 신고기한 내 신고인 모두 전자서명이 완료되어야 신고서 제출까지 완료됨을 유의, 일방만 전자서명 시 신고서 미제출 상태임

2) 거래당사자 직거래(매도인이 국가등인 경우 포함)

가) 필요서류
- 부동산거래계약 신고서: 매도인·매수인 공동으로 신고서 작성
- 자금조달계획서: 매수인 작성(매수인이 다수인 경우 인별 작성)

나) 방문 제출방법
- 매도인: 신고관청에 신고서와 자금조달계획서 제출, 이 경우 매수인은 자금조달계획서를 작성하여 25일 이내 매도인에게 제공 또는 매수인 별도 제출도 가능
- 매수인: 신고관청에 신고서와 자금조달계획서 제출
  - ☑ (대리제출) 신고서 또는 자금조달계획서 제3자 대리 방문 제출시 자필서명 위임장, 신분증 사본, 대리인 신분증 지참
  - ☑ 거래당사자 일방이 국가등인 경우 실거래 신고서는 반드시 국가등이 제출하여야 하고 자조서와 함께 제출 또는 매수인 별도 제출도 가능

다) 인터넷 제출방법(제3자 대리제출 불가, 공인인증서 사용)
- 부동산거래관리시스템(https://rtms.molit.go.kr)에 접속하여 거래당사자 중 1인이 신고서를 작성한 후 매수인이 접속하여 자금조달계획서 작성(거래당사자 모두 공인인증서 전자사명 필수)

5-3. 신고필증 교부: 소유권이전등기 신청시 필수서류입니다.

신고필증은 부동산 거래신고서와 자금조달계획서(증빙서류 미포함) 또는 법인신고서가 모두 제출되어야 발급
☑ 가급적 동시 제출 권장

6. 부동산 거래계약 지연신고 과태료 관련

법제처 법령해석 요약(법제처 21-0180)

부동산 거래 신고를 하는 경우, 신고기한의 기산일은 "거래 계약서에 기재된 계약일" 또는 "계약서 작성일이 아닌 매도인이 부동산을 매수인에게 이전할 것을 약정하고, 매수인이 그 대가로서 금원(가계약금 또는 계약금)을 지급하는 날을 "거래 계약 체결일"로 본다.

제 6 강 | 주거용부동산 계약 마무리단계와 중개보수

1 주거용부동산 잔금시 주의사항

1) 임대차·매매 공통사항

– 공동주택의 경우,

① 관리비: 관리사무소에 2~3일 전에 연락을 취하여 중간관리비정산을 받습니다.

  Case 기존 임차인이 15일에 퇴거하고 신규임차인이 20일에 잔금 후 입주하는 경우, 관리비정산을 어떻게 해야할까요? 수리하는 기간동안 발생하는 관리비는 누가 부담해야할까요?

② 전기(123) 수도(다산콜센타120, 수도사업소) 가스(지역별 사업소): 잔금일에 정산합니다. 관리비항목에 포함되어있지 않은 경우 개업공인중개사가 대행하거나 임차인·임대인이 직접정산합니다.

③ 보일러 상태: 중개대상물확인설명서 의무기재사항 추가 예정(보일러년식)

④ 샷시 방충망 상태: 입주 전 방충망 찢어진 경우, 어떻게 할까요?

⑤ 전등, 싱크대 수전 문짝, 화장실 샤워실 수전 상태

⑥ 베란다 등 결로 곰팡이 제거

⑦ 이사 당일 폐기물 처리

2) 임대차계약 잔금시 주의사항

– 공동주택의 경우,

① 장기수선충당금: 잔금일 2~3일 이전에 관리사무소에 신청합니다.

  Case 장기수선충당금 기준일이 잔금일인지 입주자카드작성일인지 어떻게 해야할까요.

② 임차보증반환금과 전세자금대출상환: 임차인과 대출은행을 통해 상환방법 상환금액을 확인합니다. 임대인이 이해할 수 있도록 주의해서 확인시켜야합니다.

3) 매매계약 잔금시 주의사항

– 공동주택의 경우,

① 선수관리비(관리비예치금): 매수인이 매도인에게 지급해야합니다. 관리사무소에 사전 요청합니다

② 매매잔금과 근저당권 상환말소: 매도인과 대출은행을 통해 상환방법 상환금액을 확인합니다. 대체로 대출금상환계좌를 받아 매도인 또는 매수인을 통해 상환하고, 상환영수증을 발급받습니다. 근저당권말소청구를 은행에 요청합니다.

  Case 전세승계조건 매매계약이 된 경우, 장기수선충당금 정산은 어떻게 하나요

2 중개보수, 잘 받아야합니다.

중개보수 개편에 따라 거래당사자는 부담이 적어졌지만 개업공인중개사는 매출감소사유가 발생했습니다

중개보수, 어떻게 해야할까요?

> **Case** OO부동산에만 내놓을게요. (함축된 의미를 파악해야)
>
> **Case** 매매계약 작성 전 매도인이나 매수인이 중개보수 협상을 요청합니다. 어떻게 해야할까요?
>
> **Case** 매매잔금시 매도인이나 매수인이 일방적으로 중개보수를 정하여 통보하거나 계좌이체합니다. 어떻게 해야할까요?
>
> **Case** 매매와 전세를 동시에 진행하거나, 매매와 매매를 동시에 진행할 경우, 중개보수를 얼마나 받는게 적합할까요?
>
> **Case** 지인이나 친척에게 중개보수를 얼마나 받는게 적합할까요?

주거용부동산 중개실무를 위한 기초지식 (보너스)

1 투기지역·투기과열지구·조정대상지역 (국토교통부 홈페이지)

1) 투기지역(소득세법 제104조의2, 시행령 제168조의 3, 기획재정부)

가) 전국의 부동산가격동향 및 해당지역의 특성 등을 감안하여 해당지역의 부동산가격상 승이 지속될 가능성이 있거나 다른 지역으로 확산될 우려가 있다고 판단되어 지정요 청하는 경우

나) 국토교통부관장의 지정 요청에 따라 기획재정부장관이 부동산가격안정 심의위원회 의 심의를 거쳐 지정하는 지역

다) 서울특별시 용산구, 성동구, 노원구, 마포구, 양천구, 강서구, 영등포구, 서초구, 강남 구. 송파구, 강동구, 종로구, 중구, 동대문구, 동작구 및 세종특별자치시

라) 직전월 주택(토지)가격 상승률이 전국 소비자물가상승률의 30%를 초과하고, 직전 2개월 평균 주택(토지) 가격 상승률이 직전 2개월 평균 전국 주택(토지)가격상승률의 30%를 초과하는 경우 또는 직전월 주택(토지)가격 상승률이 전국 소비자물가상승 률의 30%를 초과하고 직전 1년간 가격상승률이 직전 3년간 연평균 전국가격상승률 을 초과하는 경우에 당해 지역의 부동산 가격상승이 지속될 가능성이 있거나 확산될 우려가 있는 경우,

마) 재개발·재건축·신도시 등의 경우 최근 2개월 평균 집값 상승률이 아닌 직전 1개월 상승률만으로도 투기지역지정이 가능하다.

바) 투기지역으로 지정되면 양도소득세율을 높이고 주택담보대출을 세대당 1건으로 제한 한다.

2) 투기과열지구(주택법 제63조 제2항, 시행규칙 제25조, 국토교통부)

가) 주택가격상승률이 물가상승률보다 현저히 높은 지역으로서 그 지역의 청약경쟁률·주 택가격·주택보급률 및 주택공급계획 등과 지역주택시장 여건 등을 고려하였을 때 주 택에 대한 투기가 성행하고 있거나 성행할 우려가 있는 지역 중 아래 기준을 충족하 는 곳 (주택법 제63조 제2항)

- 주택공급이 있었던 직전 2개월간 해당 지역에서 공급되는 주택의 청약경쟁률이 5대 1을 초과하였거나 국민주택규모 이하 주택의 청약경쟁률이 10대1을 초과한 곳
- 주택의 분양계획이 지난 달보다 30퍼센트 이상 감소하였거나, 주택건설사업계획의 승인이나 건축허가 실적이 지난 해보다 급격하게 감소하여 주택공급이 위축될 우려 가 있는 곳
- 신도시 개발이나 주택의 전매행위 성행 등으로 투기 및 주거불안의 우려가 있는 곳 으로서 다음 각목의 어느 하나에 해당하는 경우
  ◦ 시·도별 주택보급률이 진국 평균 이하인 경우
  ◦ 시·도별 자가주택비율이 전국 평균 이하인 경우

◦해당 지역의 주택공급물량이 입주자저축 가입자 중 주택청약 제1순위자에 비하여 현저하게 적은 경우 (주택법 시행규칙 제25조)

나) 투기과열지구는 세법보다는 그 외의 각종 규제대상이 됩니다.

① 분양주택청약시 1순위 자격이 제한되고, 주택담보대출 LTV, DTI 40퍼센트로 제한됩니다.

주택구입시 LTV는 9억원 이하일 경우 40%, 9억원 초과분에 대해서는 20%, 15억원 초과 주택에 대해서는 주택담보대출이 전면금지됩니다.

② 투기과열지구에서는 재건축의 경우, 조합설립인가부터 소유권이전등기시까지 조합원지위 양도가 제한됩니다.(예외: 10년보유·5년거주·1가구1주택)

③ 재개발 조합원 분양권도 관리처분계획 인가부터 소유권이전 등기시까지 전매가 제한됩니다.

다) 주택가격이 급등하거나 주택에 대한 투기수요로 청약경쟁이 과열되어 무주택자 등 실수요자의 내집 마련 기회가 어려운 지역

라) 실수요자의 주택청약에 우선권을 부여하고, 무주택시민의 주거비부담완화 및 주택가격 안정을 도모하기 위하여 만든 제도 (2002년 4월부터 시행하고 있음)

Case 매매금액이 16억원일 경우, 주택담보대출이 전면금지될까요?
- KB국민은행 시세기준 적용
- 전세퇴거자금대출 활용

3) 조정대상지역(국토교통부, 주택법 제63조의 2, 시행규칙 제25조의 3)

가) 투기과열지구 지정요건 중 정량요건의 일부를 준용하여 과열이 발생하였거나, 발생할 우려가 있는 지역을 선정

나) 주택가격, 청약경쟁률, 주택보급률 등과 관련하여 다음 정량요건의 어느 하나에 해당하는 지역 중 청약과열이 발생하였거나, 청약과열 우려가 있는 지역

① 주택가격상승률이 물가상승률보다 현저히 높은 지역

② 청약경쟁률이 5대1을 초과하였거나, 국민주택규모이하 주택청약경쟁률이 10대1을 초과한 곳(투기과열지구 준용)

③ 주택의 전매행위 성행 등으로 주택시장 과열 및 주거 불안의 우려가 있는 곳으로서 다음 어느 하나에 해당하는 곳(투기과열지구 준용)

◦시·도별 주택보급률이 전국 평균 이하

◦시·도별 자가주택비율이 전국 평균이하

다) 주택 분양등이 과열되어 있거나 과열될 우려가 있는 지역(과열지역)과 주택의 분양·매매 등 거래가 위축되어 있거나 위축될 우려가 있는 지역(위축지역)을 조정대상지역으로 지정

라) 2016.11.3. 대책시 국지적 과열의 확산을 막고, 실수요자 중심의 청약시장 질서를 마련하고자 처음 도입

마) 조정대상지역은 양도소득세 중과 등 세법강화가 적용되는 지역

바) 조정대상지역은 2주택이상 보유세대는 주택담보대출을 받을 수 없습니다.

사) 조정대상지역은 다주택자가 주택을 팔 경우, 1세대 2주택이면 기본세율에 20퍼센트, 1세대 3주택이상이면 기본세율에 30퍼센트를 더해 세금을 냅니다. 중과세를 받게 되면 장기보유특별공제를 받을 수 없습니다.

아) 일시적2주택도 종전주택과 신규주택 모두 조정대상지역이면,

  ① 신규주택을 2018.09.14.~2019.12.16. 사이에 매수한 경우, 2년내 종전주택을 매도해야합니다.

  ② 신규주택을 2019.12.17.~이후 매수한 경우, 1년내 신규주택 전입신고, 1년내 종전주택을 매도해야합니다.

자) 조정대상지역과 투기과열지구는 주택구입시 자금조달계획서를 제출해야합니다.

차) 일시적 2주택이나 다른 특례가 적용되지 않는 이상 오피스텔 외의 주택은 비과세가 적용되지 않으며, 조정대상지역의 주택일 경우 양도세가 중과됩니다.

● **조정대상지역 지정 현황(2021.08.30.)**

◦ 서울: 서울 25개구
◦ 경기: 과천시, 광명시, 성남시, 고양시, 남양주시, 하남시, 화성시, 구리시, 안양시, 수원시, 용인시, 의왕시, 군포시, 안성시, 부천시, 안산시, 시흥시, 오산시, 평택시, 광주시, 양주시, 의정부시, 김포시, 파주시, 동두천시
◦ 인천: 중구, 동구, 미추홀구, 연수구, 남동구, 부평구, 계양구, 서구
◦ 부산: 해운대구, 수영구, 동래구, 연제구, 남구, 서구, 동구, 영도구, 부산진구, 금정구, 북구, 강서구, 사상구, 사하구
◦ 대구: 수성구, 중구, 동구, 서구, 남구, 북구, 달서구, 달성군
◦ 광주: 동구, 서구, 남구, 북구, 광산구
◦ 대전: 동구, 중구, 서구, 유성구, 대덕구
◦ 울산: 중구, 남구
◦ 세종: 세종특별자치시
◦ 충북: 청주시
◦ 충남: 천안시 동남구, 서북구, 논산시, 공주시
◦ 전북: 전주시 완산구, 덕진구,
◦ 전남: 여수시, 순천시, 광양시
◦ 경북: 포항시 남구, 경산시
◦ 경남: 창원시 성산구

● 서울토지거래허가구역 지정 현황
실거주목적 매수, 갭투자 불가능

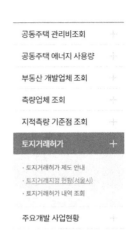

토지거래지정 현황(서울시)

Home > 기타정보 > 토지거래허가

---

2 취·등록세 중과

다주택자 및 법인의 주택 취득세율 강화 등을 위한 「지방세법」개정안
(행안위 전체회의 의결, '20.7.28)

첫째, 다주택자 판단기준인 1세대의 범위를 규정하였다.
- 1세대란 세대별 주민등록표에 함께 기재되어 있는 가족(부모, 배우자, 자녀, 형제자매 등)으로 구성된 세대를 말하며, 배우자와 미혼인 30세 미만의 자녀는 주택을 취득하는 자와 같은 세대별 주민등록표에 기재되어 있지 않더라도 같은 세대로 본다.
- 다만, 30세 미만의 자녀라 하더라도 일정 소득이 있고 따로 사는 경우에는 별도의 세대로 볼 수 있도록 예외규정을 두었다.
  ☑ 「국민기초생활 보장법」 제2조제11호에 따른 기준 중위소득('20년 1인가구 월 175만원)의 100분의 40 이상(월 70만원)

둘째, 공공성이 높거나 주택공급 사업을 위해 필요한 경우 등 투기로 보기 어려운 주택 취득의 경우 주택 수 합산에서 제외하고 중과 세율도 적용받지 않도록 규정하였다.
- 예를 들어, 가정어린이집, 노인복지주택, 국가등록문화재, 농어촌주택, 공공주택사업자(LH, 지방공사 등)의 공공임대주택, 재개발사업 등을 위해 멸실목적으로 취득하는 주택 등이 이에 해당한다.
- 아울러, 상속주택의 경우에는 지분상속 등 다양한 상속 상황을 고려하여 상속개시일로부터 5년까지는 주택 수에 합산하지 않도록 하였다.

셋째, 이사·학업·취업 등으로 인해 일시적으로 2주택이 되는 경우 1주택 세율을 적용할 수 있도록 세부기준을 규정하였다.

- 1주택을 소유한 1세대가 다른 1주택을 추가로 취득한 경우 종전 주택을 일정 기간* 내에 처분할 경우에 신규 주택은 1주택 세율(1~3%)을 적용받게 된다. 다만, 기간 내에 종전 주택을 처분하지 않으면 추후 차액이 추징된다.

  ☑ 3년, 다만 종전 주택과 신규 주택이 모두 조정대상지역 내에 있는 경우에는 1년 이내 처분해야 함

넷째, 강화된 주택 증여 취득세율이 적용되는 대상을 규정하였다.

- 조정대상지역 내에 공시가격 3억원 이상 주택을 증여한 경우 증여를 받은 자가 내는 증여 취득세율이 현행 3.5%에서 12%로 강화된다. 그 외 주택의 경우에는 현행 3.5% 세율이 적용된다.

- 아울러, 투기수요와 관계없는 1세대 1주택자가 배우자, 직계존비속에게 증여하는 경우에는 조정대상지역이라도 3.5%가 적용된다.

구분	주요 개정사항
① 다주택자·법인 취득세율 강화	**현 행** 개인 / 1주택, 2주택, 3주택 / 주택 가액에 따라 1~3% 개인 / 4주택 이상 / 4% 법인 / 주택 가액에 따라 1~3% **개 정 안** 개인 / 1주택 / 주택 가액에 따라 1~3% 개인 / 2주택 / 조정* 8%, 非조정 1~3% 개인 / 3주택 / 조정* 12%, 非조정 8% 개인 / 4주택 이상 / 조정* 12%, 非조정 12% 법인 / 12% ☑ 단, 일시적 2주택은 1주택 세율 적용(1~3%) ☑ 조정: 조정대상지역, 非조정: 그 外 지역
② 증여 취득 세율 강화	**현 행** 3.5% **개 정 안** ┌ 조정대상지역 내 3억원 이상: 12% └ 그 외: 3.5% ☑ 단, 1세대 1주택자가 소유주택을 배우자·직계존비속에게 증여한 경우 3.5% 적용
③ 지방소득세 세율 강화	• 국세인 양도소득세율 인상에 따라 지방소득세율도 동일 수준으로 인상 ① 주택 보유기간별 양도소득에 대한 지방소득세율 인상 　☑ 1년 미만 4→7%, 1년~2년 미만 기본세율(0.6~4.2%)→6% ② 조정대상지역 내 다주택자의 주택 양도소득에 대한 중과세율 인상 　☑ 2주택 1→2%p, 3주택 이상 2→3%p ③ 다주택자 중과대상 주택 수 산정 시 '분양권' 포함(신규 취득분부터) ④ 법인의 주택 양도소득에 대한 법인지방소득세 추가세율 인상(1→2%)
④ 전산정보 공동 이용	• 취득세 납세의무자 세대원 확인, 주택 수 확인을 위해 관계기관에 전산정보 제공을 요청할 수 있는 법적 근거 마련

⑤ 적용시기 (부칙)	◦시행일: 공포한 날부터 시행 ◦경과조치: 7.10일(대책 발표일) 이전에 주택 매매계약(공동주택 분양계약 포함)을 체결한 경우에는 해당 주택의 취득에 대해 종전의 세율 적용.다만, 해당 계약이 계약금을 지급한 사실 등이 증빙서류*에 의하여 확인되는 경우에 한정 ☑ 부동산 실거래 신고자료, 계약금 금융거래 내역, 시행사와의 분양계약 체결 확인 등

3 세대 1주택 비과세(양도소득세)

1) 1세대 1주택 양도세 비과세 기본요건

◦1세대가 양도일 현재 국내에 1주택을 보유하고 있는 경우로서
◦해당 주택의 보유기간이 2년 이상인 것

[취득 당시에 「주택법」 제63조의2제1항제1호에 따른 조정대상지역(이하 "조정대상지역"이라 한다)에 있는 주택의 경우에는 해당 주택의 보유기간이 2년 이상이고 그 보유기간 중 거주기간이 2년 이상인 것]을 말한다.

Case 중개실무에서는 2017.08.02.를 기준으로 그 보유기간 중 거주기간 2년이상 조건이 추가되는 사실을 꼭 알아야합니다.
2017.08.03.(8.2 대책 이후)부터 주택 취득시 조정지역내에 있다면 해당주택의 보유기간이 2년이상이고 그 보유기간 중 거주기간이 2년이상이어야 합니다.

Case 2017.08.02. 대책 이전에 조정대상지역의 주택을 취득한 경우, 또는 2017.08.02. 대책 이전에 계약을 체결하고 계약금을 지급한 경우로서 계약당시 무주택세대라면 2년거주요건을 충족하지 않아도 되나요?

Case 2017.08.02. 대책 이후에 조정대상지역의 주택을 취득하였으나, 양도시 조정대상지역에서 해제되었더라도 반드시 2년거주요건을 충족해야하나요?

Case 주거용으로 사용되는 오피스텔 외 다른 주택을 매도할 경우 다른 주택이 1세대 1주택 비과세를 받을 수 있을까요? 오피스텔을 주거용으로 임대하면서 임차인에게 전입신고를 하지 못하도록 할 경우 그 오피스텔을 업무시설로 볼 수 있을까요?
① 실제 해당 오피스텔 소유자나 세입자가 주거용으로 사용하고 있다면 그 오피스텔은 실질과세원칙에 따라 업무시설이 아닌 주택으로 봅니다.(국세기본법제14조②)
② 만일 해당 오피스텔을 소유자나 임차인이 업무시설로 사용하고 있다면, 소유자나 임차인이 오피스텔을 사업장으로 하여 사업자등록을 했다면 해당 오피스텔은 업무시설로 인정될 가능성이 높습니다. 그러나 매출이 전무하다면 해당 오피스텔은 업무시설로 인정받지 않을 수 있습니다.
그렇다면 일시적2주택이나 거주자 비과세 특례가 적용되는 경우 외에 다른 주택은 1세대 1주택 비과세를 받지 못할 것입니다.

Case 아파텔(오피스텔)을 분양받아 비과세 요건(양도 당시 1주택 + 2년 이상 보유 및 거주)을 갖춘 경우에도 비과세가 가능할까요?

국세기본법 제14조(실질과세)

① 과세의 대상이 되는 소득, 수익, 재산, 행위 또는 거래의 귀속이 명의(名義)일 뿐이고 사실상 귀속되는 자가 따로 있을 때에는 사실상 귀속되는 자를 납세의무자로 하여 세법을 적용한다.

② 세법 중 과세표준의 계산에 관한 규정은 소득, 수익, 재산, 행위 또는 거래의 명칭이나 형식과 관계없이 그 실질 내용에 따라 적용한다. <개정 2020. 6. 9.>

③ 제3자를 통한 간접적인 방법이나 둘 이상의 행위 또는 거래를 거치는 방법으로 이 법 또는 세법의 혜택을 부당하게 받기 위한 것으로 인정되는 경우에는 그 경제적 실질 내용에 따라 당사자가 직접 거래를 한 것으로 보거나 연속된 하나의 행위 또는 거래를 한 것으로 보아 이 법 또는 세법을 적용한다.

양도소득세법 주요 개정 내용

※2년 미만 보유 주택(조합원입주권·분양권 포함) 대상

보유기간	2021년 5월31일 이전 양도				2021년 6월1일 이후 양도	
	주택 외 부동산	주택·입주권	분양권 조정대상지역	분양권 비조정지역	주택·입주권	분양권
1년미만	50%	40%		50%	70%	70%
2년미만	40%	기본세율	50%	40%	60%	60%
2년이상	기본세율	기본세율		기본세율	기본세율	

장기보유 특별공제 거주기간 추가	현행	보유기간 연 8% 공제율	보유기간 10년, 양도소득세 80% 공제
	2021년 1월1일	보유기간 4% + 거주기간 4%	보유기간 10년, 거주기간 0일 경우 양도소득세 40% 공제

다주택자 중과세율 인상 조정대상지역 기준	현행	2주택: 기본세율 + 10%p	3주택 이상: 기본세율 + 20%p
	2021년 6월 1일	2주택: 기본세율 + 20%p	3주택 이상: 기본세율 + 30%p

자료/ 국세청

연합뉴스

이재윤 기자 / 20200917 트위터 @yonhap_graphics 페이스북 tuney.kr/LeYN1

---

2) 1세대 1주택자의 고가주택 9억 초과분에 대한 양도세 과세

1세대 1주택자의 주택이더라도 고가주택에 대해서는 9억 초과분에 대해 양도세가 과세되며, 이 경우 2년 이상 거주한 주택에 한해 장특공제는 보유기간별 연간 4%(최대 40%), 거주기간별 연간 4%(최대 40%)의 우대율을 적용하고 있습니다.

① 과세대상 차익은 다음과 같이 계산합니다.

> 과세대상 차익 = 전체 양도차익 × (양도가액-9억원)/양도가액

위 식에 따르면 1세대 1주택인 경우 양도가액이 9억 원까지는 양도차익에 상관없이 양도세가 과세되지 않으며, 양도가액이 커질수록 과세대상 차익도 커지게 됩니다.
② 소득세법 시행령에 있는 고가주택 기준을 11억원으로 입법예정입니다.
③ 향후 개정안에 의하면 고가주택의 장특공제율 중 거주기간별 연간 4%는 종전과 동일하게 적용되고, 보유기간별 연간 4%는 양도차익에 따라 아래와 같이 차등 적용될 것으로 예상합니다.

> 1) 양도차익 5억원 이하: 종전과 동일
> 2) 양도차익 5억~10억: 보유기간별 연간 3%(최대 30%)
> 3) 양도차익 10억~15억: 보유기간별 연간 2%(최대 20%)
> 4) 양도차익 15억원 초과: 보유기간별 연간 1%(최대 10%)

소득세법 제89조(비과세 양도소득)
① 다음 각 호의 소득에 대해서는 양도소득에 대한 소득세(이하 "양도소득세"라 한다)를 과세하지 아니한다. <개정 2014.1.1, 2016.12.20, 2018.12.31, 2020.8.18>
1. 파산선고에 의한 처분으로 발생하는 소득
2. 대통령령으로 정하는 경우에 해당하는 농지의 교환 또는 분합(분합)으로 발생하는 소득
3. 다음 각 목의 어느 하나에 해당하는 주택(가액이 대통령령으로 정하는 기준을 초과하는 고가주택은 제외한다)과 이에 딸린 토지로서 건물이 정착된 면적에 지역별로 대통령령으로 정하는 배율을 곱하여 산정한 면적 이내의 토지(이하 이 조에서 "주택부수토지"라 한다)의 양도로 발생하는 소득
   가. 1세대가 1주택을 보유하는 경우로서 대통령령으로 정하는 요건을 충족하는 주택
   나. 1세대가 1주택을 양도하기 전에 다른 주택을 대체취득하거나 상속, 동거봉양, 혼인 등으로 인하여 2주택 이상을 보유하는 경우로서 대통령령으로 정하는 주택

소득세법 시행령 제154조(1세대1주택의 범위)
①법 제89조 제1항 제3호 가목에서 "대통령령으로 정하는 요건"이란
1세대가 양도일 현재 국내에 1주택을 보유하고 있는 경우로서 해당 주택의 보유기간이 2년(제8항제2호에 해당하는 거주자의 주택인 경우는 3년) 이상인 것[취득 당시에 「주택법」 제63조의2제1항제1호에 따른 조정대상지역(이하 "조정대상지역"이라 한다)에 있는 주택의 경우에는 해당 주택의 보유기간이 2년(제8항제2호에 해당하는 거주자의 주택인 경우에는 3년) 이상이고 그 보유기간 중 거주기간이 2년 이상인 것]을 말한다.

다만, 1세대가 양도일 현재 국내에 1주택을 보유하고 있는 경우로서 제1호부터 제3호까지의 어느 하나에 해당하는 경우에는 그 보유기간 및 거주기간의 제한을 받지 않으며 제5호에 해당하는 경우에는 거주기간의 제한을 받지 않는다.

1. 「민간임대주택에 관한 특별법」 제2조제2호에 따른 민간건설임대주택 또는 「공공주택 특별법」 제2조제1호의2에 따른 공공건설임대주택을 취득하여 양도하는 경우로서 해당 건설임대주택의 임차일부터 해당 주택의 양도일까지의 기간 중 세대전원이 거주(기획재정부령으로 정하는 취학, 근무상의 형편, 질병의 요양, 그 밖에 부득이한 사유로 세대의 구성원 중 일부가 거주하지 못하는 경우를 포함한다)한 기간이 5년이상인 경우
2. 다음 각 목의 어느 하나에 해당하는 경우. 이 경우 가목에 있어서는 그 양도일 또는 수용일부터 5년 이내에 양도하는 그 잔존주택 및 그 부수토지를 포함하는 것으로 한다.
   가. 주택 및 그 부수토지(사업인정 고시일 전에 취득한 주택 및 그 부수토지에 한한다)의 전부 또는 일부가 「공익사업을 위한 토지 등의 취득 및 보상에 관한 법률」에 의한 협의매수·수용 및 그 밖의 법률에 의하여 수용되는 경우
   나. 「해외이주법」에 따른 해외이주로 세대전원이 출국하는 경우. 다만, 출국일 현재 1주택을 보유하고 있는 경우로서 출국일부터 2년 이내에 양도하는 경우에 한한다.
   다. 1년 이상 계속하여 국외거주를 필요로 하는 취학 또는 근무상의 형편으로 세대전원이 출국하는 경우. 다만, 출국일 현재 1주택을 보유하고 있는 경우로서 출국일부터 2년 이내에 양도하는 경우에 한한다.
3. 1년이상 거주한 주택을 기획재정부령으로 정하는 취학, 근무상의 형편, 질병의 요양, 그 밖에 부득이한 사유로 양도하는 경우
4. 삭제 <2020. 2. 11.>
5. 거주자가 조정대상지역의 공고가 있은 날 이전에 매매계약을 체결하고 계약금을 지급한 사실이 증빙서류에 의하여 확인되는 경우로서 해당 거주자가 속한 1세대가 계약금 지급일 현재 주택을 보유하지 아니하는 경우

4 일시적 2주택 비과세(양도소득세)

일시적 2주택으로 양도세 비과세를 적용받으려면
① 종전주택을 취득하고 1년 이상 경과 후 신규주택을 취득하고
② 종전주택은 비과세 요건(2년 이상 보유 및 거주)을 갖춰야 하며
③ 신규주택 취득 후 1년 이내에 종전주택을 양도하고 신규주택으로 전입도 해야 합니다.(19.12.17. 이후 신규주택 취득 시)

Case 중개실무에서는 신규주택 취득 후 어느 시점을 기준으로 3년·2년·1년 이내에 종전주택을 양도해야하는지 분명히 알아야합니다. 또한 놓치지 말아야할 것은 계약시점과 계약금 지급한 증빙서류가 있다면 계약시점을 기준으로 3년·2년·1년 이내에 종전주택을 양도해야하는 기간이 달라집니다.

① 2018.09.13. 이전에 신규주택을 취득한 경우, 3년 이내에 종전주택을 양도해야합니다.
② 2018.09.14.~2019.12.16. 까지 신규주택을 취득한 경우, 2년 이내에 종전주택을 양도해야 합니다.
③ 2019.12.17. 이후에 신규주택을 취득한 경우, 1년 이내에 종전주택을 양도하고 신규주택으로 전입도 해야합니다.

참고로, 취득세 일시적 2주택 중과배제를 적용받으려면 신규주택을 취득한 날로부터 일시적 2주택 기간 이내(3년, 둘 다 조정대상지역에 위치할 경우 1년)에 종전주택을 매도하면 됩니다.

5 거주주택 비과세(양도소득세)

2년 이상 거주한 주택과 장기임대주택(장기가정어린이집 포함)을 보유한 자가 거주주택을 매도할 경우 양도 당시 2주택 이상이지만 1주택을 소유한 것으로 보아 비과세를 적용합니다. 이를 "거주주택 비과세"라 합니다. (소득세법 시행령 제155조 제20항)

① 종전에는 거주주택 비과세를 횟수에 관계없이 적용받을 수 있었지만, 2019.02.12.부터 거주주택 비과세는 평생 1회만 적용받는 것으로 소득세법시행령이 개정되었습니다.
② 단, 부칙에서 "2019.02.12. 당시 거주 중인 주택이나 거주하기 위하여 거주주택을 취득하기 위해 매매계약을 체결하고 계약금을 지급한 사실이 증빙서류에 의해 확인되는 경우"는 예외적으로 거주주택 비과세를 한 번 더 받을 수 있다고 규정하고 있습니다.

부 칙 <대통령령 제29523호, 2019. 2. 12.>
제7조(주택임대사업자 거주주택 양도소득세 비과세 요건에 관한 적용례 등)
② 다음 각 호의 어느 하나에 해당하는 주택에 대해서는 제154조제10항제2호, 제155조제20항(제2호는 제외한다)의 개정규정 및 이 조 제1항에도 불구하고 종전의 규정에 따른다.
1. 이 영 시행 당시 거주하고 있는 주택
2. 이 영 시행 전에 거주주택을 취득하기 위해 매매계약을 체결하고 계약금을 지급한 사실이 증빙서류에 의해 확인되는 주택

Part
03

6 종부세 중과(조정대상지역내 2주택, 그 외 3주택이상)

□ 종합부동산세란

- 과세기준일(매년 6월 1일) 현재 국내에 소재한 재산세 과세대상인 주택 및 토지를 유형별로 구분하여 인별로 합산한 결과, 그 공시가격 합계액이 각 유형별로 공제금액을 초과하는 경우 그 초과분에 대하여 과세되는 세금입니다.

  - 1차로 부동산 소재지 관할 시·군·구에서 관내 부동산을 과세유형별로 구분하여 재산세를 부과하고,
  - 2차로 각 유형별 공제액을 초과하는 부분에 대하여 주소지(본점 소재지) 관할세무서에서 종합부동산세를 부과합니다.

유형별 과세대상	공제금액
주택(주택부속토지 포함)	6억 원* (1세대 1주택자 11억 원)
종합합산토지(나대지·잡종지 등)	5억 원
별도합산 토지(상가·사무실 부속토지 등)	80억 원

* '21년 귀속분부터 법인 주택분 종합부동산세 기본공제 배제

- 일정한 요건을 갖춘 임대주택, 미분양주택 등과 주택건설사업자의 주택신축용토지에 대하여는 9.16.부터 9.30.까지 합산배제신고 하는 경우 종합부동산세에서 과세제외 됩니다.

□ 납부기간

- 납부기간 : 매년 12.1. ~ 12.15.

  (다만, 납부기한이 토요일, 공휴일인 경우에는 그 다음에 도래하는 첫번째 평일을 기한으로 한다.)

- 국세청에서 세액을 계산하여 납세고지서를 발부(신고납부도 가능)하며, 세액의 납부는 일시납부 원칙이나, 분할납부도 가능합니다.

  - 분납 : 납부할 세액이 250만 원을 초과하는 경우에는 납부할 세액의 일부를 납부기한 경과 후 6개월 이내에 납부.
    - 250만원 초과 500만 원 이하 : 250만 원 초과금액을 분납
    - 500만 원 초과 : 납부할 세액의 100분의 50 이하의 금액을 분납
    - 농어촌특별세는 종합부동산세의 분납비율에 따라 분납

- 농어촌특별세 : 납부할 종합부동산세액의 20%

◎ 세율

○ 주택

과세표준	세율
3억 원 이하	0.6%
6억 원 이하	0.8%
12억 원 이하	1.2%
50억 원 이하	1.6%
94억 원 이하	2.2%
94억 원 초과	3.0%

○ 주택(3주택이상 등)

과세표준	세율
3억 원 이하	1.2%
6억 원 이하	1.6%
12억 원 이하	2.2%
50억 원 이하	3.6%
94억 원 이하	5.0%
94억 원 초과	6.0%

* 법인 주택 : (일반) 3%, (3주택 이상 등) 6%

1) 종부세는 인별로 과세됩니다.

2) 종부세 납세의무자는 과세기준일(매년 6월 1일) 현재 보유한 과세유형별 공시가격의 전국합산액이 공제금액(과세기준금액)을 초과하는 재산세납세의무자를 대상으로 하

며, 주택의 경우, 전국합산 주택의 공시가격 합계액이 6억원(1세대 1주택자 11억원)을 초과하는 자를 말합니다.

3) 2021년 귀속분부터 법인 주택분 기본공제 6억원 적용은 배제됩니다.
따라서 세대원이 보유한 주택의 공시가격에 관계없이 본인이 보유한 주택 공시가격을 합산한 다음 거기에서 6억 원을 공제하고 공정시상가액비율(2021년 95%, 2022년 100%)을 곱하여 과세표준을 산정한 다음 세율을 곱하여 세액을 계산합니다.

4) 종부세 과세표준은 주택의 공시가격 합계액에서 6억 원(1세대 1주택의 경우 11억 원)을 공제하고 여기에 공정시장가액비율을 곱해서 계산합니다.

5) 단독으로 1주택을 보유하거나 공동명의 1주택자 납세의무 특례를 신청한 경우 고령자 세액공제와 장기보유 세액공제를 적용받을 수 있습니다. 고령자 세액공제는 60세 이상부터, 장기보유 세액공제는 5년 이상 보유한 경우부터 적용됩니다.

Case 부부가 공동으로 1주택을 보유한 경우 신청에 의해 단독 1주택자에 대한 과세특례 적용을 선택하라는 안내문을 받았습니다.
올해부터 종부세법이 개정되어 공동명의 1주택자 특례 신청은 부부가 공동으로 1주택을 보유한 경우에만 신청할 수 있으며, 부모와 자녀 등이 공동으로 1주택을 보유한 경우에는 적용되지 않습니다.
단독 1주택자에 대한 과세특례를 신청할 경우 공동소유 주택을 부부 중 1인이 소유한 것으로 보아 그 사람 단독으로 종부세를 신고해야 합니다.
이 경우 과세표준을 계산할 때 단독 1주택자인 경우에만 적용되는 11억 원을 공제받을 수 있으며, 세액공제(고령자, 장기보유)도 적용받을 수 있습니다.

7 외국인이 보유한 주거용부동산 또는 외국에 거주하는 내국인과 임대차계약

Case 한국국적을 포기하고 외국국적을 취득한 소유자(임대인)와 임대차계약을 체결할 경우, 임차인은 한국에 주소지가 없다면, 여권번호·외국인등록번호·재외국민등록번호를 기준으로 외국주소지와 외국연락처를 기재하고 계약을 해야할 것입니다. 임차인은 계약 물건에 문제가 발생하거나 퇴거시 보증금반환이 원활하게 이루어질지 염려가 되어 임대 차계약을 꺼릴 수 있습니다.
소유자의 경우, 국내거소가 있어야 임대차·매매계약이 수월합니다.
F4 비자와 국내거소증이 있다면 재외국민등록번호와 한국주소지가 있기 때문에, 은행에 서 전세자금대출까지 진행할 수 있습니다.

Case 소유자가 외국에서 근무하는 경우, 임대차계약을 어떻게 할까요?
특히, 전세자금대출을 받아야할 경우 임대인이 제출해야할 서류는 무엇일까요?
한국에 주소지가 있는 사람을 대리인으로 선임해야합니다.
임대인 본인은 임대차계약에 대한 권한 위임과 질권설정 등 대출업무까지 위임한다는 내용의 증명서를 발급하여 영사관에서 번역공증을 받아 대출은행에 제출해야합니다.

저자 **권태달**

저자 약력

<현>

부동산닥터연구소장 / 부동산학박사

목원대학교 부동산학과 겸임교수

미래 풍수지리연구 소장

<전>

한국부동산연구학회회장

새대한공인중개사 대전지부 교육이사

대한주택관리사협회 대전지부 감사

대한주택관리학회 이사

방송출연 및 수강대상

KBS, MBC, TJB, CMB 부동산 전문 패널

대전일보, 금강일보 등 부동산 칼럼 필진

대학교, 평생교육원, 자산관리협회 등 강의

주요저서

돈 버는 주택임대 관리기법

돈 버는 부동산 임대관리업

Part

04

부동산임대관리실무

I	부동산임대관리의 개요 및 수행절차
II	시설관리 방법
III	보안 및 안전관리
IV	위생 및 환경관리
V	재무관리 및 사무실 운영 방법
VI	부동산 종류별 임대관리 기법

1 부동산임대관리의 개요

가. 부동산(주택) 임대관리업의 법적 근거 및 관련 법률

  1) 민간 임대주택에 관한 특별법(약칭: 민간 임대주택법)

     – 제2조(정의): '임대사업자', '주택임대관리업', '주택임대관리업자' 등

     – 주택임대관리업의 육성

     – 임대사업자의 등록

     – 주택임대관리업의 등록 및 등록 기준

     – 주택임대관리업자의 업무 범위

       가) 임대차 계약의 체결, 해제, 해지, 갱신 및 갱신 거절 등

       나) 임대료의 부과 징수 등

       다) 임차인의 입주 및 명도, 퇴거 등

       라) 기타: 시설물의 유지, 보수, 개량 등 임차인의 주거편익을 위하여 필요 사항

     – 민간임대주택의 관리

     – 임대사업자등의 지원

  2) 주택법

     – 2013. 4. 1. 서민주거 안정대책 일환으로 시작

     – 2013. 6. 27 "주택법" 개정으로 주택임대관리업, 주택임대관리업 등록 절차 및 사업 규정

     – 2015. 8. 28 민간임대주택에 관한 특별법 제정

     – 2017. 9. 19 민간임대주택에 관한 특별법 시행령 제정

  3) 건축법

     – 건축물의 용도, 리모델링, 용도 변경 등

  4) 공동주택관리법

     – 회계서류 작성, 보관 등의 관리에 필요한 사항

     – 관리비 등의 납부 및 공개 등

     – 임차인 대표회의 구성, 특별수선충당금 적립 등

  5) 주택임대차보호법

     – 적용범위, 계약의 갱신, 임대차 기간 등

나. 부동산임대관리업의 향후 방향

  1) 선진국 경제와 부동산정책 방향

    (1) 주택보급률 100% 이상: " 주택 수요 감소 원인"

     – 주택가격 상승 둔화 / 건설업체 해외 이전 / 부동산 세금 및 관리 부담

    (2) 주택 소유률 60% 이상 의미 " 주택 소유의식 현격히 감소"

    (3) 선진국의 부동산 중개업 형태: 전문 겸업형태

2) 월세시장의 증가

(1) 임대주택 점유형태 추이

(2) 1인 가구의 증가

(3) 문제점

– 정부의 전세자금 지원대책

정부의 적정한 복지주택 보유율: 8~12% (2010년: 3%)

☑ 전세제도의 문제점

다. 임대관리 형태의 변화

1) 제1세대 임대관리형: 주인 관리

2) 제2세대 임대관리형: 주인 관리 + 시설관리업체

주인 관리: 임대차관리, 재무관리

시설관리업체: 시설관리

3) 제3세대 임대관리형: 부동산중개업자 + 시설관리업체

부동산중개업자: 임대차관리

시설관리업체: 시설관리

주인 관리: 재무관리

4) 제4세대 임대관리형: 임대전문관리업체

* 임대관리업 대상: 4세대, 3세대, 2세대, 1세대 순

* 선진국의 대부분: 4세대, 일부 2~3세대

2 부동산임대관리의 종류

가. 주거용부동산

1) 단독주택

– 단독주택

– 다가구주택

– 다중주택

– 고시원 및 고시텔

– 상가주택

2) 공동주택

– 다세대주택

– 연립주택

– 아파트

– 도시형 생활주택

– 기숙사

– 주거용 오피스텔

나. 상가용 부동산

- 아파트 단지 내 상가
- 근린상가
- 전문테마 상가
- 상가빌딩
- 집합건물
- 사무용 상가(오피스텔)
- 재래시장 내 상가

다. 창고용 부동산

- 농산물 창고(저온 창고)
- 물품 창고
- 자재 창고

라. 공장용 부동산

마. 토지 임대 관리

3 주택 임대관리업 수행절차

가. 임대관리업 창업 절차

절차	활동 내용	
1. 타당성 검토	시장조사 및 분석 시장전망분석	수익성 분석 사업계획서 작성
2. 등록준비	자본금 확보(법인 설립) 사무실 선정	전문인력 확보 등록서류준비
3. 사업등록	사업등록신청(지방자치단체) 사업성 있는 물건 확보	보험가입 사무실 계약
4. 사업준비	관리 위탁계약체결 전문인력 및 직원교육 시설점검 및 관리계획 작성	직원선발 프로그램 구입
5. 사업개시	업무개시 관리계획 실행 및 결과보고	사업자 등록(세무서)

나. 사업 타당성 검토

1) 시장조사 및 분석

(1) 임대 대상 부동산의 형태 및 규모별 수량
(2) 임대사업자(소유자) 연락처
(3) 임대료 및 관리비 현황 파악

(4) 임차인의 교체 주기 확인

(5) 임대 건물간 거리 및 이동 소요 시간

(6) 지역 내 임대 관리업자 분포 및 현황

(7) 임대사업의 변화 현상

2) 수익성 분석

    (1) 최소 운영자금 확보

       – 전문 인력 및 직원

       – 사무실 운용 경비

       – 시설관리 비용

    (2) 투자된 자금의 회수

       – 3년 이내 회수(양호)

       – 최소한 5년 이내 회수 가능(임차인의 권리)

    (3) 수익성 분석: 판단 및 결정

       – 손익분기점 분석

       – 투자수익률 분석

       – 자본 환원률 분석

3) 임대사업자를 위한 사업성 판단

    (1) 자기 관리형의 임대사업

       – 수입 요소를 정확히 산출

       – 지출 요소(시설관리비, 운영사업비 등) 파악

       – 간이 수익성 판단 양식 작성

    (2) 위탁 관리형의 임대사업

       – 부동산 중개업자: 전담 중개인 운영

       – 시설관리업자: 임차인의 시설관리비 수입에 의존

4) 사업성 있는 물건 확보: 임대가 용이한 물건인지 확인

   – 경쟁력 있는 임대료

   – 상대적 상태 및 구조가 양호

   – 상대적 선호 위치

   – 소유자의 임대관리에 대한 관심도 파악

Part 04

II 시설관리 방법

1. 시설관리의 목적과 방법

가. 시설관리의 정의

- 시설의 유지관리, 건물의 본래 기능을 지속적으로 발휘할 수 있도록
- 주기적으로 점검하고 조사하여 건물의 노후화를 방지하고 고장을 보수하여
- 기능을 정상적으로 발휘 및 유지할 수 있도록 하는 제반 활동

나. 시설관리의 종류

- 시설관리
- 보안 및 안전관리
- 위생 및 환경관리
- 재무 및 사무실 운영
- 주차관리 등

다. 시설관리의 목적

1) 소유주의 운영이익 보장 및 최대 수익 창출
2) 임차인의 사용 만족 증대
3) 부동산의 물리적 상태를 최상으로 보존 유지

라. 시설관리 방법

1) 사전점검 및 조사
    - 고장이나 훼손 전에 점검하고 보수하는 것이 가장 필요

2) 사전점검 및 중점 조사 내용
    - 주거용부동산: 승강기, 복지시설, 경비실 및 관리실, 물탱크, 전기 및 가스, 수도배관 시설 등
    - 상업용 시설: 냉·난방시설, 창고시설, 배관 및 설비
    - 공장용 부동산: 제조 및 조립기계, 환경 오염시설

3) 사전보수 계획 수립 실시

4) 적시 적절한 유지보수 활동

마. 시설관리원, 시설관리업자 운영

1) 전문 시설관리업체와 위탁
    - 인근 시설관리 전문업체와 협업화 또는 위탁계약
    - 기존 시설관리업체와 재 위탁 계약
    - 협동조합을 결성하여 시설관리를 운영

274 부동산 창업계약실무

2) 협동 조합을 운영하는 방법
  - 청소 업무 및 환경관리 업무
  - 시설 및 설비 수리 업무
  - 관리비 및 월세 징수 업무
  - 재무 및 행정관리 업무

2 연간 주요 시설물 점검

가. 동절기 주요 점검 사항 (매년 11월 중순 ~ 다음해 2월 중순)

- 동파 관련 시설물 집중 관리
- 상수도/하수 배관/보일러(공실 및 장기 미거주자 체크) / 한파경보 시 세탁기 주의 및 옥상배수구 점검
- 결로 현상 심한 곳 (곰팡이) 체크

나. 봄 / 가을 주요 점검 사항

(하절기 장마 전/후 방수 공사, 방충망, 에어컨 등 계절별 가전제품 점검)
- 4월 말 ~ 5월 하순까지 옥상 우레탄 방수공사 / 벽돌마감 발수제 도포 / 건물 도색(페인트)
- 옥상 배수구는 장마 시 수시로 점검하여 막히는 곳이 없도록 조치
- 장마 / 태풍 등으로 누수된 곳은 보수 작업 (창호 실리콘 작업 등)

다. 하절기 주요 점검 사항

- 건물 주변 / 옥상 등 배수구 청소로 폭우 대비
- 에어컨 등 계절이 오기 전 신속한 AS (리모컨 등 미리 구입)
- 태풍 시 드라이비트 마감 건물 특별 점검

3 하자보수 사례

가. 천정배관 누수

나. 건물 외부 드라이비트 파손

다. 외부 배관 막힘 공사

라. 배관 얼음으로 막힘(해빙기 작업으로 보수)

마. 주차장 사고 차량

바. 옥상 배수구 막힘

사. 결로(곰팡이) 보수

아. 건물 외벽 벽돌 발수 재료 도포

자. 옥상 방수 공사

차. 타일보수 공사

카. 누수 탐지 및 누수 방지 공사

III 보안 및 안전관리

1 보안관리

가. 보안관리 개요
- 도난방지와 신분관리가 중점
- 외부인의 침입자 방지를 위한 출입자 관리

나. 주요 내용
- 출입문 관리
- CCTV 관리(건물 내부)
- 인터폰 관리
- 번호 키 관리
- 외곽 및 각 건물 외부의 CCTV 관리
- 사무실의 입주자 보안관리

2 안전관리

가. 안전관리 개요
- 입주민의 인적 피해와 재산적 피해를 예방관리

나. 인적 피해의 주요사항
- 건물에서의 추락
- 미끄럼에 의한 상해
- 위험물 및 폭발물에 의한 피해
- 화재에 의한 피해
- 전기에 의한 위험
- 보안과 관련된 외부인 침입
- 강도 및 살상 피해

다. 재산적 피해의 주요사항
- 인적 피해 사항으로 재산적 피해

- 소유자나 관리인의 부주의로 인한 경매 및 공매
- 관리인의 부정 행위로 인한 피해
- 자연재해로 인한 피해(폭우, 폭설)

Ⅳ 위생 및 환경관리

1 청소관리

가. 청소관리 개요
- 입주자의 건강을 유지하기 위한 활동
- 청결·오염방지·거주의 적절한 여건 조성
- 임차인의 심리적 안정 추구

나. 주요내용
- 청소관리: 생활환경의 청결유지 및 입주민의 건강과 쾌적한 환경 조성
- 먼지 제거, 바닥 때 정리
- 쓰레기, 음식물, 재활용품 수거
- 청소 요원 관리

2 위생관리

가. 위생관리 개요
- 입주민의 건강유지 및 증진을 위하여 해충박멸, 곰팡이 등의 병균제거, 공기 및 물의 오염방지 → 청소, 소독 실시

나. 주요내용
- 병충해 박멸
- 구서 활동 / 소독실시
- 수목 소독

3 환경관리

가. 환경관리 개요
- 건물의 공기, 물, 온도, 조도, 소음, 조경 등의 관리
- 건물의 내·외관 관리를 통해 목적 기능을 발휘
- 건물 노후화 예방

나. 주요내용

- 공기오염 관리: 담배연기, 분진, 도로의 먼지, 주방의 실내공기, 옥상 벤츄레다 등
- 담배연기 오염방지: 금연 구역 지정
- 매연, 분진, 화재 연기 인입 방지
- 물관리: 상하수도 관리, 저수조 관리, 배관 누수, 지하수 관리, 건물 내·외부 수(水) 관리
- 온도관리: 각 세대별 관리, 냉·난방 계획 수립
- 조도관리: 건물의 채광이나 조명관리, 공용부분 전기 사용 적정 조도관리 유지
- 소음관리

> 1) 소음이란 기계·기구·시설, 그 밖의 물체의 사용 또는 사람의 활동으로 인하여 발생한 강한 소리
> 2) 소음의 피해: 듣는 사람에게 불쾌감을 주고, 신경질과 짜증 유발, 작업 능률 저하, 피로감 유발, 수면 방해 등

Ⅴ 재무관리 및 사무실 운영 방법

1 재무관리

가. 임대료와 관리비, 관리 보수 및 기타 재원 등을 관리하는 업무

나. 재정의 흐름을 투명, 소유주나 임대관리업자의 수익성 유지

2 재무관련 업무

가. 운영예산 편성

- 수입요인 / 지출요인

나. 운용 계획 보고서

3 사무실 운영

가. 사무실에서 수행하는 업무

- 임대차 관리
- 시설관리 및 안전관리
- 환경 및 위생관리
- 행정 및 재무관리

나. 행정 업무
- 임대차관리
- 문서파일
- 수리 및 공사 견적서
- 재무파일
- 법규 및 규정
- 장비 및 비품

다. 시설관리 업무
- 각 호실별 시설카드 작성 및 유지
- 시설 설치 및 수리 계획 수립 및 집행
- 안전 및 위생 순찰 계획 수립 및 집행
- 시설 및 위생 환경 개선 계획 수립
- 기타 업무 수행 결과 보고 등의 업무

라. 재무업무
- 임대료 및 관리비 수입원에 대한 징수
- 재무 분석 업무와 개선 업무
- 사업예산 편성 업무
- 임대인에게 보고할 보고서 작성
- 내·외부 감사 준비

마. 사무실 인원 업무
- 대표(임대 관리업자)
- 임대차 관리 담당
- 전기, 설비 담당
- 구매, 서무, 경리 담당

바. 사무실 규모와 위치

Part
04

VI 부동산 종류별 임대관리 기법

1 주거용 건물 임대관리

가. 주거용 임대관리 사업 대상

1) 단독주택: 단독주택, 다가구주택, 다중주택, 공관, 고시원 및 고시텔, 상가주택
2) 공동주택: 아파트, 도시형생활주택, 연립주택, 다세대주택, 기숙사, 주거용 오피스텔

나. 주거용 임대관리 부동산 시설의 제공

임차인이 주거 편익에 관련하여 요구사항의 증가
- 가구의 제공(전부, 기본 시설만 제공, 일부 제공)
- 가전제품(TV, 냉장고, 가스레인지, 에어컨, 세탁기 등)
- 싱크대 상태
- 침구 (침대 및 매트리스)
- 붙박이장, 탈수기 및 건조대
- 출입문 보안 장치, CCTV 설치, 인터폰, 인터넷선 제공, 유선방송선 제공
- 주차장 확보
- 승강기 설치 여부
- 복지시설 여부(헬스장, 슈퍼, 은행 등)
- 학교 위치
- 냉·난방 시설 및 도시가스 설치 여부
- 기 타

2 상업용 건물 임대관리

가. 상업용 임대관리 사업 대상

- 아파트 단지 내 상가 / 근린상가(상가주택 및 단독주택 상가)
- 집합건물 상가 / 전문 테마 상가
- 사무용 상가(오피스텔) / 재래시장 내 상가

나. 주요 업무

- 임대료 산정 / 관리비 산출
- 권리금(영업권리금, 시설권리금, 바닥권리금)

다. 상가 임대관리자의 역할

- 임대사업자의 적절한 수익을 보장할 수 있도록 활동
- 공실 발생이 최소화 되도록 노력
- 지역 상권을 고려하여 입점하는 업종 선택 및 점포 구성
- 임차인의 영업 활성화로 임대료 및 관리비 연체 없이 운영
- 권리금의 합리적 거래 유도

- 임대료를 차별화하거나 고객 유치에 노력
- 문화공간을 확보
- 주기적으로 광고·홍보 활동
- 입점한 점포와 주변 점포와의 연계 방안을 강구
- 관리요원의 친절도 유지
- 안전관리에 최우선(인적, 물적)

3 창고 및 공장, 토지 임대관리

가. 창고 임대관리

- 농산물 저장 및 보관을 위한 저온 창고
- 공단지역이나 물류센터 인근 물품보관이나 운송을 위한 창고
- 건설공사 현장의 자재 보관 창고 등
- 소형 창고 임대업이 성행

나. 공장 임대관리

- 중소기업의 창업 및 영업활동
- 기존 생산 관리업에서 확정 이전하거나 타 지역으로 이전
- 타인에게 임대하는 형태
- 공장을 축소하면서 여유 공간을 임대로 전환

다. 토지 임대관리

- 농지는 「농지법」에 의하여 농지은행에서 실시
- 농지 소유자가 개별적으로 임대
- 임야 임대는 조경업자의 수목재배나 인삼, 약초 재배
- 나대지 등은 건축자재 등의 임시적치 장소로 임대

부동산전문가과정(RPC)

Part

05

특수부동산(창고_공장) 중개실무

제 1 강   공장 중개 창업 전 준비사항

제 2 강   공장매물의 공부서류 열람 및 정리법

제 3 강   인터넷 상 매물등록 폰 활용법

제 4 강   공장의 각 제원확인 광고, 금융정보

제 5 강   공장계약서 특약작성 및 공장등록 요건

제 6 강   중개사고 예방, 입지 경매, 지산투자

공장 중개 창업 전 준비사항

▌중개실무를 배워야 하는 이유

1. **중개사고**를 예방가능 (수강 후 상시 상담가능)
2. 계약 **성사률**을 높일수가 있다.
3. 창업아카데미 동문을 통한 **공동 중개** 가능
4. 최신 중개기법으로 **업무**의 **효율성**을 향상

중개업무 효율성 향상

| **01** 듀얼 모니터 활용법 | **02** QR 코드 광고법 | **03** 인공지능(AI) 활용법 | **04** 카페 매물장 활용법 |

01. 듀얼모니터 활용법

▌모니터 2개로 업무의 효율성 향상

1. 계약서 및 현황서 등을 작성할 경우 편리하다.
2. 유튜브 등 수강하는 경우 **동시 실행**으로 **습득**이 빠르다.
3. 대형 모니터로 연결하여 고객에게 브리핑이 가능하다.
4. 동시에 여러 사이트 열람 및 작업이 가능하다.

02. QR 코드 사용법

▍블로그 등에 등록된 매물을 QR 코드화

1. 매물을 소개 후 또 다른 매물을 소개할 경우 편리하다.
2. 간판 또는 점두광고 시 그리고 명함 등에 삽입 해 둘 것.
3. 블로그 또는 유튜브에 등록된 다른 매물을 소개하기 쉽다.
4. 한글분량 약 1700자 정도 저장이 가능하다.

03. 인공지능 AI 활용법

▍매물광고 시 블로그 등 AI로 제작

1. 많은 시간과 노력을 요하는 블로그& 유튜브 제작이 용이
2. 본인의 목소리를 학습시켜 본인의 목소리로 제작이 용이
3. 주제만 입력하면 단시간에 영상제작이 가능
4. 사진 교체가 가능, 배경음악 자동 생성

04. 카페 매물장 활용법

▍매물광고 시 블로그 등 AI로 제작

1. 방대한(동영상 등) 자료보관이 용이
2. 사무실이외 장소에서도 매물 브리핑이 가능
3. 매물선별이 신속가능
4. 댓글란 활용으로 매물의 이력을 저장

1 공장(창고) 중개업의 접근방법 및 준비작업

1. 공장(창고) 중개업 난이도 인식의 변화

순	난이도	요율	비 고
1	☐ 매우 쉽다	4.7%	
2	☐ 약간 쉽다	4.1%	
3	☐ 보통이다	17.4%	
4	☐ 약간 어렵다	31.4%	91.2%가 어려워하는 인식을 가지고 있는 실정 임.
5	☐ 매우 어렵다	42.4%	

☑ 자료출처: 이정수 부산 수영구 전지회장 석사논문에서

2. 공장(창고) 중개업이 어려워하는 이유와 쉬운 이유

어려워하는 이유	쉬운 이유
1. 거래규모가 크고 접근성이 낮다	1. 지원정책으로 융자비율이 높다.(80~90%)
2. 각종 복잡한 인, 허가 사항과 입지요건	2. 사업주는 단순 명료한 성격의 엔지니어
3. 관련서적과 교육기관이 전무	3. 중개물건의 작업이 쉽다.

3. 개설예정 사무실 입지

(1) 집단 공장지역 내: 공장매물 접수는 기대할 수 있으나 거래가 한산할 경우에는 사무실 운영에 어려움을 겪을 수 있다.

(2) 타 매물 혼존 지역: 수입은 크게 기대할 수 없으나 계약 성사의 만족감과 감각을 유지할 수가 있다.

4. 사무실 반경 10km 정도의 지리숙지 및 공장(창고) 리스트를 준비하라

(1) 지역별 공장의 규모, 건물구조, 업종, 상호, 대표자, 접속도로 폭, 호이스트 설치종류 및 설치대수, 계약 전력 등 리스트를 작성해 두면 매도 & 임대 의뢰가 있을 경우 곧바로 상담에 대응 할 수 있다.

5. 각종 프로그램 및 싸이트, 앱 활용도 숙지

6. 공동중개를 위한 인근 부동산 업소파악

7. 거래동향 및 거래시세 파악

8. 공부열람 싸이트 한 폴드에 담아두기

이름	수정한 날짜	유형	크기
국가공간정보포털	2018-03-03 오후...	인터넷 바로 가기	1KB
국세청 홈택스	2015-04-17 오후...	인터넷 바로 가기	1KB
국토교통부 실거래가	2015-05-23 오후...	인터넷 바로 가기	1KB
대법원 인터넷등기소	2019-12-16 오후...	인터넷 바로 가기	1KB
도로명주소 안내시스템	2017-12-15 오후...	인터넷 바로 가기	1KB
바로바로, 원스톱 부동산 열람 서비스	2020-03-20 오전...	인터넷 바로 가기	1KB
부동산 투자는 디스코 - 등기부등본 무료...	2020-04-15 오전...	인터넷 바로 가기	1KB
부동산거래관리시스템	2014-12-24 오후...	인터넷 바로 가기	1KB
실거래가 공개시스템	2018-03-06 오후...	인터넷 바로 가기	1KB
일사편리 경남 부동산정보조회 시스템	2019-02-14 오후...	인터넷 바로 가기	1KB
일사편리 부산 부동산정보조회 시스템	2020-01-10 오후...	인터넷 바로 가기	1KB
정부민원포털 민원24	2014-12-20 오후...	인터넷 바로 가기	1KB

9. 고객관리와 매물관리는 파일로 저장

거성정밀 공장[매매] 현황서

COMPANY NAME

본 현황서는 MS공인중개사사무소 또는 함께 공동으로 중개하는 중개사무소의 소중한 지적 재산 이오니 타인 또는 제3자에게 유출되지 않도록 협조 당부 드립니다.

매물 사진	접 수	2024년 7월 1일	토 지	
			면 적	582.3㎡/176.1P
			지 목	공장용지
			지 역	준공업지역
			개 공	1,588,000원/㎡
			건 축 물	
			연 면 적	453.44㎡/137P
			공 장 동	1층 352.64㎡/107P
위 치 도	소재지	삼락동 350-12	사 무 동	(외)부 1~2층 30P
			준 공	2002년 6월 25일
			구 조	철골조
			용 도	공장 / 6m도로접
			제 원	H5*1 / Kw
			매 매 금 액	19억2500만
			당	1093만원
등 기 인			보 증 금	만원
H.P			(월차임)	만원
매 물 특 징	A동=공장/철골조/107평 B동=사무동/철근콘크리트조/30평			

MS 공인중개사사무소 이사 - 강경호
부동산 매매 / 임대 / 중개 / 금융 컨설팅

등록번호 : 가-15-673 / 괘감로 56-14, 2층
HP : 010-8867-9476 / T (051) 316-6360

10. 각종 계약서상 공통 특약사항 한 폴드에 담기

각종 공장계약의 특약사항 및 확인 설명서 작성법을 참조할 것.

공장 매매 & 공장 임대차 & 공장 전대차 계약서 특약을 별도 작성하여 계약서 작성하는 경우 **"복사 ➡ 붙여넣기"**하여 작성시간을 단축한다.

2 공장(창고) 중개업무의 진행순서

제1단계[지역숙지]
① 주변지리 숙지
② 해당지역내 업종, 규모파악
③ 해당지역내 시세파악
1

제2단계[매물접수]
① 매도의뢰인 정보,희망매도가
② 제원파악, 공장내부 촬영
③ 인근중개업소 파악
2

제3단계[매물분석]
① 공부서류에의한 현황서 작성
② 임장으로 불법건축여부확인
③ 폐기물 처리및 누수여부 확인
3

제4단계[매물광고]
① 광고종류 및 문구시안 계획
② 현수막 설치장소 파악
③ 블로그 URL주소로 QR코드
4

제7단계[계 약]
① 저장된 특약 활용
② 소유권이전 준비서류, 잔금장소 확인
③ 실거래가 신고
7

제6단계[대출상담]
① 대출상담사 미팅주선
② 준비서류(매물현황서,사업자등록증)
③ 정책자금 및 대출실행 소요시일 확인
6

제5단계[매물안내]
① 안내전 매물존재 확인
② 명함교환및 매물 사전선별
③ 안내동선 사전계획
5

3 공장(창고)중개 전문가로의 입문과정

1. 익숙해지기 (공장임대 부터)

(1) 매물 주변지리를 숙지
(2) 주변식당에서 정보획득
(3) 제원을 파악(층고/도로/동력/H)
(4) 명함교환, 이전목적을 파악.

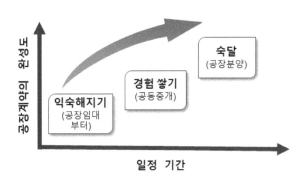

2. 경험 쌓기 (공동 중개)

(1) 주변 개업공인중개사와 신뢰형성
(2) 소개받은 물건에 대한 상황보고
(3) 물건 부동산 의사 존중, 진행을 파악
(4) 중개보수는 사전 의논

3. 숙달 (공장 개발 및 분양)

(1) 계약된 노후공장의 임차인 명도협의 담당
(2) 원가분석과 분양계획을 의논
(3) 건축업자로부터 분양도면을 확보할 것
(4) 세부적인 건축 협의사항을 파악할 것.

4 매물확보 및 진성고객 응대법

1. 공장(창고) 물건 접수경로

① 공장 소유주로부터 직접접수
② 공동중개로 중개업자로부터 접수
③ 매수 또는 임차의뢰인을 통한 접수
④ 정보 매개체를 통한 접수
⑤ 건설회사 담당자로부터 접수
⑥ 토목공사 장소를 발견 시
⑦ 은행관계자로부터 접수
⑧ 기존계약자의 거래처로부터 접수
⑨ 공장 수리·보수 공사업자로 부터 접수
⑩ 매도&임대광고 중 매물 직접접수
⑪ 광고 중 문의한 공장현황서 작성 후 매물 접수

※ 공장출입문이 상당시일 닫혀 있는 경우 간판의 상호 연락해 보면 의외의 매각 & 임대 매물을 확보할 수가 있다.

※ 매도인 & 임대인들은 의뢰접수되어 있던 공장물건의 계약완성 여부를 통지해 주지 않는 경우가 많으므로, 수시로 확인하거나 현장에서 보수공사를 하는 경우에는 필히 확인 해 볼 것.
(계약완성으로 공사가 대부분)

2. 기회비용을 생각하라

공장은 넓은 지역성을 요하기 때문에 제1영역, 제2영역을 정해두고 이동 간 비용과 시간을 감안하여 물건을 선별(공동중개, 직접중개)처리 하도록 한다.

3. 진성고객 구분하는 법

(1) 상호를 문의하여 현재 주소로 지도검색 확인
(2) 명함 받기
(3) 공장등록의 유무확인
(4) 차가(임차)의 경우 현재 임대료 확인
(5) 위치적 요건을 문의하여 도로와의 접근성을 확인

4. 고객의 종류

(1) 실제 공장주로서 시세파악 목적

(2) 감정평가사가 시세파악 목적

(3) 개업공인중개사가 공동중개를 목적

(4) 부동산 업자가 의뢰인으로 가장

(5) 진성고객으로 공장을 실제 운영하며 이전하고자 함.

5. 공동중개 시 준수할 사항

(1) 소개받은 공장을 안내 후 즉시 안내 받았던 의뢰인의 상황을 연락할 것
(소개받은 공장에 대한 관심도 등)

(2) 매수의뢰인이 계약의사를 표 하면 중개보수의 배분방식을 사전에 계약성사의 기여도에 따라 협의 후 차등 배분할 것.

(3) 중개업자 상호간 금액에 대해 정확히 계약 가능한 금액의 범위까지 오픈하고 공동중개에 임 할 것.

(4) 상대 부동산 손님에게 명함 작업을 하지 말 것.

(5) 상대 부동산에 2자 공동중개 또는3자 공동중개 인지를 사전에 공개할 것.

(6) 중개전반에 걸쳐 협의 진행하고, 계약에 실패하더라도 상대 탓을 하지 말 것.

6. 공장 매물의뢰가 접수되었을 때 대처 법

(1) 이동 중에 매물을 접수의뢰 받는 경우

: 질문사항 (규모, 지역, 상호, 도로, 전력, 층고, 호이스트 사용여부, 업종, 공장등록여부 등)의 메뉴얼을 항상 숙지하여 통화 중 녹음기능을 활용하고 재생하면 상세한 부분까지 체크할 수 있다.

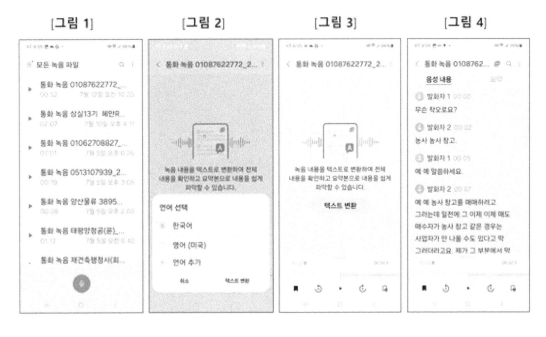

[그림 1]   [그림 2]   [그림 3]   [그림 4]

(2) 사업주가 직접 방문하여 매물 매도&임대 의뢰 하는 경우

　　: 상담 후 곧바로 동행하여 임장 활동하여 적극성을 인식하게 한다. " 공장사업주 만큼
　　그 매물에 대해 잘 알고 있는 이는 없다."

(3) 공장 매수 & 임차의뢰인이　전화 또는 직접 방문하여 의뢰 하는 경우

　　: 의뢰인이 요구하는 제원을 만족하는 공장물건들을 사전에 작성된 "공장물건 현황서"로
　　브리핑 하도록 한다. (대형PDP 화면 활용)

제 2 강 공장매물의 공부서류 열람 및 정리법

1 공장(창고)관련 공부서류 열람 및 확인사항

1. 공장매물 공적장부 종류

(1) 토지이용 계획 확인서 열람 사이트 및 확인사항

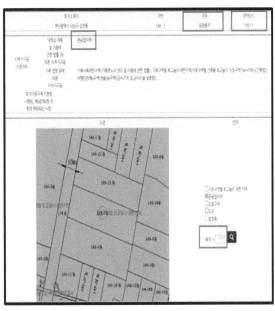

종류		용도지역·지구·구역의 차이점	비고
1	용도지역	• 토지의 기본용도 • 행위규제 : 국토계획법 + 조례 위임 • 주거지역, 상업지역, 공업지역, 녹지지역 등	가치결정
2	용도지구	• 지자체에서 특별 관리하는 토지 • 행위규제 : 도시계획조례 적용 • 경관지구, 미관지구, 방화지구, 위락지구 등	감가사유
3	용도구역	• 국가차원에서 특별 관리하는 토지 • 행위규제 : 전국 국토계획법 적용 • 개발제한구역, 상수원보호구역, 도시공원구역 등	공익용지
4	기타	권역	과밀억제권역, 성장관리지역, 자연환경보호권역	특수용도
		특구	지역특화 발전 특구, 경제자유 구역 특구 연구개발 특구 등	
		단지	관광단지, 산업단지, 유통단지, 농공단지 등	
		도서	절대보전 무인도서, 준 보전 무인도서 시도특정도서 등	

(2) 건축물대장 열람 방법 및 확인사항

① 건축물대장 확인사항

　　　◦ 건축물용도/ 구조/ 연면적/ 준공연도/ 소유자현황/ 불법건축물

　　　◦ 불법건축물: 대장우측 상단에 붉은색으로 표시되고, 공장등록 시 등록이 불가
　　　　됨.

　　　◦ 불법 증축부분의 원상복구까지 강제 이행 금 부과되며, 소유권 이전이 불가

　　　☑ 건축물은 실존하는데 대장과 등기부
　　　　등본이 없는 경우 조건수용 시 적법

　　　◦ 도시지역이 아닐 것

　　　◦ 건축물이 연접된 토지경계를 침범여부

　　　◦ 건축이 2006년도 이전에 건축물 일 것.

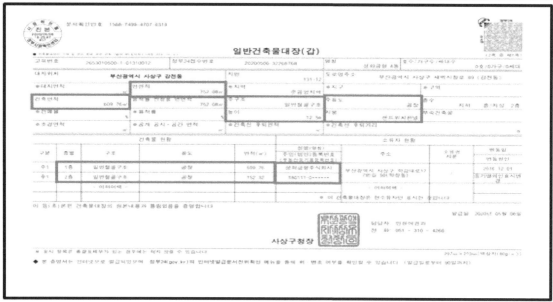

☑ 건축법 위반사례

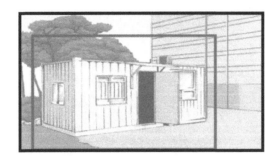 

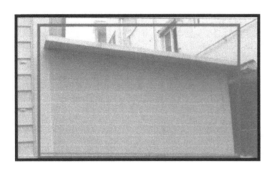 

(3) 등기부 등본 [등기사항 증명서]

① 등기부 비교 분석 (공장과 주택, 상가 등)
- 공장의 특수성(공장저당)으로 융자비율이 높다.
- 공장임대차에 수건의 근저당권설정 및 채권최고액이 상당하여도 우려하지 않아도 된다.
- 해당업체의 재정 운영상태 파악이 용이하여 금액절충이 쉬운 편이다.
- 공장의 경우에는 토지는 개인 명의로, 건물은 법인 명의로 등기되어 있는 경우도 있다.
- 공장부지의 근저당 설정 경우 불법 건축물로 담보물 가치 하락 방지를 위해 을 구란에 선 순위 란에 별도의 채권액 무한대의 지상권을 설정 함.

② 공장등기부에 신탁등기 되어있는 이유
- 건설사 등이 시행, 개발, 건축 등을 위해 자금대출 경우 대출한도가 90%로 높은 편이다.
- 취득세가 없다.
- 근저당 설정 비용이 적게 든다.

③ 공장이 신탁등기 되어있는 경우 계약 전 확인 사항
- 신탁회사에 위임범위가 어디까지인지 확인하여 매매 & 임대 계약가능여부를 확인해야 한다. 임대만 있고 매매는 없다면 매매계약은 무효가 된다.
- 신탁원부에 위탁자(공장주)와 계약해도 가능하다는 항목이 없다면 신탁 회사의 위임자와 계약서를 작성하거나 사전승낙을 받아야 한다.
- 신탁원부는 인터넷발급이나 무인발급은 불가능 하지만 대행업체에 의뢰하거나 인근의 등기소(해당건물의 지정 등기소가 아니어도 됨)를 직접 방문하여 발급 받아야 한다.
- 신탁원부의 내용은 신탁유형과 신탁계약조건 및 매매계약, 임대차계약에 대한 권리자가 명시 되어 있다.

(4) 개별 공시지가

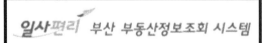

가격기준년도	토지소재지	지번	개별공시지가	기준일자	공시일자
	신청대상 토지			확인내용	
2019	부산광역시 사상구 엄궁동	651-105번지	1,410,000원	01월 01일	2019/05/31
2018	부산광역시 사상구 엄궁동	651-105번지	1,400,000원	01월 01일	2018/05/31
2017	부산광역시 사상구 엄궁동	651-105번지	1,326,000원	07월 01일	2017/10/31
2017	부산광역시 사상구 엄궁동	651-105번지	1,320,000원	01월 01일	2017/05/31
2016	부산광역시 사상구 엄궁동	651-105번지	1,043,000원	01월 01일	2016/05/31
2015	부산광역시 사상구 엄궁동	651-105번지	1,015,000원	07월 01일	2015/10/30

단위면적(㎡)당 산정가격임.

(5) 건물 공시가격

① 공장매매가에서 토지, 건물 분을 구분하여 건물 분 부가가치세 신고 시 필요 (건물 분 가액의 10%)

② 건물 분 가액의 결정
- 공장 물건의 매도자 사업장에서 세무업무를 의뢰하는 경우 세무회계사에 의해 작성되어 있는 감가상각 되어 있는 장부가액을 적용.
- 관할관청(각 지자체 세무 과 또는 산업단지 업무를 관장하는 관할청)에 문의 확인 함.

2 공장관련 공부서류 정리방법

1. 공장매물의 공부 및 자료정리 순서

(1) 해당 매물의 폴드작업

① 새 폴드를 만들어 폴드명을 상호와 소재지로 저장해 둔다.

② SNS 사이트의 지도를 검색하여 위성사진을 캡쳐하여 폴드에 저장해 둔다.

③ 사무동 및 공장동 내부는 임장활동으로 촬영하여 폴드에 저장해 둔다.

④ 각종 공부서류를 열람 후 캡쳐하여 폴드에 저장해 둔다.

⑤ 공장매물 현황서를 작성하여 폴드에 저장해 둔다.

(2) 블로거, 카페 등에 매물을 등록해 두거나 엑셀로 저장 해두면 매물선별이 쉽고, 브리핑할 때 편리하다.

3 자료정리를 위한 각종 프로그램 기능 습득

1. 각종 프로그램의 활용도 및 기능 습득

(1) 프로그램의 활용도

① 스캔 기능: 선명한 자료의 보관 및 전송에 적합하다.

② 캡쳐 기능: 활용도가 가장 높다

③ 그림판 기능: 캡쳐&스캔 이미지에 새글 입력 또는 강조부분 표시가능

④ PPT 프로그램: 컨설팅 자료 또는 매물 브리핑 자료제작에 적합

⑤ 엑셀 프로그램: 필터기능으로 조건 만족하는 매물 선별이 편리하고, 링크기능으로 상세자료를 표시할 수가 있다.

(2) 각각의 프로그램기능 습득은 유튜브 동영상 강의를 활용하시기 바람.

인터넷 상 매물등록 폰 활용법

1 공장매물의 자료 전송방법

1. 파일전송 어플리케이션

(1) 샌드 애니웨어: 사용방법은 유튜브 강의 참조 바람.

① 파일을 전송할 경우 6자리 숫자만 입력하면 폰 사진, 동영상 등 전송이 쉽다.
② 파일의 종류, 개수, 용량제한 없이 사용가능
③ 압축파일이 아니기 때문에 화질저하가 없다.
④ 일정용량(10GB)까지 무료로 사용

2 인터넷 상 자료정리 및 보관

1. 인터넷 (카페 & 블로거) 활용의 장점

(1) 카페나 블로그를 이용해서 자료정리를 하면 방대한 자료를 소지할 필요가 없다.
(2) 핸드폰 또는 아이패드에 카페 앱을 설치하여두고 이동 중에라도 곧바로 물건검색하여 매물브리핑을 할 수 있는 장점이 있다.
(3) 또한 사무실내에 벽걸이 TV를 설치하여 두고 컴과 연결하여 두면 대형화면으로 설명할 수가 있다.
(4) 사용하고 있는 컴퓨터가 바이러스에 감염되어도 자료는 안전하게 보호될 수 있다.

3 휴대폰을 중개 업무에 활용하는 방법

(1) 이동 중에 매물접수 또는 매수의뢰 접수는 통화녹음 기능 활용
(2) 공장 및 사무동의 내, 외부상태를 카메라 기능으로 동영상 또는 사진촬영
(3) 카페 앱을 설치 본인카페로 접속하여 언제 어디서든지 매물을 검색
(4) 중개업무와 관련한 앱 등을 설치하여 상시 매물에 관한 정보 확인이 가능
　　: "부동산정보 통합열람" "스마트 국토정보" "부동산 디스코" 등

1 제원확인 (도로, 전력, 층고, 호이스트, 바닥면적)

1. 공장 대지와 도로와의 관계

(1) 도로는 공장에서 제원 중 가장 중요한 하나이다. 차량 진입이 원할 하여야 원자재의 입고 및 제품의 출고 지장이 없다.

(2) 공장건축 도로부분 허가요건

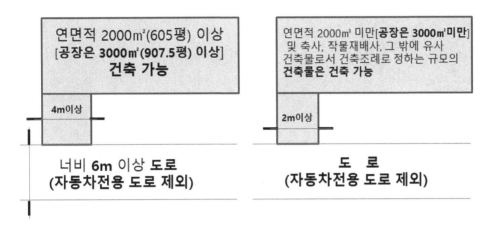

연면적 2000㎡(605평) 이상
[공장은 3000㎡(907.5평) 이상]
건축 가능

4m이상

너비 **6m** 이상 도로
(자동차전용 도로 제외)

연면적 2000㎡ 미만[**공장은 3000㎡ 미만**]
및 축사, 작물재배사, 그 밖에 유사
건축물로서 건축조례로 정하는 규모의
건축물은 건축 가능

2m이상

도 로
(자동차전용 도로 제외)

(3) 인도를 접한 공장이 진출입하는 경우

> ◦ 도로 점용허가 신청하고, 사용 인도부분 면적계산하여 연 사용료를 관할 지자체에 납부
> ◦ 부동산 거래 시 (도로 점용허가 권리의무승계) 거래 후 30일 내 신고 필(신고 미 이행 시: 50만 원이하 과태료)

2. 공장 의 계약 전력

(1) 동력(전력) 으로 기계작동, 원자재 및 생산제품 운반
(2) 전력 증설할 경우 14만여 원/Kw이 소요 됨.
(3) 100kw 이상일 경우 수전설비(변압기)가 필요하며, 약 1천만원~1500만원이 소요되며, 안전 관리원 지정여부 확인해야 한다.

▲ 수전 설비

(4) 전체 전력으로 공동으로 사용하는 임차인의 경우 임차인 명의로 세금 계산서 발행이 가능(과도한 기본요금은 조정이 가능 함.)
(5) 중개대상물 (공장)확인·설명서 작성 시 공시 안 된 중요시설이나 물건의 존재 여부 및 소유에 관한 사항에 적시

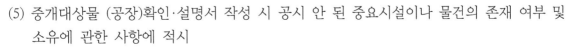

3. 공장의 층 고

(1) 공장의 층 고는 바닥에서 어깨높이까지 이다.

(2) 공장의 층 고 확인방법은 철골 판넬조에서 판넬 한 장의 폭이 이어져 있을 경우 1m 이기 때문이다.

(3) 바닥에서 콘크리트의 높이는 1.3~1.5m 경우가 대부분 이다.

4. 호이스트 (크레인)

(1) 2톤 이상의 호이스트는 사업장에 설치된 날로부터 3년 이내 최초 안전검사를 실시하고, 그 이후 2년마다 안전보건공단에서 실시하는 안전검사를 받아야 함.

　: 안전검사 수검자는 원칙은 설치사용자이나 임차인이 사용하는 경우에는 임차인이 부담하고, 사용하지 않는 경우에는 임대인이 부담하나 협의로 진행 함.

(2) 호이스트를 임차인이 설치한 후 계약 해지할 때 중고가 책정은 (철거비용+ 운반 비용+ 재설치)를 감안하여 통상 최초 설치비의 40~50%로 절충 시키면 되겠다.

(3) 구입 설치비는 2.8톤은 1300만원/대, 5톤은 1500만원~1800만원/대 정도이다.

(4) 중개대상물(공장)의 확인 설명서 작성 시 "공시 안 된 중요시설이나 물건의 존재 여부 및 소유에 관한 사항의 해당사항으로 적시 하여야 함.

▲ 호이스트 설치 모습

5. 공장 동 바닥면적 산출 확인방법

(1) 건축물 대장으로 확인가능하나, 상이 한 경우가 있다. (일부 불법 증축부분)

(2) H빔의 기둥 간격과 개수를 확인하여 바닥면적을 산출하는 방식

(3) 성인남성의 보폭 수에 0.8을 곱하면 유사한 면적을 산출할 수가 있다.

(4) 레이저 측정기를 사용하여 길이, 층고 높이, 넓이, 부피까지 손쉽게 측정이 가능.

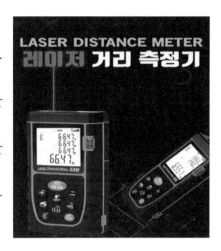

---

2 **공장과 도로와의 관계**

1. 분양당시 도로부분 지주의 사용허가로 건축한 공장 (분쟁 사건)

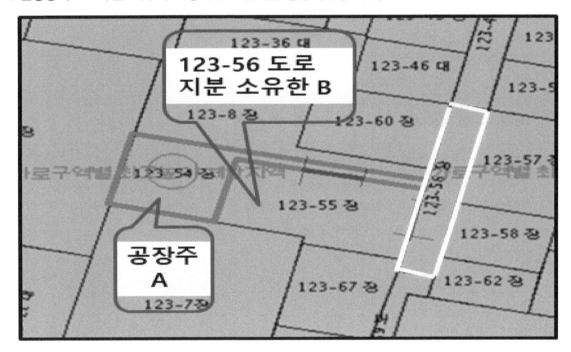

(1) 사건 개요

> ◦도로 사용허가로 건축한 공장을 분양 받은 공장주 A의 사정으로 공장 매각의뢰
> ◦도로 지분을 소유한 B의 도로 위에서의 원자재 입고 및 제품 출고작업으로 A의 진입도로에 진입 시 방해 가 되었고,
> ◦A의 지분이 없는 약점으로 계속적인 도로 상 작업으로 거래가 사실상 불가능 하였다.

(2) 사건 해결

공장 분양업자 C가 보유한 도로지분 일부 매각을 설득하여 A와 같은 피해를 당하고 있는 D와 함께 도로지분을 매입 하여 공장매각에 성공 하였다.

3 개정 광고 법에 의한 공장광고

1. 중개대상물 표시광고 할 수 있는 자

종 류	내 용
개업공인중개사	◦단독 표시광고 가능
소속공인중개사	◦개별광고는 할 수 없고, 개업공인중개사 표시광고 5가지 명시 사항에 추가로 표시 가능
중개보조원	◦표시광고 금지(온, 오프라인)
임대인 또는 매도인은 물건의뢰 시 광고표시에 동의하는 의사를 표하여야 함.	

2. 개업공인중개사의 표시광고 5가지 명시사항

① 개업공인중개사의 성명
② 사무소의 명칭(◆◆공인중개사 사무소/ ◆◆부동산중개)
③ 소재지(부산시 사상구 새벽 로/ 부산시 사상구 감전 동)
④ 연락처(등록관청에 신고 된 전화번호 및 휴대폰)
⑤ 등록번호(중개사무소 등록증의 번호) ☞ 추가사항

3. 중개대상물 인터넷 표시광고 세부기준

① 단독주택: 지번 포함.(중개의뢰인이 원치 않는 경우 읍 면 동 까지 표기)
② 공동주택: 지번, 동, 층수 포함(중개의뢰인이 원치 않는 경우 저/중/고 로 표기)
③ 근린생활시설 등: 읍 면 동 리 표기 / 층수 포함.
④ 토지: 등기에 기재된 소재지 표시(읍 면 동 리 까지 표기)
⑤ 기타 사항: 소재지 이외 면적, 가격, 중개대상물 종류, 총 층수, 거래형태, 입주가능일, 방 수 및 욕실 수, 주차 대수, 관리비, 사용검사일 / 사용승인일 / 준공인가일, 방향 등

4. 공장 매물의 광고 방법

(1) 공장물건의 광고의 종류로는 점두 광고, 전단지 광고, 현수막 광고, 산업용품 단지 발행 책자광고, 정보망광고가 있으나 ,가장 효과적인 것은 현수막 광고이다.
(2) 점두 광고, 산업용품단지
(3) 정보망 광고한국공인중개사협회가 만든 "한방"을 권장 함.
　◦매물정보를 등록하고 공유하는 부동산 정보교환 체계시스템

(4) 인공지능(AI)을 활용한 광고 제작방법

유튜브나 블로그로 공장매물 광고를 하려고 하는 경우 제작하는데 많은 시간과 노력을
필요로 하는데 인공지능(AI)을 활용하면 편리하면서도 짧은 시간에 제작이 가능하다.

① 가젯 (Gazet) AI

원하는 콘텐츠의 형식과 주제를 입력하면 인공지능이 그 내용에 맞게 콘텐츠를 완성시켜준다.

② 뤼튼 (WRTN)

한국 사용자들에게 친화적이다.

ＧＰＴ－４ 외에 다양한 챗봇을 무료사용이 가능하고 그림도 그려주는 인공지능이다.

③ 브루 (Vrew)

임장활동으로 촬영한 공장매물을 유튜브 광고를 하고자 하는 경우 인공지능이 대본과 영상을 한번에 생성시켜 줄 뿐만 아니라 배경음악까지 자동으로 삽입시켜주고, 최근에 이르러 작업자의 목소리를 학습하여 동일한 음성으로 설명 해 준다.

Vrew

Vrew

4 기업금융정보 & 세제지원

1. 산업 금융 정보

(1) 공장(제조업)의 경우 금융기관으로 부터 최고 매매가액의 80~90% 정도를 융자받을 수 있다.

(2) 타가(임차)에서 자가 공장으로 전환 시 간략한 각종 산업금융지원을 설명하면 신뢰도가 향상 되겠지만 금융기관의 대출상담사(통상 기업금융담당 지점장)
중개사무실에 방문요청을 하여 대면상담이 되도록 주선하는 것으로도 충분할 것 이다.

(3) 공장의 거래금액 중 일정금의 정책자금 지원은 금리보전으로 접근하고 있다.
(예: 10억 융자에 1.5%금리보전 시 1500만원/연.)

(4) 산업금융지원 세부계획 중 지원 대상, 융자조건 사후관리 등은 별도문의 (금융기관의 대출상담사와 상담하거나 중소기업 정책자금 지원 센타 (SBAC)를 이용)

(5) 업체별 신용도, 융자조건, 신규업체여성기업, 벤처기업, 향토선정기업에 따라 차등적용

(6) 중소기업 정책자금의 장점은 초 저금리, 장기상환기간, 거래 안전성

▲ 중소기업정책 자금지원 센타 SBAC

2. 중소기업 진흥공단의 정책자금 융자절차도

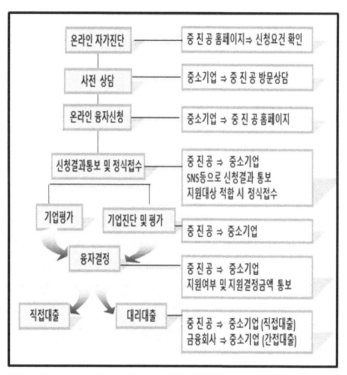

▲ 중소기업 진흥공단의 정책자금 융자 절차도

3. 산업 금융의 지원 순서 및 행태

(1) 의뢰인이 계약의사가 있을 경우 계약 전에 확인해야 할 사항이 대출 가능여부와 대출가능 금액이다.

(2) 금융기관 담당자를 부동산 사무실로 초대하여 탁상감정(일명: 탁감)을 하여 빠른 회답을 얻도록 한다.

(3) 탁감으로 회답한 후에 잔금 일에 대출실행이 안 되는 경우도 있으니 잔금 일이 도래하기 전에 개업공인중개사는 잔금일 10일 전에서 7일전까지는 수시로 대출 실행 여부를 확인하도록 한다.

4. 프로젝트 파이낸싱 (PF :개발계획 융자) 조달방식

(1) 사업주체가 특정사업(예: 산단 조성 등)을 수행하는데 소요자금을 차입함에 있어 담보를 당해 프로젝트 수익성 및 사업의 자산으로 한정하여 회사채를 발행하여 자금을 조달한다. 당해 사업에서 발생할 현금흐름을 주된 채무변제의 재원 임.

(2) 자금을 제공하는 측과 일종의 공동사업 형태이므로 개인적 채무가 없는 비소구 금융이다.

(3) 사업계획의 심사비용과 법률자문 비용 등이 많이 발생하기 때문에 대출금리가 높고, 대출수수료도 높은 편이다.

(4) 다양한 사업주체와 위험배분

◈ 기업의 자금조달방식과 프로젝트 파이낸싱의 비교

구 분	일반기업의 자금조달방식	프로젝트 파이낸싱
주 체	권리·의무주체는 사업주 사업주가 필요자금 직접조달	권리·의무주체는 프로젝트회사
담보 및 변제 재원	사업주의 전자산과 사업주의 신용도 사업주의 자산에 소구 (訴求) 가능	프로젝트 자체의 자산과 장래 수익성, 사업주의 자산에 소구 불능·제한
자금 조달	원리금 상환능력에 따라 제한 기존부채의 사용 도에 따라 제한	사업성에 비례하여 자금조달이 용이 함. 부외 금융효과로 채무수용능력이 증진
자금 관리	사업주가 관리	차주 단이 위탁계정으로 공동관리
적용 분야	일반기업	대규모 공공사업, 부동산 개발 등

5. 산업의 정책적 세제지원

(1) 개인 사업자와 법인으로 전환 시의 비교

개인 사업자	법인으로 전환 시
◦ 6~42% 소득세율을 적용	◦ 10~25% 법인세율 을 적용
◦ 이익분배가 간단하다	◦ 이익분배가 까다롭다
◦ 자금조달이 어렵거나 조달비용이 비쌈.	◦ 자금조달이 용이하다
◦ 설립과 폐업이 용이하다	◦ 법인 설립비용이 높다
◦ 건물상속을 위해 건물매각을 고려	◦ 자녀들에게 적절한 지분구조로 증여 가능

(2) 법인으로 전환 시의 세금절감 효과

◦ 개인사업자가 9천만 원의 소득세를 부담 했을 때 법인으로 전환 시 10%의 법인세 적용 하여 2200만원 산출되어 약 7천만 원의 절감 효과가 발생
◦ 근로소득, 퇴직금, 배당소득의 분배효과로 추가적 세금절감
◦ 가족을 임원 또는 주주로 구성하여 근로소득을 분산하면 낮은 구간 의 세율 적용

(3) 지방세 특례제한법 제58조 3

◦ 창업 중소기업 (수도권 과밀억제권역 외)은 창업일 창업 벤쳐 중소기업은 벤쳐 기업 확인일로 부터 4년 이내 관련용도 부동산을 취득하는 취득세의 75%를 감면
단, 5년 이내 적정한 사유 없이 관련용도의 토지, 건물을 매각 하거나 주식 50% 이상을 매각할 경우 감면 받은 취득세에 가산세를 더하여 추징 함.
◦ 보유세인 재산세의 경우 창업 중소기업 (수도권 과밀억제권역 외), 창업 벤쳐 중소기업 은 5년간 50%를 감면 하지만 기타기업은 37.5%를 감면
◦ 지방세특례제한법 제46조에 의하면 재산세의 50%감면 적용은 지식산업 센타 (전용 률 50%) 의 경우 분양면적이 아니고 전용면적 부분

제 **5** 강 공장계약서 특약작성 및 공장등록 요건

1 공장매매의 주요 특성

1. 공장매매 계약 시 특성

(1) 종업원 50인 이상 업체는 부동산 담당자(주로 임원급)가 있음.
(1차 벤드 급 업체는 법무 팀이 자체계약을 요구 경향이 강함.)

(2) 각종 제원은 기본적으로 확인하여야 할 사항이나 공부서류로도 확인 할 수 없는 것이
호이스트와 계약전력(동력) 이다.

(3) 한국표준산업 분류번호를 확인하는 것은 산업단지에 입주할 경우와 공장등록을 해야 할
경우에는 필히 확인 하여 야 한다.

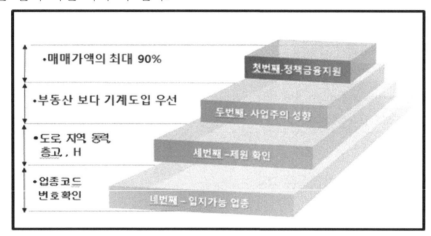

2. 사업자 (공장주)의 특성

(1) 거래처의 부도로 연쇄부도의 경험들이 많은 편이어서 자금력 부분에서 취약한 편이다.

(2) 부동산의 재테크보다는 생산성에 더 많은 관심으로 본인이 잘 파악하고 있는 기계 도입
에 더 큰 관심이 있다.

(3) 최근에는 각종 SNS의 발달로 지역의 개발정보나 공장의 재테크에 관심을 두고 있으나
많이 미흡한 수준이다.

3. 사업자 (공장주)의 매수계약 시 결정요건

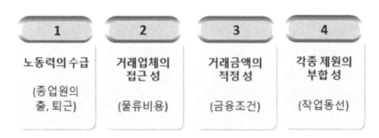

(1) 숙련된 기술력을 겸비한 종사원의 반대로 공장이전을 보류(출·퇴근 불편)하는 경우도 있고, 역으로 사업부진으로 인건비 절감(자연 퇴사)을 위해 이전을 강행하는 경우도 있다.

(2) 거래업체(납품)의 접근성 저하로 매출에 영향을 미칠 뿐만 아니라, 물류비용의 증가, 납품시간 지연 등의 지장을 고려하여야 한다.

(3) 정책적 금융조건이 부합하여야 하고, 사업운영에 차질이 없는 범위 내에서 자가 공장을 계획한다.

(4) 도로의 폭, 인접공장이 미칠 영향, 층 고, 계약전력, 호이스트 등 원자재의 반입 그리고 안전사고를 고려한 작업동선이 적정하여야 한다.

2 한국표준산업 분류표

1. 한국표준산업 분류의 목적 및 용도

(1) **목적**: 사업체가 주로 수행하는 산업 활동을 활동 유사도에 따라 체계적으로 분류 화 한 것으로 산업 활동에 관련된 통계를 작성하기 위하여 적용 되는 기준을 말 함.

(2) **용도**: 특정지역에 공장이 입지 또는 공장의 설립 가능여부를 표준산업분류표에 의한 숫자를 확인 후 공단으로 문의하면 되고 국가 산단, 지방 산단, 농공 단지 등 계획입지 공단에 입지 할 경우에는 필수

☑ 5자리 분류코드 조회방법은 다음 그림을 참조하거나 한국 산업단지(☎ 070 - 8875 - 7882)로 문의 바람

◈ 산업단지 조성 시 유치업종의 검토 (부산의 명동2산업단지의 예)

구 분	분류기호	계획 면적(㎡)
1차 금속 제조업	C24	240,395
금속가공제품 ; 기계 및 기구 제외	C25	39,608
전기 장비 제조업	C28	32,886
기타기계 및 장비 제조업	C29	58,895
자동차 및 트레일러 제조업	C30	25,506
사상 공업지역 재생사업 이주업체	C24~C31 C33, H52	83,500

대분류		중분류		소분류 (개 수)	세분류 (개 수)	세세분류 (개 수)
		개수	범위			
A	농업,임업 및 어업	3	01~03	8	21	34
B	광업	4	05~08	7	10	11
C	제조업	25	10~34	85	183	477
D	전기,가스,증기 및 공기조절 공급업	1	35	3	5	9
E	수도,하수 및 폐기물 처리, 원료 재생업	4	36~39	6	14	19
F	건설업	2	41~42	8	15	45
G	도매 및 소매업	3	45~47	20	61	184
H	운송 및 창고업	4	49~52	11	19	48
I	숙박 및 음식점업	2	55~56	4	9	29
J	정보통신업	6	58~63	11	24	42
K	금융 및 보험업	3	64~66	8	15	32
L	부동산업	1	68	2	4	11
M	전문,과학 및 기술서비스업	4	70~73	14	20	51
N	사업시설관리, 사업지원 및 임대서비스업	3	74~76	11	22	32
O	공공행정, 국방 및 사회보장행정	1	84	5	8	25
P	교육서비스업	1	85	7	17	33
Q	보건업 및 사회복지서비스업	2	86~87	6	9	25
R	예술,스포츠 및 여가관련서비스업	2	90~91	4	17	43
S	협회 및 단체 수리 및 기타개인서비스업	3	94~96	8	18	41
T	가구내고용활동 및 달리분류되지않은자가소비생산활용	2	97~98	3	3	3
U	국제 및 외국기관	1	99	1	1	2
	21	77		232	495	1,196

▲ 산업의 분류

번호	업 종	번호	업 종
10	식료품 제조업	23	비금속 광물제품 제조업
11	음료 제조업	24	1차 금속 제조업
12	담배 제조업	25	금속가공제품 제조업 (기계 및 가구 제외)
13	섬유제품 제조업(의복 제외)	26	전자제품, 컴퓨터,영상, 음향 및 통신장비 제조업
14	의복,의복액세서리 및 모피제품 제조업	27	의료,정밀,광학기기 및 시계 제조업
15	가죽,가방 및 신발 제조업	28	전기장비 제조업
16	목재 및 나무제품 제조업 (가구제외)	29	기타기계 및 장비 제조업
17	펄프,종이 및 종이제품 제조업	30	자동차 및 트레일러 제조업
18	인쇄 및 기록매체 복제업	31	기타 운송장비 제조업
19	코크스,연탄 및 석유정제품 제조업	32	가구 제조업
20	화학물질 및 화학제품 제조업 (의약품 제외)	33	기타제품 제조업
21	의료용 물질 및 의약품 제조업	34	산업용 기계 및 장비수리업
22	고무 및 플라스틱제품 제조업		

▲ 제조업의 중분류 10~ 34

4. 공장 등록 이란?

(1) 사업자가 적법하게 공장(제조업)을 운영하고 있다는 것을 시, 군, 구청의 공무원이 실사 후 공장등록대장에 기록하는 것을 말한다.

(2) 공장건축면적이 500㎡ 이상인 경우는 반드시 공장등록을 해야 하고, 500㎡ 미인 경우는 의무사항은 아니고 입찰 등을 위해 필요한 경우에 신청하면 된다.

(3) 자가 건물은 물론 임차건물에도 임대인 동의 없이도 공장등록이 가능

(4) 지번 별 토지에 대한 이용제한, 건축물의 용도제한이 따를 수 있으므로 사전 검토를 요함.

(5) 환경관련 법령 등에 의하여 공장등록 제한을 받을 수 있으며, 환경에 관한 문제가 있을 경우 신고 또는 허가를 거쳐야 하고, 공장등록이 안될 수도 있음.

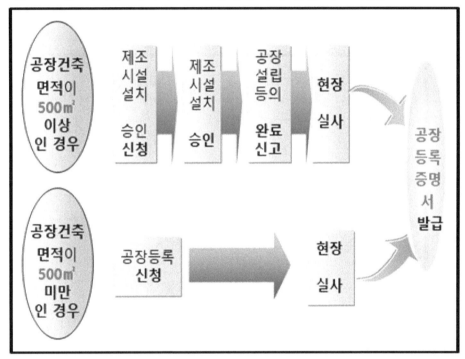

▲ 공장등록 절차도

5. 공장 등록 요건

(1) 건축물대장상 용도가 공장 일 것.

: 다른 용도로 되어 있을 경우 우선 용도변경 할 것.바닥면적 500㎡ 미만인 경우는 제2종 근린생활 시설(제조업소)에서도 공장등록이 가능

(2) 수도 법 상 취수 장 근처가 아닐 것.

: 업종에 따라 예외적으로 허용 경우 있음.

(3) 사업자등록증의 업태가 제조업 이고, 산업분류표상 제조업 종목에 해당 할 것.

: 단순조립, 자동차 정비공장은 공장등록 불가

(4) 같은 지번에 공장 등록된 업체가 없을 것.

: 등록된 기존업체가 있을 경우는 폐지, 축소변경신청

(5) 등록업종 제한지역이 아닐 것.

(6) 불법 증, 개축된 부분이 없을 것.

: 불법 증, 개축이 있을 경우 원상회복 후 등록신청

(7) 공장부지의 용도지역이 공장등록 가능지역 일 것

: 전용주거, 유통 상업, 보전 녹지, 농림, 자연환경보전지역은 공장등록 불가

(8) 소음, 진동, 오·폐수 등 배출기준에 적합 할 것.

: 기준치이상 배출 시는 방제시설을 설치할 것.

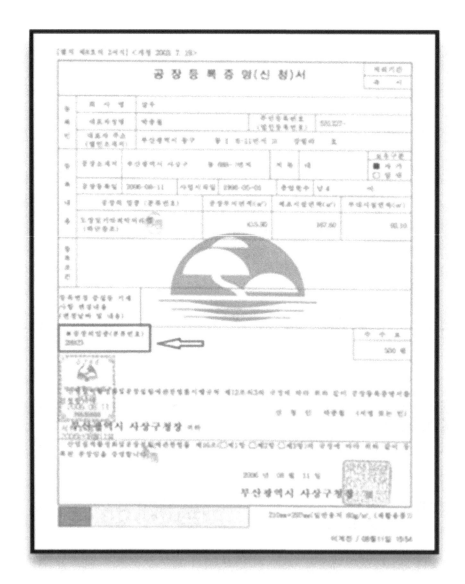

▲ 공장등록증의 사본

3 포괄 양도·양수 계약

1. 포괄 양도·양수 계약의 의미

(1) 사업장 별로 사업용 자산을 비롯한 인적 시설 및 권리, 의무 등을 포괄적으로 승계하여 양도 하는 것.

(2) 사업 포괄 양도양수는 양도인의 종전사업 전반에 대하여 양수인이 승계하는 것으로 사업자만 바뀌게 하는 제도 임.

(3) 타 종류의 세금(임대 소득세, 양도소득세)과는 무관

(4) 포괄 양도양수를 하면 건물 분 부가가치세를 납부하지 않아도 된다는 부정확한 절차 설명으로 인해 추징당하는 사례가 발생하여 분쟁과 책임문제가 발생하는 사례가 종종 있습니다.

2. 포괄 양도·양수 계약의 효과

(1) 부가가치세법상 부가가치세를 양도자와 양수인은 세금계산서를 발행하여 세무서에 신고하고, 양도자는 부가가치세를 납부하고, 양수인은 부가가치세 환급 받는 일반적인 세무 절차

: 건물 분 부가가치세를 환급 받은 일반사업자의 환급 소멸시효 기간은 10년 (환급사업자가 중도에 사업포기 시 10년이 경과하여야 환급분에 대한 추징이 없음. 1기(6개월)에 5%씩 감가 적용)

(2) "쌍방의 절차생략을 위하여 매매계약 시 임대 사업을 포괄로 양도양수 한다." 는 특약사항을 기재하고 포괄양도양수 계약서를 별도로 작성하면 됨.

(3) 양도인은 임대인이고 양수인은 자가로 사용하는 경우
: 동일업종에 해당 되지 않음.

3. 포괄 양도·양수 계약의 요건

(1) 포괄 양도양수 내용이 확인 되어야 한다.

(2) 양도자 및 양수자 모두 동일한 과세사업자이어야 하고, 유지되어야 한다.

(3) 사업양도 신고서를 제출 하여야 한다.

4 각종 공장계약의 특약사항 및 확인 설명서 작성법

1-1. 공장매매 계약 특약사항 [A형]

(1) 본 계약은 양 당사자가 공부서류(토지 이용계획 확인서 등) 및 공장의 현 상태 개업공인중개사와 동행하여 육안으로 확인하고 서명·날인 하여 계약 한다.

(2) 등기전부증명서상 근저당권외 권리(압류, 가압류, 가등기, 가처분)등을 확인 하고, 잔금 지불 전에 매도인이 상환 말소하기로 한다.

(3) 일부 임대차부분은 매수자가 동일 임대조건으로 승계하기로 하고 잔금일 기준 으로 정산키로 한다.

(4) 공장의 면적은 건축물대장기준으로 한 면적으로 한다.

(5) 공장 동내 설치된 호이스트( )톤, ( )대와 공장 동 외부에 설치된 수전설비는 매도 가에 포함된 것으로 한다.

(6) 공장 동 및 사무 동 건물에 해당하는 부가가치세는 매수인이 별도로 부담키로 하고 매도인은 해당 세금계산서를 발행 해 주기로 한다.

(7) 본 계약은 양 당사자가 위 특약사항과 확인 설명서를 읽고 서명·날인하고 계약한다.

1-2. 공장매매 계약 특약사항 [B형]

(1) 현 시설상태에서의 매매계약이며, 등기전부증명서 등 공부서류를 확인하고 쌍방이 합의하여 계약 함.

(2) 매매가액 중 토지가액을(000)만 원으로 하고, 건물가액을 (000)만 원으로 한다. 건물분 가액의 부가가치세 10%는 매수자가 별도로 부담하며, 매도자는 세금 계산서를 발행하여야 한다.

(3) 매매가액에 호이스트(0)대 및 동력 (00)Kw 는 매도가에 포함된 것으로 한다.

(4) 매도인은 각종 공과금 납부와 매수자와 협의된 철거 등은 잔금 일까지 완료 한다.

(5) 본 특약사항에 기재되지 않은 사항은 민법상 계약에 관한 규정과 부동산 매매 일반관례에 따른다.

1-3. 신축공장 분양계약 특약사항

(1) 공장매매 1-2 특약의 ①, ②, ⑤항은 공통으로 하고,

(2) 건축은 기본설계에 의하고, 동력(0)kw 및 호이스트 주행 빔은 포함(별도)가로 한다.

(3) 기타사항은 별지의 도면 및 별지특약으로 하고, 간인키로 한다.

☑ 한 필지를 분할하여 아래 그림과 같이 여러 동의 공장으로 분양할 때 공용 도로가 분양가에 포함될 때는 지분표시 및 건축물의 연 면적을 필히 적시할 것.

☑ 지분으로 분양받은 사도는 평당 분양가의 통상 1/3 수준이다.

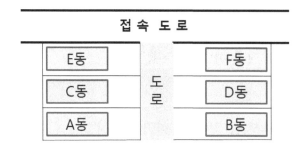

1-4. 공장 임대차 계약 특약사항

(1) 본 계약은 양 당사자가 공부서류(토지이용계획 확인서 등) 및 공장의 현 상태를 개업공인중개사와 동행하여 육안으로 확인하고 서명·날인 계약한다.

(2) 등기전부증명서상 (00은행, 채권최고액 00만원)의 근저당권 등을 확인하고 계약하기로 한다.

(3) 현재의 전력이 부족하여 증설 할 경우 임대인은 관련서류 제출에 협조하며 비용은 임차인 부담으로 한다.

(4) 공장의 면적은 건축물대장을 기준 면적으로 한다.

(5) 공장 동내 호이스트의 사용 중 안전사고의 책임 및 계약기간 내 안전검사는 임차인 부담으로 한다.

(6) 월차임에 해당하는 부가가치세는 별도로 임차인이 부담하고, 임대인은 해당 세금 계산서를 발행 해 주기로 한다.

(7) 각종 인·허가사항과 관련하여 임대인은 관련서류제출에 협조하기로 하며, 계약기간 중 각종 행정적인 사항의 책임은 임차인이 책임지기로 한다.

(8) 계약 해지 시에는 잔여 폐수, 폐유, 산업폐기물 등은 임차인이 정리하여 임대인에게 인도하기로 한다.

(9) 본 계약은 양 당사자가 위 특약사항과 확인 설명서를 읽고 서명·날인하고 계약 한다.

1-5. 공장 임대차 계약 시 주의사항

(1) 불법 게임 업을 하는 임차의뢰인들은 단속을 대비하여 보증금은 없거나 적은 금액을 주장하고, 월차임은 2달 또는 3달분을 선지불하겠다는 제의를 해오는 경우가 많다. 단속이 시작되면 게임 기계 등을 방치한 채 잠적하여 계약 정리가 쉽지 않기 때문에 주의 할 것.

(2) 기계를 취급하는 임차인일 경우 사용한 윤활유 등을 공장 바닥에 방치 유출시켜 토지가 오염되는 경우와 건설 폐기물 등을 공장이나 창고에 방치하고 잠적해 버리면 막대한 처리비용이 발생하게 된다.

(3) 월차임의 연체로 인해 보증금으로 상계처리 해도 명도 할 때 상당한 시간과 비용이 발생 하므로 2기이상의 차임연체가 발생 시에 대한 설명과 특약을 준비 할 것.

(4) 임차인의 기계가동으로 인한 상당한 진동이나 소음, 악취가 발생하는 경우 연접해 있는 공장이나 주택에 피해가 발생 할 경우 민원문제가 발생 할 수가 있으니 주위 공장의 업종도 확인 하여야 하겠다.

(5) 임차인이 호이스트, 현장사무실, 할로겐 전등 등을 설치한 경우 "임대인의 동의를 득한 경우에는 그 경비를 인정받을 수 있다"라고 설명 할 것.

1-6. 공장 전대차 계약 특약사항

(1) 임대차 계약의 특약과 동일하며, 전대인의 임대차 계약서상의 계약기간, 보증금 범위 이내일 것.

(2) 임대인의 동의서는 입주 전까지 전대인이 받기로 하고, 임대차 계약서 사본을 첨부한다.
    : 임대인의 동의서가 없으면 전차인은 세무서에서 사업자 등록증을 발급받을 수가 없다.

(3) 전대차 계약은 공장의 위치를 확인할 수 있는 도면으로 계약서와 간인할 것.

1-7. 공장 계약서 빨리 작성하는 방법

(1) 계약 종류별 특약을 폴드에 저장해 두고, 복사기능, 붙여 넣기를 하여 부분적 수정을 한다면 상당한 시간을 단축할 수 있음.

(2) 잔금일자와 월차임 적용일자가 상이 한 경우 공장 임대차는 임차인이 잔금지불이 후 기계이전 배치 및 전기설비 연결공사, 기타 설비공사로 인한 시일이 소요되므로 중개사는 임대인과 협의하여 월차임 적용일자를 통상 15일~1개월 이후로 적용되도록 중재 한다.

(3) 계약 당사자 또는 개업공인중개사가 여러 명일 경우 별지로 작성 되었을 경우 간인하고, 개인 명의로 계약한 후 법인신설로 인해 재작성을 요청하는 경우가 있으므로 계약 시에 재작성의 협조를 구하는 설명을 필히 할 것.

   : 실거래가 신고기한이 30일 이내이기 때문에, 계약서 명의 변경여부를 필히 확인하여 신고 할 것.

(4) 매도자 & 임대인의 계좌를 명시하여 계약금 또는 잔금입금 시 영수증을 대신 할 수가 있고, 대금과 관련한 분쟁을 예방할 수가 있다.

1-8. 계약이 후 마무리 멘트

> ※ 의뢰인이 타 개업공인중개사와의 계약으로 마무리 되었더라도
>   "좋은 공장 구하셨네요. 축하드립니다. 가끔 찾아뵙겠습니다."
> 의뢰인의 마음을 편안히 해 주고, 고객관리로 이어간다.

2. 공장의 공부서류로 조사·확인 설명의 방법

(1) 토지이용계획 확인서

> ① 국토계획 및 이용에 관한 법률 에 따른 지역·지구등과 다른 법령에 따른 지역·지구 등을 확인 할 수 있다.
> ② 토지거래허가구역 해당여부를 확인 할 수 있다.
> ③ 관계법령의 행위제한 내용을 확인 할 수 있다.
> ④ 지역·지구 등 안에서의 행위제한 내용은 신청인이 확인 신청한 경우에만 기재 된다.
> ⑤ 지목, 대지면적 등을 확인 할 수 있다.

(2) 건축물 대장

> ① 건축물의 구조, 용도, 연면적, 준공연도, 불법 건축물의 유무, 소유자의 현황을 확인 할 수 있다.
>   : 소유자의 현황은 건물등기부등본과 대조하여 다를 경우 등기부등본이 우선 한다.

(3) 등기부 등본

> ① 동일지번이더라도 토지, 건물등기부를 각각 조사 확인한다.
> ② 표제 부, 갑 구, 을 구 사항을 조사 확인 한다.
> ③ 을 구란의 근저당은 실제의 피 담보 채무액까지 조사할 필요는 없다. 채권최고액을 조사 확인하여 설명하면 된다.

3. 공장의 현장답사(임장활동)를 통한 확인사항

(1) 중개대상물의 기본적인 사항

① 토지의 지세, 법면의 경사도

② 건물의 방향, 외관상 구조와 특징 및 기능상 문제점, 공장동 내부 구조물 설치여부

③ 공장재단 광업재단 목록상의 내용과 실제 현황의 일치 여부

(2) 공법상 이용제한이나 거래규제에 관한 사항

① 공장의뢰 물건의 이용에 어떠한 제한이 없는가는 자료나 법규 또는 토지이용계획 확인 서 상에 나타나지 않는 사항과 관련하여 관계기관에 문의 하는 것이 필요 하다.

② 토지이용계획 관계법규에 의하면 그 용도가 제한되기 때문에 그 적용유무를 확인 하여야 한다.

> ◦ 토지에 공장 건물을 어느 정도의 규모로 건축 할 수가 있는지.
> ◦ 어떤 구조와 어떤 용도로 사용 가능 한지
> ◦ 도시계획사업과 관련하여 제한은 없는지
> ◦ 훼손이나 전용에서 흠결이 없이 사용가능한지의 여부
> ◦ 토지거래 규제지역에서 소유권이전이나 이용은 가능한지 여부

(3) 공장 중개대상물의 상태 입지에 관한 사항

① 수도·전기·열 공급, 침수, 배수, 누수 등 시설물의 상태

② 일조·소음·진동 등 연접한 공장과의 영향 등 환경조건

③ 도로 및 대중교통 수단과의 연계성 등 입지여건

(4) 공시 안된 중요시설이나 물건의 존재여부 및 소유에 관한 사항

① 공장동 내의 경우 임차인이 설치한 호이스트, 할로겐등, 사무실용 컨테이너 등

② 사무 동 옥상에 테라스 설치 등

③ 수전설비의 상태 및 설치유무

(5) 공부상 지목과 실제 지목의 일치 여부

(6) 경계는 개업공인중개사가 중개대상물의 현황을 측량까지 하여 설명 할 의무는 없다.

(서울고법 1996.04.12 선고 95나 46199)

제 **6** 강 | 중개사고 예방, 입지 경매, 지산투자

1 공장 중개 사고예방 및 사고사례

1. 실거래가 신고 기간 위반 경우

(1) 2020. 02. 21부터 종전60일에서 계약일로부터 30일로 개정 시행

　(신고기간 초과위반 시 지연기간에 따라 10만원~ 500만원 과태료)

(2) 거래계약이 해제, 무효, 취소된 경우에는 확정된 날로부터 30일 이내

　(해제신고를 지연하여도 지연 기간에 따라 10만원 ~ 300만원의 과태료)

(3) 허위로 계약신고 시 최대 3000만원의 과태료

> ※ 허위 계약신고 란?
> 1. 계약의 성립이 이루어지지 아니하였음에도 불구하고 부동산 시장 질서를 교란 할 목적으로 거짓으로 신고하는 행위
> 2. 계약의 해제, 무효, 취소 등이 되지 아니하였음에도 불구하고 거짓으로 계약해제, 무효, 취소 등의 신고를 하는 행위

(4) 신고포상금 지급대상에 허위 계약신고가 추가되었음.

　(신고포상금은 부과된 과태료의 20%에 해당하는 금액)

(5) 외국인이 건축물을 신축하거나, 기존 건축물을 증축, 개축, 재축하는 경우에는 6개월 이내 신고하여야 한다.

2. 실거래가 신고 금액 위반 경우

(1) 취득세의 3배 이하 상당한 금액

(2) 취득세의 비과세, 면제, 감면된 경우는 되지 않았을 때 납부해야 할 취득 세액의 상당액

(3) 취득할 수 있는 권리의 경우는 취득가액의 5/100

> ※ 실거래가 와 신고가의 차이가 있을 때
> ① 10 % 미만 ································· (취득세의 1배)
> ② 10 % 이상 20 % 미만 ············· (취득세의 2배)
> ③ 20 % 이상 ···························· (취득세의 3배)

3. 화의 신청 되어 있는 공장물건의 중개

(1) 채무자(공장 운영 사업자)가 화의법원의 중재를 받아 채권자들과 채무변제 협정을 체결함으로서 파산을 피할 수 있는 제도

(2) 화의법원은 화의신청이 타당하다고 판단 시 재산보전 처분결정을 내려 채무이행을 동결하여 부도를 방지하게 해 준다.

(3) 법원은 기업경영에 개입 하지 않고 기존 경영주(채무자)에게 계속 경영 을 하게하고 부채를 5년 이상 저금리로 분할 상환 하게하여 회생하게 함.

　☑ 화의 신청되어있는 공장 매매계약의 경우 매각은 법원 결정으로 하지만, 잔금을 지불하기 전에 **필히 등기부를 확인**하여 **채권자들로부터의 가압류** 등을 필히 확인 하여야 한다.

4. 준공 미필 상태에서의 공장 매매

(1) 공장 용도변경 가능여부 확인

　: 건축허가 받은 자로의 명의변경 접수 후 계약금 지불할 것.

(2) 계약금 선 지급조건일 경우

　: 제한권리 해제 (권리자로부터 말소확약서)

(3) 각종 인,허가관련

　: 허가권자로부터 시일 지체 가능 여부와 대행자에게 확약서 받고 불이행 시 손해배상 내용 적시할 것.

(4) 매수자 입장에서 매도자의 말을 일방적으로 믿지 말고 허가권자로부터 문서로 확약 받을 것.

5. 토지 매매계약의 경우 책임면제 특약이 있을 때

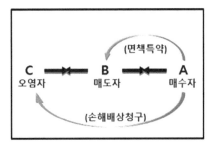

(1) "C" 전소유자로 20년간 제조공장운영을 하면서(오염 토양정화비용+폐기물 처리비용)수익을 취함.

(2) "B" 매도자로 책임면제특약을 요구(하자담보책임 무/ 손해배상책임 무)

(3) "A" 매수자로 계약 시 토지 오염에 대해 모르는 상태 + 무과실 로 건물신축을 위해 토지를 매수하여 공사 과정 중 폐아스콘, 환경 오염물질 발견

◈ 법원의 판단(2016년 05월 판결)

> 토지의 소유자라고 하더라도 토지에 폐기물을 불법 매립한 후 미처리상태 에서 토지를 유통 했다면 특별한 사정 이 없는 한 이는 거래상대방 및 현재 토지 소유자에 대한 위법행위로 불법행위가 성립 할 수 있다.

6. 토지 매매계약에서 책임면제 특약이 없을 때

(1) **상황**: 노후 목재소 매매계약 이후 철거과정에서 목재의 부패 방지약품 처리로 인한 토양 오염 의혹이 있다는 환경단체의 고발로 진행.

(2) **진행**: 관할 행정관청에서 해당 지에 무작위 시료체취를 한 뒤 오염여부를 확인 한 후 공사 중지명령으로 원상복구 공사기간을 포함하여 약 6개월이 소요되어 건축공사가 지연 됨.

(3) **결과**: 공사 지연으로 인한 예정입주 시기의 차질로 사전에 분양 계약 완료된 것 에 대한 계약의 해제 , 무효, 손해배상의 협의가 진행되어 사건 종결되었음.

7. 공장 계약 (전) 중개보수 관련 분쟁

(1) **상황**: 공장물건에 대해 상세설명, 현장안내를 하였으나 경쟁 부동산 중개업소에서 의뢰인에게 1000여만 원상당하는 중개보수를 받지 않고, 매도자인 건설회사에게서만 받겠다는 제의를 하여 계약을 가로채기 함.

(2) **진행**: 개업공인중개사에 의해 계약서가 작성 진행되었다면 동일한 매매 조건에선 안내&설명에 대한 입증자료가 있어도 승소가 어려운 현실이다.
본 내용을 악용하지 마시고 선의의 경쟁을 권합니다.

(3) **결과**: 의뢰인은 유리한 조건을 선택할 수 있기 때문에 더 이상의 진행을 할 수 없는 현실이다. 중개질서를 어지럽히며 사욕을 부리면 결국은 부메랑이 되어 돌아 올 것이며, 가로채기 한 중개업소 대표는 그 사건으로 인해 지역 공동중개에서 배제 당하는 수모를 겪고 있는 중입니다.

8. 공장 계약 (후) 중개보수 관련 분쟁

(1) **상황**: 공장 매매 계약을 완성 하였으나, 이행과정에 당사자 간 불이행으로 중개 보수 지불을 않거나, 일방적으로 소액을 제의할 경우

(2) **진행**: 중개보수 지급을 요하는 내용증명을 3부 작성하여 발송하고, 내용증명 상 의 지정 기일이 경과하여도 지불을 거절 할 경우 지급명령 신청서를 작성 하여 관할법원에 접수 할 것.
　☑ 통상 법원은 사건을 청구금액의 절반 정도 0.4%선에서 조정시키려 한다.
　　상대방이 이의제기를 않으면 관할법원은 지급명령을 명하고 이의제기를 하였을 경우는 소제기를 한다.

(3) **결과**: 원고 승소판결이 있는데도 지불을 해주지 않을 경우에는 판결문으로 상대방의 금융자산을 동결 시킬 수 있다.

2 공장 설립 시의 입지요인 분석

1. 공장설립 예정지의 입지요인

행정적 요인
- 업종유치 정책
- 재해,공해에 대한 민원발생
- 수도권지역의 입지
- 산업단지 개발계획

내,외부운영요인
- 공장설립 비용
- 시장 및 노동력
- 기반시설의 정비
- 관련산업과의 연계

투자 요인
- 국토종합 개발계획
- 지역개발 전망
- 지가변동 및 개발이익

자연적 요인
- 기후, 온도, 습도, 강우량

2. 공장의 특성에 따른 입지성향

유 형	업 종
자원 또는 원료지향형	무연탄, 철광, 중석, 연 등의 공업
시장 또는 소비지향형	맥주, 간장, 청량음료, 제빙 등의 공업
용수 지향형	청량음료, 제지, 제철 등의 공업
에너지지향형	제철공업
노동지향형	섬유, 방직, 농산물, 제철 등의 공업
교통지향형	운송이 중요시 되는 공업(제철, 농산물)
임해 형	제철, 정유, 제강 등의 공업 석유 화학
내륙지향형	산림업, 광업, 낙농업
연구개발지향형	대륙붕 공업

3. 지역요인과 개별요인의 비교

지역 요인	개별 요인
생산비용의 저렴성 및 생산능률에 따른 기업의 채산성을 중심으로 한다. ① 제품판매시장 및 원재료 구입시장과의 위치 ② 간선도로, 항만, 철도 등 수송시설의 정비 상황 ③ 동력자원 및 용·배수에 관한 사항 ④ 노동력 확보의 어려움 ⑤ 관련 산업과의 위치 관계 ⑥ 온도, 습도, 풍설 등 기상의 상태 ⑦ 수질의 오염, 대기오염 등 공해발생의 위험성 ⑧ 행정상의 조성 및 규제의 정도	① 면적, 형상 및 지반 ② 항만, 철도, 간선도로 등의 수송시설과의 위치 관계 ③ 용·배수 등의 공급, 처리 시설의 정비 상황 및 정비의 필요성

4. 계획입지

(1) 국가나 공공단체, 민간 기업이 공장을 집단적으로 설립, 육성하기 위해 일정 지역을 선정 하여 계획에 따라 개발한 공장용지(전국의 공장용지 총 공급면적의 75%를 차지)

(2) 입주기업들 입장에서의 불편한 점
- 필요 시 확장이나 처분이 용이하지 않다.
- 인근 기업의 종업원 임금, 복지시설 등이 비교
- 관리공단의 규제가 있다.

(3) 입주기업의 세법상 특례
- 취 등록세 면제 (단, 면제금액의 농특세 20%)
- 재산세는 납세의무 성립 되는 날로부터 5년간 50/100을 경감
- 규정기간 내 사용 않거나 매각 시는 면제, 감면 상당 금액을 추징
- 따라서 일정 기간 내 매매가 규제되기 때문에 중개행위가 곤란

5. 개별입지

(1) 기업들이 개별적으로 공장용지를 개발
- 환경오염과 교통 혼잡 등의 도시문제가 발생
- 대도시에 위치함으로써 소비시장이 가깝고 노동력 확보가 용이하다.

(2) 입주기업들 입장에서의 유리한 점
- 필요한 시기와 장소에 부지확보가 가능
- 공장과 부지의 처분 및 확장이 용이
- 지가상승으로 가치증식의 효과를 기대

6. 계획 입지 내에서의 공장매매 시 인허가 절차

(1) 매수인은 산업단지 또는 농공단지 등 공장을 매매 시 공장매매 계약 체결하기 전에 우선 산업단지 의 관리 기본계획 에 부합하는지 여부를 사전에 적정 한지를 검토하여 진행 하여야 한다.

(2) 공장설립 신고를 마치면 관할관청에 공장등록을 한 후 다음과 같이 사업계획서를 작성하여 관리공단에 제출하고 입주 계약을 한다.

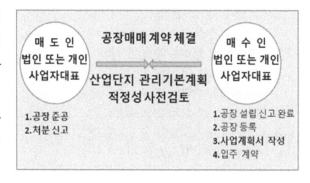

(3) 매도인 은 공장 준공 시와 같이 매수인이 상기와 같은 절차가 완료되면 처분신고 를 관리공단에 하여야 한다.

7. 개별입지(지역, 지구, 구역)에서 공장설립가능 여부

지역·지구·구역	공장 입지여부		부산시 조례
	2종근생 제조업 (500㎡미만)	일반 공장	
전용주거지역	불가	불가	좌동
1종일반주거지역	가능	도시형(무공해)	2종가능, 공장불가
2종일반주거지역	가능	도시형(무공해)	좌동
3종일반주거지역	가능	도시형(무공해)	좌동
준 주거지역	가능	일반 공장(무공해)	좌동
중심 상업지역	가능	출판·인쇄 등(무공해)	좌동
일반 상업지역	가능	일반 공장(무공해)	좌동
근린 상업지역	가능	일반 공장(무공해)	좌동
유통 상업지역	가능	불가	좌동
전용 공업지역	가능	모든 공장	좌동
일반 공업지역	가능	모든 공장	좌동
준 공업지역	가능	모든 공장	좌동
보전 녹지지역	불가	불가	좌동
생산 녹지지역	가능	농업, 첨단(무공해)	좌동
자연 녹지지역	가능	농업, 도시형, 첨단(무공해)	좌동
보전 관리지역	불가	불가	김해, 양산
생산 관리지역	불가	농업, 읍면의 제재업(무공해)	2종 제한
계획 관리지역	가능	일반 공장(무공해)	공장은 좌동
관리지역(세분 전)	가능	일반 공장(무공해)	
농림지역	불가	불가(세부 개별법 적용)	
자연환경보전지역	불가	불가	
개발제한구역	불가	불가	좌동
시가 화 조정구역	제한	제한	
수산자원보호구역	제한	농수산물 관련, 조선관련	
도시자연공원구역	불가	불가	좌동
자연취락지구	가능	농업, 도시형, 첨단(무공해)	좌동
택지개발예정지구	택지개발 지구별 별도 필지별 제한		
산업시설구역	산업단지 개발계획 및 산업단지 관리기본 계획에 따름		
농업진흥지역	농수산물 관련, 농기계 수리 등, 기존공장 증설 특례		
보전산지	원칙적 불가(개별법 적용)		

8. 개별입지에서의 공장의 용도변경

◈ 용도지역별 건축기준 조건표에서 용도를 변경 하고자 할 경우

시설 군	상위로 갈 경우(↑)	허가사항
	하위로 갈 경우(↓)	신고사항
동일 시설 군 내	기재사항 변경 (⇔)	신고사항

9. 수도권 각종 입지제한 권역

: 수도권을 인구와 산업을 적정하게 배치하기 위해 3대 권역으로 구분하여 관리

(1) **과밀억제권역**: 인구와 산업이 과도하게 집중되었거나, 집중우려가 있는 지역으로 각종 불이익을 주어 수도권외의 지역으로의 분산을 목적으로 한다.

◈ 수도권 과밀억제권역 관련 주요 불이익

---
① 법인 설립 시 취득세 3배중과
② 법인이 취득하는 부동산에 대해서도 취득세 3배중과
③ 중소기업지원에 대해서 각종지원이나 투자에 있어서 각종제한을 둠.
④ 일정기준 이상의 건축물의 신축과 증축 시 과밀부담금을 징수

☑ 일반적으로 건축비의 10% 부담

(2) **성장관리권역**: 과밀억제 권 지역에서 이전하는 인구와 산업을 계획적으로 유치하기 위해 지나친 인구 집중을 초래하는 인구집중 유발시설의 신설이나, 증설 허가 등의 제한을 두고 있다. 주로 계획관리지역의 토지가 넓게 존재한다.

(3) **자연보전권역**: 한강수계의 수질과 녹지 등 환경보전을 위해 택지나 공업용지, 관광지 조성을 위한일정규모이상의 개발 사업에 제한을 둔다. 주로 상수원 보호구역이 있는 경기 동부지역에 집중

▲ 각 권역별 분포도

◈ 권역별 입지 가능여부의 분류

구 분	과밀억제권역	성장관리지역	자연보전지역
4년제 대학 신설	불가	가능	가능
전문대 신설	가능	가능	가능
산업대 신설	가능	가능	불가
산업단지 신설	불가	가능	불가
신도시	불가	가능	불가
대형 판매, 업무시설	가능(과밀부담금)	가능	불가

10. 공장 총량 제

수도권 정비계획법에 근거하여 수도권에만 적용되는 규제로서 인구집중을 유발 시키는 시설이 수도권에 과도하게 집중하는 것을 방지하기 위해 수도권 공장의 신·증설 허용 총량을 규제하는 제도이다. 국토교통부가 3년 단위로 공장건축 허용면적을 총량으로 지정하면 이를 시·군이 기업에 배정하는 방식이다.

(1) 공장 총량 제 적용대상

① 『산업집적 활성화 및 공장설립에 관한 법률』 제2조 규정에 의한 공장으로서 건축물의 연 면적이 500㎡이상인 공장

② 공장 건축물의 건축법에 의한 신축, 증축, 또는 용도변경에 대하여 적용하며, 동법에 의한 건축허가, 건축신고, 용도변경신고, 또는 용도변경을 위한 건축물대장의 기재내용 변경신청 면적을 기준으로 적용

(2) 공장 총량 제 적용 제외대상

① 『산업집적 활성화 및 공장설립에 관한 법률』에 따른 지식 산업 센타

② 가설건축물 및 건축법상 허가나 사전신고대상이 아닌 건축

③ 공공사업시행으로 인하여 수용된 공장을 이전하는 경우에는 종전의 건축물 연 면적 이내의 공장건축 다만, 기존공장면적을 초과하는 면적은 공장총량을 적용 함.

④ 『산업입지 및 개발에 관한 법률』 등 관계법에 해당하는 공장의 집단화 단지 또는 그 밖의 관계 법률에서 『수도권 정비계획법』 제18조에 따른 공장건축 총량규제를 배제하도록 규정한 지역에서의 공장건축

3 공장 경매 및 지식산업 센타 투자 시 유의할 점

1. 공장 경매 물건의 범위

공장 소유자가 공장에 속하는 토지에 설정한 저당권의 효력은 그 토지에 부합된 물건과 그 토지에 설치된 기계, 기구, 그 밖의 공장의 공용물에 미친다. 따라서 공장이 경매로 나올 경우, 매각되는 물건은 크게 토지, 건물, 제시 외 건물, 기계기구로 구성된다.

2. 공장 경매 시 유의사항 10가지

(1) 공장의 용도를 정확히 체크해야 한다.

: 공장에는 식품공장, 의류광장, 가죽공장, 신발공장, 목재공장, 인쇄공장, 금속공장, 비금속공장 등과 같이 그 종류가 다양하기 때문에 자신의 목적과 부합하는지 확인할 것

(2) 사업하고자하는 업종의 공장으로 용도변경이나 승인가능 여부를 체크해야 한다.

: 단독공장일 경우에는 소유자 임의로 용도지역에 맞게 사용이 가능하나, 산업단지 내의 공장일 경우에는 매수자의 업종과 불 부합 시, 허가도 나오지 않고, 임대사업도 할 수 없고, 형사처분의 대상이 될 가능성이 높다.

(3) 기계기구의 감정평가금액이 차지하는 비중이 크다면 기계 기구를 입찰자가 사용 할 수 있는가 여부를 체크해야 한다.

: 경매로 나온 공장은 낙찰 후에 보면 기계기구가 분실되거나 사용하지 못할 정도로 폐기물에 가까운 것이 많다. 따라서 기계기구의 감정평가금액이 크다면 그 만큼 감액 하고 입찰하여야 한다.

(4) 전기의 용량은 충분한지와 전기요금이나 수도요금의 미납금액은 얼마인지 체크해야 한다.

: 공장가동이 오래 중단된 경매물건에는 전기요금이나 수도요금이 미납된 경우가 많다. 체납된 전기요금 및 수도요금은 매수자 부담은 아니지만 납부하지 않으면 재공급 해주지 않기 때문이다. 신규로 신청하는 비용과 각종 전체 체납 요금을 파악해서 선택해야 하겠다.

(5) 공장에 폐기물이 있는지 또는 보이지는 않지만 매립된 폐기물이 있는지 여부를 체크해야 한다. 과거 오염물질 배출 업소이었거나 건물 내부, 지하에 산업 폐기물 방치여부
: 폐기물 처리비용이 공장매수가격을 초과하는 경우도 있고, 낙찰 받은 후 땅 속에 산업 폐기물 또는 오폐수(폐유 등)를 발견 시 매각허가 결정기간 전이면 불허가 사유이나 매각잔금을 납부 했다면 폐기물 처리를 인수하게 된다. 매립한 자는 형사처분을 받지만, 매수자 입장에서는 폐기물을 선 처리 하고 난 후 입증자료로 구상 권 행사를 할 수밖에 없다.

(6) 대출을 안고 공장을 낙찰 받을 경우에는 금융기관의 대출여부도 체크해야 한다.

: 공장은 대출실행이 되지 않을 수 있기 때문이다. 예상대출금액보다 감액 될 수도 있고, 대출이자고 고려해야 한다.

(7) 공장의 진입도로를 체크해야 한다.

　: 공장은 도로의 폭이 6미터 이상 접해야하기 때문에 낙찰 후 대형차량 진입이 불편하다면 도로 확장의 가능성과 비용을 고려해야 한다.

(8) 낙찰 후 명도에는 문제가 없는지 체크해야 한다.

　: 전 소유자가 체불한 임금체불은 매수자의 인수사항은 아니지만 근로자들이 단합 하여 자체적으로 공장을 점거하여 대처할 경우 명도에 어려움이 있을 수 있다.

(9) 낙찰 후 매수인이 인수해야 되는 권리가 있는지 체크해야 한다.

　: 유치권, 법정지상권의 성립여부 (종물, 부합물, 제시 외)를 검토 공장의 경우에는 저당권을 설정하고, 준공검사를 받고 난 이후 공장 동내 불법 증축(중층 구조)하는 경우와 옥상에 불법증축 기숙사, 차양 막, 샤워 실 등

(10) 유체동산(기계류 등)확인

　: 공장의 경우에는 공장기계 강제집행비용(철거 비, 이전 비 등)이 많이 들고, 집행비용 회수도 쉽지 않다. 감정평가서에 기계감정이 되어 있으면 매수자 소유가 되지만 기계감정가액 〉 공장가액 이면 실익이 없고, 제3자 소유(기계는 리스를 많이 사용)일 경우 소유권분쟁 발생소지가 있다.

　: 공장내부에 설치된 기계를 처분 할 경우 수익이 발생할 수도 있지만 대부분 고철 가로 처분되고 있는 실정이다. 중고기계 상들이 주로 매입에 나서고 있다.

3. 지식산업센터

(1) 지식산업센터의 장·단점

장 점	단 점
1. 다른 수익형부동산보다 초기 투자비용에 대한 부담이 적습니다	1. 시세차익을 얻기 어렵고 환금성이 약합니다.
2. 각종 세금 및 금융혜택이 많습니다.	2. 분양 및 임대할 수 있는 업종이 제한되어 있어 수요가 한정
3. 기업체 상대의 임대사업 이기에 다른 수익 형 부동산 상품 대비 수익률이 높다.	3. 지역에 따라 임대수요 및 임대 수익률 차이가 큽니다.
4. 주거 및 상업용과는 차별화된 산업용 및 업무용 수익형 부동산입니다.	

(2) 지식산업센터의 구조

　: 지하층부터 3층까지는 층 고가 높은 편이다. 3층 이상인 경우에도 층 고가 일반 건축물의 층 고보다 높은 편으로 입주업체들은 복층구조로 하여 상층은 사무실로 인테리어하여 활용하고, 하층부분은 작업장으로 사용하는 경우가 대다수 이다

4 공장 중개 관련 상담사례

| 상담사례 1 | 공장의 공동중개의 경우 중개보수 배분은? |

1. 공장은 거래규모가 큰 편에 속하기 때문에 계약 후 중개보수 배분문제로 다툼이 빈번하다.
2. 통상 자주 공동중개가 성사되는 중개업소와는 양 당사자의 중개보수를 합산하여 배분하는 방식을 취하고 있고, 3자 이상 공동중개일 경우 기여도에 따라 협의하여 배분
3. 첫 공동중개의 경우에는 신뢰도가 없기 때문에 각각 의뢰인으로부터 받는 것으로 한다.
4. 거래성사 조건의 유, 불리에 따라 기여도를 판단한다.

| 상담사례 2 | 매매대금 〈 채권최고액 일 경우 계약진행여부? |

1. 채권최고액이란?
   근저당권으로 담보되는 채권은 현재 또는 장래에 발생할 채권으로 실제채권보다 20~30% 높게 설정된다.
2. [매도금액〈 채권최고액] 일 경우 실 채무액을 확인하고[매도금액 〉 실 채무액] 이면 계약을 진행하여도 되고,
3. 계약서 특약 란에 잔금지불 전에 추가적 처분행위(담보설정 등)는 않기로 한다.   특약에 명시할 것.

| 상담사례 3 | 진성손님이기는 하지만, 입주여부가 6개월 이후인 경우는? |

1. 인내심을 가지고 의뢰인을 지속적으로 관리하여야 한다.
2. 매매금액 또는 임대료의 변경이 있을 수 있고, 중개물건의 계약여부를 수시로 확인 하여야 한다.
3. 부동산 경기가 불황일 경우 매수의뢰인 또는 임차의뢰인은 자신에게 유리한 조건을 변경하여 제시하기도 한다.

| 상담사례 4 | 규모가 큰 중개물건의 소재지가 중개사무소와 지역이 다를 경우 |

1. 미팅장소로 주변에 위치한 조용한 카페 이용을 권하며, 금액절충은 미팅횟수에 따라 비례적으로 접근이 가능하다.
2. 최종적으로 계약서 작성 시에는 확정된 부분은 사전에 작성.

| 상담사례 5 | 공장도 상가 임대차 보호법 적용을 받을 수 있는지? |

1. 적용 범위: 사업자등록 대상이 되는 건물로서 임대차 목적물인 건물을 영리를 목적으로 하는 영업용으로 사용하는 임대차
2. 공장의 상가 임대차보호법 적용 여부: 공부상 표시가 아닌 건물의 현황. 용도 등에 비추어 영업용으로의 사용여부를 실질적 판단하여야 함.

> 상품의 보관, 제조, 가공 등 사실행위 만으로만 하는 공장, 창고는 영업용으로 사용하는 경우라고 할 수 없으나 그러한 사실행위와 더불어 영리목적 활동이 함께 이루어진다면 상가 임대차보호법 적용대상인 상가건물에 해당한다.   대법원 2011.7.28 선고 2009다40967

◈ 지역별 적용 환산 보증금

지 역	종 전	현 행
서 울	6.1억	9억
부산, 과밀	5억	6억 9천 만원
부산, 과밀 외	3억 9천만원	5억 4천 만원
기타 지역	2억 7천만원	3억 7천 만원

[2019.04.17시행 (19.03.26 국무회의 통과)]

과밀억제권역	인천광역시, 의정부, 구리, 남양주, 하남, 고양, 수원, 성남, 안양부천, 광명, 과천, 의왕, 군포, 시흥시
과밀억제권역 외	부산, 인천을 제외한 광역시, 세종특별자치시 , 파주시, 화성시, 안산시, 용인시, 김포시, 광주시

(3) 환산보증금이 초과한 경우

① 원 칙: 상가 임대차보호법 적용 안 됨.

② 예 외: 상가 임대차보호법 제2조 제3항
- 계약갱신 요구 권(제10조 제1,2,3항 본문) 임대인의 갱신거절의 통지 계약 선후에 관계없이 정당한 사유가 없는 한 권리행사 가능
- 임차인의 대항력 (제3조)
- 권리금 회수 기회보호(제10조의 2~7): 동법 시행(2015년 05월 13일) 당시 존속하고 있는 임대차라면 적용대상 임.

(4) 환산보증금이 초과한 경우 보호대상 안 되는 권리

① 상임법의 임차권등기명령을 행사할 수 없기 때문에 우선 변제권을 받을 수 없다.

② 전세권설정 등을 권유하지만 공장의 경우는 통상 차임의 10배정도의 보증금으로 책정되어 있기 때문에 경매 등이 진행될 경우에 법원 조사관이 방문일 부터 사건 해결될 때까지 차임지불을 중단한다.

③ 상임법의 차임증감청구권의 보호대상이 되질 못한다.

(5) 환산보증금 계산 시 관리비, 부가가치세의 포함 여부

① 관리비의 적용 여부: 전기, 수도요금 등은 사용자부담의 원칙에 의한 실비차원의 금원이므로 포함 안 됨.

② 부가가치세의 적용 여부:
- 적극설(포함): 임대인에게 건물사용의 대가로 지급됨으로 차임의 일부로 본다.
- 소극 설 (포함 안 됨): 임대사업자가 과세관청을 대신하여 징수 하였다가 국가에 납부할 의무가 있기 때문에 계약서 특약 란에 "차임에 대한 부가가치세는 별도"를 명시
- 절충 설(포함 또는 포함 안 됨): 차임의 포함여부를 당사자 간 약정에 의하되, 경매 절차 등 제3자와의 이해관련이 있는 경우는 공시된 내용을 기준으로 하여야 한다. 4) 환산보증금이 초과한 경우 보호대상 안 되는 권리

(6) 대항력의 요건

① 임차인이 건물의 인도와 사업자등록 신청하면, 그 다음날부터 제3자에 대하여 효력
발생

> ◦ 임대차목적물 소재지가 등기부상의 표시와 불일치하는 경우는 유효한 공시방법이
> 안 됨.
> ◦ 사업자등록 신청 시 임차부분을 표시한 도면을 첨부해야 하고, 해당 위치가 불일치
> 하면 유효한 공시방법이 안됨.

MEMO

저자 김낙훈

저자 약력

現) 부산부동산경매학원 원장
영산대학교 부동산대학원 석사
한국공인중개사협회 서울중앙회 공매특강
前) 부산 코리아경매학원 공경매 전임 강사
前) 부산경매학원 공경매 전임 강사
2017 산림조합금융인 교육
2017 인제대학교 평생교육원 공경매 투자 과정
제28회 공인중개사

특수물건 경매

특수물건이란?

일반적으로 법률적인 요소들이 복잡하게 얽혀 권리분석에 좀 더 유의해야 하는 경매물건들을 말하며 아파트, 상가 등의 물건에서처럼 민사집행법과 주택임대차보호법(이하 주임법) 또는 상가건물임대차보호법(이하 상임법)을 이해하여 경매절차와 명도문제의 해결로 마무리 되는 것이 아니라 민법적 권리들을 분석해서 필요에 따라 소송까지 진행하며 문제를 해결하는 물건들을 말한다.

물론 공법적인 이해와 적용에 의해 투자가치를 극대화시키는 물건들도 단지 경매절차만 이해한다고 성공적인 투자를 하기는 쉽지 않아 특수물건으로 포함시킬 수도 있겠지만 일반적인 특수물건의 해석은 상기와 같이 본다.

특수물건의 대표적인 예로는 지분경매, (관습법상)법정지상권, 분묘기지권, 유치권, 토지별도등기, 대지권미등기 등이 있다.

일반 경매 투자자들이 가장 손쉽게 접할 수 있는 특수물건으로는 지분경매를 들 수 있을 것이며 좀 더 나아가서는 법정지상권까지 접할 수 있을 것이다. 유치권은 법률적 해석이 어렵다기보다는 해결과정이 복잡하고 상대의 반론도 강할 것이므로 전문변호사와 상담하여 진행하는 것을 권하며 논리적 이해도를 높임으로 허위유치권을 무력화시키는데 이용하기를 바란다.

Part

06

특수물건 경매

제 1 강   지분경매

제 2 강   법정지상권

제 3 강   분묘기지권

제 4 강   유치권

1 지분관련 이론 정리

1) 공유의 정의

> **제262조(물건의 공유)**
> ① 물건이 지분에 의하여 수인의 소유로 된 때에는 공유로 한다.
> ② 공유자의 지분은 균등한 것으로 추정한다

공유지분은 공유자가 공유물에 대해 가지는 소유비율을 말하며 비율등기 없이 공유등기만 되어 있으면 균등한 것으로 추정한다.
허나 균등의 추정은 부동산 공유등기에서는 그 지분등기가 사실상 강제되기에 주로 동산에 대해 적용된다.

2) 공유자의 권리

> **제263조(공유지분의 처분과 공유물의 사용, 수익)**
> 공유자는 그 지분을 처분할 수 있고 공유물 전부를 지분의 비율로 사용, 수익할 수 있다.
>
> **제264조(공유물의 처분, 변경)**
> 공유자는 다른 공유자의 동의없이 공유물을 처분하거나 변경하지 못한다

공유자는 그의 지분을 자유로이 처분(양도, 담보제공 등)할 수 있으며 공유자끼리의 교환도 다른 공유자의 동의 필요없이 가능하다. 따라서 그 지분만도 강제집행(경매)의 대상이 될 수 있다. 또한 지분경매시 다른 공유자에게 우선매수권을 인정하는 특칙이 있다.
지분에 지상권, 전세권 등의 용익물권이나 임차권을 설정하는 것은 공유물이 어느 특정 부분으로 특정되는 것이 아님에도 공유물 전체를 처분하는 것과 같은 결과가 되기에 다른 공유자 전원의 동의가 있어야만 가능하다.

> **제265조(공유물의 관리, 보존)**
> 공유물의 관리에 관한 사항은 공유자의 지분의 과반수로써 결정한다. 그러나 보존행위는 각자가 할 수 있다.

공유물의 '관리'는 공유물을 이용·개량하는 행위로 처분이나 변경에 이르지 않는 것을 말한다.
여기서 '이용'은 공유물을 경제적 용법에 따라 활용하는 것이고, '개량'은 공유물의 사용가치 내지 교환가치를 증대시키는 것을 말한다.

지분의 과반수는 1/2을 초과하는 지분을 말한다. 하여 임대차 계약시 1/2지분자와만 계약하는 것은 관리행위의 권리가 없는 이와 계약하는 것으로 임대차의 법적 효력이 없다(주임법의 적용 대상도 아님).
공유자 사이에 공유물의 관리방법에 관한 협의가 없더라도 과반의 지분을 가진자는 그 관리에 관한 사항을 단독으로 결정할 수 있으며 다른 공유자에 대하여도 그 효력이 있다. 이는 임의규정이며 공유자 사이에 다른 약정이 있을 때는 그에 따른다.

공유물의 '보존행위'는 공유물의 멸실·훼손을 방지하고 그 현상을 유지하기 위한 사실적·법률적 행위로 그 보존행위가 긴급을 요하는 경우가 많으며 또 다른 공유자에게도 이익이 되기 때문에 각 공유자가 단독으로 할 수 있게 한다.

제268조(공유물의 분할청구)
① 공유자는 공유물의 분할을 청구할 수 있다. 그러나 5년내의 기간으로 분할하지 아니할 것을 약정할 수 있다.
② 전항의 계약을 갱신한 때에는 그 기간은 갱신한 날로부터 5년을 넘지 못한다.
③ 전2항의 규정은 제215조, 제239조의 공유물에는 적용하지 아니한다.
제269조(분할의 방법)
① 분할의 방법에 관하여 협의가 성립되지 아니한 때에는 공유자는 법원에 그 분할을 청구할 수 있다.
② 현물로 분할할 수 없거나 분할로 인하여 현저히 그 가액이 감손될 염려가 있는 때에는 법원은 물건의 경매를 명할 수 있다.

공유지분은 그 실질이 단독소유권과 같아서 각 공유자는 언제든지 공유물의 분할을 청구하여 공유관계를 해소하고 단독소유자가 될 수 있는 권리가 있다. 공유물분할청구의 자유는 지분처분의 자유와 함께 공유의 본질을 이루는 것이다.
예외적으로 건물 구분소유의 공용부분(215조), 집합건물 대지의 공유자는 대지의 분할을 청구하지 못한다(집합건물의 소유 및 관리에 관한 법률 제8조).
분할의 방법으로는 원칙적으로 '현물분할'방식이 우선이지만 이는 협의가 전제가 되기에 현실적으로는 불가능에 가까울 정도로 어렵기 때문에 현실적으로는 '현금분할'로 결정되며 방법적으로는 경매를 통한 환가대금을 분할한다.

'구분소유적 공유' 또한 공유물 분할의 예외이다.
'구분소유적 공유'는 공유자간 내부관계에서는 공유자 각자가 특정부분을 단독소유하고 대외적으로만 공유하는 것을 말하며 각 공유자는 자신의 특정매수 부분을 배타적으로 사용·수익하고 나머지 부분에 대하여는 전혀 사용·수익권이 없는 것이 일반적 공유와 차이가 있다.

2 공유자와 임차인의 주택임대차보호법 적용 여부

1) 공유물에 대한 임대차 효력

① 토지 건물 소유자 동일 공유자: 과반수 이상의 지분 공유자와 계약시 주임법 보호 대상

② 토지, 건물 소유자 다른 공유자: 토지 소유와 상관없이 건물의 과반수 이상 지분 공유자와 계약시 주임법 보호 대상

2) 경매로 지분 낙찰시 인도명령 가능 여부

① 채무자 점유시: 지분 낙찰자 인도명령 가능(지분비율 상관없음)

② 채무자 외 공유자 점유시: 과반이상 지분 낙찰자만 인도명령 가능

③ 대항력 없는 임차인 점유시: 과반이상 지분 낙찰자만 인도명령 가능

④ 대항력 있는 임차인 점유시: 지분 낙찰자 인도명령 불가능

3 지분 경매시 공유자 우선 매수

1) 서면신청

경매 진행 중에 다른 공유지분권자가 '공유자우선매수' 신청하는 방법으로 신청이 이루어지면 매각물건명세서상에 그 내용이 기재된다. 이는 입찰자를 막는 방법으로 사용될 수 있으며 이로 인해 입찰자가 없을 시 매수신청한 공유자는 최저가로 매입이 가능하다. 하지만 정작 입찰자가 없을 시, 집행법원에서는 일정 금액(20~30%)을 저감하여 다음 입찰을 진행하기에 우선매수 신청한 공유자 입장에서는 저가매수 할 수 있는 기회를 놓치기 싫어 실질적 매수까지 하는 경우는 드물다. 하여 경매법원에서는 이러한 공유자우선매수권의 악용을 막기 위하여 매수신청하고도 입찰일에 매수하지 않은 공유자에게는 다음 입찰부터 공유자우선매수권을 박탈하고 있다. 신중한 권리행사가 요구되는 부분이다.

2) 현장신청

일반적인 공유자우선매수 방식이다. 경매로 진행되는 지분 외 공유자가 입찰장에 참석하여 누군가가 낙찰이 되면 금액을 확인하고 취득할 의사가 있을 시 집행관이 개찰과정에서 해당 경매 사건 종결의 선언이 있기 전에 우선매수할 의사를 표현하고 이에 입찰보증금을 납부하는 방식이다. 공유자우선매수권이 행사되면 해당 사건의 최고가매수신고인은 차순위매수신고인의 자격을 득할 수 있게 된다.

현장신청은 입찰가가 없어 유찰되는 경우에도 공유자우선매수권 박탈없이 일정금액 저감되어 진행되는 다음 입찰에도 참여할 수 있기에 경매지분을 낮은 가격으로 매수하고자 하는 다른 공유자들의 일반적인 우선매수방법이라 할 수 있다.

3) 공유자우선매수가 불가능한 경우

① 지분이 아닌 공유물 전체에 대한 경매

② 일괄매각 부동산 중 일부 부동산에 대한 지분

③ 구분소유 건물의 공유 부분

④ 집합건물 대지권의 공유 지분
⑤ 구분소유적 공유관계의 지분

4 지분경매 투자 사례

1) 사용·수익이 없는 경우 – 낙찰 후 수익 진행 과정

2014타경1214 (2) ·창원지방법원 마산지원 ·매각기일 : **2014.11.20(木) (10:00)** ·경매 1계(전화:055-240-9413)

소 재 지	경상남도 창원시 마산합포구 진전면 임곡리 397-1 도로명검색 ▣ 지도 ▣ 지도 ⓖ 지도 ▣ 주소 복사							

물건종별	대지	감 정 가	13,924,000원	오늘조회: 1 2주누적: 0 2주평균: 0 조회동향			
				구분	매각기일	최저매각가격	결과
				1차	2014-07-17	13,924,000원	유찰
토지면적	118㎡(35.7평)	최 저 가	(41%) 5,704,000원	2차	2014-08-21	11,140,000원	유찰
				3차	2014-09-18	8,912,000원	유찰
건물면적		보 증 금	(10%) 570,400원	4차	2014-10-23	7,130,000원	유찰
				5차	2014-11-20	**5,704,000원**	
매각물건	토지지분매각	소 유 자	오○○	매각: 6,320,000원 (45.39%)			
				(입찰1명,매수인:(주)에스에스앤지)			
개시결정	2014-02-17	채 무 자	오○○	매각결정기일 : 2014.11.27 - 매각허가결정			
				대금지급기한 : 2014.12.29			
사 건 명	강제경매	채 권 자	농협중앙회(농림수산업자신용보증기금관리기관)	대금납부 2014.12.17 / 배당기일 2015.01.29			
				배당종결 2015.01.29			

관련사건 2013타경6458(중복)-취하

【 기호 1) , 2) 주위환경 】

【 기호 2) 전경 】

2015타경50084 ·창원지방법원 마산지원 ·매각기일 : **2015.09.24(木) (10:00)** ·경매 2계(전화:055-240-9414)

소 재 지	경상남도 창원시 마산합포구 진전면 임곡리 397-1 도로명검색 ▣ 지도 ▣ 지도 ⓖ 지도 ▣ 주소 복사						

물건종별	대지	감 정 가	47,570,000원	오늘조회: 1 2주누적: 0 2주평균: 0 조회동향		
				구분	매각기일	최저매각가격	결과
토지면적	355㎡(107.39평)	최 저 가	(100%) 47,570,000원	1차	2015-09-24	**47,570,000원**	
건물면적	건물은 매각제외	보 증 금	(10%) 4,757,000원	매각: 61,100,000원 (128.44%)		
				(입찰3명,매수인:천○○ / 차순위금액 50,600,000원)		
매각물건	토지만 매각	소 유 자	(주)에스에스앤지 외 2명	매각결정기일 : 2015.10.01 - 매각허가결정		
개시결정	2015-05-29	채 무 자	조○○	대금지급기한 : 2015.10.30		
사 건 명	임의경매(공유물분할을위한경매)	채 권 자	(주)에스에스앤지	대금납부 2015.10.12 / 배당기일 2015.11.26		
				배당종결 2015.11.26		

관련사건 2014타경1214(2)(이전)

Part 06

2) 사용·수익이 있는 경우 – 낙찰 후 수익 진행 과정

2023타경114109　　　서울특별시 노원구 공릉동 753, 길성그랑프리텔 101동 7층 702호 (동일로191가길 66)

소 재 지	서울특별시 노원구 공릉동 753, 길성그랑프리텔 101동 7층 702호							
새 주 소	서울특별시 노원구 동일로191가길 66, 길성그랑프리텔 101동 7층 702호							
물건종별	아파트	감 정 가	314,000,000원	오늘조회: 2　2주누적: 0　2주평균: 0				
대 지 권	전체: 34.4㎡(10.41평) 지분: 17.2㎡(5.2평)	최 저 가	(80%) 251,200,000원	구분	매각기일	최저매각가격	결과	
				1차	2024-05-07	314,000,000원	유찰	
건물면적	전체: 81.109㎡(24.54평) 지분: 40.55㎡(12.27평)	보 증 금	(10%) 25,120,000원	2차	2024-06-11	**251,200,000원**		
				매각: 251,700,000원 (80.16%)				
매각물건	토지및건물 지분 매각	소 유 자	김○○	(입찰1명,매수인:조○○)				
				매각결정기일 : 2024.06.18 - 매각허가결정				
개시결정	2023-10-11	채 무 자	김○○	대금지급기한 : 2024.07.25				
				대금납부 2024.07.25 / 배당기일 2024.08.27				
사 건 명	임의경매	채 권 자	(주)핀인베스트대부	배당종결 2024.08.27				

매각물건현황(감정원 : DW감정평가 / 가격시점 : 2023.10.17 / 보존등기일 : 2003.10.07)

목록	구분	사용승인	면적	이용상태	감정가격	기타
건1	공릉동 753 (12층중 7층)	03.08.18	40.55㎡ (12.27평)	주거용	125,600,000원	전체면적 81.1088㎡ 중 [공유자 지분 2분의1 김○ ○ 지분 전부] 매각
토1	대지권		2885.9㎡ 중 17.2㎡		188,400,000원	전체면적 34.4㎡ 중 [공유 자 지분 2분의1 김○○ 지 분 전부] 매각
현황 위치	* 본건은 서울특별시 노원구 공릉동 소재 용원초등학교 남동측 인근에 위치하며 주변으로는 접면도로 등에 따라 각종 주거용 건물, 주상용 건물, 상업용 혹은 업무용 건물, 공공시설, 학교, 공원 및 각종 근린생활시설 등이 소재하고 있음. * 본건까지 차량 접근이 가능하고 인근에 버스정류장 및 지하철역 등이 소재함. * 본건은 지적상 다각형이나 대체로 사다리형의 효용을 가진 토지로서 아파트단지의 건부지로 이용중임. * 본건 단지 내외로 포장도로 개설되어 있으며 용이하게 연계되어 있어 진출입이 무난함.					
참고사항	* 지분매각					

임차인현황 (말소기준권리 : 2019.12.23 / 배당요구종기일 : 2023.12.22)

===== 임차인이 없으며 전부를 소유자가 점유 사용합니다. =====

3) 지분아닌 지분경매(구분소유적 공유)

• 매각토지.건물현황 (감정원 : 원상감정평가 / 가격시점 : 2022.08.12 / 보존등기일 : 1992.08.20)

목록	지번		용도/구조/면적/토지이용계획		m²당 단가 (공시지가)	감정가	비고
토지	반여동 1291-682		상대보호구역,가축사육제한구 역,주거환경개선지구,제2종일반 주거지역	대 58㎡ (17.55평)	1,390,000원 (692,100원)	80,620,000원	☞ 전체면적 116㎡중 매각지 분 소유자 이○○ 지분 2분의 1 전부매각
건물	저반로196번길 29-63 [반여동 1291-682 나 저조표17074호] 철근콘크리트및 벽돌조 슬라브 지붕	1	1층 단독주택(공가상태)	45.46㎡(13.75평)	333,000원	15,138,180원	• 사용승인:1992.07.24 • 조표17074나 조표제170 74호 • 도시가스에 의한 개별난방 설비
		2	2층 단독주택(공가상태)	47.36㎡(14.33평)	333,000원	15,770,880원	• 사용승인:1992.07.24 • 조표17074나 조표제170 74호 • 도시가스에 의한 개별난방 설비
		3	3층 단독주택(공가상태)	47.36㎡(14.33평)	333,000원	15,770,880원	• 사용승인:1992.07.24 • 조표17074나 조표제170 74호 • 도시가스에 의한 개별난방 설비
		4	4층 단독주택(공가상태)	25.12㎡(7.6평)	333,000원	8,364,960원	• 사용승인:1992.07.24 • 조표17074나 조표제170 74호 • 도시가스에 의한 개별난방 설비
			면적소계 165.3㎡(50평)			소계 55,044,900원	
감정가			토지:58㎡(17.55평) / 건물:165.3㎡(50평)		합계	135,664,900원	건물전부. 토지지분

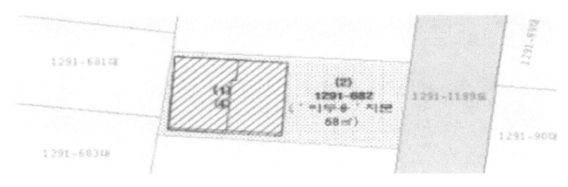

5 지분경매 심화 학습

1) 채무자 지분 상속자의 공유자 우선매수

A, B 부부 공동명의
A지분 근저당
A사망 후 A지분 B에게 상속
A지분 근저당에 기한 A지분 경매

☞ B지분 공유자는 A지분 경매시 공유자우선매수 가능?

2) 임차인 점유시, 지분 낙찰자와 잔여 공유자와 임차인과의 관계

아파트 A, B, C 공유자 , 감정가 6억
임차인 홍길동 보증금 3억
A지분 경매 진행
甲 낙찰.

1) 甲 낙찰가 1억, 임차인 대항력 有, 우선변제권 有, 배당요구 배당순위 1순위일 때.

1-1) 임차인 대항력 有, 우선변제권 無 or 배당요구 안했을 때

1-2) 임차인 대항력 無, 무배당 시.

2) 甲 낙찰가 1억 5천이라면........

1 법정지상권의 의미

우리나라는 토지와 건물의 소유권이 별개로 취급되기에 법적으로 토지와 건물의 소유자가 달리 되었을 때 토지 사용권에 대한 분쟁이 발생될 수 있으며 이러한 문제를 해결하기 위하여 건물 소유자에게 법적으로 토지를 이용할 수 있도록 만든 권리가 지상권이다. 지상권은 민법에서 다루는 재산권의 구분으로는 용익물권에 해당하며 이러한 물권은 공시를 기본요건으로 한다. 부동산에 관한 공시 방법으로는 등기를 하는 것을 원칙으로 하기에 토지 사용을 목적으로 하는 지상권도 등기가 되어야 법적효력을 인정 받는다.

하지만 건물을 위한 지상권이 등기되지 않았다는 이유로 지상권 일체를 부정하기에는 멀쩡한 건물이 철거됨으로서 생길 수 있는 사회 경제적 손실을 생각하지 않을 수가 없기에 이러한 문제를 해결하기 위해 나온 것이 법정지상권이다.

원칙은 건물을 위한 지상권은 등기가 되어야 효력이 인정되나 설사 지상권 등기가 되어 있지 않아도 법률적 요건(민법의 저당권, 전세권, 가담법의 담보가등기, 입목법)을 구비하면 등기된 지상권하고 똑같은 효력을 인정받는 것이 법정지상권이다.

하여 법정지상권을 인정받을 수 있는 법률적 요건을 살피는 것도 중요하며 이에 앞서 지상권의 권리관계를 이해하는 것이 선행되어야 할 것이다.

여기서는 지상권의 권리관계, 법정지상권의 요건, 경매투자시 고려되어야 할 부분들을 살펴보기로 한다.

2 지상권의 이론 정리

1) 지상권 의미

> **제279조(지상권의 내용)**
> 지상권자는 타인의 토지에 건물 기타 공작물이나 수목을 소유하기 위하여 그 토지를 사용하는 권리가 있다.

지상권은 '타인의 토지'에 대한 권리이다. 하여 지상권과 토지소유권이 동일인에게 귀속한 때에는 지상권은 혼동으로 소멸한다.(민법191조1항)

지상권은 '건물 기타 공작물이나 수목을 소유'하기 위하여 타인의 토지를 사용하는 권리이다. 따라서 토지 위에 물건을 보관하기 위해서나 타인 토지상의 건물을 사용하기 위하여 지상권을 설정할 수는 없다.

'공작물'은 건물을 비롯한 도로, 연못, 교량, 전주 등 지상의 공작물뿐만 아니라 지하철, 터널, 우물 등 지하의 공작물을 포함하며 인공적으로 설치되는 모든 건축물이나 설비를 말한다.

'수목'에는 일반적으로 경작의 대상이 되는 식물은 제외한다.

2) 권리의 이해

> 제280조(존속기간을 약정한 지상권)
> ① 계약으로 지상권의 존속기간을 정하는 경우에는 그 기간은 다음 연한보다 단축하지 못한다.
>> 1. 석조, 석회조, 연와조 또는 이와 유사한 견고한 건물이나 수목의 소유를 목적으로 하는 때에는 30년
>> 2. 전호이외의 건물의 소유를 목적으로 하는 때에는 15년
>> 3. 건물이외의 공작물의 소유를 목적으로 하는 때에는 5년
> ② 전항의 기간보다 단축한 기간을 정한 때에는 전항의 기간까지 연장한다.

지상권은 최단존속기간의 보장에 관해서만 정할 뿐이고 그 최장기간에 대해서는 아무런 제한을 두고 있는 않기에 설정계약시 최단기간보다 긴 기간을 정하는 것은 무방하다. 이는 영구히 약정하는 것도 허용된다(대판99다66410).

설정계약으로 존속기간을 정하지 아니한 때에는 그 기간은 최단기간으로 한다.

하여 법정지상권도 지상물의 종류에 따라 30년, 15년, 5년으로 된다.

> 제283조(지상권자의 갱신청구권, 매수청구권)
> ① 지상권이 소멸한 경우에 건물 기타 공작물이나 수목이 현존한 때에는 지상권자는 계약의 갱신을 청구할 수 있다.
> ② 지상권설정자가 계약의 갱신을 원하지 아니하는 때에는 지상권자는 상당한 가액으로 전항의 공작물이나 수목의 매수를 청구할 수 있다.
>
> 제285조(수거의무, 매수청구권)
> ① 지상권이 소멸한 때에는 지상권자는 건물 기타 공작물이나 수목을 수거하여 토지를 원상에 회복하여야 한다.
> ② 전항의 경우에 지상권설정자가 상당한 가액을 제공하여 그 공작물이나 수목의 매수를 청구한 때에는 지상권자는 정당한 이유없이 이를 거절하지 못한다.

'지상권이 소멸한 경우'는 존속기간의 만료에 의한 소멸을 의미하는 것이며 지료연체 등 지상권자의 채무불이행으로 인해 지상권의 소멸청구를 통해 소멸된 경우에는 갱신청구의 여지는 없다(대판72다2085).

갱신은 소멸될 지상권을 다시 존속시키는 당사자간 합의이며 만료 전에 해야만 하는 것은 아니나 존속기간 만료 후 지체없이 행사하여야 하며 그렇지 않은 경우에는 갱신청구권은 소멸된다.

갱신청구를 하였다고 당연히 갱신되는 것은 아니며 합의가 있어야만 갱신이 된다. 토지소유자가 이를 거절 할 수 있으며 거절한 때에는 2차적으로 지상물의 매수를 청구할 수 있다. 토지소유자는 정당한 이유없이 이를 거절하지 못하기에 지상물을 매수할 형편이 되지 않으면 매수청구를 피하기 위하여 계약을 갱신해 줄 수 밖에 없다. 하지만 건물철거의 합의가 있는 경우에는 매수청구권이 발생되지 않는다.

제286조(지료증감청구권)
　지료가 토지에 관한 조세 기타 부담의 증감이나 지가의 변동으로 인하여 상당하지 아니하게 된 때에는 당사자는 그 증감을 청구할 수 있다.

제287조(지상권소멸청구권)
　지상권자가 2년 이상의 지료를 지급하지 아니한 때에는 지상권설정자는 지상권의 소멸을 청구할 수 있다.

지료의 지급은 지상권의 요소는 아니다. 당사자간 지료를 지급하기로 약정한 때에만 지료지급의무가 생긴다.

법정지상권의 경우, 협의에 의한 권리가 아니기에 법정지상권 성립이후에 청구할 수 있다. 하지만 법정지상권에 관한 지료가 결정된 바 없다면 법정지상권자가 지료를 지급하지 않았다고 하더라도 지료지급을 연체한 것으로 볼 수 없으며 이를 이유로하는 지상권소멸청구도 인정되지 않는다.

법정지상권이 성립되었다 하여도 지료청구에 대한 판결확정의 전후에 걸쳐 2년분 이상의 지료가 연체되었다면 이를 이유로 지상권의 소멸을 청구할 수 있다(대판92다44749).

제289조의2(구분지상권)
　① 지하 또는 지상의 공간은 상하의 범위를 정하여 건물 기타 공작물을 소유하기 위한 지상권의 목적으로 할 수 있다. 이 경우 설정행위로써 지상권의 행사를 위하여 토지의 사용을 제한할 수 있다.

지상권이 설정되는 토지는 1필의 토지 전부가 아니라 그 일부라도 무방하며, 이때에는 그 범위를 등기하여야 한다.

지상권은 지표면에만 영향을 미치는 것이 아니라 토지소유권의 효력이 미치는 범위, 즉 정당한 이익 있는 범위 내에서 토지의 상하 전부에 미친다. 이때에는 지하 또는 지상 공간의 일정한 범위에만 그 효력이 미치는 구분지상권의 설정이 가능하다.

경매물건 분석 시 등기부상에 표시되는 것으로 확인이 가능하나 일반적으로 지하철이나 송전탑 등 공익적 목적의 구분지상권이 대부분이므로 인수되는 권리가 된다. 권리적 측면보다 부동산 가치에 미치는 영향이 크다고 할 것이다.

3 법정지상권의 종류 및 요건

1) 법정지상권의 종류

> **민법 제305조(건물의 전세권과 법정지상권)**
> ① 대지와 건물이 동일한 소유자에 속한 경우에 건물에 전세권을 설정한 때에는 그 대지소유권의 특별승계인은 전세권설정자에 대하여 지상권을 설정한 것으로 본다. 그러나 지료는 당사자의 청구에 의하여 법원이 이를 정한다.

> **민법 제366조(법정지상권)**
> 저당물의 경매로 인하여 토지와 그 지상건물이 다른 소유자에 속한 경우에는 토지소유자는 건물소유자에 대하여 지상권을 설정한 것으로 본다. 그러나 지료는 당사자의 청구에 의하여 법원이 이를 정한다.

> **가등기담보 등에 관한 법률 제10조(법정지상권)**
> 토지와 그 위의 건물이 동일한 소유자에게 속하는 경우 그 토지나 건물에 대하여 제4조 제2항에 따른 소유권을 취득하거나 담보가등기에 따른 본등기가 행하여진 경우에는 그 건물의 소유를 목적으로 그 토지 위에 지상권(地上權)이 설정된 것으로 본다. 이 경우 그 존속기간과 지료(地料)는 당사자의 청구에 의하여 법원이 정한다.

> **입목에 관한 법률 제6조(법정지상권)**
> ① 입목의 경매나 그 밖의 사유로 토지와 그 입목이 각각 다른 소유자에게 속하게 되는 경우에는 토지소유자는 입목소유자에 대하여 지상권을 설정한 것으로 본다.
> ② 제1항의 경우에 지료(地料)에 관하여는 당사자의 약정에 따른다.

어느 지상권이나 법률의 규정에 의한 지상권의 취득이므로 그 등기를 필요로 하지 않지만, 이를 처분하는 때에는 그 등기를 하여야 한다.

법정지상권이 성립된 토지에 대하여는 법정지상권자가 지상물의 유지 및 사용에 필요한 범위를 벗어나지 않는 한 그 토지를 자유로이 사용할 수 있는 것이므로, 법정지상권이 성립한 후에 지상건물을 증축하더라도 이를 철거할 의무는 없다(대판95다9082).

법정지상권자라 할지라도 대지소유자에게 지료를 지급할 의무는 있는 것이므로, 법정지상권이 있는 건물의 양수인은 그 대지를 점유·사용함으로 인하여 얻은 이득은 부당이득으로서 대지소유자에게 반환할 의무가 있다(대판96다34665).

2) 법정지상권의 요건

① 토지저당권 설정 시점에 건물이 존재할 것
② 토지와 건물이 동일인 소유일 것
③ 토지, 건물 중 어느 하나이상에 저당권이 설정되어 있을 것
④ 경매등으로 토지와 건물의 소유자가 달라질 것

① 토지저당권 설정 시점에 건물이 존재할 것
  - 건물은 미등기, 무허가, 불법건축물을 가리지 않는다. 허나 저당권 설정 시점에 건축물로 인정받을 수 있을 만큼의 진행은 되어야 한다.
② 토지와 건물이 동일인 소유일 것
  - 동일인 시점은 원시적으로 동일인일 필요은 없고 근저당 설정 당시에 동일인 조건에 부합하면 족하다(대법95다9075).
    가압류의 본압류로 강제경매가 진행되어 토지와 건물소유자가 달라졌다할지라도 그 가압류 이전에 저당권이 있었다면 저당권 설정당시에 토지와 건물 소유자가 동일인이였는지로 판단하여야 한다(대법2009다62059).
③ 토지, 건물 중 어느 하나 이상에 저당권이 설정되어 있을 것
  - 토지와 건물의 공동저당이라 할 지라도 저당권설정자의 의지로 토지나 건물 어느 한쪽만 경매 진행하여 소유권이 달리 되어도 인정된다.
    토지와 건물의 공동저당 이후 건물 멸실 후 신축 건물일 때는 토지만 경매가 나오면 저당권의 보호를 위하여 법정지상권은 인정되지 않는다.
④ 경매등으로 토지와 건물의 소유자가 달라질 것

3) 관습법상 법정지상권 요건

① 토지와 건물이 동일인의 소유이어야 함
② 건물 또는 토지가 매매나 강제경매 등으로 소유자가 달라질 것
③ 당사자간에 그 건물을 철거한다는 특약이 없을 것

4) 법정지상권 성립 시기

저당권자의 경매신청에 의해 토지와 건물의 소유자가 달라진 때를 기준으로 한다.
경공매에서의 소유권은 잔금을 납부한 순간 효력이 있으므로 법정지상권은 대금완납 즉시 발생하고 이 날이 지료 청구기준일이 된다.
설사 법정지상권이 성립한다 할 지라도 2년간의 지료연체를 이유로 법정지상권의 소멸을 청구할 수 있기에 기준일을 알아두는 것은 실무적으로 중요하다.

Part
06

4 건물소유자에게 행사할 수 있는 토지소유자의 권리

1) 철거 소송

법정지상권이 성립되지 않으면 철거 소송을 진행할 필요가 있다. 하지만 철거 소송의 목적은 철거가 아닐 것이다. 일반인들은 법정지상권의 개념을 이해하기가 쉽지 않다. 하여 수년간 무탈하게 토지위의 자신 건물을 사용하는데 문제가 없었다면 토지소유자가 바뀌어도 당연한 권리로서 건물을 위한 토지사용권이 있다고 생각하는게 일반적이다. 이런 생각을 바꿔놓지 않고서는 제대로 된 협상을 하기가 힘들 것이다. 하여 법정지상권이 없다고 판단되면 철거소송을 통해 판결을 받게 된다면 건물소유자는 소송과정에서 본인 건물이 법정지상권이 인정되지 않아 토지소유자에 의해 철거될 수도 있다는 조급한 마음을 가질 수 밖에 없을 것이므로 협상에서 토지 소유자가 유리하게 적용될 수 있도록 하는 것에 초점을 맞추는 것이 좋을 것이다.

철거판결이 났다하여 철거를 하게 된다면 막대한 철거비용과 새로운 건물을 신축하는데 들어가는 공사비까지 더하게 되어 굳이 건물있는 토지를 낙찰받을 이유가 없을 것이다. 법정지상권을 분석하는 주된 목적은 토지만을 낙찰받은 이후에 기존 건축물과 토지소유자를 다시 동일 주인으로 만들어 사용·수익·처분의 권능을 다 누리는 온전한 소유권을 확보하는데 그 목적을 두어야 할 것이다.

2) 지료청구

법정지상권이 인정되는 건물은 불법 건물인지 합법적인 건물인지 등기된 건물인지 미등기 건물인지 또는 허가받은 건물인가 무허가 건물인가를 구분하지 않는다 하였다. 단지 저당권 설정 당시 건물의 형태를 갖추었는지 여부에 따라 결정된다.

하지만 이 모든 건물들이 법정지상권의 유무와 상관없이 일단 토지를 사용하는 이유로 '부당이득반환청구의 소'를 제기하면 지료상당 금액의 채권을 확보할 수 있다.

이렇게 확보된 채권은 건물소유자를 상대로 아주 요긴하게 이용된다.

낙찰받은 토지 위의 건물이 등기된 건물이나 등기가 가능한 건물이라면 건물만을 경매신청할 수도 있을 것이고, 등기가 불가하여 경매를 통해 소유권 확보가 쉽지 않다면 건물소유자 다른 재산에 압류를 진행하여 건물을 매수하는 압박 수단으로도 사용될 수 있다. 또한 법정지상권이 성립되는 건물이라 할 지라도 2년이상의 지료 연체를 이유로 법정지상권의 소멸을 청구할 수 있다는 점도 꼭 숙지해야 한다.

또한 지료의 결정은 낙찰받은 금액을 기준으로 하지 않고 토지 본연의 감정가격을 기준으로 하기에 낙찰가로 환산하면 상당히 높은 수익률을 보장받을 수 있다.

5 사례별 법정지상권 성립 여부 확인

● 법정지상권(기본)

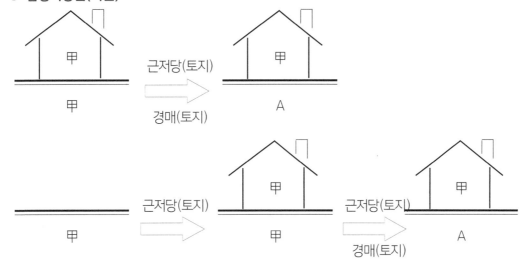

● 관습법상 법정지상권(기본)

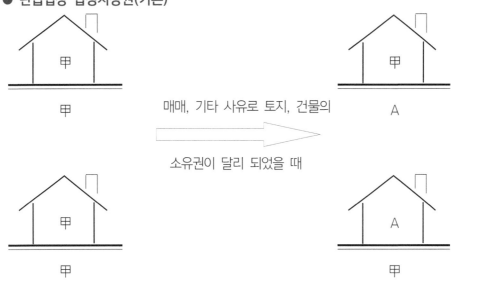

● 법정지상권(건물과 토지 소유자 동일인 시기)

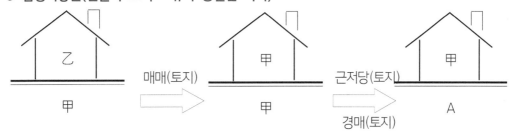

● 법정지상권(무허가, 미등기, 건축중....)

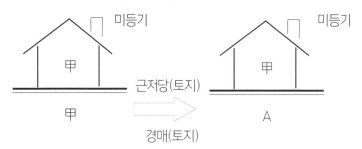

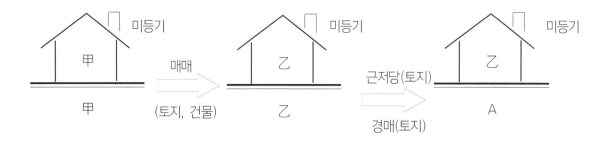

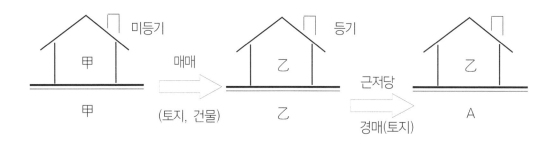

● 법정지상권(멸실 후 신축)

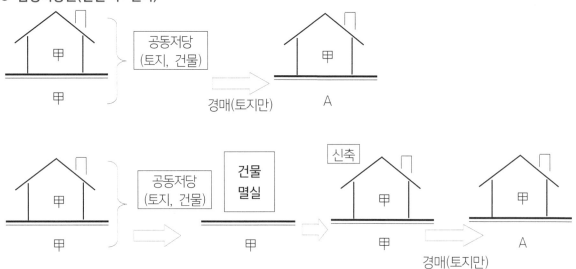

● 차지권

> 제621조(임대차의 등기)
> ① 부동산임차인은 당사자간에 반대약정이 없으면 임대인에 대하여 그 임대차등기절차에 협력할 것을 청구할 수 있다.
> ② 부동산임대차를 등기한 때에는 그때부터 제삼자에 대하여 효력이 생긴다.
>
> 제622조(건물등기있는 차지권의 대항력)
> ① 건물의 소유를 목적으로 한 토지임대차는 이를 등기하지 아니한 경우에도 임차인이 그 지상건물을 등기한 때에는 제삼자에 대하여 임대차의 효력이 생긴다.
> ② 건물이 임대차기간만료전에 멸실 또는 후폐한 때에는 전항의 효력을 잃는다.
>
> 제643조(임차인의 갱신청구권, 매수청구권)
> 건물 기타 공작물의 소유 또는 식목, 채염, 목축을 목적으로 한 토지임대차의 기간이 만료한 경우에 건물, 수목 기타 지상시설이 현존한 때에는 제283조(지상권자의 갱신청구권, 매수청구권)의 규정을 준용한다.

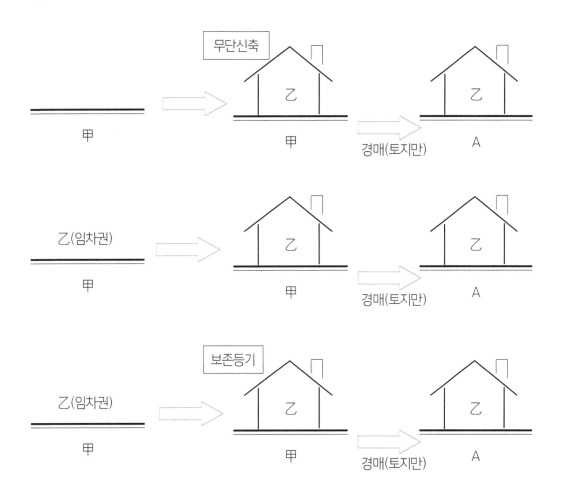

● 토지를 사용하는 권리

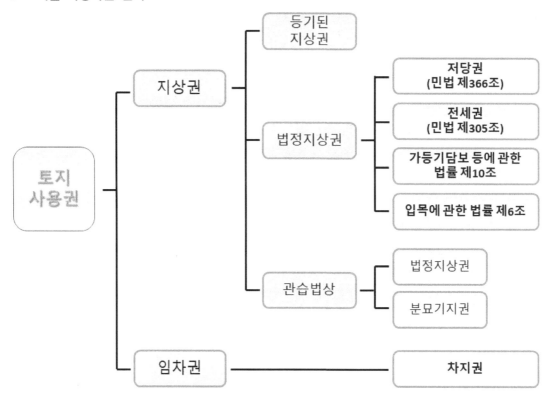

6 법정지상권 투자 사례

1) 법정지상권이 인정되는 물건 - 낙찰 후 수익 과정

소재지	광주광역시 광산구		도로명검색	지도	지도	지도	주소복사		

오늘조회: 1 2주누적: 0 2주평균: 0 조회동향

물건종별	대지	감정가	654,860,000원

구분	매각기일	최저매각가격	결과
1차	2022-12-14	654,860,000원	유찰
2차	2023-01-26	458,402,000원	유찰
3차	2023-03-08	**366,722,000원**	

토지면적	137㎡(41.44평)	최저가	(56%) 366,722,000원
건물면적	건물은 매각제외	보증금	(10%) 36,672,200원
매각물건	토지만 매각	소유자	홍길동
개시결정	2022-08-05	채무자	홍길동
사건명	강제경매	채권자	임꺽정

매각 381,110,000원 (58.2%)
(입찰2명,매수인:광주 정○○)
매각결정기일 : 2023.03.15 - 매각허가결정
대금지급기한 : 2023.04.13
대금납부 2023.04.11 / 배당기일 2023.05.10
배당종결 2023.05.10

• **건물등기부** (채권액합계 : 150,000,000원)

No	접수	※주의 : 건물은 매각제외		채권금액	비고	소멸여부
1(갑1)	1976.11.24	소유권이전(매매)	이○○			
2(갑2)	2006.07.25	소유권이전(상속)	홍길동		협의분할에 의한 상속	
3(을5)	2012.06.08	근저당	임꺽정	150,000,000원		

• **토지등기부** (채권액합계 : 450,000,000원)

No	접수	권리종류	권리자	채권금액	비고	소멸여부
1(갑3)	2006.07.25	소유권이전(매매)	홍길동			
2(을5)	2012.06.08	근저당	임꺽정	150,000,000원	말소기준등기	소멸
3(갑12)	2022.08.05	강제경매	장길산	청구금액: 153,205,479원	2022타경5718	소멸
4(갑13)	2022.10.25	가압류	이○○	300,000,000원	2022카단1482	소멸

2) 법정지상권이 인정되지 않는 물건 - 낙찰 후 수익 과정

소재지	울산광역시 울주군			도로명검색 ▢지도 ▢지도 G지도 ▢주소복사		
물건종별	대지	감정가	153,063,000원	오늘조회:1 2주누적:0 2주평균:0 조회동향		

구분	매각기일	최저매각가격	결과
1차	2016-06-23	**121,998,000원**	

토지면적	489㎡(147.92평)	최저가	(80%) 121,998,000원
건물면적	건물은 매각제외	보증금	(10%) 12,199,800원
매각물건	토지만 매각	소유자	김○○
개시결정	2016-01-08	채무자	김○○
사건명	임의경매	채권자	배○○
관련사건			

매각 : 235,520,000원 (153.87%)
(입찰21명,매수인:울산시북구 주)
차순위금액 218,885,000원)
매각결정기일 : 2016.06.30 - 매각허가결정
대금지급기한 : 2016.07.27
대금납부 2016.07.26 / 배당기일 2016.08.26
배당종결 2016.08.26

• 건물등기부

No	접수	※주의 : 건물은 매각제외		채권금액	비고	소멸여부
1(갑1)	2015.08.13	소유권보존	홍길동			

• 토지등기부 (채권액합계 : 419,000,000원)

No	접수	권리종류	권리자	채권금액	비고	소멸여부
1(갑2)	2014.08.21	소유권이전(매매)	임꺽정			
2(을1)	2014.08.21	근저당	농협	76,000,000원	말소기준등기	소멸
3(을2)	2014.08.27	근저당	배○○	48,000,000원		소멸
4(을5)	2015.02.06	근저당	김○○	60,000,000원		소멸
5(을6)	2015.02.11	근저당	박○○	60,000,000원		소멸
6(을7)	2015.02.17	근저당	최○○	110,000,000원		소멸
7(을8)	2015.04.06	근저당	유○○	65,000,000원		소멸
8(갑3)	2015.08.18	소유권이전 청구권가등기	박○○		매매예약	소멸

제 **3** 강 | **분묘기지권**

1 의의

타인의 토지에 분묘를 설치한 자가 그 분묘를 사용하기 위하여 그 분묘가 있는 토지를 사용할 수 있는 지상권 유사의 물권이다.

2 성립요건

① 토지소유자의 승낙을 얻어 그 토지에 분묘를 설치한 경우

② 토지소유자의 승낙없이 분묘 설치 후 20년간 평온·공연하게 점유한 경우

③ 자신 소유 토지에 분묘를 설치한 후에 그 분묘 처분에 대한 특약없이 그 토지를 매매 등으로 처분한 경우

☞ 이 세 가지 중 어느 하나에 해당하면 성립.

외형적으로 공시의 요건인 봉분이 있어야 하며 평장이나 암장은 인정되지 않는다. 내부에 시신이 안치되어 있어야 하며 그렇지 않은 가묘는 인정되지 않는다.

3 '장사등에 관한 법률'(2001. 1. 13. 시행)

제14조(사설묘지의 설치 등)
 ② 개인묘지를 설치한 자는 보건복지부령으로 정하는 바에 따라 묘지를 설치한 후 30일 이내에 해당 묘지를 관할하는 시장등에게 신고하여야 한다.

제27조(타인의 토지 등에 설치된 분묘 등의 처리 등)
 ① 토지 소유자(점유자나 그 밖의 관리인을 포함한다. 이하 이 조에서 같다), 묘지 설치자 또는 연고자는 다음 각 호의 어느 하나에 해당하는 분묘에 대하여 보건복지부령으로 정하는 바에 따라 그 분묘를 관할하는 시장등의 허가를 받아 분묘에 매장된 시신 또는 유골을 개장할 수 있다.
 1. 토지 소유자의 승낙 없이 해당 토지에 설치한 분묘
 2. 묘지 설치자 또는 연고자의 승낙 없이 해당 묘지에 설치한 분묘

분묘기지권의 시효취득은 동법이 제정된 이후에는 인정되지 않는다.

4 **분묘기지권의 지료 청구**

1) 토지 승낙에 의한 분묘기지권

  – 약정에 따름.

2) 시효취득에 의한 분묘기지권

  – 지료 청구시부터 지급 의무(대판17다228007)

3) 특약없이 토지 매매에 의한 분묘기지권

  – 분묘기지권 성립시부터 지료 지급 의무.

제 4 강 | 유치권

1 의의 및 성질

채권자가 어느 물건에 관한 채권이 있을 시 그 채권을 변제받을 때까지 해당 물건을 유치하고 인도를 거절하는 것으로 채권의 변제를 담보하는 물권이다.
부동산에서는 정식으로 하도계약을 맺고 건물 공사를 진행한 하도업체가 계약된 날에 공사대금을 받지 못했다면 공사대금을 받을 때까지 공사한 건물을 유치하고 인도를 거절할 수 있다.

임차인이 임차물에 지출한 비용의 상환을 받을 때까지 임차물의 명도를 거절하는 경우도 해당된다.

유치권은 물권으로서 채무자뿐만 아니라 그 물건의 소유자·양수인·매도인 등 모두에게 주장할 수 있다.

유치권은 담보물건이기는 하지만 저당권처럼 우선변제권이 인정되지 않는다.
단지 매수인은 유치권을 인수한 채로 소유권을 취득한 것으로 그 부동산을 인도받기 위해서는 유치권에 의한 피담보채권을 변제하여야 한다.

2 유치권 성립 요건

① 유치권자 채권이 해당 부동산에 관하여 생긴 것일 것
② 유치권자는 부동산을 계속 점유하고 있을 것
③ 주장 채권이 변제기에 도래한 것일 것
④ 채무자와 유치권자 사이에 유치권 발생 배제 특약이 없을 것

'해당 부동산'에 관한 채권은 목적물에 지출한 비용의 상환청구권, 도급계약에 기초한 보수청구권으로 이러한 채권을 발생시킨 비용의 지출이나 노무의 제공이 물건에 반영되어 그 가치를 유지·증대시킨 경우이다.

목적물의 점유는 유치권의 성립 및 존속요건이다.
점유 여부는 물건에 대한 사실상 지배에 의해 결정되며 직접점유든 간접점유든 무방하다. 하지만 그 점유가 불법행위로 인한 경우에는 유치권은 성립되지 않는다.

건물의 임차인이 임대차관계 종료시에는 건물을 원상으로 복구하여 임대인에게 명도하기로 약정한 것은 건물에 지출한 각종 유익비 또는 필요비의 상환청구권을 미리 포기하기로 한 취지의 특약이라 볼 수 있어, 임차인은 유치권 주장을 할 수 없다(대판73다2010).

3 유치권으로 인정되지 않는 사례

임차인의 유익비 상환청구권의 포기(원상복구 특약)
채무자의 직접 점유
토지낙찰자에 대한 건물유치권
경매개시결정 이후에 점유한 채권자
임차인의 부속물매수청구권, 보증금반환청구권
인차인의 권리금 반환 청구권
소유자 동의없는 유치권자의 임차인

> 형법 제315조(경매, 입찰의 방해)
> 위계 또는 위력 기타 방법으로 경매 또는 입찰의 공정을 해한 자는 2년 이하의 징역 또는 700만원 이하의 벌금에 처한다.

☑ 참고문헌: '민법강의' 김준호 저. 법문사.

MEMO

MEMO

이 책의 메모

부동산전문가과정 3 부동산 창업계약실무

초판인쇄 : 2025년 1월 8일
초판발행 : 2025년 1월 15일
편 저 자 : 권동한, 정만철, 권태달, 김낙훈, 박성환 공편저
발 행 인 : 박 용
등   록 : 2015년 4월 29일 제2019-000137호
발 행 처 : (주)박문각출판
주   소 : 06654 서울특별시 서초구 효령로 283 (서초동, 서경빌딩)
전   화 : 02-6466-7202   Fax : 02-584-2927

저자와의
합의하에
인지생략

정가 : 40,000원   ISBN 979-11-7262-513-9